이기환 기자의 이야기 조선사

흔적의 역사

Foreign Copyright:
Joonwon Lee
Address: 10, Simhaksan-ro, Seopae-dong, Paju-si, Kyunggi-do,
Korea
Telephone: 82-2-3142-4151
E-mail: jwlee@cyber.co.kr

흔적의 역사

2014. 8. 14. 초판 1쇄 발행
2018. 4. 27. 초판 2쇄 발행

지은이 | 이기환
펴낸이 | 이종춘
펴낸곳 | BM 주식회사 성안당
주소 | 04032 서울시 마포구 양화로 127 첨단빌딩 5층(출판기획 R&D 센터)
10881 경기도 파주시 문발로 112 출판문화정보산업단지(제작 및 물류)
전화 02) 3142-0036
031) 955-0511
팩스 | 031) 955-0510
등록 | 1973. 2. 1. 제406-2005-000046호
출판사 홈페이지 | www.cyber.co.kr
ISBN | 978-89-315-8245-1 (03910)
정가 | 23,000원

이 책을 만든 사람들
책임 | 최옥현
진행 | 조혜란
북디자인 | STORMOONS
홍보 | 박연주
홍보 | 이선민, 조혜란, 김해영
마케팅 | 구본철, 차정욱, 나진호, 이동후, 강호묵
제작 | 김유석

이기환 기자의 이야기 조선사

흔적의 역사

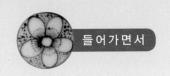

조선이라는 거울로 들여다본 우리 시대 이야기

중국의 역사가 사마천은 "지난날을 서술하여 미래를 생각하고자(述往事 思來者)" 불후의 역사서 《사기》를 썼다고 집필 이유를 밝혔다. 영국의 역사학자 에드워드 핼릿 카Edward Hallett Carr, 1892~1982년 역시 1961년에 집필한 《역사란 무엇인가》에서, "역사란 과거와 현재의 끊임없는 대화이다."라고 했다.

그러고 보면 사마천과 카의 생각은 2,000년의 간극에도 불구하고 별반 다르지 않은 것 같다. 즉 과거는 현재와 미래의 거울이기에, 현재와 미래를 대비하기 위해 과거를 배워야 한다는 얘기다. 이것은 "역사는 흘러간 퇴물일 뿐이니 신경 쓸 필요가 없다."라는 역사 무용론에 대한 명쾌한 대답이리라.

과거는 현재와 미래의 거울

필자는 역사칼럼 《흔적의 역사》를 쓰려고 《사기》와 《조선왕조실록》 등 다양한 문헌을 들춰볼 때마다 무릎을 친다. 과거의 이야기가 오늘의 이야기와 너무도 빼닮았기 때문이다. 예를 들어 세월호 참사 때 찾아본 《태종실록》에는 경상도 조운선 34척이 침몰해 1,000여 명이 수장됐다는 내용이 있었다.

사고원인은 인재人災였다. 선장의 무리한 운항과 화물과적 때문이었으니까. 그런데 실무자들에게 책임을 돌릴 수도 있는 상황에서, 태종은 "모든 사고의 책임은 나에게 있다.責乃在予"라고 자신의 책임을 '쿨'하게 인정했다.

필자가 '총리 및 각료들의 인선과 인사검증'과 관련해서 《조선왕조실록》을 검토하자 만만치 않은 조선의 검증시스템이 포착됐다. 만고의 성군이라는 세종이 '문제적 인물'을 고집스럽게 임명하는 불통·오기의 인사를 단행하고, 대간관들은 서경권을 발동해 철저한 검증을 통해 '거부권'을 행사했다. 심지어 대간관들은 '출근저지투쟁'까지 벌인 끝에 '문제적 인물'을 기어코 낙마시켰다.

요즘 "무슨 성인군자를 뽑는 것도 아닌데 인사검증이 너무 혹독하다."라는 비판이 고개를 들고 있다. 하지만 조선 사회와 견주면 '새 발의 피'라 할 수 있다. "그의 살코기를 씹어 먹고 싶다."라고 하며 칠순의 재상을 욕한 이른바 '막말 탄핵'과, 14년 전의 소문만으로 사정기관의 수장대사헌을 공격한 이른바 '풍문 탄핵'마저도 허용된 사회였으니 말이다. 반면 그 시대 임금들은 애완동물조차 마음대로 키울 수 없었다. "애완물에 빠지면 백성을 생각하는 마음이 흐트러질 수 있다."라고 제동을 거는 신하들 때문이었다.

길에서 담배를 꼬나문 성균관 유생들을 훈계했다가 봉변을 당한 재상 채제공의 이야기는 어떤가. 당신이나 잘하라는 소리를 듣고 유생들을 옥사에 가둔 것까지는 좋았다. 그러나 야밤에 성균관 유생들이 옥사 앞까지 몰려와 풀어달라고 하면서 농성을 벌였단다. 때문에 채제공은 정조를 찾아가 "정승 노릇 못해먹겠다."라고 하소연했다고 한다.

'군대 문제'는 또 어떤가. 《조선왕조실록》에는 4,000건이 넘는 군대 관련 이야기가 실려 있었다. 한국고전번역원의 '고전종합DB'에서는 무려 7,544건이 검색된다. 군대는 고금을 막론하고 뭇 남성들의 '평생 이야깃거리'인 것은 틀림없다. 이중 1659년효종 10년 병조참지 유계가 올린 상소문이 귓전을 때린다.

"조선의 남성 가운데 놀기만 하고 게으른 자가 10명 가운데 8~9명을 차지하고 간신히 남아 있는 선량한 백성에게만 병역을 부담시키고 있습니다."

유계는 이 대목에서 "균등하면 가난하지 않고, 화합하면 부족함을 걱정하지 않으며, 편안하면 나라가 위태롭지 않다."라는 공자님의 말씀을 떠올린다. 그러면서 "병역의 불평등이 이 지경이니, 무슨 방법으로 민중의 마음을 화합시켜 나라를 망하게 하지 않을 수 있겠습니까."라고 호소했다.

이순신 가문의 지독한 중국어 교육법을 보라. 이순신 장군의 5대조 할아버지인 이변은 '중국어 마니아'였다. 그는 과거급제 이후 중국어를 배웠는데, 책상머리에 "반드시 공효功效·공을 들인 보람를 이루고야 말리라."라는 다짐구호를 써 붙이고 밤을 새워 공부했다. 중국어에 능통하다는 자가 있으면 반드시 찾아가 배웠으며, 식구들이나 친구들을 만나도 반드시 중국어로 대화를 나눴다고 한다. 참으로 지독한 외국어 공부가 아닌가.

날밤을 지새우기 일쑤였고 침실에 재해대책본부까지 설치했던 정조의 업무처리 방식에 대해, 신하들은 "임금이 작은 일에 너무 신경 쓰면 큰일에 소홀하기 쉽습니다."라고 비난했다. 하지만 정조도 "작은 것을 거쳐 큰 것으로 나가는 법"이라고 맞받아쳤으니 워커홀릭의 본능은 어쩔 수 없었던 것 같다.

임금은 허수아비 노릇만 하면 되고, 모든 국사는 똑똑한 재상이 처리하면 된다는 이른바 조선 판 책임총리론을 강조한 정도전의 꿈과 야망은 또 어땠는가. 세월호 참사와 같은 대형사건 뒤에 참담한 유언비어가 떠돌곤 했는데, 명종 대의 인물인 상진의 간언을 상기하면 좋다.

"유언비어는 참형으로 다스리라 했습니다. 이는 군주가 사람의 입을 막으려는 것이 아닙니다. 어진 이를 방해하고, 국가를 병들게 하는 말을 금지하려는 것입니다."

임진왜란 때 사초를 폐기하고 임금 곁을 떠난 참담한 사관 4인방은 또 어떤가. 이들은 전쟁이 끝나자 줄기차게 관직을 탐했다. 또한 다 쓰러져 가는 명나라를 맹목적으로 섬기려는 자들에게 고려의 실리외교를 배우라고 한 광해군의 한탄은 어떤가.

"제발 고려의 외교 좀 배워라. 우리는 큰소리만 치고 있다. 그 큰소리 때문에 나랏

일을 망칠 것이다.”

또 하나 필자가 주목한 것은 ‘과음’으로 죽은 태조 이성계의 맏아들 이방우이다. 이방우는 아버지가 위화도 회군을 단행하고 새 왕조 개창을 노골화하자 은둔해 술로 세월을 보내다가 죽은 것이다. 한마디로 이방우는 고려의 충신이었다.

나라를 잘못 만나 청나라까지 끌려갔다가 돌아온 환향녀들에게 찍힌 낙인은 ‘화냥년’이었단다. 임금 잘못 만나 곤욕을 치렀고, 귀국해서는 가문에서까지 버림받은 부녀자들의 피를 토하는 사연을 들어보라. 이 책에서는 이렇게 조선시대의 수많은 계층, 수많은 사람들, 그리고 수많은 사건들을 만날 수 있다.

임금이면서도 임금 대접을 제대로 받지 못했던 정종, 만고의 성군이라면서 능지처참이라는 혹독한 형벌을 남발했던 세종, 연산군보다 더 악질적으로 역사를 왜곡하려 했던 태조와 영조, 인현왕후와 장희빈 등 두 여인에게 피눈물을 흘리게 한 못된 남자 숙종, 지독한 골초로 조선을 흡연의 나라로 만들겠다고 선언한 정조까지 모두가 기존에 알려진 이미지와는 너무도 달라 놀랍기만 하다.

또한 율곡 이이와 다산 정약용도 속절없이 당했던 신입생환영회, “소가 물마시듯 하며 술을 마시는 저 사람들은 뭐냐.”라고 하며 ‘원샷’ 풍조를 한탄한 다산, 직접 현장을 적발하지 않으면 간통죄로 처벌할 수 없다고 선언한 성종, 국가적인 차원에서 노처녀, 노총각들의 혼인을 주선한 ‘조선 판 솔로대첩’, 개미허리와 긴 생머리를 탐한 그 시대의 ‘패셔니스타’들까지, 이 책은 ‘조선의 민낯’을 그대로 담았다.

위대한 기록

《흔적의 역사》를 쓰면서 새삼 기록의 위대함을 느낀다. 예를 들어 영조가 대신들과의 밀담을 사초에서 지웠을 때 전직 사관들이 한탄했다고 한다.

“목이 달아나는 한이 있어도 사필은 굽힐 수 없습니다.頭可斷 筆不可斷 앞으로 엄청난 폐단이 있을 것입니다."

또 하나의 예를 들자. 노루사냥을 하다가 말에서 떨어진 태종은 급히 일어서며 "이 일을 사관이 모르게 하라.勿令史官知之"라고 했다. 그러나 이 말이 《태종실록》에 기록된 것은 무엇을 뜻하는가? 당대의 사관은 "사관이 모르게 하라."라는 임금의 명령까지 역사에 기록했다는 소리가 아닌가.

태종이 "편전까지 사관이 입시할 필요가 없다."라는 명을 내리자 당대의 사관은 묵직한 돌직구를 던졌다고 한다.

"사관의 위에는 하늘이 있습니다.上有皇天"

하기야 천하의 폭군이라는 연산군마저 "임금이 두려워하는 것은 역사뿐人君所畏者史而已"이라고 했다니까.

《흔적의 역사》 칼럼은 2011년 8월부터 지금까지 계속되고 있다. 처음에는 신문의 칼럼 분량에 따라 원고지 6매로 맞추다가 금세 집필 시스템을 바꿨다. 옛 자료를 찾을 때마다 끊임없이 엮여 나오는 무궁무진한 역사의 팩트를 감당할 수 없었기 때문이다.

앞서 인용했듯이 이렇게 흥미진진한 내용들이 담겨있는데 어찌 앙상한 뼈대만 추려 정리한단 말인가. 결국 아이템별로 30~60매 분량으로 양껏 풀어놓은 뒤 신문에는 사정없이 줄여 게재해 왔다. 신문용이 아니라 블로그용, 인터넷용으로만 쓴 꼭지도 다수 있다. 이 책은 지금까지 축적한 130여 회의 꼭지 가운데 '조선시대' 부분만 뽑은 것이다.

필자는 역사학자는 아니다. 천생 기자다. "기자는 이야기꾼이어야 한다."라고 여기는 기자다. 이것이 바로 필자가 옛 사람들의 이야기에, 발자취에, 흔적에 흠뻑 빠져 살고 있는 이유이다.

四時長春

목 차

제1부 예외는 없다, 왕도 벌하라

제2부 관료사회, 마누라 빼고 다 바꿔라

제3부 왕과 백성이 어우러진 조선의 거리를 걷는다

제4부 사람 냄새 가득한 조선의 문화지도를 그린다

이기환 기자의 이야기 조선사

제 I 부

예외는 없다
왕도 벌하라

01

조선판 세월호와 태종의 사과

1656년효종 7년 8월 27일, 전라도 해안에서 대형 참사가 일어났다. 대규모 군사훈련에 참가한 전함들이 거센 비바람에 휘말려 떠내려가거나 침몰한 것이다. 금성·영암·무장·함평·강진·부안·진도 등에서 출동한 배들이었다. 문제는 이 사고로 죽은 병사들이 1,000여 명이나 됐다는 것이다. 진도군수 이태형도 물에 빠져 죽었다.

이 사고는 전남 우수사 이익달이 저지른 전형적인 인재人災였다. 즉 이익달이 "풍랑 때문에 바다로 나가서는 안 된다."라는 경험 많은 부하들의 의견을 무시하고 훈련을 강행했다가 참변을 부른 것이다. 《효종실록》을 보면, 당시 효종은 "보고를 듣고 서글퍼 가슴을 진정시킬 수 없다."라고 하며 "이익달 등 관련자들을 엄중 문초하라."라고 지시했다.

무리한 운항이 참사의 원인

이보다 240여 년 전인 1414년태종 14년 8월 4일, 전라도 운반선 66척이 태풍으로 침몰·파손돼 200여 명이 익사하고, 침수한 쌀·콩 5,000석이 수장됐다.

▲ 조선시대 조운선을 복원한 모양. 《각선도본》을 근거로 만들었다. 태종 때 이 조운선이 침몰하면서 1,000여 명이 떼죽음을 당하고 쌀 1만 석이 수장됐다. 사고 원인은 거센 풍랑 때인데도 운항을 강행한 데다 과적했기 때문이었다. | 국립해양문화재연구소 소장

"7월에는 웬만하면 배를 띄우지 않는 법이다. 그런데 호조가 전라수군절제사에게 공문을 보내 '7월 그믐에 조운을 실어 8월 초에 올려 보내라.'라고 지시했다. 문제의 인물은 수군절제사 정간이다. 정간은 이 호조의 공문대로 배를 무리하게 띄우다 참사를 빚었다."

—《태종실록》

무슨 말인가. 원래 태풍이 불어 닥치는 7월에는 배를 띄우지 않는 게 상식이다. 보통은 4월쯤 배를 띄우고 5월 안에 한강에 도착하는 것이 상례였다. 그런데 호조가 그 같은 절기를 파악하지 못하고 7월 말부터 8월 초 사이에 현물세금을 실어 올려 보내라는 공문을 보낸 것이다. 또 다른 문제는 기상상태를 파악해야 할 전라수군절제사가 호조의 지시대로 배를 띄웠다가 참변을 불렀다는 것이다.

재변은 사람이 부르는 것

비슷한 참사가 1620년광해군 12년 8월 6일 또 일어났다. 이날 사간원은 해운판관충청·전라의 조운업무 담당 정5품 관직 조길 등의 파직을 요구했다.

"'4월 출항, 5월 한강도착'이 조운의 관행입니다. 그런데 해운판관 조길은 사사로운 청탁을 받고 거센 풍랑이 이는 7월에 출항을 강행했습니다. 정식 조

▲ 조선시대 조운선 그림. 19세기 화가 유운홍의 작품이다. 조운선 운행과정에서 과적과 무리한 운항 때문에 대형 참사가 잇달아 발생했다. 조선시대 임금들과 신하들은 모든 침몰사고의 책임을 임금에게 돌렸다. | 국립중앙박물관 소장

운선을 버리고, 개인 배에 사사롭게 모은 베布를 가득 싣고 강화도에 이르러 1만 석을 실은 배가 침몰했습니다. 이 사고로 80여 명이 빠져죽었습니다. 이 자를 파직하시고……." —《광해군일기》

이밖에도 《조선왕조실록》을 비롯한 옛 문헌에는 선박사고의 기사가 적잖이 보인다. 그런데 사고의 원인은 예나 지금이나 대부분 인재人災인 것을 알 수 있다. 1633년인조 11년 7월 21일, 임금의 하교가 귓전을 때린다.

"재변이란 까닭 없이 생기지 않고, 사람이 부르는 것이다. 어떻게 구제해야 할지 모르겠다. 아, 하늘이 높고 높아 위에 있지만 감동이 있으면 통한다. 관리들은 고식적인 것을 따르지 말고 각각 자신의 직무에 근실하여 하늘의 견책에 보답하라." —《인조실록》

모든 사고의 책임은 군주에게 있다

그런데 "모든 사고의 책임은 나에게 있다.責乃在予"《태종실록》라고 자탄한 태종 임금의 이야기가 의미심장하다.

1403년태종 3년 5월 5일, 큰 재난이 일어났다. 경상도의 조운선각 지방에서 거둔 세금 현물을 운반하는 배 34척이 침몰한 것이다. 참변을 보고받은 임금은 죽은 이가 몇

명이고, 잃은 쌀은 또 얼마인지를 물었다. 하지만 정확한 피해상황도 파악할 수 없는 상태였다. 신하들이 대답하지 못하자 대강이라도 말해보라고 채근했다. 그러자 이런 대답이 따라왔다.

"예. 쌀은 1만여 석 되는 것 같고, 사람은 1,000여 명쯤 됩니다."

태종은 "이 모든 책임은 과인에게 있다."라고 장탄식했다.

"사람들을 사지로 몰아넣었구나. 출항일5월 5일은 수사일受死日·대흉일이고, 풍랑마저 거센 날이어서 배를 띄울 수 없었는데 (중략) 바람이 심한 것을 알면서 배를 출발시켰으니 이것은 백성을 몰아서 사지로 나가게 한 것이다."

그러면서 그는 "사람들이 죽은 것이 너무도 불쌍하다."라고 애통해 했다.

"쌀은 비록 많이 잃더라도 아까울 것이 없지만, 사람 죽은 것은 대단히 불쌍하구나. 그 부모와 처자의 마음이 어떠하겠는가?"

그런데 이 참사의 원인을 보면 기가 막힌다. 사고가 발생한 지 3개월 후인 8월 21일, 사간원이 올린 상소를 보자.

▲ 침몰한 세월호에서 구조작업을 펼치고 있는 해양경찰. 그러나 실종자 가운데 단 한 명도 생존하지 못했다. | 《경향신문》 자료사진

"올해 조운선을 올릴 때 풍랑을 잘 파악하고, 화물적재의 중량을 제대로 감독해야 합니다. 그런데 그 중요한 일을 용렬하고 간사한 무리에게 맡겨 수군 수백 명을 수장시키고, 적재한 쌀 1만여 석을 모두 물에 빠뜨렸습니다. 이로써 부모처자가 하늘을 부르며 통곡했습니다."

상소문을 살펴보면 이 배는 자질이 부족한 선장이 날씨를 제대로 파악하지도 않은 채 운항을 강행했음을 알 수 있다. 또한 과적이 사고의 큰 원인이었음을 밝혀주고 있다. 그럼에도 태종은 부하들에게 책임을 돌리고 깨알지시를 내리는 대신 '내 탓이오.'를 외치고 있다.

군주를 추궁한 신하들

신하들도 만만치 않았다. 재변이 일어나면 '재변의 책임은 군왕이므로 스스로 반성하고 경계하라.'라고 다그쳤다. 왕조시대인데도 군주의 눈치를 보지 않고 바른 소리를 한 것이다. 오죽했으면 2,000년 전 "부여에서 기상이변으로 오곡이 영글지 않으면 국왕을 바꾸거나 죽인다."《삼국지》〈위서·동이전〉라고까지 했을까.

조선시대로 돌아가자. 1632년부터 1633년 사이에 재변이 잇달아 일어났다. 심지어는 '흰 무지개가 해를 뚫는 변고'까지 발생했다. 1632년인조 10년 3월 5일, 국왕의 자문기관인 홍문관이 올린 상소문을 보라.

"재앙은 괜히 일어나지 않고 반드시 재앙을 초래하는 원인이 있습니다.災不虛生 必有所召 예부터 명철한 임금은 하늘의 경고를 맞아 경계하고 덕을 닦는 도리에 최선을 다했습니다." -《인조실록》

홍문관이 내민 비판의 칼날은 다소 지나칠 정도로 임금을 겨눈다.

▲ 〈풍랑을 만나 표류하는 배(범사도·泛槎圖)〉. 1856년(철종 7년) 대마도 사행길에 나섰던 김계운이 귀국길에 풍랑을 만나 표류하는 모습을 그린 그림이다. 조선 말기의 화가 유숙(1827~1873년)의 작품이다. 폭풍에 휘말려 배가 난파되는 수난에도 배의 전복을 막으려 칼을 뽑아 돛대를 자르는 절박한 상황이 잘 묘사됐다. | 국립중앙박물관 소장

"지금 위로는 하늘의 노여움을 사고 아래로는 민심을 잃어서 심한 재이가 이 지경에까지 이르렀습니다. 반드시 연유가 있을 것입니다. 초심이 위축된 것입니까? 예전의 폐단에 사로잡힌 것입니까? 혹 편파적이고 사사로운 감정에서 벗어나지 못한 것은 아닙니까? 신상필벌에 미진한 것은 아닙니까?" –《인조실록》

대단한 상소문이다. 어찌 이토록 임금을 다그칠 수 있단 말인가. 그런데 이 홍문관의 상소문은 약과였다.

"임금이 부덕한 탓"

《월당집》〈헌부인재이진계차憲府因災異陳戒箚〉를 보면, 1633년인조 11년 대사헌 강석

기는 인조 임금에게 직격탄을 날린다.

"최근의 재앙은 진실로 전에 없는 변고입니다. 무엇이 하늘의 마음을 거슬렀는지 (중략) 삼가 전하의 덕과 정치가 부족하고 잘못되어 그런 것 같습니다. 전하께서 즉위한 이래 10년 동안 불행히도 위기가 계속되어 경악할 만한 변고가 다달이 생기더니 급기야……."

이어지는 그의 지적은 더욱 거침이 없었다.

"지금은 정책의 일관성도 없어 정책의 팔구 할이 시행과 중지를 반복하고 있습니다. 그러니 모든 법도가 없어지고, 백성의 원망을 사는 일이 많습니다. 인사도 마찬가집니다. 아래에는 백성을 구제할 사람이 없고 위에는 마음을 다해 믿고 맡기는 실질이 없습니다. 그래서 그럭저럭 시간만 보내며 앉아서 그 망하기를 기다리고 있는 꼴입니다. 인사가 이 지경에 이르렀으니 백성의 원망을 격발하고 하늘의 노여움을 초래한 것입니다."

그는 한없이 임금을 질타하면서도 마지막으로는 임금이 할 일을 가르쳐주고 있다.

"이 재변은 도리어 전하에게는 기회입니다. 하늘이 전하를 완전히 끊어버리셨다면 절대 이런 경고를 내리지 않았을 겁니다. 그러니 하늘에 응답하는 방도는 '수성修省'입니다. 마음을 바르게 하시고, 몸을 닦아 풍화를 돈독히 하는 근본으로 삼으십시오. 그러면 재앙을 상서로 만들 수 있으며 화를 복으로 바꿀 수 있습니다."

다시 말해 재변은 임금이 부덕해서 일어나는 것이라는 게 강석기의 주장이다. 그러니 임금이 반성하고 덕을 쌓아야 한다는 것이다.

부여에서는 국왕을 죽였다

1563년명종 18년 2월 18일 경상도 산음현 북리에 운석이 떨어지자 《명종실록》의 기자가 쓴 논평을 보자.

> "운석이 떨어지는 것은 예사롭지 않은 재변이다. 정사가 해이해지고 쇠퇴하는 날에 운석이 떨어지고, 혹은 국가가 쇠잔하고 혼란할 때도 떨어졌으니 (중략) 그러니 군주가 허물을 반성하여 재앙을 그치게 할 때가 아닌가." –《명종실록》

1657년효종 8년, 기상이변이 이어지자 찬선 송준길이 한 말도 비슷하다. 《효종실록》 10월 29일조를 보자.

> "모든 재변은 반드시 인사의 잘못입니다. 재변을 막는 것도 인사에 달려있습니다. 전하가 공구수성恐懼修省·두려워하여 수양하고 반성함하지 않으면 재변은 계속 일어날 것입니다."

이 모든 자료를 종합해 보면 이렇다. 재변災變이라는 것은 애당초 인재人災일 수밖에 없다는 것. 그리고 더 중요한 것은 모든 재변의 책임은 군왕에게 있다고 여긴 것이다.

02

능지처참에 고문까지…
세종은 무결점 성군이었나

"거룩한 덕이 높고 높으매 사람들이 뭐라 이름을 짓지 못하여 '해동海東의 요순堯舜'이라 했다."

▲ 〈사형을 집행하기 직전에 종이를 얼굴에 바르고 물을 뿌리는 장면〉. 김윤보의 《형정도첩》에 수록되어 있다. | 서울대학교 중앙도서관 소장

1450년 2월 17일 세종대왕이 훙薨·임금의 죽음했다. 당대 사람들은 대왕의 치세를 두고 태평성대의 상징인 요순시대에 견줬다. 지도자가 '요순'이라는 칭호를 역사서에 남기면 그처럼 영광일 수 없다.

임금이 누군지 신경 쓸 필요 없이 잘 다스린 시대. 또 해가 뜨면 일하고 해가 지면 그만두면 되는 시대. 그래서 '부른 배를 두드리고鼓腹 땅을 구르며擊壤' 노래를 흥얼거리며 살았다는 시대. 그런 태평성대의 치도를 빼닮았다는 소리이니 얼마나 좋은 평가인가. 후대의 신하들은 자신이 모시는 임금들에게 "세종대왕과, 세종을 빼닮은 성종을 본받아야 한다."라고 한 목소리를 냈다.

> "세종은 '해동의 요순'이라 일컬어졌고, 성종은 '세종의 고사'를 따라 간언을 받아들이고 선비를 사랑했습니다. 세종과 성종을 따르는 것이 곧 성인을 본받는 것이라 했습니다." –《명종실록》 1548년 3월 14일조

노비도 하늘이 내린 백성이다

백성을 긍휼히 여기는 세종의 '애민정신'은 필설로 다할 수 없다. 1427년세종 9년 8월 24일, 집현전 응교 권채 부부가 여종을 학대한 일이 적발됐다. 여종이 허락도 받지 않고 병든 할머니를 문병했다는 이유로 집 안에 가둬놓고 구더기가 섞인 똥과 오줌을 강제로 먹였다는 것이다. 그런데도 권채와 그 아내 정씨는 자백 대신에 수사기관의 수장인 형조판서에게 책임을 돌리는 등 적반하장의 추태를 부렸다. 그러자 세종은 "임금이 어찌 양민과 천민을 구별해서 다스릴 수 있겠는가."라고 장탄식하며 "권채 부부를 형벌로 신문하라."라는 지시를 내린다.

그러나 임금의 지시가 제대로 먹히지 않았던 것일까. 그로부터 17년 후인 1444년세종 26년 윤7월 24일 임금은 형조에 지엄한 영을 내린다. "노비는 비록 천민이나 다 같이 하늘이 낸 백성"이라고 하며, "노비가 죄를 지었거나 말거나 관에 알리지 않고 구타·살해한 자는 옛 법령에 따라 처단할 것"이라고 재차 단호한 의리를 천명한다.

죄수의 자식까지 돌보고, '귀휴제도'까지 만들다

이뿐이 아니다. 세종은 죄수들의 인권에도 각별한 관심을 쏟았다.

"각 도 관찰사들은 들어라. 올해는 유난히 더위가 심하구나. 그래서 유배형 이하의 죄수는 모두 사면하라. 또 석방되지 않은 죄수는 옥에서 더위 때문에 죽게 될까 내 마음이 몹시 근심된다. 죄수들이 병나지 않게 잘 돌봐 주거라." -《세종실록》 1443년 7월 12일조

1448년세종 30년 8월 25일의 유시에는 죄인의 인권까지 세심하게 돌본 세종의 마음이 잘 드러난다.

"매년 4월부터 8월까지는 냉수를 제공하고 5월부터 7월 10일까지는 몸을 씻겨라. 매월 한 차례씩 머리를 감겨라. 10월부터 정월까지는 옥 안에 짚풀을 두텁게 하라."

그런데 지금 봐도 감탄을 자아낼 대목이 또 있다.

"옥에 갇힌 죄수 가운데 홀아비와 과부의 어린 자식들을 돌보지 않으면 아이들이 굶주리고 추워서 죽음에 이를 것이 아닌가. 지금부터는 (홀아비나 과부의 어린 자식들을) 그 친족에게 주고, 젖먹이 아이는 젖 있는 사람에게 주어라. 또 친족이 없으면 관가에서 거두어 보호하고 기르도록 하라. 잘 돌보는지 서울에서는 사헌부, 지방에서는 관찰사가 규찰하라."

-《세종실록》 1431년 7월 28일조

▲ 〈대역죄를 저지른 죄인이 참형을 당하는 장면〉. 김윤보의 《형정도첩》에 수록되어 있다. | 서울대학교 중앙도서관 소장

복역 중인 홀아비나 과부의 아이를 국가 차원에서 돌보라고 지시한 것이다. 심지어 제대로 돌보고 있는지 지금으로 치면 감사원사헌부이나 도지사관찰사가 감찰하라고 특별 지시했다.

"주상께서는 일전에 유배 중인 도형수 가운데 늙은 어버이가 있는 자에게는 휴가를 줘서 1년에 한 번씩 만나보게 허락하고 그 휴가일수는 모두 복역일수에 통산하라고 하셨습니다." –《세종실록》 1444년 7월 12일조

요즘의 귀휴歸休제도를 이미 세종 때 시행했다는 것이다. 귀휴제도 자체도 대단한데, 귀휴일수를 복역기간에 포함시킨다는 교지까지 내렸다니!

여노비는 물론 남편에게까지 준 출산휴가

또 있다. 세종이 관가의 여노비들에게 출산휴가를 대폭 늘려주었다는 소식이다. 1430년세종 12년 10월 19일의 일이다.

"옛적엔 관가 노비의 출산 후 휴가를 이레 주었다. 100일 더 주어라. 또 출산 직전까지 일을 하다 보면 미처 집에 가기도 전에 아이를 낳는 경우도 있다. 산전 휴가도 1개월 더 주어라."

이것도 모자랐는지 4년 후인 1434년 4월 26일에는 다음과 같이 전교한다.

"산모에게 출산휴가를 주었지만 남편에게 전연 휴가를 주지 않으니 산모를 누가 돌볼 수 있는가. 이 때문에 목숨을 잃는 일까지 있다니 진실로 가엾다. 이제부터는 산모의 남편에게도 30일간의 출산휴가를 주어라."

▲ 〈형구에 결박당한 채 고문을 당하는 죄인의 모습〉. 김윤보의 《형정도첩》에 수록되어 있다. | 서울대학교 중앙도서관 소장

참으로 선진적인 성군이 아닌가. 사람취급도 못 받던 노비에게 출산휴가를 듬뿍 주었을 뿐 아니라 그 남편에게까지 한 달간 쉬면서 부인을 간호하라고 했으니 말이다.

더 나아가 《세종실록》 1436년 11월 17일조 전가사변全家徙邊·중죄인의 가족 모두를 변방으로 쫓아내는 형벌과 관련해 내린 세종의 교시는 애민정신의 종결판이나 될 수 있다. 죄인과 그 가족이 변방으로 향할 때면, 각 고을의 수령들은 죄인들을 함부로 취급하거나 홀대하기 일쑤였다. 세종은 이들이 지나가면 각 고을의 수령들은 식량과 의복을 두둑이 공급하라고 지시했다. 또 이들 가족이 정착하는 고을은 토지를 주어 구휼하여 생업에 지장이 없도록 하라는 교시를 내렸다.

미결 사형수가 190명

그런데 이쯤에서 짚고 넘어가야 할 일이 있다. 1439년세종 21년 12월 15일조《세종실록》에서, 세종은 복역 중인 미결 사형수가 예전의 2배인 190명에 이른다고 하면서 부끄럽게 여겨 깊이 반성한다고 했다. 그러면서 "고의 살인이 아닌 과실치사와 전과 3범의 절도 등은 형을 감하면 어떻겠느냐."라고 의정부에 물었다. 이에 영의정 황희, 우의정 신개 등이 임금의 뜻에 따라 의논한 뒤 "아니되옵니다."라고 반대한다.

> "주희주 문공도 '때때로 형벌을 가벼이 하는 것을 미덕으로 삼는 사람들도 있지만 형벌이 가벼울수록 패역悖逆하여 작난作亂할 마음만 자라게 됩니다. 이제 이들이 살아난다면 사람들이 모두 범죄를 가볍게 여겨 범법행위가 날로 늘어날 것이 두렵사옵나이다."

요순시대와는 거리가 멀었다

결국 사형수의 숫자를 감하자는 세종의 생각은 중신들의 반대로 뜻을 이루지 못했다. 후대 사람들은 이 대목 또한 세종의 애민정신을 보여 주는 상징적인 사

▲ 〈형틀에 묶여 형벌을 받는 조선시대의 죄인〉. 김윤보의 《형정도첩》에 수록된 그림이다. | 서울대학교 중앙도서관 소장

건이라고 칭송한다.

그런데 여기서 한 가지 소홀하게 넘어가는 대목이 있다. 바로 세종 대에 사형수가 190명에 이르렀다는 것이다. 그렇다면 역사가 말하는 '요순시대'와는 거리가 먼 것이 아닌가.

요임금 치세 때를 보여 주는 《사기》〈서書〉에는, "한 사람만 죽이고 두 사람에게 형벌을 내렸는데도 천하가 다스려졌다."라고 했으며, "위엄은 엄격하지만 사용하지 않고 형벌은 두고도 쓰지 않는 게 이상적"이라고 했다.

요임금의 뒤를 이은 순임금은 어땠나. 순임금은 정상의 형법을 기물 위에 새겨두고 오형五刑에 해당하는 죄를 지은 사람은 유배형으로 낮추었다. 오형이란 묵墨·얼굴이나 팔뚝에 죄명을 문신, 의劓·코 베기, 비臏·발뒤꿈치를 자르기, 궁宮·거세형, 대벽大劈·참수 등을 말한다. 신체에 해를 가하는 벌 대신 유배형으로 경감했다는 것이다. 순임금이 관리들에게 입버릇처럼 했다는 말이 있다.

"신중하라. 신중하라. 오로지 형벌은 신중히 해야 하느니라.欽哉 欽哉 惟刑之靜哉" -《사기》〈오제본기〉

이런 측면에서 사형수를 '190명이나 만든' 세종은 어떤 평가를 받아야 할까?

도둑의 창궐로 내탕고까지 털리다

또 살펴봐야 할 반전의 기록들이 있다. 세종 대에는 특히 도둑이 창궐했나 보다.

> "서울 한복판에서 도둑을 맞는 집이 없는 날이 없고, 이를 근심하고 한탄하는 소리가 거리 위에 들립니다. 이제는 내탕內帑의 금작金爵과 봉상시의 은찬銀瓚까지도 털리니 (중략) 이들을 잡아도 장 몇 대나 자자형얼굴에 죄명을 새기는 벌에 불과합니다. 죄를 받은 그날부터 인명을 잔해하고 물건을 약취해서 온 백성이 이를 원망하며 그 고기를 씹고자 해도 어쩔 줄 모르고 ……." -《세종실록》 1435년 윤6월 14일조

"도적떼의 고기를 씹고 싶을 정도"였다니 얼마나 포악한 도적이 들끓었다는 것인가. 게다가 왕실의 재산을 관리하는 내탕고에서 금으로 만든 술잔금작이, 제사를 관장하는 봉상시에서 제기은찬까지 잇달아 털렸다니 경악할 일이다. 사실 《대명률》에 따르면 전과 3범의 절도범은 극형에 해당하는 교수형을 받아야 한다. 하지만 실제로는 그렇지 않았다.

> "'절도를 세 번 범하면 교수형에 처한다.'라는 법이 있습니다. 하지만 나라에서는 해마다 국가경사나 수재, 혹은 한재 등의 이유로 대 사면령을 내립니다. 전과가 말소되면 그날로 다시 도둑으로 돌아가, 재범, 3범, 아니 10여 범에 이르러도 끝내 형륙刑戮·형벌을 받지 않는 자가 허다합니다."

도둑의 힘줄을 끊어라

도둑이 창궐하는 세태를 개탄한 대신들은 계책을 낸다.

"《활민서》를 보면 송나라 때 흉년이 들자 도적떼가 나타나 마을 백성들을 겁박하고 쌀을 빼앗아간 적이 있었습니다. 이들에게 한쪽 발의 힘줄을 끊는 단근형斷筋刑의 벌을 내렸습니다. (중략) 단근형은 팔다리를 끊는 것이 아니라, 그 억세고 날랜 힘만 꺾을 뿐입니다. 그러니 생업에는 방해되지 않습니다." –《세종실록》 1436년 8월 8일조

요컨대 다시는 도적질을 하지 못하게 발뒤꿈치의 힘줄을 끊어버리자는 것이었다. 세종은 고심 끝에 이 형벌안을 추인하고 말았다. 하지만 발뒤꿈치 힘줄을 끊는다고 도둑이 근절되었을까? 물론 아니었다. 1년 뒤인 1437년 7월 21일 형조는 "단근형을 당한 뒤에도 절도하는 자는 다리 양쪽의 힘줄을 모두 끊도록 하자"라고 건의했다. 세종은 형조의 건의를 받아들이지 않았다. 하지만 불과 한 달도 채 되지 않은 8월 12일 힘줄이 끊겼는데도 걷거나 달릴 수 있는 전과자의 힘줄을 다시 끊게 했다.

"힘줄을 끊겼는데도 달리고 걷는 자가 있사옵니다. 《율문》 보자례補剌例에 따라 다시 끊어야 합니다. 관리와 옥졸들이 단근斷筋했는데도 다시 걷거나 뛰는 전과자들의 힘줄은 다시 끊게 해야 합니다."

촘촘해지는 법망

그러나 역시 도적질은 끊이지 않았다. 2년 뒤인 1439년세종 21년 12월 5일의 《세종실록》을 보자.

"의정부가 두 번째 힘줄을 끊긴 뒤에도 도적질하는 자가 퍽 많사옵니다. 단근의 입법취지는 힘줄을 끊음으로 인하여 종신終身할 때까지 폐인廢人이 되어 도적질하지 못하리라고 한 것입니다. 그런데 전과자들은 힘줄을 끊긴 지 두어 달 만에

또 도적질을 합니다. 지금부터는 왼발의 전근前筋을 끊어서 시험해 보게 하소서."

세종은 결국 의정부의 상소를 따랐다.

세종 이후 세조와 성종 등 후대의 왕들도 단근형의 유혹을 떨쳐 버리지 못했다. 세조는 1465년 10월 24일 도적이 창궐하자 절도 초범이지만 창고미倉庫米 2석石 이상·사처미私處米 5석 이상인 자는 단근하라고 지시했다. 세종에 버금가는 성군으로 일컬어졌던 성종 때는 단근의 규정이 더 촘촘해지고 엄해졌다.

> "3인 이상의 무리를 지은 떼절도의 경우 주범은 교수형, 종범은 단근과 경면黥面·얼굴에 죄명을 문신한다. 또 장물이 2관貫이상인 자 가운데 사형에 해당되지 않는 자는 모두 단근·경면하게 하라. 단근은 왼쪽 다리의 복사뼈 힘줄을 1치 3푼 정도 자른다." —《성종실록》 1471년 6월 11일조

불은 그대로 두고, 물만 식히려는 것

갈수록 법이 촘촘해지고 엄중해짐을 알 수 있다. 이것은 고금을 통해 결코 바람직하지 않은 법정신이다. 사마천은 《사기》〈혹리열전〉에서 "법망이 촘촘할수록 백성의 간교함은 도리어 악랄해졌다."라고 했다.

> "법령이란 다스림의 도구일 뿐이다. 진나라 때 법망이 치밀했지만 간사함과 거짓은 싹이 움트듯 일어났다. 이는 불은 그대로 둔 채 끓는 물만 식히려 했기 때문이다. 법망은 배를 집어삼킬만한 큰 고기도 빠져 나갈 수 있을 정도로 너그러워야 한다."

사마천은 공자의 '말씀'을 전한다.

▲ 〈조선시대에 형장을 가하는 모습〉. 자백할 때까지 매를 때렸다. 김윤보의 《형정도첩》에 수록되어 있다. | 서울대학교 중앙도서관 소장

"법으로 이끌고 형벌로 다스릴 때 백성들은 무슨 일을 저질러도 부끄러워하지 않는다. 오로지 도덕으로 이끌고 예로 다스릴 때 백성들은 비로소 그 부끄러움을 알고 바른 길을 간다." -《사기》〈혹리열전〉

그렇다면 세종은 사마천이 말한 '불은 그대로 두고 끓는 물만 식히려 한救火揚沸' 것은 아닐까? 즉 근본적인 문제를 해결하지 않고 대증요법원인이 아니라 증상만 완화하려는 치료법으로 창궐한 도적떼들을 없애려 한 것은 아닐까?

죄인을 능지처사 시켜라

그런데 《세종실록》의 기사를 보면, 그저 힘줄을 끊는 단근형은 그나마 양호한 것 같다.

"사노 매읍동이 본주인을 때려 죽였으므로 능지처사시켰다."

-《세종실록》 1418년 11월 7일조

"형조가 '함길도 북청의 여자 금슬이 간부姦夫 정인중과 더불어 본남편과 시어미와 딸을 죽였사오니 모두 형률에 따라 능지처사하게 하옵소서.'라고 했다. 임금이 그대로 따랐다." -《세종실록》 1439년 2월 13일조

모두 '해동의 요순'이라는 세종 때의 일이다. 그뿐이 아니다. 1424년세종 6년 8월 21일, 세종은 환신이 정빈된 명령을 내린다.

"어진 임금이 형벌을 쓰는 목적은 형벌을 범하는 자가 없어지기를 바라기 때문이다. 어찌 차마 무식한 백성을 중하게 법에 몰아넣을 수 있겠는가. (중략) 형벌을 조심하고 불쌍히 여기는 과인의 지극한 뜻에 합치되도록 하라."

설사 백성이 법을 어기더라도 형벌은 조심해서 내리라는 성군聖君의 지엄한 분부였다. 그런데 바로 그날이었다.

"형조가 '평안도 맹산에 사는 군인 이막동의 아내 보배가 병든 남편의 목을 졸라 죽였고, 경상도 함창의 능지기 김격의 집종이 김격의 아들을 때려 죽였다. 둘 다 능지처사의 법에 해당된다.'라고 아뢰었다. 임금이 그대로 따랐다."

백성을 사랑하는 마음씨를 강조하면서도 한편으로는 능지처사의 끔찍한 형벌을 내린 것이다. 물론 죄질에 따라 형벌은 다를 수 있다. 또 그래야 질서가 잡힌다. 따라서 법대로 처단하되 인정을 발휘하는 이른바 '실질적인 법치주의자'라는 이름을 얻을 만하다. 하지만 능지처사라는 벌은 극형 중의 극형이다.

눈뜨고 볼 수 없는 능지처사

'능지凌遲'는 말 그대로 산이나 구릉의 완만한 경사이다. 그러니까 능지처사는 되도록이면 천천히 고통을 극대화하면서 사형에 처하는 극형인 것이다. 동양에서 능지처사의 역사는 깊다. 은상商나라기원전 1600~1046년 갑골문에 나온다.

"강족羌族이 폭동을 일으켰다. 강족 한 사람의 사지를 찢어죽였다.책·磔"
"강인 15명을 찢어죽일까요.磔"

강족은 중원의 은상을 위협한 최강의 적이었다. 상당수의 갑골문은 포로로 잡은 강족이 감옥에서 폭동을 일으켜 책형磔刑, 즉 기둥에 묶고 창으로 찔러죽이는 극형에 처한 내용을 기록해 놓은 것이다. 또한 갑골문은 무정왕 대재위 기원전 1250~1192년부터 전성기를 이뤘다. 따라서 3,300년 전부터 능지처사의 일종인 '책형'이 존재했음을 알 수 있다. 그런데 칼로 사지를 차례차례 베어 죽이는 능지처사는 거란족의 왕조인 요나라 때, 즉 기원후 10세기 때부터 시작됐다. 이후 송·원·명나라를 거쳐 청나라 말기까지 지속됐다. 능지처사는 그야말로 소름끼치는 극형이었다. 죽을 때까지 칼로 살을 베는 형벌이었기 때문이다.

명나라 때인 1510년 권력을 남용한 환관 유근은 반역음모를 꾸민 죄로 무려 3,357회의 절개형을 받았다. 1639년 당쟁의 소용돌이 속에서 패륜을 저질렀다는 혐의를 받은 정만이라는 사람은 무려 3,600회의 절개명령을 받았다. 숨이 끊어질 때까지 물을 뿌리고 죽을 먹여가며 칼질을 해댔다니 얼마나 끔찍한가! 칼질이 아니더라도 죄인의 팔과 다리를 먼저 자르고 목을 치는 형태로도 이어졌다.

능지처사를 받는 죄목은 반역죄와 강상죄였다. 다만 조선 태종 대의 기록을 보면 능지처사가 거열車裂, 즉 팔과 다리를 각각 다른 수레에 매어 죄인을 찢어 죽이는 형벌로 대신한 것으로 보인다.

1407년태종 7년 11월 28일, 충청 연산의 내은가이라는 여인이 내연남과 짜고 남편을 살해한 뒤 시체를 땅에 묻어 유기한 죄로 거열형을 당했다. 태종 임금이 "법에 능지의 조항이 있느냐?"라고 묻자 황희는 "이전에 거열로 능지를 대신했사옵니다."라고 대답했다. 그러자 태종은 "본보기를 보이기 위해 서울의 저잣거리에서 사람들이 보는 앞에서 거열하고 사지를 나누어 지방의 각 도에 보내라."라고 지시했다.

60명을 능지처사형으로 처단한 세종

문제는 해동의 요순이자 백성을 사랑했던 세종의 치세에 능지처사형의 판결을 받은 이가 60명이나 되었다는 것이다. 필자가 《세종실록》에서 '능지처사', '능지처참', '거열' 등의 단어로 찾았더니 능지처사 51명, 능지처참 7명, 거열 2명이 검색됐다. 그 가운데는 모반대역이나 불충한 말을 한 죄인은 손가락으로 꼽을 정도2명였다. 절대다수는 주인을 죽이거나 부모와 남편 등을 살해한 강상죄인들을 벌한 것이다. 신분을 중시하고 효를 최고의 가치로 삼은 유교국가에서 주인과 부모, 남편을 죽이는 패륜범죄를 엄히 다스리는 것은 당연한 처벌일 수 있다. 하지만 능지처사는 너무 심한 벌이 아닐까?

1424년세종 6년 12월 6일의 일이다. 전라 정읍현의 정을손이라는 사람이 있었다. 그런데 정을손은 자신의 딸과 후처가 음란하다 하여 마구 구타했다. 또 딸의 남편, 즉 사위를 때려 내쫓으려 했다. 그러자 사위는 '하돈河豚의 독', 즉 '복어독'을 국에 타서 장인정을손을 독살했다. 세종은 아버지와 남편의 독살사실을 알고도 방관한 정을손의 딸과 후처를 능지처사했다. 물론 딸과 후처가 당대의 윤리개념으로 볼 때 용서할 수 없는 죄를 저지른 것은 사실이다. 하지만 직접 살해한 것도 아니고 방관했다는 죄목으로 능지처사라는 최악의 극형을 내린 것은 심한 처사가 아닌가.

고문으로 허위자백한 여인까지 극형에 처하다

한 가지 사례가 더 있다. 1430년세종 12년 10월 19일의 일이다.

> "내연남춘길과 공모해 본 남편을 죽인 원비는 능지처사에 해당됩니다. 내연남 춘길은 참형에 해당됩니다."

그런데 《세종실록》을 기록한 사관은 묘한 사족을 붙여 놓았다.

"국문 때 원비에게 매질을 17차례, 압슬壓膝을 5차례나 했는데도 자백하지 않았다. 그런데 이때는 장형도 실시하지 않았는데도 자백했다. 사람들은 허위 자백이 아닌가 의심했다."

세종의 치세에 여인에게 매질에, 더 나아가 압슬이라는 혹독한 고문 끝에 자백을 받아냈다니……. 거기에 허위자백까지 의심된다니……. 압슬은 무릎에 자갈을 깔고 널판을 올려놓은 뒤 사람이 올라가 짓밟는 고문이다. 게다가 여인에게는 능지처사의 극형을 선고하고, 내연남에게는 그보다 한 단계 밑인 참수형에 처한 것을 옳은 판단이라 할 수 있을까?

결국 세종은 '해동의 요순'이 아니었다

그렇다면 세종을 '해동의 요순'으로 추앙하는 것은 좀 과한 평가일까?

"신중하라, 신중하라.欽哉 欽哉"라고 외친 순임금의 예를 감안한다면 당연히 그럴 수 있다. 그뿐인가? 기원전 168년, 한나라 문제가 사람의 몸에 손을 대는 육형肉刑을 폐지하면서 이렇게 말했다.

"육형이 있어도 간악함은 멈추지 않는다. 그 잘못은 무엇인가? 교화를 먼저 베풀지 못하고 형벌부터 먼저 가하기 때문이다. 무릇 형벌이란 사지를 잘라 버리고 피부와 근육을 도려내어 죽을 때까지 고통이 그치지 않으니 얼마나 아프고, 괴로우며 부덕한 것인가. 육형을 없애라." —《사기》〈효문제 본기〉

그러니 세종이 도둑을 잡는다고 힘줄을 끊는 육형단근형을 만들고, 공공연히 사람의 사지를 찢는 능지처사를 시행했다는 것을 어찌 봐야 할까? 물론 지금의 잣대로 조선시대의 법률을 평가할 수는 없다. 공자는 형벌 대신 도덕으로 다스리라고 누누이 강조했다. 하지만 "은나라의 법도에는 공중도덕을 지키지 않았을 때 그 손을 잘랐다.棄灰于公道者 斷其手"라고 한《한비자》의 내용에 대에서는 "이것이 치국의 도리此治道也이다."라고 말했다.

공중도덕을 지키지 않는 자체는 가벼운 죄지만 이로 인해 더 큰 죄를 키울 수 있기 때문에 중형을 부과한다고 뜻이다.《세종실록》1436년 8월 8일조를 보면, 세종은 단근법을 시행하면서 주자1130~1200년의 논의를 참고했다. 즉 주자는 "강도와 절도 같은 무리를 궁형거세형이나 비형剕刑·발 자르기으로 다스리면 몸의 일부분을 해하는 것이나 생명은 보전됨으로 시의에 맞다."라고 했다. 어찌 보면 세종은 주자가 말한 궁형과 비형보다는 더 가벼운 단근형을 택했다고 볼 수 있다.

그렇다면 능지처사는 어떨까? 세종은 부모와 남편, 주인을 죽이는 패륜의 범죄에는 용서 없이 대처했음을 알 수 있다. 하지만 그렇다 하더라도 능지처사라는 극형을 남발했던 것은 아닐까? 다른 분도 아니고 백성을 사랑한다고 입버릇처럼 말해온 세종대왕인데…….

03

만기친람 정조, 침실에 재해대책본부를 설치하다

'일일만기一日萬機'

《상서》〈고요모〉를 보면, 예로부터 천자군주는 하루 동안 1만 가지 일을 처리한다 해서 '일일만기' 혹은 '일리만기日理萬機'라 했다. '만기친람萬機親覽'이란 말도 거기서 나온 말이리라. 아무리 천명을 받은 몸이라지만 어찌 하루에 1만 가지 일을 하겠는가. 그러나 말 그대로 '일일만기'를 감당할 만큼 '일중독'에 빠진 지도자들도 상당수 있었다. 개혁군주로 알려진 정조가 대표적인 예가 아닐까?

오지랖 넓다고 지적받은 정조

1781년정조 5년 규장각 제학 김종수가 '임금의 태도를 지적한 6개항'을 상소문으로 올렸다.

"작은 일에 너무 신경 쓰시면 큰일에 소홀하기 쉽습니다. 크고 실한 것에 전력을 기울이지 않고 눈앞의 일만 신경 쓰면 겉치레의 말단입니다. 전하께서는……."

그러자 정조는 "작은 것은 통해야만 큰 것으로 나갈 수 있고 겉치레를 통해야만 실상으로 도달할 수 있는 것"이라 응수했다. 과연 무슨 대화였을까?

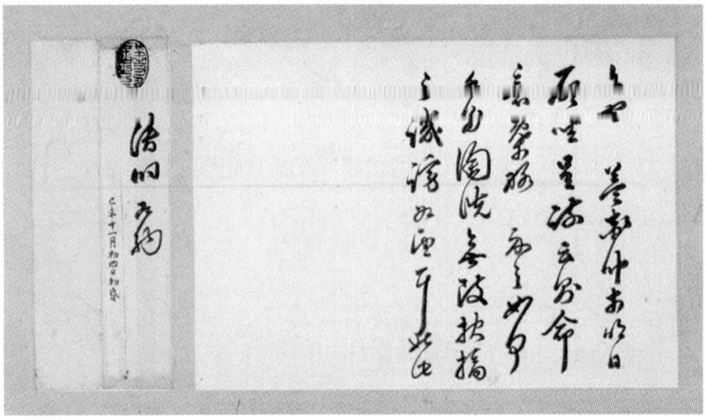

▲ 정조가 심환지에게 보낸 편지를 모은 첩. 정조는 일중독에 걸렸다는 말을 들을 정도로 밤을 세워가며 정사를 봤다. | 국립중앙박물관 소장

김종수는 '지도자라는 사람정조이 너무 세세한 것까지 챙기는 바람에 정작 큰일에 소홀히 하고 있다.'라고 감히 '지적질'하고 있는 것이다. 임금이라는 사람이 큰 그림을 그려야지, 사사건건 '디테일'에만 신경 쓴다는 것이다. 《홍재전서》 제42권 〈비답1〉과 《정조실록》 1781년 4월 7일조에는 정조의 만기친람을 지적한 김종수의 용감무쌍한 상소가 고스란히 실려 있다.

그러자 정조는 "작은 것을 거쳐 큰 것으로 나가는 법"이라면서 "그것이 과인이 작은 것이나 살핀다는 지적을 받으면서도 눈앞에 닥친 일부터 해나가려는 이유"라고 당당히 말하고 있다. 정조의 통치 스타일을 보면 '임금의 오지랖'을 지적한 김종수의 상소가 틀리지 않았다는 사실을 짐작할 수 있다. 정조의 '일중독'은 청사에 길이 남을 만큼 지독했으니까.

침실에 재해대책본부를 설치한 정조

예컨대 1783년정조 7년, 재해가 나자 정조는 자신의 침실에 '상황판'을 걸어놓았다.

"침실의 동·서벽에 재해를 입은 여러 도를 세 등급으로 나누었다. 그곳에 고을 및 수령 이름과 세금경감과 구휼 조목 등을 죽 써놓고, 한 가지 일을

처리할 때마다 기록했다." -《홍재전서》 166권, 〈일득록 6 · 정사 1〉

한마디로 재해대책본부를 침실에 차린 것이다. 그러면서 정조는 "이 모든 것이 백성을 위한 것"이라고 했다.

"백성이 배고프면 내가 배고프고, 백성이 배부르면 나도 배부르다. 재해를 구하고 피해를 입은 백성을 돌보는 것은 특히 시기를 놓치지 않도록 서둘러야 한다. 백성의 목숨이 달려있는 사안이므로 중단할 수 없지 않은가."

이런 일도 있었다. 정조는 해마다 새해 첫날이면 한해 농사를 장려하는 '윤음'을 내렸다. 그런데 1784년 새해에는 윤음을 내리지 않기로 작정했다. 해마다 윤음을 내렸지만 기근이 계속됐기 때문이었다. 정조는 속으로 '윤음이란 모두 형식일 뿐'이라고 생각했다. 차라리 밭 갈고 김매는 시기를 잘 선택하는 것이 농사에 더 좋다고 여긴 것이다. 그러나 어느 날 밤 곰곰이 생각해보니 그게 아닌 것 같았다. 정조는 밤새도록 뒤척이다가 벌떡 일어났다.

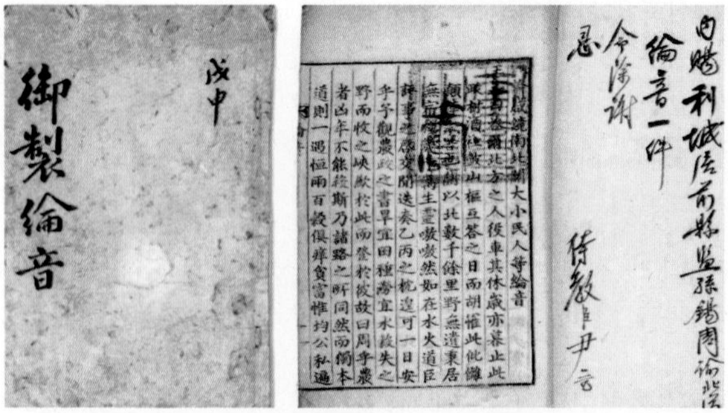

▲ 〈어제윤음〉. 정조가 1788년 가뭄이 든 함경도 지역의 백성들을 위해 관세탕감 등을 골자로 하는 구제책을 적어 내린 지침서이다. | 국립고궁박물관 소장

"인간사, 정성을 바쳤는데 감동하지 않는 법이 없지 않은가. 정성껏 윤음을 내리는데 (하늘이) 응답하지 않을까? 나는 내 정성만 다하면 된다. 한밤중에 벌떡 일어나 이렇게 불러 쓰노

니 관찰사와 수령들은 명심하기 바란다." -《정조실록》 1784년 1월 1일조

누웠다가도 벌떡벌떡 일어나 정사를 처리했다니!

보고서 보는 게 취미였던 정조

1784년정조 8년 도제조 서명선이 정조 임금에게 제발 건강 좀 챙기시라고 걱정했다. 몸이 편치 않았던 정조가 아직 회복하지 않았는데도 8도에서 올라온 보고서를 친히 살펴보고 있었기 때문이었다. 그러자 정조의 대꾸가 걸작이었다.

"정신 좀 차리고 보니 국사가 많이 지체되었으니 어쩔 수 없이 보는 것이네.不得不親覽矣 그리고 나는 원체 업무 보고서 읽는 것을 좋아하네. 그러면 아픈 것도 잊을 수 있지." -《홍재전서》 166권 〈일득록 6 · 정사 1〉

업무 보고서를 좋아하고, 그것을 읽으면 아픈 것도 잊는다니 무슨 할 말이 있겠는가. 그는 '바쁘다 바빠!'를 연발하면서도 '일의 세계'에 빠져들고 있다. 근년에 공개된 정조와 심환지 등이 나눈 편지를 보자.

"(바빠서) 눈 코 뜰 새 없으니 괴롭고 괴로운 일이라.眼鼻莫開 苦事苦事"
-〈어찰첩〉 1797년 12월 26일

"백성과 조정이 염려되어 밤마다 침상을 맴도느라 날마다 늙고 지쳐간다.而民憂薰心 朝家關念 夜夜繞榻 日覺衰憊" -〈어찰첩〉 1799년 1월 20일

"바빠서 틈내기 어렵다, 닭 우는 소리 들으며 잠들었다가 (중략) 비로소

밥 먹으니, 피로해진 정력이 갈수록 소모될 뿐…….疲鈍之精力 日益銷耗而已"

〈이할첩〉 1700년 10월 7일

정조는 공무 외에도 윤음綸音·국왕이 백성에게 내리는 훈유문서과 편지를 직접 쓰고, 독서에 매진하느라 밤을 지새우기 일쑤였다.

"바쁜 틈에 윤음을 짓느라 며칠째 밤을 새고, 닭 울음을 듣는구나. 괴롭다!" –〈어찰첩〉 1798년 12월 1일

"책을 읽으면서 비점批點·시문 등을 평론하며 찍는 붉은 점과 권점圈點·문장의 중요한 곳을 찍는 점 등을 찍느라 밤잠을 못 이루고, 온갖 문서를 보느라 심혈이 모두 메말랐구나." –〈어찰첩〉 1798년 5월 26일

비밀편지 정치에 몰입한 정조

정조의 '비밀편지 정치'는 지독했다. 그는 '비밀편지'에서 육두문자에 가까운 거친 언사로 대신들을 힐책했다. 예컨대 당시 46세인 정조가 67세의 재상 심환지를 두고 '생각 없는 늙은이無算之叟'라고 욕하는 내용이 보인다.

"나는 경심환지을 이처럼 격의 없이 여기는데 경은 갈수록 입조심하지 않는다. '이 떡이나 먹고 말 좀 전하지 마라.'라는 속담을 명심하라. 매양 입조심하지 않으니 경은 생각 없는 늙은이無算之叟라 하겠다. 너무도 답답하다."

–〈어찰첩〉 1797년 4월 10일

이밖에 〈어찰첩〉 1800년 4월 29일의 내용을 보면, 정조는 "황인기와 김이수가

과연 어떤 놈들이기에 감히 주둥아리를 놀리는가.乃敢鼓吻耶"라고 했고, 1798년 8월 16일에는 "이 사람은 참으로 호로자식이라 하겠으니 안타까운 일이다.可謂眞胡種子"라고 욕설을 퍼부었다.

일중독과 스트레스가 승하의 원인?

이렇게 '일일만기'를 처리하고, 독서에 편지쓰기까지 밤을 꼴딱꼴딱 새웠으니 건강이 좋을 리 있었겠는가.

> "열기가 치솟고 등은 뜸뜨는 듯하고 눈은 횃불 같아 헐떡일 뿐이다. 현기증이 심해서 독서에 전념할 수도 없다. 괴롭기만 하다." -〈어찰첩〉 1799년 7월 7일

> "요즘 시사時事가 눈에 들어오지 않는구나. 마음속에 불길만 치솟을 뿐 (중략) 이 때문에 안화眼花·눈이 어른거림가 나을 기미가 없구나." -〈어찰첩〉 1798년 7월 8일

> "뱃속의 화기가 내려가지 않는구나. 얼음물을 마시거나 차가운 온돌 장판에 등을 붙인 채 뒤척이는 일이 모두 답답하다." -〈어찰첩〉 1800년 6월 15일

정조는 등창이 난 지 20여 일 만인 1800년 6월 28일 승하했다. 재위 24년 1776~1800년만에, 그것도 48세라는 많지 않은 나이에 세상을 떠난 것이다. 아마도 지독한 일 중독에 따른 스트레스가 간접 사인이 아니었을까?

백성을 생각하는 마음씨

정조의 편지어찰와 《정조실록》, 《홍재전서》 등에 보이는 백성을 생각하는 마음씨

는 끔찍하다. 《정조실록》 1778년 12월 19일조를 보면, 따뜻한 겨울이 계속돼 얼음이 얼지 않자 "죄인이 모두 부덕한 탓이고 죽고 싶은 심정"이라고 토로한다. 또 《비변사등록》 1778년 5월 29일조에는, "제주 백성들이 전복을 채취하는 힘겨운 모습이 눈에 선하다."라고 하며 전복 바치기를 전면 금지한다.

서북지방의 기근 때문에 유랑민 수백 명이 서울로 몰려오자 친히 종로거리로 나가 이들을 접견한 뒤 이렇게 말했다.

"누더기 옷과 깡마른 얼굴을 보니 참담하구나. 비단옷과 보료를 준들 편안하겠는가. 세금을 면제하고 곡식과 옷가지를 줄 테니 각자의 집으로 가라."

▲ 화성행궁에 자리한 정조의 모형. 정조는 백성들 생각에 밤을 하얗게 지새우는 경우가 많았던 워커홀릭이었다. | 이호준 촬영

정조는 이런 명령을 내린 뒤에도 자리를 떠나지 않았다. 《홍재전서》 167권 〈일득록 7·정사 2〉를 보면, 하루 종일 자리를 지키고 앉아 곡식과 옷이 제대로 분배되는지를 감독했다고 한다.

일중독의 후유증

너무 일에 빠져살다 보니 어이없는 일도 있었다. 1796년 11월 28일 정조가 '담배의 이로움과 해로움을 따져 조선을 흡연의 나라로 만드는 법'을 묻는 책문을 내린 것이다. 책문은 신료들에게 국정 현안의 자문을 구하는 제도였다.

"담배가 출현한 것을 보니 천지의 마음을 읽기에 충분하다. 우리 강토의 백성들에게 (담배를) 베풀어 그 혜택을 나눠 주고 그 효과를 확산시켜 천지가 사람을 사랑하는 마음에 조금이나마 보답하고자 한다."

–《홍재전서》 제52권 〈책문 5·남령초〉

정조는 지독한 골초였기에, "임금은 하늘을 도와 정치하는 사람이므로 하늘이 내린 담배의 혜택을 백성들에게 줘야 할 의무가 있다."라고 강변한 것이다. 조선을 흡연의 나라로 만들겠다니 요즘 상황에서는 상상조차 하기 힘든 일이다.

1790년 8월, 정조는 또 한 번 '만기친람'의 기질을 발휘한다. 살인사건의 판결문을 직접 쓴 것이다. 즉 전라도 장흥사람 신여척申汝倜이 이웃집 형제간의 싸움을 보다 의분을 참지 못하고 형제 중 한 사람을 발로 차 죽였다.

형조는 "고의성은 없지만 살인한 것은 사실이니 살인죄로 처벌해야 한다."라는 주청을 올렸다. 그러나 정조는 "형제간 싸움은 윤리의 변괴이며, 그런 형제들을 처단한 신여척은 기개 있고 녹록치 않은 자"라며 무죄를 선고했다. 《정조실록》 1790년 8월 10일조에 따르면, 정조는 특히 "신여척이라는 이름이 헛되지 않았

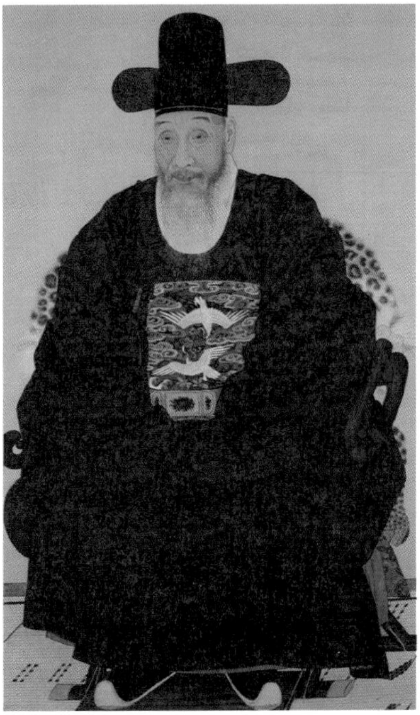

▲ 정조와 비밀편지를 주고받았던 심환지 초상. 정조는 심환지를 '생각 없는 늙은이'라고 표현했다. | 경기도박물관 소장

다."라고 칭찬했다. 즉 신여척의 한자 이름인 '너 여汝'와 '기개 있을 척倜'을 떠올리며, '너는 기개있는 사람'이라 칭찬한 것이다.

다산 정약용은 《여유당전서》 제5집 〈흠흠신서〉에서 정조의 이 판결을 "의로운 판결"이라 찬동했다. 하지만 어떤 경우든 살인은 살인이 아닌가. 어찌됐든 사람을 때려죽인 살인범에게 '의롭고 기개 있다.'라고 하며 무죄로 방면시킨 것은 문제가 있어 보인다.

정조는 심지어 "장악원에서 연주되는 음악이 갈수록 번잡하고 빠르다."라고 지적하면서 "하루빨리 고아한 음악을 되찾으라."라는 명을 내리기도 한다.

> "줄을 번잡하게 튕기고 곡조를 빠르게 하는 것은 아무래도 외떨어진 작은 나라의 소리다. 서로 화답하여 넉넉하게 여유로운 소리를 내는 음악이라야 잘 다스려진 세상의 모습이다." –《홍재전서》 166권 〈일득록 6·정사 1〉

임금이 백성에게 담배를 적극 권장하고, 살인사건의 판결까지 손수 내리고, 심지어는 유행음악이 빠르다고 빨리 바꾸라고 지적하다니 오지랖이 넓다는 소리를 들을만하다.

옹정제의 만기친람

그런데 흥미로운 것이 있다. 정조의 만기친람이 2세대 정도 앞선 인물인 청나라 옹정제재위 1722~1735년의 '만기친람'과 매우 흡사하다는 점이다. 강희제의 35명 황자 가운데 4번째인 옹정제는 45세의 나이에 황제가 됐다. 그는 "정치는 천명을 받은 나에게 모두 맡기라."라고 선언했다.

그의 '밀정정치'는 유명했다. 전국 각지에서 일하는 관리들의 인물 됨됨이를 파악하려면 어쩔 수 없는 선택이라 했다. 예컨대 이런 일이 있었다.

어느 지방관이 북경에서 임지로 떠나면서 하인을 한 사람 데려갔다. 3년 뒤 하인은 지방관에게 "휴가를 얻고자 한다."라고 하면서 다음과 같이 말했다.

"주인님은 아마 성공할 겁니다. 천자옹정제께서 포상할 겁니다."

하인 주제에 무슨 말? 지방관은 신경 쓰지 않았다. 그런데 옹정제를 알현한 지방관은 뜻밖에 치하의 말을 들었다.

"자네가 그렇게 고을을 잘 다스린다지?"

▲ 미로한정에서 바라본 화성행궁. 정조는 이곳 미로한정에 올라 백성 모두가 행복한 세상을 꿈꾸며 쉼 없이 일했을 것이다. | 이호준 촬영

감읍해하던 지방관이 돌아 나서는데 바로 그 하인이 문 앞에 서 있었다. 그는 황제가 지방관의 됨됨이를 파악하려 파견한 밀정이었던 것이다.

또 있다. 한번은 관리들이 옹정제가 그토록 싫어했던 마작을 몰래 즐기고 있었다. 그런데 맨 마지막에 마작패 하나를 잃어버렸다. 다음 날 옹정제가 관리들이 모인 자리에서 물었다.

"어젯밤 무엇을 했나?"

정곡을 찔린 관리들이 마작을 했다고 순순히 고했다.

"뭔가 이상한 일은 없었는고?"

"예, 그렇지 않아도 마작패 하나가 없어졌습니다."

그러자 옹정제가 소매에서 마작패 하나를 꺼내며 말했다.

"이것 말인가?"

관리들은 소스라치게 놀랐다. 솔직하게 어젯밤의 일을 이실직고했으니 망정이지, 거짓을 고했다면 목이 달아날 뻔했으니까.

주접으로 소통한 옹정제

정조가 비밀편지로 관리들과 소통했다면, 옹정제는 이른바 '주접奏摺'을 통해 중앙관리 및 지방관들과 소통했다. 주접은 공식 절차가 아니라 황제와 일선 관리가 직접 주고받는 비밀문서친필편지를 말한다. 옹정제는 사소한 정보까지 모든 사항을 빠짐없이 보고하라고 명했다.

"정치가 잘 운영되는지, 관리가 근면한지 태만한지, 윗사람은 공평한지, 누가 모자란지, 군대의 규율은 어떤지 (중략) 무슨 일이든 좋다. 증거가 없어도 좋으니 빠뜨리지 마라. 단 증거와 풍문은 구분해서 보내고……."

중요한 것은 비밀이었다. 정조가 편지내용을 발설한 심환지를 두고 '입조심을 하지 않은 생각 없는 늙은이'라 욕했다지만, 옹정제 또한 다르지 않았다. 마음에 들지 않는 관리들에게 마구 욕을 해댄 것이다.

"바보는 고칠 수 없다下愚不移는 말은 바로 너를 두고 하는 말이다."
"금수라도 너보다는 낫겠다."
"양심을 뭉개버리고 수치를 수치로 여기지 않는 소인배."
"잘못 둔갑한 늙은 너구리."

보고서 읽는 것이 너무 즐겁다는 옹정제

'일일만기'한다는 말은 정조뿐만 아니라 옹정제도 마찬가지였다. 그는 새벽 4시 이전에 일어나 역사실록과 제왕의 명령 및 가르침을 모은 조칙집, 그리고 보훈寶訓을 한 권씩 읽으면서 일과를 시작했다. 관리들은 새벽 6시까지 입궐해야 했다.

하루 종일 정무를 돌본 그는 밤 일고여덟 시에 일과를 끝냈다. 그러나 옹정제의 하루는 그때부터가 또 다른 시작이었다. 지방관들이 보낸 주접을 꺼내 읽고, 답장을 쓰느라 밤잠을 이루지 못했다. 많을 때는 오륙십 통을 읽은 뒤 답장을 썼다고 한다.

"웬일인지 짐은 어릴 적부터 밤만 되면 정신이 집중된다. 보고서가 아무리 길어도, 심지어 수천 자가 넘어도 끝까지 다 읽는다. 유익한 보고서라면 읽는 것이 너무도 즐겁다."

옹정제는 또한 "천하를 다스리는 일은 너무도 중대해서 이 한 몸 아까워할 필요가 없다."라고 선언했다.

그는 거실액자에 '위군난爲君難', 즉 '군주가 되는 길은 어려운 것'이라는 세 글자를 써놓았다. '위군난'은 "임금 노릇을 제대로 하기가 어려우며, 신하 노릇을 제대로 하기가 쉽지 않다.爲君難 爲臣不易"라는 《논어》〈자로〉의 구절이다. 그러고 나서 양쪽 기둥에 다음과 같이 썼다.

"천하가 다스려지고 다스려지지 않고는 나 하나의 책임이다. 이 한 몸 위해 천하를 고생시키는 일은 하지 않으리.原以一人治天下 不以天下奉一人"

'워커홀릭' 황제와 임금

옹정제와 정조는 흡사한 대목이 또 있다. 옹정제는 주접에 짐을 두고 성인이니 뭐니 하면서 의례적인 말을 늘어놓는 사람들이 가장 싫으니 쓸데없는 편지는 쓰지 말라고 누누이 강조한다. 황제에게 입에 발린 칭찬이나 한가득 쓰는 자들의 주접을 읽기가 매우 낯간지럽고 괴롭다는 뜻이다.

정조 역시 "장계에 임금을 찬양하는 습관을 고치라."라고 강력하게 경고했다.

"한 광무제漢光武帝는 장계를 올릴 때 '성聖스럽다.'라는 말을 하지 못하도록 했다. 내가 역사책을 읽다가 이 대목에 이르러 일찍이 흠앙하며 찬탄하지 않은 적이 없었다. 그런데 근래 각 도의 장계狀啓를 보면 찬양하는 풍조를 이루고 있다. 헛된 형식이 너무 지나쳐서 도리어 실제의 정사를 가리니 앞으로는 승정원이 미리 장계를 살펴보고 미리 걸러내라."

—《홍재전서》 169권 〈일득록 9·정사 4〉

옹정제로 돌아가자면, 그는 160만 명의 백성이 홍수에 휩쓸렸다는 소식을 듣자 "모든 책임은 짐에게 있다."라고 자책했다. "모든 재해의 책임이 임금에게 있다."라는 정조의 한탄과 판에 박은 듯 똑같다. 옹정제는 또 "바빠서 미치겠다."라고 푸념하는 지방관에게 웃기는 소리하지 말라고 일갈한다.

"짐은 수천 리 떨어진 지방 총독과 순무巡撫·지방 파견 관리의 사무를 도와주는 데 소비하는 시간이 팔구 할이 된다."

일에 빠져 살았던 탓일까? 옹정제는 북경 근처의 '서산西山 별장'에 가끔씩 갔을 뿐 그 이상은 한 발짝도 나가지 않았다. 강희제1661~1722년나 건륭제1735~1795년가 이따금 강남 유람에 나섰던 것과는 사뭇 달랐다. 그래서일까? 옹정제의 치세는 13년에 그쳤다. 그 사이에 황제는 자신을 위해서는 궁궐의 방 한 칸도 늘리지 않았다. 일중독에 빠진 '워커홀릭' 황제는 차세대건륭제 청나라의 전성기를 이루는 데 밑바탕을 마련해 주었다는 평을 듣고 있다.

만기친람의 원조는 따로 있다

사실 '일중독'의 원조라면 진시황기원전 246~210년이 아닐까? 진시황 대의 방술사인 후생은 노생과 대화를 나누며 진시황을 이렇게 비난했다.

> "진시황은 예부터 자기보다 나은 자가 없다고 여기고 있습니다. 천하의 크고 작은 일이 모두 황제에 의해 결정됩니다.天下之事 無小大皆決於上"

노생은 특히 "진시황은 하루에 읽어야 할 결재문서의 중량을 저울질해서 처리하고 있다.上至以衡石量書"라고 고발한다.

▲ 중국 시안 병마용에서 발견된 청동마차. 만기친람의 원조격인 진시황은 전국을 순회하는 순행정치로 만천하를 다스렸다.

> "(진시황은) 처리해야 할 문서 정량120석 분량에 도달하지 못하면 전혀 쉬지를 않소. 권세

를 탐하는 것이 이 정도인데……."

노생의 지적은 시사하는 바가 크다.

"대신들은 황제가 결정한 일만을 명령받고 있소이다. 모든 일은 황제에 의해서만 결정·처리되고 있다는 겁니다. 황제는 자신의 허물을 듣지 않고 날마다 교만해지며 아랫사람은 황제의 비위만 맞추고 있소. 황제의 허물을 직언하지 못하고……." -《사기》〈진시황본기〉

흥미롭다. 같은 '일중독'이라도 정조·옹정제와 진시황은 왜 그리 상반된 평가를 받았을까? 결국 핵심은 백성이 아닐까? 백성을 위한 '일중독'이냐, 아니면 독재를 위한 '일중독'이냐. 노생의 주장처럼 권세를 탐하는 일중독은 결국 진시황의 전철을 밟게 된다는 뜻이 아닐까?

제갈공명의 오지랖

또 하나 지적할 것은 제 아무리 백성을 위한 일이라도 도가 지나치면 안 된다는 것이다. 정조 같은 이도 그런 지적을 받았듯이 지도자가 좁쌀영감처럼 온갖 세세한 것까지 참견하면 '만기친람'이라는 지적을 받을 수 있기 때문이다. 이 경우의 '만기친람'은 우리말로 '오지랖 넓다.'라는 표현으로 대치할 수 있겠다. 이 대목에서 흔히 인용되는 것이 바로《삼국지》에 나오는 제갈공명의 고사이다.

제갈공명과 사마의가 대치하고 있을 때였다. 사마의는 제갈공명이 보낸 사신에게 "공명은 하루 일과를 어떻게 보내느냐?"라고 물었다. 그러자 제갈공명의 사신은 "음식은 지나치게 적게 먹고, 공무는 새벽부터 밤중까지 손수 다 처리한다."라고 답했다. 곤장 20대 이상의 형벌까지 직접 집행한다는 이야기도 했다. 사마의는 사신의 말을 듣고 농담 반 진담 반으로 응수했다.

"식소사번食少事煩·먹을 것은 적은데 할 일은 많음이라. 공명은 오래 살지 못하겠구먼."

사마의의 말을 전해들은 제갈공명은 울면서 말했다.

"사마의의 말이 맞다. 나는 아무래도 오래 살지 못할 것 같아."

제갈공명은 결국 54세의 나이로 죽고 말았다.

또 있다. 제갈공명이 직접 장부를 조사하자親校簿書 주부 양과가 고했다.

"통치에는 체통이 있습니다. 상하가 영역을 침범하면 안 됩니다. 닭은 새벽을 알리고 개는 도적을 지킵니다. 주인 혼자 하려 하면 심신이 피곤해서 아무것도 못합니다. 어찌 이리 하십니까."

사실 제갈공명으로서는 불가피한 사정이 있었다. 선제, 즉 유비의 유언을 지켜야 했기에 말 그대로 '만기친람' 할 수밖에 없었다. 어리석은 제2대 군주유선를 대신한 승상으로서 제국을 반석 위에 올려놔야 했기 때문이다. 제갈공명의 한탄이 귓전을 때린다.

"내가 두려운 것은 오로지 하나, 촉을 지켜달라는 선제유비의 유언을 제대로 받들지 못했다는 비난이다."

그래, 듣고 보니 제갈공명의 만기친람은 이해할 수도 있겠다.

04

연산군보다 더 악질이었던 임금들

"임금이 두려워한 것은 사서뿐이다.人君所畏者 史而已" —《연산군일기》 1506년 8월 14일조

성군의 말씀이 아니다. 연산군의 말씀이다. 비록 폭군이었지만, 그가 역사를 두려워했음을 알 수 있는 대목이다. 그러나 너무 두려워한 탓일까? 연산군은 넘지 못할 선을 넘고 말았다. 절대 보아서는 안 될 사초를 보았을 뿐 아니라 아예 '임금의 일'은 역사로 남기지 말라는 엄명까지 내린 것이다.

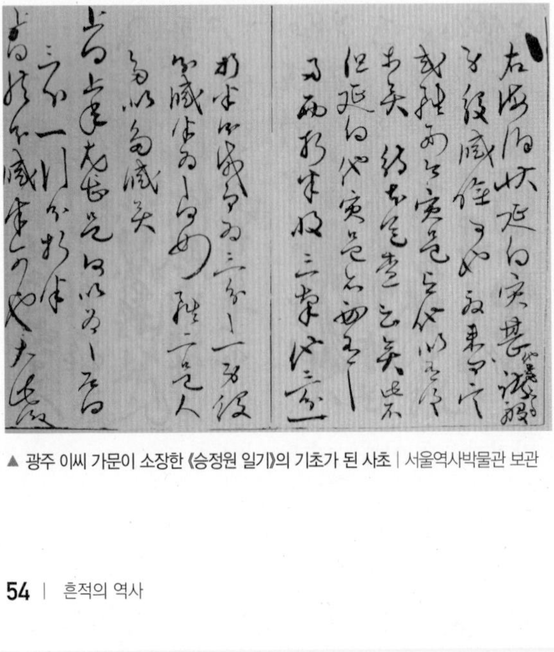
▲ 광주 이씨 가문이 소장한 《승정원 일기》의 기초가 된 사초 | 서울역사박물관 보관

1498년 《성종실록》 편찬과정에서 사관 김일손이 사초에 삽입한 김종직

의 "조의제문弔義帝文"이 파문을 일으켰다. "조의제문"은 항우가 초나라 의제를 죽인 것을 빗대 세조의 왕위찬탈을 비판한 내용을 담고 있었다. 진노한 연산군은 김일손의 사초를 모조리 가져오라고 엄명을 내린다.

발췌본을 열람한 연산군

그러자 실록청 당상현 국사편찬위원장 이극돈과 유순, 윤효손, 안침 등이 극력 반대한다.

"예로부터 사초史草는 임금이 스스로 보지 않습니다. 임금이 보게 되면 후세에 직필直筆이 없기 때문입니다."

연산군이 그래도 고집을 피우자 이극돈 등은 재차 만류한다.

"여러 사관들이 사초를 다 보아 그 내용을 알고 있습니다. 신이극돈 등도 나이가 들어 조종조의 일을 다 알고 있고, 김일손의 사초를 《실록》에 싣지 않았는데 지금 들이라고 명령하시면……."

그런데도 연산군의 서슬 퍼런 명령이 계속되자 이극돈 등은 절충안을 제시한다.

"그렇다면 상고할만한 곳을 '절취'하여 올리겠습니다. 그러면 그런 일조의제문을 볼 수 있고 임금은 사초를 보지 않았다는 의義에도 합당할 것입니다."

그러자 연산군은 "알았다"라는 전교를 내렸다. 《연산군일기》 1498년 7월 11일조를 보면, 실록청은 연산군의 전교에 따라 김일손의 사초에서 6개 조목을 '절취해서 봉해' 올렸다. 그러니까 연산군은 김일손의 사초를 전부 본 것이 아니라 이극돈 등의 반대로 이른바 '발췌본'을 열람한 것이다. 역사를 두려워한 연산군으로서는 "임금이 사초를 보지 않았다."라는 '명분'을 얻기 위한 고육책이었다. 하지만 '발췌본'을 열람함으로써 연산군은 '반反역사의 판도라 상자'를 연 셈이었다. 1506년연산군 12년 임금은 해괴망측한 전교를 내린다.

"임금은 사서를 두려워한다. 《춘추》에 이르기를 '어버이를 위하는 자는 은휘숨기다는 뜻하다爲親者諱'라고 했다. 사관은 시정時政·당대의 정책만을 기록해야지 '임금의 일'을 기록하는 것은 마땅치 않다. 근래 사관은 임금의 일이라면 눈에 불을 켜고 기록하면서 아랫사람의 일은 은휘하여 쓰지 않으니 죄 또한 크다." –《연산군일기》 1506년 8월 14일조

'연산과 호해'는 닮은 꼴

그러면서 연산군은 "이제 사관에게 더 이상 임금의 일을 쓰지 못하게 하였으며, 아예 역사가 없는 것이 더욱 낫다."라고 선언한다. 덧붙여 "임금의 행사는 역사에 구애될 수 없다."라고 하면서 하필이면 나라를 망쳐버린 진나라 2세 호해의 말을 인용한다.

乙亥 王世子賢嬪生男○閏五月
即位以來史草 上問都承旨李文
見何也文和對曰史直書不諱若君
不直書故也 上曰予亦知史法如
見之史臣強逆之豈爲臣之義乎當
能開城縣隷開城留後司○權知校
經訟辨定都監諫官劾而因之○戊

▲ 태조 이성계가 "사초를 모두 바치라"고 하교한 내용을 기록한 《태조실록》

"'진2세는 (황제란) 눈과 귀가 좋아하는 바를 하고 마음과 뜻이 즐거운 것을 다한다.'라고 했다. 모두들 잘못된 말이라고 하지만 무엇이 잘못됐단 말인가."

이 대목에서 《사기史記》가 떠오른다. 진2세 호해는 아버지인 진시황이 죽은 뒤에도 아방궁 건축을 강행하고 중원의 병졸들을 징발하는 등 백성들을 끊임없이 괴롭혔다. 신하들이 아방궁 건축 등을 반대하자 진2세는 이렇게 소리쳤다.

"내가 천하를 얻은 까닭은 내 맘대로 할 수 있기 때문이다. 내 맘대로 하겠다는

데 무슨 헛소리냐." -《사기》〈진시황본기〉

사마천司馬遷은 그런 진2세를 두고 "사람의 머리를 하고 짐승의 소리를 내뱉는다.人頭畜鳴"라고 장탄식했다. 연산군은 천하통일 후 불과 15년 만에 나라를 들어먹은 진2세 호해를 어찌 그렇게 닮았단 말인가.

이행의 사초에 담긴 '이성계의 만행'

하지만 연산군만 탓할 수 있을까? 연산군보다 더 지독한 이가 조선조를 개국한 태조 이성계였으니까. 1393년태조 2년 1월 12일의 일이다.

개국공신 조준이 고려 왕조의 사초를 읽어보다가 가슴이 철렁 내려앉았다. 고려 공양왕 때 사관이었던 이행이 "(고려의) 우왕과 창왕을 죽인 자는 바로 이성계"라고 지목한 사초를 보았기 때문이었다. 조준은 즉시 태조에게 고했다. 그러자 태조는 "(우왕과 창왕이 죽은) 1388년 이후의 사초를 모조리 바치라."라고 명했다. 역시 태조 이성계로서는 깜짝 놀랄만한 내용이 들어 있었다.

1388년, 고려 우왕과 창왕 부자, 그리고 변안열이 죽은 일을 두고 "이성계에 의해 죄도 없이 살해당했다."라고 기록한 것이다. 《태조실록》은 이행의 사초를 무시하고, "이행이 이색과 정몽주 등에 아첨하여 주상태조께서 신우우왕, 신창창왕과 변안렬을 죽였다고 거짓으로 꾸민 것"이라고 결론을 내렸다. 어쨌든 이행의 사초를 본 태조는 이 사초가 거짓임을 구구절절 변명하고 있다.

"나태조는 처음부터 살해할 마음이 없었는데 (중략) 백관과 백성들이 합심해서 목 베기를 청했기 때문에 (중략) 변안렬도 대관들과 중서문하성에서 죄 주기를 청했기 때문에……."

이 대목에서 《태조실록》은 묘한 기록을 던진다.

"공민왕이 아들이 없었기 때문에 신돈의 간사한 계책에 의혹되어 신돈의 아들우禑를 궁녀 한씨가 낳았다고 일컫고, 나이 아홉살 때 강녕대군으로 책봉했다가 후에 군주로 삼았다."

그러니까 우왕과 그의 아들 창은 요승 신돈의 후손이라는 내용을 은근슬쩍 사실로 전하고 있는 것이다. 자칫하면 국왕을 2명이나 시해한 역적으로 남을 수도 있었기에 태조 이성계로서는 모골이 송연했던 것이다. 이때 태조의 트라우마가 얼마나 컸던지 이후 '사초'를 보고 싶은 끓어오르는 욕망을 참지 못했다. 1398년태조 7년 윤5월 1일에는 "왕위에 오른 때부터 이후의 사초를 모조리 바치라."라고 하면서 "왕이 사초를 볼 수 없는 이유가 무엇이냐?"라고 따졌다. 승지 이문화가 간언했다.

"만약 군주가 스스로 보게 되면 사관이 숨기고 꺼려서 사실대로 바로 쓰지 못하기 때문입니다."

하지만 태조는 단호했다.

"당나라 태종도 역사를 본 일이 있지 않느냐. 임금이 본다는데 신하된 자가 거역한다면 어찌 신하의 의리일까? 당장 사고史庫를 열어 사초를 모조리 바치라."

사초를 모조리 거둬 바쳐라

그로부터 40여 일이 지난 6월 12일, 조준 등이 태조의 즉위년1392년 이후 모든 사초를 거둬 태조에게 바치려 했다. 그러자 사관 신개가 나섰다.

"당나라 태종이 명재상 방현령의 반대에도 《실록》을 보고 싶어 했습니다. 그래서 편찬된 《실록》을 황제에게 순서대로 올렸나이다. 그런데 《실록》의 내용이 은근히 숨기는 일이 많았습니다. 태종도 성군이라 바른 대로 쓰기를 원했을 것인데도 명철한 재상인 방현령은 사실을 숨기고 바른 대로 쓰지 못했던 것입니다."

신개의 직언이 계속된다.

"모범이 돼야 할 창업 군주가 당대의 역사를 열람하시면 대를 이은 임금이 그것을 구실삼아 '우리 선왕도 그랬는데'라고 하면서 사초를 보고 고치는 일이 습관화될 것입니다. 이렇게 되면 어느 사관이 붓을 잡겠습니까?"

그렇지만 태조는 '이행의 사초'를 들며 완강하게 반응했다.

▲ 사초를 씻었던 세검정. 씻은 사초는 종이로 재활용됐다. 구한말의 모습이다.

"내가 왕위에 오를 때 임금과 신하가 몰래 한 이야기를 어찌 사관이 안다는 말인가. 이행의 기록도 잘못되지 않았느냐. 고려 공민왕 이후 이미 편수한 역사와 즉위년 이후의 사초는 모조리 가려내어 바치라."

그러고 보면 연산군은 순진하다 할 수 있다. 폭군이라는 오명 때문에 십자포화를 맞은 것은 아닐까? 연산군은 그래도 이극돈 등 사관들의 반대에 '발췌본' 일부를 보는 것으로 그쳤다. 그렇다면 사초를 모조리 열람하고 전체적으로 역사를 뜯어고친 태조 이성계에게 '문제의' 사초를 보여 주고, 심지어 모든 사초를 바친 조준의 죄는 어떻게 가릴 수 있을까? 그래도 연산군에게는 '역사를 두려워한' 일말의 양심은 남아있었던 것은 아닐까?

망측스런 일은 여기에 그치지 않았다. 영조가 사초를 불태운 사건이 그것이다. 1735년영조 11년 2월 10일의 일이었다.

영조는 새벽까지 대신들과 함께 과거의 일을 이야기하고 있었다. 선왕이자 이복형인 경종을 둘러싼 독살설과 끊임없이 제기되는 연루설, 그리고 계속되는 노·소론의 당쟁 등을 구체적으로 언급하며 격정을 토로했다.

"당시에 유언비어가 있지 않았느냐. 연잉군세자 시절의 영조이 정궁을 박대하고 주색에 빠져 있는데 만약 그를 책립하면 반드시 '기사년의 일'1689년의 기사환국 때 장희빈의 무고로 인현왕후가 폐위된 일이 일어날 것이라는 유언비어 말이다."

▲ 영조의 어진. 영조는 탕평으로 명성을 쌓았지만 사초를 불사르는 등의 '만행'을 저지른 것으로 악명이 높았다. | 국립고궁박물관 소장

신하들이 "어찌 귀로 차마 듣지 못할 말씀을 하시느냐."라고 하자, 영조는 "경들도 알고 나도, 모든 사람도 아는 말을 왜 하지 못하느냐."라고 반박했다. 이때 호조판서 이정제가 나서 "도저히 역사에 쓸 수 없는 망측한 하교"라고 하면서 "사초의 책자를 불태우자."라고 제안했다.

새벽 3시가 넘어 신하들이 물러간 뒤 사초의 책자를 가져와 추려내어 임금의 명령으로 모두 불태워버렸다. 이게 진시황의 '분서'와 무엇이 다르단 말인가. 사상 초유의 일이었다. 임금과 신하의 심야대화는 여러 가지

억측을 낳았다. 참석한 신하들은 내전중전까지 언급된 대화의 깊은 뜻이 무엇인지 몰라 설왕설래하며 두려워하는 등 파문이 일었다. 하지만 사초가 이미 불태워졌기 때문에 여러 설만 떠돌 뿐이었다. 훗날 사관들은 당시 입시한 여러 신하들에게 들은 말을 참고해서 추후에 사초를 기록했다.

차마 들을 수 없는 말이니 사관은 쓰지 마라

영조의 역사 누락과 왜곡은 그뿐이 아니다. 1733년영조 9년 1월 19일, 영조는 노론의 영수 민진원과 소론의 영수 이광좌를 밤중에 불렀다. 영조는 좌우의 측근들을 모두 물리고, 주서注書·《승정원일기》 기록자에게는 기록하지 말라고 지시한다. 다만 사관에게만 사실을 기록하라고 했다. 영조는 노론과 소론, 남인 등의 끊임없는 당쟁을 비판했다. 영조 스스로도 그 당쟁의 와중에서 견딜 수 없게 되었음을 고백했다. 또한 경종의 독살설에 동생인 자신이 연루되는 불상사가 있었음을 눈물을 흘리며 한탄했다.

"만약 황형경종이 후사가 있었으면 나는 본래의 뜻을 굳게 지키면서 분수대로 산야에서 살았으리라. 그것이 지극한 소원이었다. 그럼에도 경종의 지극하신 우애를 입었다. 아! 당론이 나를 모함하고 당론이 나를 해쳤다."

그러면서 그는 "지금 가장 중요한 것은 재능 있는 사람을 등용하는 것뿐"이라면서 오른손으로 이광좌의 손을, 왼손으로는 민진원의 손을 잡고 머물러 달라고 했다. 이것이 이른바 양측의 영수를 불러 탕평책의 필요성을 역설한 유명한 '1월 19일의 하교'이다. 이튿날 임금은 어젯밤의 하교내용을 손수 한 통 써서 사관에게 주어 역사편찬에 참고하라고 명했다. 하지만 전날 밤 입시하여 사실을 기록했던 사관 김한철은 그 글을 되돌려주면서 다음과 같이 말했다.

"삼가 손수 써주신 글을 받고 물러나와 신이 쓴 사초와 고증해 보니 조금도 차이가 없었습니다. 군주가 글을 써서 사관에게 주어 역사편수를 지휘하면 아

▲ 조선왕조의 역사기록인 《조선왕조실록》을 보관한 오대산 사고 | 《경향신문》 자료사진

마도 후일 폐단이 있을 것입니다."

임금 역시 "그 말이 옳다."라고 할 수밖에 없었다. 그런데 이 대목을 쓰면서 《영조실록》의 기자는 매섭게 영조를 질타한다.

"야밤에 두 사람을 불러놓고 다른 의견을 억지로 합쳐서 탕평을 단단히 이루려는 뜻이었으니 옳고 그른 것이 뒤섞이고 (중략) 임금의 위엄만 먹혀들지 않았다."

그뿐이 아니었다. 영조는 1725년 1월 17일 자신의 어가를 막고 '반임금' 구호를 외친 군사 이천해의 발언을 사초에서 지우라고 명하기도 했다.

"음참하여 차마 들을 수 없는 말이어서 입에 담을 수 없구나. 좌우의 사관

은 쓰지 마라." –《영조실록》

세종의 안달

사초를 보려는 임금들의 욕망은 끝이 없었다. 심지어는 만고의 성군이라는 세종도 그랬다. 할아버지태조와 아버지태종가 골육상쟁을 겪은 끝에 세운 왕조였으니 그 역사가 어땠는지 궁금했을 것이다. 세종은 편찬을 끝낸《태조실록》을 보려고 꼼수를 쓴다.

"《태조실록》은 한 책만 있으니 나중에 잃어버리면 큰일이 아닌가. 한 책을 더 베껴서 춘추관에 납본하고 한 책은 내가 항상 볼 수 있도록 하라."

–《세종실록》 1425년 12월 5일조

그러나 그 속셈을 모를 리 없었던 변계량이 득달같이 나서 일축한다.

"《태조실록》에는 비밀로 해야 할 일이 많습니다. 복사해서 여러 사람이 보게 하면 안 됩니다. 좋은 날을 받아서 사고에 넣게 하소서."

그럼에도《실록》을 보려는 세종의 욕심은 계속됐다. 1438년 3월 2일, 세종은 "《태종실록》을 좀 봐야겠다."라고 운을 뗐다. 그러자 황희와 신개 등이 얼굴색을 바꿨다.

"안 됩니다. 역사서를 보면 그른 일을 옳게 꾸미고, 단점을 장점으로 바꾸게 됩니다. 사관이 죽음을 면치 못하게 되면 여러 신하들은 임금의 뜻에만 따르게 됩니다. 그럴 경우 1,000년 뒤에는 무엇을 믿겠습니까."

세종뿐인가. 1477년 윤2월 5일, 성종도《실록》을 좀 보려 했다가 "그러면 역사를 사실대로 직서하지 못하고 선악이 없어진다."라는 우승지 손순효의 일갈에 포기하고 말았다.

"기록하지 말라."라는 말까지 기록한 사관

사초를 둘러싼 심리전은 대단했다. 예컨대 태종은 밤낮으로 따라붙으며 기록하는 사관을 어지간히 싫어했다.

1401년태종 1년 4월 29일, 태종은 "내가 편안히 쉬어야 하는 편전이니 사관은 들어오지 말라."라는 엄명을 내렸다. 그러자 사관 민인생은 "무슨 소리냐."라고 일축하면서 직언했다.

"신이 만일 곧게 기록하지 않는다면, 신의 위에 하늘이 있습니다.臣如不直 上有皇天"

이 말은 "하늘이 지켜보고 있으니 곧게 쓸 수밖에 없다."라는 것이다. 태종은 꼼짝도 못했다. 그 후 3년 뒤 태종은 노루사냥을 하다가 말에서 떨어졌다. 경상을 입은 정도였지만 일어서면서 한다는 소리가 눈길을 끈다.

> "이 일을 사관이 모르게 하라.勿令史官知之" ―《태종실록》 1404년 2월 8일조

참으로 대단한 사관이다. "기록하지 말라."라는 말까지 기록했으니 말이다.

목이 달아나는 한이 있어도 쓸 것은 쓴다

각설하고, 영조가 사초를 불태운 뒤 사흘이 지난 1735년 2월 13일이었다. 도저히 참을 수 없는 일이 벌어졌다는 듯 전직 사관인 이덕중과 정이검이 "사필史筆에 관련된 일이라 나설 수밖에 없다."라고 하며 상소를 올린다.

"성상께서는 일전에 사초를 불태우는 일을 허락하시고, 좌우 사관들은 두 손 잡고 바라만 보았다지요. 아! 옛말에 사관이 된 자는 '목이 달아나는 한이 있어도 사필은 굽힐 수 없다.頭可斷 筆不可斷'라는 말이 있습니다. 장차 무궁한 폐단을

열게 될 것입니다."

영조는 그때서야 "이미 불탄 사초를 어찌 추후에 기록하겠느냐."라고 후회했지만, 책임만큼은 끝내 신하들에게 돌렸다. 《영조실록》의 기자가 분명히 밝혔다.

"임금도 뉘우치고 '사초를 불태운 것은 내가 명령을 내린 것이 아니다.'라는 하교를 여러 차례 내렸다."라고 하지만, 이는 맥 빠진 변명이다. 그렇다면 조선은 누구의 나라였다는 말인가.

05

철저히 왕따 당한
그 이름 정종

'조선왕릉'은 유네스코가 인정한 세계문화유산이다. 2009년 조선을 다스린 왕과 왕비의 능 44기 가운데 40기가 세계문화유산으로 지정됐다. 빠진 4기는 폐위된 연산군묘10대·광해군묘15대와 북한에 있는 제릉태조 이성계의 정비 신의왕후릉과 후릉제2대 정종과 정안왕후릉 등이다. 그러니까 조선을 다스린 27대 왕 가운데는 폐위된 연산군·광해군 등 두 사람을 빼고 2대 정종과 그의 부인 정안왕후만이 세계유산에서 제외된 것이다.

물론 '북한 땅에 묻혀있기에 빠졌다는 것'이니 설득력이 있다. 하지만 역사를 들춰보면 '왕따'의 짙은 향기를 느낄 수 있으니 어쩌랴. 한마디로 조선의 제2대 국왕인 정종이 '집단따돌림'을 당했다는 얘기다. '왕따' 당한 정종의 그 구슬프고도 딱한 사연을 한번 들어보자.

정종 후손의 피맺힌 상소

"청컨대 공정왕의 묘호를 추상하게 하소서."

1481년성종 12년 8월 13일, 신종군 이효백이 한 맺힌 상소를 올린다. 이효백은 공정왕의 10번째 아들인 덕천군의 장남이었다. 공정왕의 손자였던 이효백이 올린 상소의 내용은 무엇인가?

▲ 조선의 왕릉 가운데 유일하게 개성에 있는 정종과 그 부인 정안왕후의 무덤인 후릉. 유네스코 세계문화유산에도 빠져 있다. | 국립문화재연구소 소장

'공정왕'은 조선의 2대 왕인 정종定宗·재위 1398~1400년을 말한다. 하지만 1417년세종 원년 승하한 후 무려 164년 동안 묘호죽은 뒤에 나라가 내리는 이름를 받지 못했다. 그러다가 1681년숙종 7년 9월 18일이 돼서야 겨우 '정종'이라는 이름을 얻게 된 것이다. 그러니까 그때까지 '정종'이라는 묘호를 받지 못한 채 명나라가 내린 사시賜諡, 즉 공정왕恭靖王이라는 이름만 갖고 있었던 것이다. 한마디로 명나라가 인정하는 '대외직함공정'만 있었을 뿐, 조선 내부에서는 임금으로 대접받지 못한 '임금 대우'에 머물렀던 것이다. 이 무슨 해괴한 일이란 말인가.

비극의 씨앗

비극은 조선 개국부터 싹 텄다고 할 수 있다. 이성계의 차남이었던 공정왕이방과은 고려 말 왜구 토벌에 나름대로 공을 세웠다. 그러나 조선 왕조 창업에는 참여하지 않아 태조 이성계의 꾸지람을 들었다. 정몽주를 죽이고 창업의 디딤돌을 놓은 다섯째 이방원과 사뭇 다른 행보였다. 사실 차남이었기에 왕위와도 거리가 멀었다. 그런데 애주가였던 장남이방우이 소주를 지나치게 마시는 바람에 술병으로 죽고 말았다. 1393년 12월 13일의 일이다. 이러다 보니 왕위에 관심이 없었던 공정왕이 어쩔 수 없이 맏이가 된 것이다.

그는 1398년태조 7년 정안군 이방원태종이 제1차 왕자의 난을 주도하자 황급히 게 성을 넘어 풍양남양주으로 숨어버렸다고 한다. 난이 수습되고, 세자 책봉문제가 불거지자 이방과는 "조선 왕조가 개국하기까지는 모두 정안군5남 이방원의 공이 크며 나는 세자가 될 수 없다."라고 버텼다. 하지만 이방원이 굳이 사양하자 어쩔 수 없이 세자가 됐다. 《태조실록》 1398년 8월 26일조에는 그날의 기록이 상세하게 묘사되어 있다.

결국 태조 이성계의 양위로 임금이 됐지만, 공정왕 이방과는 진정한 지존의 위엄을 누릴 수 없었다. 어린 이복형제인 방석세자과 방번을 무참하게 살해한 동생이 서슬 퍼런 눈을 뜨고 지켜보고 있었기 때문이다. 게다가 즉위 직후 남재가 감히 대궐 뜰에 나타나 큰소리로 "속히 정안군을 세자로 정해야 한다."라고 겁박하는 살벌한 분위기를 연출했다. 임금을 우습게 보는 작태가 아니고 무엇이었겠는가.

"1400년정종 2년 1월 28일, 남재가 대궐 뜰에서 큰소리쳤다. '지금 마땅히 정안공이방원을 세자로 삼아야 합니다.' 정안공이 듣고 크게 노해 꾸짖었다. 그러나 임금공정왕의 적자가 없었으므로 사람들은 모두 마음속으로 정안공이 세자가 되리라 생각하였다." –《정종실록》

빨리 옥좌를 내놓으소서

게다가 제2차 왕자의 난이 일어난 직후 정안공의 책사인 하륜 또한 "빨리 후사를 정안공으로 해야 한다."라고 으름장을 놓았다.

"하륜이 임금에게 청했다. '정안공이 없었다면 정몽주의 난과 정도전의 난을 어찌 막았겠습니까. 또 어제의 일제2차 왕자의 난·1400년 1월27~28일을 보더라도 하늘의 뜻과 백성의 뜻을 알 수 있을 겁니다. 속히 정안공을 태자로 세우소서.'"

—《정종실록》 1400년 2월 1일조

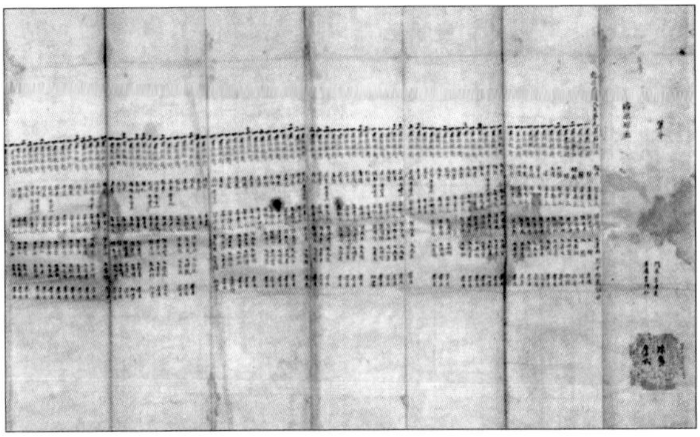

▲ 선원세계단자(璿源世系單子). 진도에 사는 정종의 후손들이 선원록청에 올린 선원세계단자이다. | 국립중앙박물관 소장

이복동생 둘에 이어 넷째 형방간까지 제거한 동생이 아닌가. 게다가 이제는 동생의 심복들까지 '천심과 민심이 모두 정안공에게 돌아갔으니 빨리 옥좌를 내놓으라.'라고 협박하고 있으니 좌불안석이었으리라. 후궁과의 사이에서 낳은 왕자 15명을 모두 출가시키면서까지 '아무런 욕심이 없음'을 선언했고, 동생인 정안군과 마주 앉으면 차마 눈조차 마주치지 못하는 상황이었으니 두려움은 상상을 초월했을 것이다. 《연려실기술》 〈정종조 고사본말〉을 보면, 보다 못한 부인정안왕후이 안타까움에 이렇게 절규했다지 않는가.

"전하께서는 눈도 마주치지 못하십니까? 하루빨리 양위하시어 마음 편히 살도록 하세요."

또 하나 쟁점이 있었다. 동생을 후사로 옹립하는 것이니, 왕세제가 옳은 것이 아니냐는 것이었다. 실제로 1400년 2월 4일, 정종이 정안군을 '왕세자'로 삼자 일부 대신들이 이의를 제기했다.

"예부터 제왕이 친형제를 세울 때는 모두 황태제로 봉했고, 세자로 삼은 일은 없었습니다. 청컨대 왕세제로 삼으소서." —《태종실록》

그러나 정종은 "지금 이 순간 과인은 이 아우를 아들로 삼겠다."라고 선언하고 '왕세자'로 책립했다. 정종으로서는 동생을 세제가 아닌 세자로 삼아, 즉 양자로 삼아 대를 잇게 한 것이다. 아마도 정안군의 입김이 작용했을 것이다. 정안군으로서는 두 차례의 골육상쟁에 이어 형의 왕위까지 찬탈했다는 혐의를 받을 수는 없었을 테니까. 따라서 정안군은 태조로부터 직접 왕통을 승계한 것으로 종통을 꾸몄던 것이다.

세종 임금의 속마음

결국 공정왕은 그해1400년 11월 동생 정안군에게 왕위를 물려준다. 돌이켜보면 상왕 이방과의 삶은 외려 행복했다. 격구와 사냥, 온천, 연회 등을 즐기면서 19년간이나 살다가 1419년세종 1년 11월 29일 승하했으니 말이다. 공정왕이 승하하자 미묘한 상황이 발생하게 된다. 세종의 말을 들어보자.

"과인의 생각으로는 사시賜諡·명나라가 내려주는 묘호만이 허락될 뿐, 사시私諡·조선 조정이 올리는 묘호는 올릴 수 없을 것 같다."

그 때문에 '대행상왕죽은 직후 묘호와 시호 등이 결정되지 않은 상왕으로 정종을 뜻함'은 묘호를 받지 못했다. 대신 명나라가 내려준 사시賜諡인 '공정왕'이라는 이름만 인정받았다.

그러면 세종의 '말씀'은 과연 무슨 뜻인가? 한마디로 큰아버지인 정종을 조선의 적통으로 인정하지 않겠다는 것이다. 세종의 속내는 어머니태종의 정비·원경왕후 민씨가 승하한 직후 능의 조성을 두고 논의를 벌이면서 드러난다.

> "1420년세종 2년 임금이 말하기를 부왕태종의 만세 후에는 마땅히 태종이 되실 것인즉……." —《태종실록》 1420년 7월 17일조

무슨 말이냐 하면, 세종은 "부왕이 돌아가시면 그 묘호를 '태종'으로 정하겠다."라는 뜻을 확고하게 밝힌 것이다. 사실 이 대목은 매우 의미심장하다. 예로부터 창업군주에게는 '태조'의 묘호를 붙였고, '태조'를 계승한 이는 '태종'이라 했다. 중국 송나라-요나라-금나라-원나라가 줄줄이 제2대 황제를 태종이라 했다. '태종'은 태조의 적통인 제1대 종자宗子에게 올리는 묘호였던 것이다. 그런 예법이라면 태조 이성계의 뒤를 이은 제2대 국왕은 당연히 '태종'이어야 했다. 하지만 이방과는 '태종'은커녕 묘호조차 받지 못한 채 '공정왕'의 이름을 얻는 데 그쳤다. 세종의 발언은 곧 "조선의 적통은 '태조-정종-태종'으로 이어지는 게 아니라 '태조-태종'으로 곧장 이어진다."라는 것을 선언한 것이나 다름없었다.

신숙주 · 정인지의 반론

그 후 50년이 흐른 1469년예종 1년 9월 24일, 억울한 정종을 위해 나선 이가 있었으니 바로 예종이었다. 예종은 종묘에 제사를 지내기 위해 쓴 축문에 공정왕정종의 묘호만 없음을 깨달아 대신들에게 물었다.

> "공정대왕은 대통大統을 이은 임금인데, 까닭 없이 묘호가 없구나. 이제는 칭종稱宗하는 것이 어떠냐." -《예종실록》

그러자 신숙주와 정인지 등이 나서 의미심장한 반론을 제기한다.

> "지당하신 말씀이십니다. 그런데 의심하자면 태종께서는 선위禪位를 받고도, 세종께서는 예가 갖춰졌는데도 공정왕의 묘호를 올리지 않았습니다. 신 등은 그 까닭을 모르겠지만, 당시에 반론이 있어 그런 것이 아니겠습니까. 반드시 뜻이 있을 겁니다." -《예종실록》 1469년 9월 25일조

《성종실록》 1475년 1월 15일조를 보면, 예종은 1469년 대신들의 신중론에도 공정왕에게 '희종熙宗'의 묘호를 내리도록 결정했다. 그러나 예종이 급서하는 바람에 시행되지 못했다.

반드시 깊은 뜻이 있었을 겁니다

다시 세월이 흘러 1481년성종 12년, 이 문제가 또 불거졌다. 앞서 언급했듯이 신종군 이효백이 "공정왕의 묘호를 추상하게 해 달라."라는 상소를 올린 것이다. 이효백은 공정왕의 11번째 아들인 덕천군의 장남이었다. 그러자 대신들은 태종과 세종이 공정왕의 묘호를 올리지 않은 것에는 "반드시 깊은 뜻이 있었을 것此必有深意"이라고 입을 모아 신중론을 제기했다. 이 자리에서 이파와 어세겸 등은 태종과 세종의 '깊은 뜻深意'이 무엇인지를 구체적으로 적시했다.

"(왕자의 난 이후) 나라는 태종의 소유였는데, 다만 형제의 차례 때문에 공정왕에게 양보했습니다. 공정왕은 즉위 3년 만에 태종에게 도로 양위했는데……."

원래 태종의 나라였는데, 나이 때문에 잠시 형공정왕에게 맡겼을 뿐이고, 그 맡긴 나라를 3년 만에 되찾았을 뿐이라는 얘기다. 그러니까 공정왕의 나라는 원래부터 없었다는 것이다.

이파와 어세겸의 말이 이어진다.

> "원래 태종은 그 아들·딸들에게는 대군大君 혹은 군君, 공주 혹은 옹주라 칭하고, 사위에게 모두 봉군封君했습니다. 그러나 공정왕의 아들들에게는 정윤正尹·원윤元尹이라 칭하고, 딸에게는 칭호가 없었으며, 사위에게는 군직軍職을 주었습니다." -《성종실록》 1481년 8월 13일조

그러니까 태종은 처음부터 형을 '적통 임금'으로 취급하지 않았다는 얘기다.

이파 등은 이어 "(그것이 바로) 태종은 물론 세종-문종-세조에 이르기까지 공정왕의 묘호를 언급하지 않은 이유이다."라고 못 박았다.

제사 때도 무시당한 정종

어디 이뿐인가. 공정왕은 살아서는 물론이요, 죽은 뒤에도 대대로 홀대받은 불행한 임금이었다. 이덕무가 지은 《청장관전서》〈앙엽기 7〉에 수록된 명나라 손능부의 〈시법찬諡法纂〉을 보면, 조선 태조 이하의 임금들에게 "조선국왕朝鮮國王 성姓 휘諱"라고 기록한 것과 달리 공정왕에게만 "조선국 권서국사權署國事 성 휘"라고 했다. '권서국사'는 명나라의 고명誥命·중국 황제의 임명장을 받기 전에 국사를 대신해서 처리하는 사람을 일컫는 말이다. 그러니까 공정왕은 정식 국왕이 아닌 권서국사로 재위한 '허울 좋은 임금'이었던 것이다. 그러니 제사 때도 무시당했다.

예컨대 1475년성종 6년 회간왕의 부묘를 논의하는 과정에서 공정왕이 종묘의 정실에서 협실로 쫓겨나는 일이 벌어진다. 성종의 아버지이자 인수대비의 남편인 회간왕은 20세의 젊은 나이에 요절했다. 회간왕이 덕종으로 추존됨에 따라 그 신위를 종묘로 옮겨 봉안하게 됐는데, 그때 공정왕이 우선순위에서 밀려 협실로 쫓겨난 것이다. 정식군주였는데도 추존왕에게 밀린 셈이니 얼마나 원통했겠는가.

또 있다. 1495년연산군 1년 10월 1일 승하한 성종의 신주를 종묘에 모시려 할 때도 문제가 생겼다. 성종의 신주를 종묘에 들이기 위해서는 조천祧遷, 즉 4대가 지난 신주를 종묘 내의 다른 사당인 영녕전으로 옮겨야 했다. 그런데 종묘 내에는 신실, 즉 신주를 모시는 방이 부족한 상태였다. 그러자 예조판서 성현 등이 나서 또 공정왕을 들먹거렸다.

> "태조·태종·세종·세조는 모두 백세토록 옮기지 않은 신위입니다. 그러나 공정왕은 묘호도 올리지 않았고 (중략) 협실로 옮길 때도 '임시로 협실에 갔다가 친진제사를 지내는 4대가 다 됨 때는 그친다.'라고 했으니 (중략) 이제 공정왕의 신위를 처리하기도 어려우니 후릉공정왕과 정안왕후의 능을 옮겨 신주를 매장하면 어떤지……." -《연산군일기》

그해 11월 29일 헌납 김일손 등의 반대로 신주가 후릉에 매장되는 주장만은 수용되지 않았다. 하지만 그 지긋지긋한 홀대와 설움은 필설로 다할 수 없었다.

정종의 뜻을 받들었다?

공정왕의 한은 승하한 지 162년이 지난 숙종 7년1681년이 돼서야 풀렸다.

1681년숙종 7년 5월 18일, 선원계보왕실족보 교정청이 어첩을 수정하던 중 열성조의 묘호 가운데 공정왕의 묘호가 빠진 것을 발견하고 숙종에게 보고한 것이다. 숙종은 사관과 예관들을 영의정 김수항, 영부사 송시열과 박세채 등에게 보내 자문을 받았다. 4개월간의 긴 숙의였다. 결론은 공정왕의 묘호가 궐전闕典, 즉 빠졌음을 인정하고 반드시 받들어야 한다는 것이었다. 당시 영중추부사 송시열의 상언이 재미있다.

> "태종대왕은 조용한 곳에서 한적하게 즐기려는 공정대왕의 뜻을 이루도록 했습니다. 승하한 뒤에는 평소 공정대왕의 겸손하고 절제하는 마음을 가슴 깊이 되새겨 스스로를 높이는 묘호를 억지로 더할 수 없었습니다. 세종대왕 이후 열성조들도 태종대왕의 마음을 받들어 번거로운 의식을 추가하지 못하도록 했습니다. 그러나 태종대왕이 정종대왕과 함께 종묘에 함께 오르시고도 혼자서만 아름다운 묘호를 차지하셨을 때 틀림없이 마음은

편치 않았을 것입니다."

—《숙종실록》 1681년 9월 14일

▲ 종묘 영녕전. 정종의 신위는 제사 때도 철저히 무시되었고, 성종 때 영녕전의 협실로 쫓겨났다. | 이호준 촬영

무슨 말인가. 태종은 평소 조용히 살고자 하는 공정왕의 뜻을 받들어 묘호를 올리지 않았지만, 마음은 편치 않았을 것이라는 해석이 아닌가. 꿈보다 해몽이 좋은 것 같다. 어쨌든 숙종은 "위대한 공과 성대한 덕이 있는 공정왕의 묘호가 빠진 것은 국가의 큰 잘못"이라고 반성하고 "당장 묘호를 올리라."라는 명을 내린다.

숙종의 결심이 서자 묘호를 올리는 작업은 일사천리로 진행됐다. 불과 나흘 후인 9월 18일 2품 이상의 관각당상홍문관·예문관들은 공정대왕의 묘호를 '정종定宗'으로 정했다. 시법諡號·시호를 정하는 법에 따라 '백성을 편안하게 하고 염려했다.'라는 뜻이었다. 길어야 4개월, 짧게는 4일이면 될 일인데, 무려 262년의 긴 세월을 돌고 돌아 온 것이었다.

하지만 비운의 국왕인 정종과 정안왕후의 '완전복권'은 과연 이뤄진 것일까? 서두에 인용했듯이 정종과 정안왕후의 무덤후릉은 지금 북한의 개성에 뚝 떨어져 있고, 폐위된 연산군묘10대, 광해군묘15대와 함께 세계문화유산으로도 등재되지 못했다. 이러다 보니 정종의 한탄이 들리는 듯하다. 누가 왕 노릇 한다고 했나.

06

조선 최악의 못된 남자

청와대 영빈관 서쪽을 걷다 보면 고즈넉한 자하문 길의 풍취를 느낄 수 있다. 복잡하고 시끄러운 도심 한복판에 새소리가 제법 청아하고, 인적조차 드문 길이 나 있다니……. 청와대 경비를 위해 쳐놓은 바리케이드가 예사롭지 않은 풍경을 암시하고 있다. 무엇이 그리 예사롭지 않다는 건가. 영빈관의 건너편에 '무궁화동산'이라 해서 작은 공원이 있다. 입구에 만들어놓은 안내석에는 알듯 모를 듯, 모호한 내용의 글귀가 새겨져 있다.

▲ 청와대 옆에 조성된 무궁화동산. 10·26 사태가 발생했던 궁정동 안가 터이다. 1993년 안가를 허물고, 무궁화동산을 조성했다. | 필자 촬영

"(전략) 국민과 더불어 살아 숨 쉬는 공간을

만들고자 안가안전가옥를 헐어내고 조성한 것입니다. (중략) 그리고 어려웠던 민주화의 길을 되돌아보는 역사의 배움터로 사랑 받기를 바랍니다."

칠궁에 서린 한恨

대체 무슨 말일까? 이곳은 1979년 10월 26일 박정희 대통령이 김재규 중앙정보부장의 총탄에 서거한 바로 그 궁정동 안가 터이다. 1993년 7월, 이 참담한 비극의 장소를 헐어버리고, 이른바 '무궁화동산'을 조성하면서 선문답 같은 내용을 새겨 넣었던 것이다. 이곳에서 자하문길을 따라 200미터 가량 올라가다 보면 청운실버센터 건물이 있다. 그 건물 앞에는 심상치 않은 표지석이 있다.

"이곳은 1968년 1월 21일 22시 10분 경 북한 124군 부대 소속 무장공비 31명이 청와대를 기습공격하기 위해 침투했을 때, 종로경찰서장 최규식 경무관과 정종수 경사가 육탄으로 저지하여 순국한 곳이다."

▲ 칠궁 인근 지도. 1·21 사태(1968년)와 10·26 사태(1979년)가 벌어진 비극의 장소가 칠궁과 삼각대형을 이루고 있다. | 《경향신문》 자료사진

이곳에서 청와대 경내와의 직선거리는 불과 200미터나 될까? 지금 생각해도 모골이 송연한 장면이다. 요즘 세대가 보면 믿을 수 있을까? 무장공비가 서울의 심장부인 청와대 수백 미터 앞까지 돌격한 미증유의 사건이 벌어진 것이 불과 44년 전의 일이라는 것을……. 돌이켜보니 이곳은 11년 동안 두 번이나 큰 변란이

일어났던, 시쳇말로 팔자가 센 동네였다.

장희빈 대 인현왕후+숙빈 최씨

대체 무슨 곡절이 서려 있는 것일까? 필자는 청와대 영빈관과 맞붙어 있고, 1·21사태와 10·26사태의 참혹한 현장과 삼각대형을 이루는 궁궐을 곁눈질한다. 바로 칠궁七宮이다. 조선의 왕추존왕 포함을 낳았지만 정식 왕후가 되지 못한 7명의 후궁 신위를 모신 사당이다. 사실 이 칠궁의 원주인은 영조의 생모인 숙빈 최씨였다.

1725년영조 1년, 영조는 무수리 출신 생모인 숙빈 최씨의 사당을 이곳에 세웠다. 그러다가 1870년부터 차례차례 희빈 장씨경종의 생모를 비롯한 5명의 후궁들을 모셨고, 1929년 덕안궁을 이전함으로써 '칠궁'이 됐다. 이곳에 모신 또 다른 후궁은 누굴까? 선조의 후궁이자 추존 임금인 원종의 생모 인빈 김씨저경궁와 영조의 후궁이자 추존 임금 진종의 생모 정빈 이씨연호궁, 영조의 또 다른 후궁이자 추존 임금 장조의 생모 영빈 이씨선희궁, 정조의 후궁이자 순조의 생모 유비 박씨경우궁, 고종의 후궁이자 순종에 이어 이왕李王이 된 순헌 황귀비 엄씨덕안궁 등이다.

그러나 필자가 주목하는 이들은 따로 있다. 바로 숙종의 후궁인 숙빈 최씨와 희빈 장씨이다. 알다시피 두 분은 숙종재위 1674~1720년의 후궁이었다. 희빈 장씨는 숙종과의 사이에서 경종재위 1720~1724년을, 숙빈 최씨는 영조재위 1724~1776년를 낳았다. 그런데 알려진 바와 같이 희빈 장씨와 숙빈 최씨는 숙종의 정비, 즉 정부인인 인현왕후1667~1701년와 얽히고설켜 남편인 숙종을 사이에 두고 극적인 궁중 암투를 벌였다. 즉 '인현왕후+숙빈 최씨+서인' 대 '장희빈+남인'의 피비린내 나는 싸움을 벌인 것이다.

투기죄로 폐출된 중전

정사인 《숙종실록》을 살펴보더라도 장씨의 악행은 필설로 다할 수 없다.

> "장씨는 역관 장현의 종질녀다. 나인으로 들어왔는데, 얼굴이 아름다워 임금의 총애를 받았다. 임금의 어머니인 명성왕후현종비가 장씨를 사가로 쫓아냈다. 중전의 위에 오른 인현왕후가 장씨를 다시 부르려고 하자 명성왕후가 말했다. '중전이 그 사람을 보지 못해서 모르시오. 매우 간사하고 악독한 아이입니다.'" –《숙종실록》 1686년 12월 10일조

장씨는 결국 명성왕후가 죽은 1683년 이후에야 다시 궁중에 들어와 임금의 총애를 되찾았다. 그러나 교만한 장씨는 중전의 말을 듣지 않았으며 불러도 오지 않았다.

"급기야 인현왕후는 장씨를 불러 종아리를 때리니 장씨는 더욱 원한과 독을 품었다. 임금은 장씨를 더욱 총애했고 인현왕후를 멀리했으며……."

《숙종실록》 1689년 5월 2일조를 보면, 임금의 사랑을 잃은 인현왕후는 장씨를 투기했다는 죄목으로 결국 폐출된다. 이와 함께 장씨 소생훗날 경종의 세자 책봉에 반대한 송시열 등 인현왕후 측 당파인 서인들은 대거 죽임을 당하거나 쫓겨나는 기사환국이 일어난다. 그 결과 장씨는 인현왕후가 폐출된 뒤 불과 나흘 만에 꿈에 그리던 왕비의 자리에 오르지만 권세는 5년을 넘기지 못한다. 숙종은 갑술환국을 일으켜 남인들을 몰아내고 다시 서인들을 등용하는 한편, 폐출된 중전을 다시 궁으로 불러 중전으로 복위시킨다. 이와 함께 장씨는 별당으로 쫓겨나고 희빈으로 강등됐다. 1694년 4월 12일의 일이었다. 이 과정에서 정권을 호령했던 남인들이 된서리를 맞는다.

하지만 승부는 끝나지 않았다. 희빈에게는 훗날 왕이 될 세자가 있었기 때문이었다. 게다가 인현왕후는 병세에 시달리고 있었다.

"(복위한) 인현왕후가 병에 걸린 2년 동안 희빈 장씨는 왕후에게 '중궁전'이라 하지 않고 그냥 민씨라 했으며, '민씨는 요사스런 사람이다.'라고 했다. 이뿐이 아니다. 취선당희빈 장씨의 거처 서쪽에 몰래 신당神堂을 설치하고, (왕후가 죽기를) 기도했다."

희빈 장씨는 세자훗날 경종의 어미인 것을 위세로 삼아 인현왕후를 끊임없이 괴롭혔다. 오죽했으면 병세가 심각해진 인현왕후가 오빠인 민진후에게 "괴롭다"라고 토로하며 눈물을 줄줄 흘렸을까.

"희빈의 아래 것들이 나의 침전에 왕래하고 심지어는 창에 구멍을 뚫고 엿보기까지 했습니다. 그러나 침전의 시녀들까지 그냥 내버려둡니다. 너무 한심합니다. 지금 내 병의 증세가 지극히 이상합니다. 사람들은 이것은 반드시 '빌미祟가 있다.'라고 합니다." —《숙종실록》 1701년 9월 23일조

인현왕후는 "궁인 시영이라는 자가 의심스럽지만 어느 누가 주상숙종에게 진실을 고하겠느냐."라고 하며, "이젠 빨리 죽는 게 소원"이라고 울부짖었다. 세자의 어머니인 희빈 장씨의 위세가 그만큼 셌던 것이다. 결국 인현왕후는 34세의 젊은 나이에 승하했다. 그러자 남쪽 창문을 뚫고 병의 증세를 몰래 엿보던 희빈 장씨 쪽은 얼굴에 기쁜 기색이 넘쳐흘렀다고 한다. 그러나 죽음을 무릅쓰고 희빈 장씨의 악행을 고발한 이가 있었으니 그 사람이 바로 숙빈 최씨다. 《숙종실

록》은 간단하지만 아주 의미심장한 표현으로 숙빈 최씨의 행적을 기록했다.

> "희빈 장씨의 무고巫蠱·남을 저주하는 행위 사건이 과연 발각되었다. 그런데 외간外間·세간에서는 '숙빈 최씨가 평상시에 왕비가 베푼 은혜를 추모하여, 통곡痛哭하는 마음을 이기지 못하고 임금에게 몰래 고告하였다.'라는 말이 전한다." -《숙종실록》 1701년 9월 23일조

그러니까 인현왕후를 존경했던 숙빈 최씨가 희빈 장씨의 무고사건을 파악하고는 임금에게 고변함으로써 전모가 밝혀졌다는 얘기다. 야사가 아니다. 이것은 정사인 《숙종실록》에 기록된 인현왕후와 장희빈, 그리고 숙빈 최씨를 울렸던 악연의 사연이다.

숙종은 조울증 환자

그런데 이 세 여인이 벌인 암투의 정점에는 숙종이라는 남자가 있었다. 숙종이 누구인가. 조선 왕조를 통틀어 숙종재위 1674~1720년은 영조재위 1724~1776년, 52년에 이어 두 번째로 긴 46년이나 임금의 자리에 있었다. 숙종은 당쟁의 와중에 '환국換局', 즉 '국면전환용 카드'를 적절하게 사용해서 각 정파들을 자유자재로 주무르며 철권을 휘두른 '정치의 달인'이라는 평도 듣는다. 하지만 숙종에게 그런 거창한 평가만 내릴 수 있을까? 기록을 뜯어보면 숙종은 변덕스러울 뿐 아니라 피도 눈물도 없는 '나쁜 남자', 아니 '못된 남자'일 뿐이다. 이 때문에 인현왕후와 숙빈 최씨, 희빈 장씨가 암투를 벌였고, 서인과 남인들이 단칼에 죽어나가고 쫓겨난 것이다. 숙종의 어머니인 명성왕후가 며느리인 인현왕후에게 아들숙종의 성품을 표현한 대목을 보면 의미심장하다.

▲ 희빈 장씨를 모신 대빈궁. 역관의 가문에서 태어나 국모의 자리까지 올랐지만 5년 만에 희빈으로 강등된 뒤 끝내 사약을 받고 죽은 비운의 여인이다.

"주상숙종은 평소에도 희로喜怒의 감정이 느닷없이 일어나시는데, 만약 꾐을 받게 되면 나라의 화가 됨은 필설로 다할 수 없습니다."

—《숙종실록》 1686년 12월 10일조

그러니까 아들의 변덕이 평소에도 죽 끓듯 하다는 것이다. 따라서 만약 장씨장희빈의 유혹에 빠진다면 걷잡을 수 없는 변고가 일어난다는 경고였다.

어머니 명성왕후의 우려는 한 치도 틀림없이 현실로 다가왔다. 《인현왕후전》을 보면, 숙종의 변덕이 얼마나 죽 끓듯 했으며, 자신을 사랑했던 여인들에게 못되게 굴었는지 알 수 있다.

버선발로 부인을 내쫓은 변덕스런 남편

장씨의 미모에 혼을 빼앗긴 숙종은, 1688년 장씨가 왕자를 생산하자 빨리 원자로 세우라고 아우성친다. 급하고 변덕스러운 성정을 그대로 드러낸 것이다. 서인의 영수 송시열 등이 시기상조론을 펼치자 대대적인 숙청에 나선다. 그 와중인 1689년 5월 2일 인현왕후를 폐출시켜 사가로 내쫓는다.

"(인현왕후가 폐출명령을 받고 본가로 나오려 할 때) 궁중이 통곡하여 곡성이 낭자했다. 그러자 상감이 그 곡성을 들으시고 크게 노하여 그 궁녀들의 허물을 기록해 두라 하고, '빨리 나가라.'라고 하시니, 이씨 조선 왕조에 이런 예절이 없던 고로……." -《인현왕후전》

▲ 칠궁의 원래 주인인 영조의 생모 숙빈 최씨를 모신 육상궁이었다. 이후 6명의 후궁 신위가 옮겨왔다.

본부인을 쫓아낸 것도 모자라 슬퍼하는 궁녀들의 잘못을 일일이 기록하고, '빨리 나가지 않는다.'라고 하며 재촉했으니 얼마나 가혹한가. 아무리 다른 여인에게 눈이 팔려도 그렇지 일국의 중전을 이렇게 쫓아낼 수 있단 말인가.《인현왕후전》의 필자마저도 "조선 왕조에 이런 무례한 일이 없었다."라고 개탄했다. 그뿐이 아니었다.

"상감의 노하심이 급급하사 '빨리 나가라.'라고 재촉했다. 본가에 사람을 보내 '빨리 가마를 들이라.'라고 성화했다. (중략) 미처 가마를 꾸미지도 못한 채로 벌써 창덕궁 북문까지 나오셨다는 말이 들리니 (중략) 경황없고 급하여 보통의 가마에 흰 명주보로 가마 위를 덮어 들어가니 왕후께서 벌써 경복당 앞에 내려와 걸어오시는지라……."

참으로 각박한 남편이 아닐 수 없다. 무엇이 그리 급한지 가마도 당도하지 않았는데 일국의 중전을 버선발로 내보낸 것이다. 설상가상으로 정도는 더 심해진다.

"(전략) 선비 200여 명이 본가 문 밖까지 따라 나와 우니 천지가 진동했다. 백성들은 남녀노소 할 것 없이 길을 막고 통곡했고, 온 시내가 철시한 뒤 서러워하니 초목금수의 일색이 빛을 잃었다."

인현왕후가 창졸간에 사가로 쫓겨난 날, 민심이 어땠는지를 알 수 있는 대목이다. 숙종도 이런 민심의 흐름을 궁중에서 다 듣고 있었다.

"이때 상감께서도 이 말을 들으셨지만 성총聖聰이 막혀 도리어 인심을 통탄하고, 상소한 선비 몇 사람을 잡아 엄형 추문하고 정배했다."

반성은커녕 '민심이 잘못됐다.'라고 소리치며 잘못을 말하는 선비들에게 죄를 주었던 것이다. 이것이야말로 '사람의 얼굴을 하고 짐승의 소리를 질러대는 꼴'이 아닌가.

5년 만의 변심

인현왕후를 이렇게 쫓아낸 숙종은 불과 나흘 만에 희빈 장씨를 중전으로 올린다. 어찌 그리 숙종의 어머니 명성왕후의 예견, 바로 그대로였을까. 하지만 장희빈을 향한 숙종의 사랑은 5년 이상 이어지지 않았다. 1693년 숙원 최씨훗날 숙빈 최씨·영조의 생모가 책봉된 것이다. 숙종의 마음은 이제 최씨 쪽으로 기울기 시작했다. 그러던 1694년숙종 20년 3월 29일, 유학 임인 등이 "중전 장씨의 오빠 장희재가 숙원 최씨를 독살하려 했다."라고 고변하게 된다.

숙종은 이 사건을 계기로 다시금 남인들을 쫓아내고 김익훈·김석주·송시열 등 서인들을 복관시킨다. 이것이 남인정권에서 다시 서인정권으로 복귀시킨 이른바 '갑술환국'이다. 이와 함께 중전 장씨도 급전직하한다. 고변 사건이 일어난

3월 29일 이후 10여 일 만인 4월 12일, 사가로 쫓겨났던 인현왕후가 중전의 자리로 복귀하고 장씨는 희빈으로 강등된다. 이 모두 지존인 임금이 벌이는 정치적 행위라고 하지만, 상식으로는 도저히 설명할 수 없는 대목이다. 5년 전 본부인을 무자비하게 내쫓고 서둘러 중전으로 올린 여인을 불과 5년 만에 다시 내쫓고 옛 본부인을 불러올리다니…….

정사인 《숙종실록》은 인현왕후를 복위시키면서 '(숙종이) 과거의 일을 후회하고 반성하는 글'을 싣고 있다.

> "'기사년1689년의 일인현왕후가 폐출된 일'을 생각해보건대 나도 모르게 마음속에 부끄러움을 느낀다. (중략) 나라의 운수가 태평한 곳으로 돌아와 중전이 복위됐으니 백성에게 두 주인이 없음은 고금의 공통된 의리이다. 장씨의 왕후 인장을 회수하라."

남편의 만행에 복수하는 인현왕후

과연 '조변석개의 달인'이다. 인현왕후도 희빈 장씨도 기막힐 따름이었다. 멋대로 중전을 내쫓고 새로운 중전을 불러올린 뒤, 다시 새 중전을 내쫓고 옛 중전을 복위시키는 일을 밥 먹듯 하다니……. 남편만 바라보고 사는 여인들의 삶을 자신의 기분대로 좌지우지하면서 짓밟은 것이다. 인현왕후는 5년 만에 복위의 꿈을 이뤘지만, 변덕스런 남편을 향한 분노의 마음은 쉽게 풀리지 않았다.

1694년 4월 9일 숙종은 폐출된 중궁인현왕후의 무죄를 밝히며 별궁으로 모시라는 비망기를 내린다. 숙종은 상궁별감과 중사를 통해 자신의 어찰을 인현왕후에게 전달하고자 했다. 하지만 인현왕후는 "죄인이 어찌 외부 사람을 만나 어찰을 받겠느냐."라고 하며 사양한다. 상궁별감은 사흘간이나 밤낮으로 기다렸으나 끝내 문전박대를 당했다.

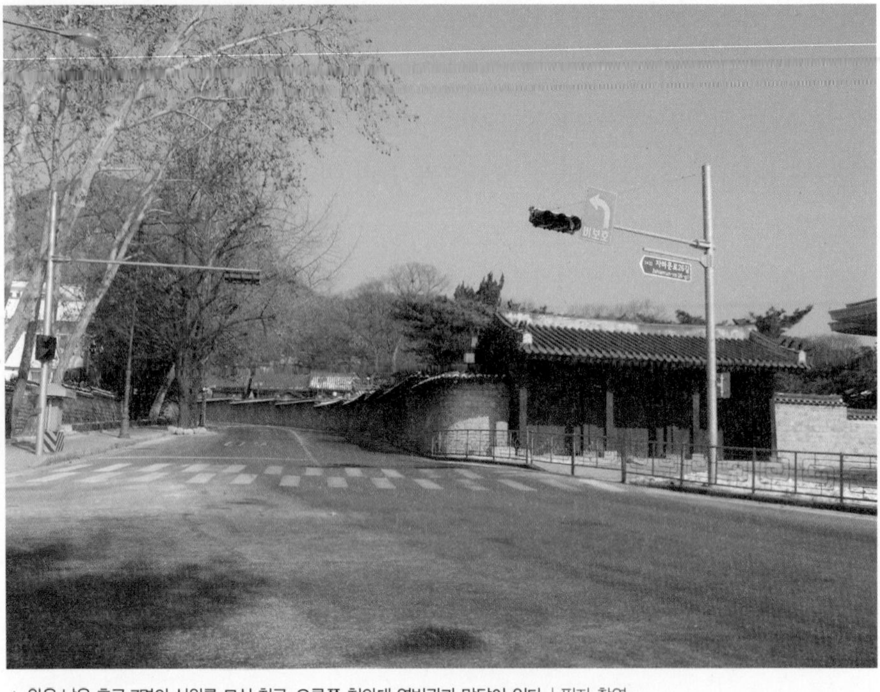

▲ 왕을 낳은 후궁 7명의 신위를 모신 칠궁. 오른쪽 청와대 영빈관과 맞닿아 있다. | 필자 촬영

예조당상과 승지 등을 보내도 인현왕후가 끝내 문을 열지 않자, 숙종은 "이는 임금을 원망하는 일"이라고 다그쳤다. 하지만 인현왕후는 13일이 지난 21일이 되어서야 겨우 바깥문만 열었다. 그 후에도 인현왕후는 "죄첩罪妾, 즉 죄를 지은 아내가 답장을 올릴 수 없다.", "외람되니 분수를 지키겠다."라는 등의 답신으로 거듭 복위를 사양했다.

이후 인현왕후는 고집을 꺾고 대궐로 돌아와 임금을 알현할 때도 "죄인이 무슨 낯으로 전하를 뵙겠습니까."라고 하며 가마에서 쉽게 내리지 않았다. 왕후는 숙종이 친히 가마문을 열어 주렴을 걷은 뒤에야 내려왔다. 이것은 왕후의 예절 바른 모습을 보여 주는 대목이기도 하다. 하지만 이는 남편을 향한 분노와 복수심을 표출한 것이라 할 수 있다.

남편 앞에서 밥상 찬 장희빈

희빈 장씨의 배신감도 필설로 다할 수 없었으리라. 하루아침에 희빈으로 강등된 장씨는 "빨리 중전의 자리에서 물러나 자리를 옮기라."라는 명을 받자 아우성쳤다.

"내가 만민의 어미요, 세자가 있거늘 어찌 너희가 무례하게 구는가. 내 폐비인현왕후의 절을 받고 말리라."

그러면서 세자를 마구 때렸다. 그 소식을 듣고 달려온 숙종 앞에서 희빈 장씨는 먹던 밥상을 발로 차며 "민씨인현왕후의 절을 받아야겠다."라고 아우성쳤다. 화가 난 숙종은 "빨리 끌어내라."라고 명을 내렸다. 희빈은 끌려가면서도 중궁전인현왕후을 꾸짖고, 욕설을 내뱉는 등 악다구니를 부렸다.

희빈은 결국 신당을 차려놓고 밤낮으로 인현왕후를 저주하는 무고사건을 일으킨 혐의가 발각돼 사약을 받았다. 그 과정에서 인현왕후는 시름시름 병을 앓다가 승하했고, 바로 그 희빈의 무고를 고변한 이가 숙빈 최씨였다고 한다. 겉으로 보면 여인들의 궁중암투극으로 치부될 수 있는 이야기이다.

사랑했던 여인에게 사약을 세 사발이나 들이부은 비정한 남편

하지만 인현왕후의 병이 희빈 장씨의 저주 때문에 악화됐다는 말이 과연 옳은가? 도리어 남편의 못된 변덕 때문에 버선발로 쫓겨나 5년 가깝게 비참한 삶을 살았던 후유증이 도졌던 것은 아닐까? 《인현왕후전》은 인현왕후가 폐출된 뒤 머물렀던 사가의 모습을 이렇게 표현하고 있다.

> "비로소 대문을 여니 수목이 무성하여 사람의 키와 같고 (중략) 풀 이끼가 섬돌 위에 가득하고, 먼지와 창호를 분별치 못하니……."

이런 더러운 환경에서 5년을 살았던 인현왕후의 몸이 좋을 리 없었을 것이다. 다시 말해서 숙종은 빌레와 빈지가 가득한 곳에 부인을 방치해 놓고는 모든 책임을 '희빈 장씨의 저주' 탓으로 몰아버렸다고 할 수 있다.

희빈 장씨에 대한 숙종의 태도 또한 상당히 문제가 있어 보인다. 궁녀로 입궐해 중전의 자리에까지 오른 입지전적의 인물이었던 그녀는 마지막 순간 사약을 내동댕이치면서 단발마의 비명을 질러댔다.

"'이 약을 먹여 죽이려거든 자식이나 보아 구천의 한을 없애 주소서.' 이런 간악한 소리로 슬피 우니 요악한 정리는 사람의 심정을 녹이고, 처량한 소리는 차마 듣지 못할 것 같았다."

그러자 남편이었던 숙종은 이렇게 말했다.

"내 앞에서 죽일 것이로되 네 얼굴을 보기가 더러워 약을 보내니 네 염치가 있을 텐데 (중략) 이 약은 네게는 상인 줄 알고 죄 위에 죄를 더하여 삼척지율三戚之律·삼족을 멸할 죄을 받지 말라."

남편 숙종은 부인의 입을 강제로 벌린 채 세 사발이나 되는 사약을 들어부었다. 본부인마저 쫓아내면서까지 그토록 사랑했던 새 부인희빈 장씨에게 사약을 먹이면서 그는 이렇게 재촉했다. "빨리 먹이라!"

《인현왕후전》의 필자마저 "조금도 측은한 마음을 갖지 않았다."라고 하면서 숙종의 비정함을 꼬집었다. 《숙종실록》 '숙종대왕 묘지문 등'을 보면, 숙종은 "앞으로는 후궁이 절대로 왕후의 자리에 오르지 못하게 하라."라는 법까지 만들었다. 이 모든 사건사고의 책임을 여인들에게 뒤집어씌운 것이다. 하기야 망국의 원인으로 '여인'을 꼽은 사례가 어디 한둘인가.

여자에게 모든 책임을 뒤집어씌운 못된 남편

주나라 무왕이 은나라기원전 1600~1046년의 주왕紂王을 정벌하면서 이렇게 말했단다.

"'옛말에 암탉이 새벽에 울지 않으니, 암탉이 새벽에 울면 집이 망한다.'라고 하였소. 은왕 주는 오로지 부인의 말만 듣고 스스로 선조에게 지내는 제사를 그만두고 나라를 어지럽혔소."

은나라 주왕이 달기妲己라는 여인 때문에 나라를 망쳤다는 것이었다. '허무개그'도 그런 '허무개그'가 없다.

다시 칠궁을 바라보며 자하문 길을 걸어본다. 피어린 역사가 반복되는 까닭은, 불구대천의 원수인 숙빈 최씨와 희빈 장씨를 이곳에 합사한 탓일까? 그러나 필자는 고개를 내젓는다. 이 역시 '나쁜 역사'의 책임을 여인들에게 돌리는 '나쁜 습성'이 아닌가. 그보다 희빈 장씨가 죽으면서 했다는 마지막 말을 떠올린다.

"내게 무슨 죄가 있습니까. 전하께서 정치를 밝히지 않으니 그것은 임금의 도리가 아닙니다."

그렇다. 숙종은 자신의 여인들을 싸움 붙여놓고 살렸다 죽였다 했던 못난 남편이었던 것이다. 칠궁에 만약 한恨이 서려 있다면 그것은 바로 못난 남편을 향한 한일 것이다.

07

'영종'보다 '영조', 느낌 아니까!

"예로부터 조祖와 종宗의 칭호에 우열이 있지 않았습니다. 창업군주만이 홀로 '조'로 호칭됐고, 선대의 뒤를 이은 그밖의 군왕들은 비록 큰 공덕이 있어도 '조'를 칭하지 않았습니다. 세조대왕의 경우도 (형인) 문종의 계통을 이어받았는데, '조'로 호칭한 것을 이해할 수 없습니다. 선조대왕이 '조'를 칭한 것도 의리를 보아 옳지 않은 일입니다. (중략) 그렇지만 중종대왕은 연산군의 더러운 혼란을 평정했지만 '조'가 아닌 '종'으로 칭하시지 않으셨습니까. 우리가 본받아야 합니다." –《효종실록》

▲ 숙종 9년(1683년) 태조 이성계에게 '정의광덕'이라는 시호를 추가로 올리면서 제작한 어보. 어보에는 왕과 왕비의 덕을 기리는 존호와 돌아가신 뒤 공덕을 칭송하는 시호 등을 새겼는데, 존호나 시호를 새롭게 올릴 때마다 새로 제작했다. | 국립고궁박물관 소장

1619년효종 1년 5월 23일, 홍문관 응교인 심대부가 사나운 기세로 상소를 올린다. 선왕의 묘호국왕이 죽은 뒤의 시호로 결정된 '인조' 가운데 '조'가 잘못됐다는 것이었다.

원래 인조의 '조' 묘호는 별 다른 이의 없이 정해졌다. 반정을 통해 종사의 위기에서 나라를 구했으며, 윤기倫紀를 회복시킨 공이 있으니 조祖를 칭하는 것이 예법에 합당하다는 것이 조정의 중론이었다.

그러나 심대부와 같은 대관들이 "세조와 선조의 경우도 원래는 잘못된 것"이라고 싸잡아 비난하고, "대행대왕인조의 경우도 조가 아니라 종을 칭하는 것이 맞다."라고 하며 벌떼같이 일어났다.

그러자 효종은 "망령된 의논"이라고 대꾸하면서 심대부의 상소를 일축했다. 홍문관 부수찬 유계를 비롯해, 사헌부·사간원 등 3사의 관원들이 빗발치듯 상소를 올렸다. 분기를 참지 못한 효종은 가장 심하게 임금의 심기를 건드린 유계를 삭탈관직하고 말았다. 도대체 '조와 종'의 호칭이 무엇이기에 격렬한 쟁론을 벌이게 됐을까? 심대부의 상소를 통해 그 사연을 살펴보자.

종법이냐, 조공종덕이냐

원래 원칙은 심대부의 상소대로 창업군주만이 '조'의 호칭을 받을 수 있었다. 《예기》〈대전〉을 보면 "가계의 시조는 조祖가 되고, 그 후예는 종宗이 된다."라고 했다. 묘호의 '조종'은 이와 같은 종법원리에 근거한 것이다. 그런데 《예기》〈제법〉과 《사물기원》 등에는, "공功이 있으면 조祖가 되고, 덕德이 있으면 종宗이 된다."라는 말도 나온다. 이쯤에서 주나라 이전의 '조종'을 두고 후대 학자들이 단 주소注疏·주석를 보자.

"무릇 조란 창업하여 세세로 전한 데서 나온다. 조란 공이 있고, 종은 덕이 있어 사당을 허물지 않는다."

▲ 고려 인종의 시호를 지어 올리면서 만든 책(시책). 경기 장단 장릉(인종릉)에서 출토됐다. | 국립중앙박물관 소장

이것을 '조공종덕'이라 한다. 중국이나 우리나 새롭게 왕조를 열었던 초대 군주는 태조 혹은 고조라는 이름을 얻었다. 한나라는 고조, 북위·당·송·명·청의 경우는 모두 태조였다. 고려를 세운 왕건과 조선의 창업주 이성계도 모두 태조였다. 그런데 그 다음 국왕들의 묘호는 간단치 않았다. 종법을 따르느냐 아니면 조공종덕을 중시하느냐에 따라 그때그때 달랐다. 국왕의 선호도, 그리고 권력세력 간의 이해관계가 얽혀 치열한 논쟁이 벌어졌던 것이다. 특히 '덕이 있다'라는 '종宗'보다는 '공이 있다'라는 '조祖'를 더 선호하는 바람에 숱한 이야깃거리가 양산됐다. '인조'의 묘호를 둘러싸고 대간들과 임금이 벌였던 신경전이 단적인 예다.

예외를 만든 세조

심대부가 언급한 세조·선조·중종의 예란 무엇인가? 세조 이전까지는 '조종'과 관련해서 별다른 문제가 없었다. 창업주인 이성계만이 '태조'라는 묘호를 받았고, 나머지 군왕들은 '종'을 썼다. 창업주 태조의 적통을 이었기 때문이었다. 문제는 세조가 계유정란으로 어린 조카단종를 폐하고 즉위하여 종법질서를 무너뜨리면서 생겨났다. 문종과도 부자관계가 아닌 형제관계였기에 종호 논쟁의 불씨가 되었다. 세조가 죽자 논의 끝에 올라온 '삼망三望·3배수 추천제도'은 '신종神宗', '예종睿宗', '성종成宗'이었다.

하지만 세조의 뒤를 이은 예종은 고개를 흔들고는 "재조再造, 즉 나라를 다시 세운 대행대왕의 공덕을 기려 '세조'라 하는 게 좋겠다."라고 고집했다. '재조'란 단종을 몰아내고 이징옥과 이시애의 난을 평정함으로써 종사의 중흥을 도모했다는 것이다. '세조'의 '세世'자는 전통적으로 사직을 다시 세운 공로를 인정할 때 주로 쓰는 '시諡'였다. 예종으로서는 정통성이 부족한 부왕세조의 정당성을 회복하고 왕권을 다지려는 의도를 나타낸 것이다. 정인지 등 신료들은 "'세종대왕'이 계신데 세조라 하는 것은 감히 의논할 수 없었던 일"이라고 반대 입장을 피력했다. 그러나 《예종실록》 1368년 9월 24일조를 보면, 임금은 "한나라 때도 세종무제과 세조광무제가 모두 있었다."라고 하면서 고집을 부렸다. 효종 때 상소를 올린 심대부는 바로 이 '세조'의 묘호가 잘못됐음을 지적한 것이다. 즉 종법의 원리에 따라 문종의 계통을 이어받은 세조가 창업주에게나 쓰는 '조'의 묘호를 받은 것은 이해할 수 없다는 것이었다.

왜 세조는 세조이고, 중종은 중종인가

반면 같은 반정의 주인공인 중종은 끝내 '조'가 아닌 '종'의 묘호를 받았다. 심대부는 그것을 높이 평가한 것이다. 그러나 돌이켜보면 중종이 죽었을 때도 조종의 논쟁이 있었다. 신료들은 여러 논의 끝에 묘호를 '중종中宗'으로 수렴했다. 연산군 대의 혼란기로 종사가 위태롭게 되었을 때 중흥한 공을 높여야 한다며 중中자를 써서 중종이라 한 것이었다. 그러나 인종은 "'중'자 만으로 나라를 중흥시킨 공로를 높이는 데는 미흡하다."라고 하면서 "'중'을 다른 자로 고치고, '종'을 '조'로 해야 한다."라고 고집했다.

"부왕父王께서 (중략) 반정反正하고 종사를 40년 동안 또 편안하게 하셨으니, 중흥시킨 공이 작다 할 수 없다. 그래서 조祖라 칭하고자 한다. '중中'자도 중흥의 뜻이라고는 하나 또한 흡족하지 못한 듯하니, 세조의 예에 견주어 고치고자 한다." —《인종실록》 1545년 1월 6일조

하지만 신료들의 입장은 단호했다.

"세조내왕이 조를 칭한 것은 아우세조가 형문종을 이었기 때문이지만, 대행대왕은 곧바로 성종의 계통을 이었기 때문에 조를 칭하는 것은 온당치 못합니다." —《인종실록》 1545년 1월 7일조

인종은 장탄식을 했지만 어쩔 수 없었다. 이때는 '조공종덕'의 원리보다, 아버지성종를 계승했다는 '종법'의 원리가 승리한 것이다.

선조는 조가 될 수 없사옵니다

심대부가 '잘못된 사례'로 지적한 선조의 경우는 어땠을까? 선조가 죽자 대신들은 '조'가 마땅하다는 의견을 냈다.

"대행대왕께서 임진왜란을 다스리고 나라를 다시 세운 공렬이 있습니다. 조공종덕의 원리에 따라 마땅히 조祖라고 해야 합니다."

—《광해군일기》 1608년 2월 8일조

아들인 광해군으로서는 그야말로 '불감청이언정고소원'이었다. 하지만 판서 윤근수 등이 나서 '아니되옵니다.'라고 외쳤다.

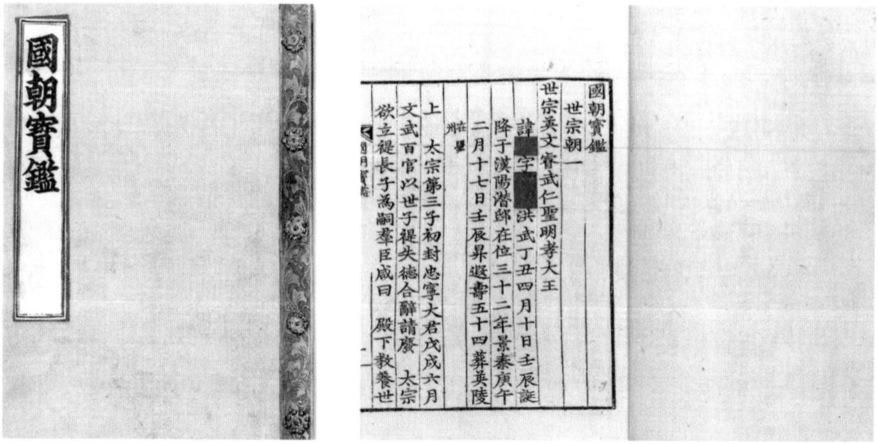

▲ 《세종대왕 국조보감》. 《국조보감》은 역대 국왕의 업적 가운데 귀감이 될 만한 내용을 모아 편찬한 것이다. 세조 4년(1458년) 태조와 태종, 세종, 문종의 4조 보감을 간행했다. | 국립고궁박물관 소장

> "창업주를 조라 하고, 계통을 이은 임금을 종이라 하는 것은 고금의 법입니다. 역대 왕조에서 서한의 고조, 동한의 세조광무제, 송나라 태조, 고려 태조 이외에 '조'를 칭한 임금이 없었습니다. 부자간에 왕통을 이었을 때는 모두 '종'으로 칭했습니다." –《연려실기술》〈국조전고·묘호와 시호〉

이에 홍문관이 《예기》를 인용, "조공종덕의 원리는 있지만, 중국의 경우 역대 중흥한 임금은 모두 '종'으로 칭한다."라고 거들었다. 처음에는 '조'를 선호했던 대신들도 "대행대왕이 나라를 다시 세운 공덕은 있지만, 대를 이어받았기에 '종'이어야 한다."라고 입장을 바꿨다. 광해군도 할 수 없이 부왕의 묘호를 '선종宣宗'으로 정했다.

하지만 무슨 연고인지, 8년이 지난 1616년, 광해군은 선왕의 묘호를 '선종'에서 '선조'로 슬그머니 바꿨다. 《광해군일기》 등에는 그 이유를 밝히지 않았다. 다만 정경세가 1623년에 올린 상소문을 기록한 《연려실기술》을 보면 내막을 짐작할 수 있다.

"정경세가 상소문을 올렸다. '선조께서는 왜란을 극복했지만, 조를 칭하기에는 마땅치 않습니다. 그래서 윤근수 등이 반대해서 중지됐는데 (중략) 그 후 허균·이이첨의 무리가 광해군에게 존호를 올리기를 청했고, 광해가 그 일을 실행한 것입니다. 조를 다시 종으로 고치는 것이 마땅할까 합니다.'" -《연려실기술》〈국조전고·묘호와 시호〉

그러니까 허균·이이첨 등 대북파가 '선종'의 묘호개칭을 광해군에게 상주했고, 광해군이 받아들였다는 것이다. 그러나 인조반정으로 정권이 바뀌었으니, 정경세는 대북파와 광해군이 개칭한 '선조'의 묘호를 다시 '선종'으로 되돌리자고 상소문을 올린 것이다. 하지만 그렇게까지 해서 조상의 권위를 무너뜨릴 수는 없는 일. 인조는 정경세 등의 상소를 가납하지 않았다.

영종영조 정종정조 순종순조의 묘호가 바뀐 까닭

인조 이후에는 '조'가 대세로 자리 잡았다. 특히 영조와 정조, 순조는 원래 영종, 정종, 순종이었는데, 훗날 '조'의 묘호를 얻었다. 영종영조의 경우 승하한 지 113년이 흐른 1889년고종 26년 11월 27일, 김상현의 상소로 '영조'가 됐다. 영조의 애민절검과 초기에 일어난 각종 변란이른바 김일경 무고사건, 목호룡 고변사건, 무신란을 진압한 공로를 인정한 것이다. 또 《고종실록》 1889년 8월 10일조를 보면, 정종정조 역시 1899년고종 36년 고종이 황제에 즉위한 지 3년 만에 조상을 추존하는 의식을 행할 때 '정조'로 바뀌었다. 순조純祖도 처음에는 '순종'이었으나 1857년철종 8년, 서학천주교의 유포를 막고 홍경래의 난을 진압하는 등의 큰 공을 세웠다면서 '순조'로 바뀌었다. 영중추부사 정원용의 말이 흥미롭다.

"조와 종 두 가지가 모두 성대하고 아름다워서 처음부터 차등이 없지만,

> 후왕後王이 공·덕을 찬양할 때 특별히 뚜렷하게 드러난 것을 표현하여 칭호를 더하는 것입니다. 순조純祖께서는 '이단異端'을 배척하여 정도를 지켰고, 서란西亂·천주교를 평정하여 큰 기반을 공고하게 한 것에 이르러서는 성대하신 공렬이 옛날의 제왕보다도 월등하게 뛰어났으니……."
>
> –《철종실록》 1857년 8월 10일조

정원용의 말에서 당시 '종'보다는 '조'의 호칭이 더 높임을 받았음을 알 수 있다.

세종은 문종일 뻔했다

'종'의 묘호를 얻은 임금들의 사연도 흥미롭다. 예컨대 만고의 성군이신 세종을 보자. 세종은 원래 '문종'의 시호를 얻을 뻔했다. 1450년문종 즉위년 3월 13일, 시호가 '세종'으로 결정됐지만 정인지와 허후 등이 이견을 내놓았다.

> "역대로 세종이라고 일컫던 군주들은 혹은 중흥中興했기 때문이거나 혹은 창업創業했기 때문이었습니다. 대행 대왕은 이와 같지 않은데도 세종世宗이라고 일컫게 되면 덕행德行을 기록하는 뜻에 결점缺點이 있습니다. 바라옵건대 문종文宗이라고 고쳐 실제의 덕행을 기록하게 하소서." –《세종실록》

그러나 문종은 가납하지 않았다. "선왕의 덕행을 모르는 이가 없으며, 또한 4군 6진을 개척한 공로가 있으니 세종이 마땅하다."라는 것이었다.

성종의 사후에는 시호를 두고 훈구와 사림이 자존심 싸움을 벌였다. 《연산군일기》 1495년 1월 15일조를 보면, 윤필상 등 훈구세력들은 "대행대왕이 주나라를 반석 위에 올려놓은 성왕과 비견된다."라고 하면서 성종成宗을 고집했다. 그들은 성종이 《경국대전》과 《국조오례의》 등을 편찬함으로써 나라의 기틀을 마련했음을 이유로 꼽았다. 반면 홍문관 부제학 성세명 등 사림파는 대행대왕의 공덕이 송나라 인종과 견줄 수 있다면서 '인종仁宗'을 추천했다. 송나라 인종은 사림의 정계진출을 이끌어 사림시대의 서막을 열어준 황제였다. 게다가 성리학의 원조인 주자가 존경했던 이가 바로 송나라 인종이었다.

이런 두 세력 간의 치열한 싸움은 결국 훈구세력의 승리로 끝났다. 《연산군일기》 1495년 1월 20일조에 나타나듯이, 연산군이 "송 인종은 유柔하지만 강剛하지 못해서 여러 번 이적夷狄의 침입을 받았는데, 어찌 대행왕성종의 성덕과 견주겠느냐."라고 하면서 "성成 자의 해석이 다 아름다우니 결정한 것"이라고 훈구세력의 손을 들어준 것이다.

백성은 어육이 됐는데

이쯤에서 이런 생각이 든다. 묘호 결정이 한 시대를 풍미한 국왕의 한평생을 평가하고, 심판하는 중대사라지만 죽은 다음에 얻은 이름이 대체 무슨 의미가 있다는 말인가. 선조면 어떻고 선종이면 어떠며, 인종이면 어떻고 인조면 어떠리. 대체 뭐가 달라지는가. 그 임금들의 시대에 백성은 어육이 되고, 백성들의 해골이 길바닥에 나뒹구는 신세가 되었는데……. 예컨대 다 쓰러져가는 명나라를 섬기다 병자호란이라는 환란을 당한 인조는 "차라리 광해군시대가 낫다."라는 저주에 가까운 원성을 듣고 말았다. 그러자 결국 "이번 전란은 모두 나의 죄"라는 사과문을 발표하기에 이른다.

> "이 한사람의 죄로 모든 백성들이 해를 입었다. 죄 없는 백성들을 모두 포로가 되게 했고 (중략) 가슴을 치고 하늘에 호소하게 했다. 백성의 부모가 되어 이 책임을 누구에게 돌릴 것인가." -《인조실록》 1637년 2월 19일조

그런데도 무슨 '종사의 위기에서 나라를 구하고 윤기倫紀를 회복한' 공로를 인정받아 '소'의 이름을 얻었단 말인가.

08

인조는 광해군을 화형시킨 일본의 사위?

"아뢸 말이 있습니다."

1390년고려 공양왕 어느 날, 고려의 파평군을 자처한 윤이尹彝와 중랑장 이초李初가 막 나라를 세운 명나라 태조 앞에 고했다.

> "고려 이 시중이성계이 왕요공양왕를 임금으로 세웠습니다. 요는 왕씨 종실이 아니라 이성계의 인친姻親입니다. 그런데 이성계와 요가 모의해서 상국명나라을 침략하려 합니다. (중략) 그러니 군사를 일으켜 고려를 토벌하소서."
>
> —《태조실록》〈총서〉, 《고려사절요》〈공양왕 1390년〉

'이성계의 뿌리'를 왜곡하다

그러니까 이성계가 자신의 인친인 사람을 왕으로 세워 명나라를 침략할 계획을 세웠으니 빨리 응징하라는 것이었다. 하지만 명 태조 주원장은 그들의 고변을 믿지 않았다. 위화도 회군까지 한 이성계가 명나라를 침범할 리 만무했기 때문이었다. 게다가 공양왕이 이성계와 친인척 관계라니……. 도리어 윤이와 이초를 마침 명나라를 방문 중이던 고려사신 조반과 대질하게 했다. 조반이 윤이에게 서슬 퍼런 질문을 던졌다.

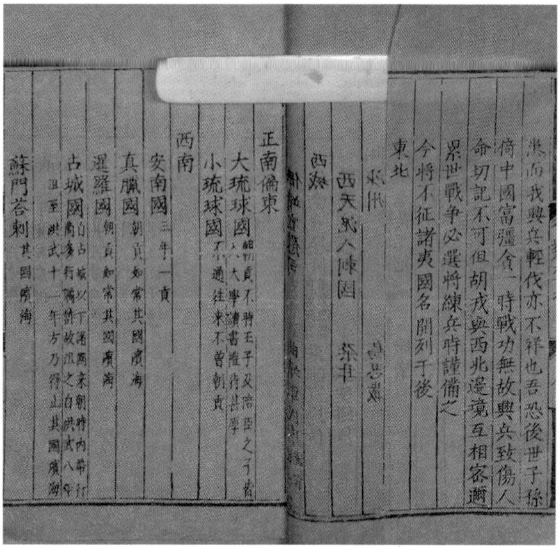

▲ 《대명회전》 1509년 판. 중종 때 이계명이 가져왔다. '이성계는 이인임의 후손'이며, '이성계가 고려의 네 왕을 죽이고 나라를 찬탈했다.'라는 내용이 들어 있었다. 하지만 이 내용이 담긴 5행이 삭제됐다. 하얀 띠로 표시한 부분은 불경한 내용을 빼고 싶어 한 당대 조선의 분위기를 알 수 있다. | 서울대학교 중앙도서관 소장

"그대 벼슬이 파평군이라면 작위를 받은 봉군封君인데, 나를 모르는가. 그렇다면 말이 안 되는데?" –《태조실록》

윤이의 낯빛이 하얗게 변했다. 거짓이었던 것이다. 명 태조는 조반에게 "어서 고려로 가서 진상을 조사하고 연루자들을 힐문하라."라는 명을 내렸다. 이어서 명 태조는 거짓고변을 한 윤이와 이초를 처형했고, 고려 조정은 윤이 등이 거론한 연루자들을 대거 처벌하는 것으로 사건을 마무리했다.

그로부터 4년이 지난 1394년조선 태조 2년 4월 25일, 신생국 조선에게 조짐이 좋지 않은 일이 발생한다. 명나라 사신 황영기가 조선 땅의 신령에게 보내는 축문을 가져왔는데, 그 내용이 기가 막혔다.

"옛날 고려 배신 이인임의 후사 이성계의 지금 이름인 이단李旦이 공공연하게 사람을 보내 정탐하고, 우리 변방장수들을 유인하고 바닷가의 백성을

죽이고 약탈하기도 하여 (중략) 즉시 군사를 일으켜 죄를 묻고자 하나 (중략) 아직 경솔히 행동하지는 않을 것이니. (중략) 이단이성계은 왕제의 명령을 받들어 백성들을 다스릴 자가 못되지만……." -《태조실록》

명나라 태조가 조선 태조 이성계를 두고 조선 국왕의 자격이 없다고 한 것이다. 그러나 더 큰 문제는 '이성계의 아버지'를 '이인임'이라고 지칭한 것이다. 지난번에 윤이와 이초는 '공양왕'을 '이성계의 인친'이라고 했는데, 이번에는 이인임이 이성계의 아버지라니……. 특히 이인임은 고려 말 전횡을 일삼은 대표적인 친원파였고, 이성계의 주도로 축출된 인물이었다. 조선으로서는 기가 찰 노릇이었다. 때문에 조선 조정은 자초지총을 알리는 변무辯誣를 명나라에 올려 시정을 요구했다. 사건은 그것으로 마무리되는 듯했다.

이성계가 고려왕 네 명을 시해했다고?

《명종실록》 1563년 9월 30일조를 보면, 1402년태종 3년 명나라에 머물던 조선 사신 조온趙溫은 명 태조가 남긴 《황명조훈皇明祖訓》을 보고는 고개를 절레절레 흔들었다. '조선 국왕이방원이 이인임의 후손'이라는 내용이 들어 있었던 것이다. 《황명조훈》은 1395년에 반포된 명 태조의 유훈으로, 그가 후손에게 치국治國의 방도를 가르쳐 주려고 만든 법전 형식의 책이었다.

그는 이 책에서 "조훈을 변경하면 나라가 어지러워질 것이며 천하에 해가 될 것"이라고 경고했다. 더욱이 "조훈의 변경을 요구하는 신하는 간신으로 취급한다. 처벌하고 결코 사면하지 말라."라는 서슬 퍼런 명령까지 내린다. 한마디로 법전으로 명문화한 '유훈정치'였다. 이 명 황제의 유훈에 '조선 국왕은 이인임의 후손'이라는 내용이 들어 있었던 것이다. 이에 조선 조정이 들썩였고, 1404년 명나라에 이빈 등을 파견하기에 이른다. 그들이 받아온 답변은 이렇다.

"조선 국왕이 '이인임의 조상과 신의 종계가 아주 다르다.'라고 했다. 생각해 보니 옛날의 전설은 틀린 것이니. 그의 말에 준하여 개정하라."

조선 조정은 안도의 한숨을 쉬었다. 모든 논란은 중국 황제의 성지를 받아옴으로써 끝난 것으로 여겼다. 하지만 그게 아니었다. 그로부터 110여 년이 흐른 뒤 더욱 심각한 사건이 터지고 말았다.

1518년중종 13년 4월, 명나라를 방문한 조선 사신 이계맹은 명나라 행정법전인 《대명회전大明會典》〈권96 조공1〉을 보고 억장이 무너진다.

"조선국은 이전의 고려를 지칭한다. 이인인이인임의 오기과 그의 아들 이성계가 홍무 6년부터 홍무 28년에 걸쳐 고려의 왕씨 4명을 죽였다.朝鮮國 卽高麗 其李仁人及子李成桂今名旦者 自洪武六年至洪武二十八年首尾凡弒王氏四王"

–《중종실록》 1518년 6월 16일조

문제는 이 《대명회전》이 명 태조의 유훈인 《황명조훈》의 내용을 그대로 전제했다는 것이다. 이미 이런 내용이 1395년에 반포된 《황명조훈》에 들어 있었다는 얘기다. 즉 이성계와 그의 아버지 이인임이 공민왕-우왕-창왕-공양왕 등 고려의 4왕을 시해하고 나라를 찬탈했다는 것이다.

앞서 밝혔듯이 이성계와 이인임이 부자관계가 아님은 삼척동자도 알고 있던 사항이었다. 또 공민왕의 시해 역시 이성계와는 무관한 사건이었다. 따라서 이 《대명회전》의 내용은 《황명조훈》을 답습한 명백한 역사왜곡이었다. 분명히 조선의 수정요구에 "그리 하겠다."라고 답변까지 했지만 전혀 반영하지 않은 것이다. 오히려 명나라는 법전인 《대명회전》에 그대로 인용해 버렸다.

조선 조정으로서는 끔찍했다. 단순 오기誤記가 아니었기 때문이었다. 명나라 조정은 이성계가 명나라가 아니라 원나라에 경도된 부원파附元派였다는 점과, 조선 왕실이 자기 조상의 계보도 알지 못하는 불효의 왕가였다는 점을 재확인한 것이다. 여기에 조선이 전 왕조 고려의 왕을 네 명이나 시해하면서 세운 반역의 나라라는 점을 더 부각시킨 것이다. 이것은 충과 효를 내세운 조선 왕조의 정통성을 정면으로 부정하는 것이었다. 더욱이 '천자의 나라'인 명나라의 법전 속에 버젓이 역사적인 사실로 기록되었다는 것은 도저히 묵과할 수 없는 일이었다. 그런데 명나라는 왜 있지도 않은 거짓을 《황명유훈》과 《대명회전》에 버젓이 실었을까?

사실 맨 처음 언급한 고려 말 윤이와 이초가 명나라에서 이성계를 무고한 것이 이 '종계변무'의 출발점이라는 게 통설이었다. 하지만 앞서 윤이·이초 사건에서 보듯이, 어떤 기록에도 윤이·이초가 이성계를 이인임의 후손이라고 직접 주장한 적은 없다. 오히려 공양왕을 이성계의 인친이라고 했을 뿐이다. 더욱이 《태조실록》 1394년 2월 19일조를 보면, 명 태조는 윤이·이초의 무고를 믿지 않고 처형해 버렸다. 결국 명나라는 윤이·이초의 무고 사건을 계기로 조선 왕가의 종계를 조작한 것이 분명하다. 왜일까? 명나라가 신생국 조선을 길들이기 위해 이 '허위종계 사건'을 일으킨 게 분명하다.

명나라가 《황명조훈》을 작성할 때의 국내 상황은 좋지 않았다. 명나라 역시 원나라를 꺾고 새롭게 중원의 주인으로 우뚝 섰지만, 북동쪽인 요동遼東 지역은 불안한 지역으로 남아 있었다. 《명태조실록》과 《태조실록》을 보면, 요동 지역에서 여진족을 둘러싼 갈등이 일어나는 등 당시 조선과 명나라 간 마찰이 잇달아 일어났다.

명나라는 "조선이 몰래 사람들을 보내 여진족을 꾀어 500명을 거느리고 압록강을 몰래 건너 조선으로 편입시키고자 했다."라고 하거나 "조선이 명나라를 업신여겼다."라는 식으로 사사건건 시비를 걸었다.

> "입으로는 신하라 하고 조공하면서 매양 말을 가져올 때마다 (중략) 모두 느린 말에 피로한 것들뿐이니……." –《명태조실록》

> "국호를 고침에 (중략) 조선을 계승하여 조선이라는 국호를 사용하도록 하였는데도 (중략) 이에 대한 화답이 없는 것은 업신여김의 하나이다."
> –《태조실록》 1393년 5월 23일조

그러니까 명나라는 이미 종결된 '윤이와 이초의 고변'을 들추어 역사왜곡을 단행한 것이다. 불안한 요동의 상황을 조선의 종계문제와 연결시켜 외교수단으로 활용하려는 것이 명나라의 속셈이었다.

조선의 애간장 녹인 200년 외교

약소국의 비애인가. 조선은 정통성 확보를 위해 명나라를 상대로 지루하고 힘겨운 외교전을 벌여야 했다. 이것이 바로 '종계변무宗系辨誣', 즉 명나라에 잘못 기록된 이성계의 종계를 고쳐달라고 주청한 사건이다.

1394년태조 2년 처음 시작된 '종계변무' 외교전은 조선이 수정 주청을 올리고 명나라가 미온적인 태도를 보이면서 답보상태에 빠졌다. 갑甲이 된 명나라로서는 다급한 을乙인 조선을 쥐락펴락 감질나게 만들었다. 명 태조의 '유훈'을 쉽게 고칠 수 없다는 명분론을 내세우며…….

1518년 이계맹이 '이성계는 이인임의 후손'이며 '이성계가 고려의 네 왕을 죽이고 왕위를 찬탈'했다는 등의 내용을 담은《대명회전》을 가져오자 조선 조정은 즉각 사신을 보냈다. 이에 명나라는 1519년 3월 15일 황제의 칙서를 중종에게 보냈다. 하지만 그 내용이 문제였다.

"황제는 조선 국왕에게 칙유하노라. 그대의 선조는 이인임의 종계가 아니라는 것에 대해 황제께서 개정을 윤허했다. 그리 알라."

-《중종실록》

어쩌면 더 중요한 일인 '고려의 네 왕 시해' 조항이 빠진 것이다. 조정이 또 한 번 혼란에 빠진다.

"아니 우리는 '종계'와 '고려의 네 왕' 문제를 주청했사온데, 황제의 칙서를 보니 종계 한 가지만 거론됐사옵니다. 만약 조선이 '종계'를 수정해 주겠다는 황제의 칙서를 고마워하고 사은한다면 도리어 '사왕 시해사건'은 사실로 인정하는 꼴이 됩니다."

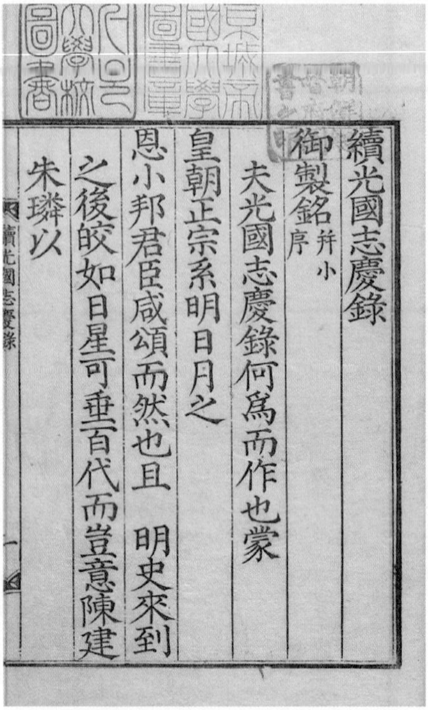
續光國志慶錄

御製銘 幷小序

夫光國志慶錄何爲而作也蒙

皇朝正宗系明日月之

恩小邦君臣咸頌而然也且 明史來到

之後皎如日星可垂百代而豈意陳建

朱璘以

▲ 영조 47년(1771년)에 간행된 《속광국지경록》. 선조가 '종계변무' 외교의 성공을 기념하려고 엮었던 《광국지경록》을 보완해서 다시 만든 증보판이다. 영조가 주린의 《통기집략》을 바로 잡아 줄 것을 요청해서 청나라의 허락을 받고 기념으로 이 책을 펴냈다. | 서울대학교 규장각한국학연구원 소장

약소국인 조선으로서는 명나라의 눈치만 볼 수밖에 없었다. 명나라는 이후에도 공수표만 남발했다. 명종 때인 1563년 12월 10일에도 "《대명회전》 개정 때 고치겠다."라는 약조를 받아냈다. 그것도 명 태조의 '유훈'인 만큼 본문에서 고칠 수는 없고 단지 부록에서 다루겠다는 것이었다. 그러나 그 약속조차도 지켜지지 않았다.

종계변무를 둘러싼 조선의 외교전은 1588년선조 21년에 비로소 마무리된다. 맨 처음 개정을 요구했던 것이 1494년태조 2년이었다. 그러니 무려 194년에 걸친

지루한 외교전을 거듭했던 것이다. 이때의 마무리 외교를 보면 눈물이 앞을 가린다.

피눈물 흘리며 무릎 꿇고 애원한 사연

1573년선조 6년 11월 1일, 조선은 또다시 명나라에 사신을 보냈다. '종계'와 '고려 네 왕 시해' 조항을 빼달라고 호소한 것이다. 명나라가 《대명회전》을 수정한 《속대명회전》을 편수한다는 소식을 듣고 득달같이 달려간 것이었다. 사신 이후백과 윤근수는 "예전 약조대로 2개 항목을 반드시 고쳐 달라."라고 요구했다. 명나라도 더는 늦추지 못했다. 황제는 "조선의 주청 내용을 《실록》과 《대명회전》에 기록해 두라."라고 명령했다.

그로부터 15년 뒤인 1587년선조 20년 8월 10일, 《속대명회전》의 수정이 확정되었다는 소식이 들렸다. 정식 반포일만 남았다는 것이었다. 조선 조정은 뛸 듯이 기뻐했다. 《선조실록》에는 그 감개무량한 소식을 이렇게 전한다.

> "조선의 조종祖宗 200년간의 억울한 누명과 수치를 하루아침에 씻을 수 있게 됐습니다. 전에 없던 경사입니다. 감격스럽기 그지없습니다."

그러나 수정된 책 《속대명회전》이 조선 조정에 입수되기까지는 믿을 수 없었다. 명나라가 공수표를 남발한 게 한두 번이 아니었기 때문이었다.

1년 뒤인 1588년, 선조는 다시 유홍을 사신으로 급파한다. 《속대명회전》의 반포가 임박했음을 듣고 "완성된 책을 빨리 가져오라."라고 조바심을 낸 것이다. 하지만 명나라 예부는 난색을 표했다. "책은 완성됐지만 아직 어람御覽, 즉 황제가 책을 보지 않았으므로 미리 줄 수 없다."라는 이유 때문이었다. 유홍은 포기하지 않았다. 《선조실록》의 내용을 보자.

"유홍은 사신단을 거느리고 '피눈물을 흘리며 무릎을 꿇고 애원했다.읍혈궤청泣血跪請 명나라 예부상서 심이가 그 정성에 감동하여 즉시 책을 베꼈에서 황제의 허락을 얻어 부권付卷을 특별히 하사하고 칙서까지 내렸다."

—《선조실록》 1588년 5월 2일조

일국의 특사가 "피눈물을 흘리며 무릎을 꿇고 애원하면서" 받아와야 했던 씁쓸한 사연이다. 하지만 간과해서는 안 될 것이 있다. 명나라가 끝내《속대명회전》의 본문에서 '종계'와 '고려 네 왕공민왕·우왕·창왕·공양왕 시해' 조항을 고치지 않았다는 것이다. 문제의 조훈내용은 '명 태조의 유훈'이라 고칠 수 없으므로 '부록'에 조선의 주장을 상술하는 것으로 마무리한 것이다. 어찌 보면 200년 가까운 처절한 외교전은 이렇게 '절반의 성과'로 끝나고 만 것이었다.

이제야 금수의 지역이 예의의 나라로 변했다

하지만 이 정도의 성과로도 조선은 감격에 몸을 떨었다. 1588년 5월 2일, 이 책을 받아든 선조는 "이제야 금수禽獸의 지역이 예의禮儀의 나라로 변했고, 우리 동방이 재차 살아났다."라고 하며 기뻐했다.

사신으로 보낸 윤근수가《대명회전》을 개정한《속대명회전》 전질과 명 황제의 칙서를 정식으로 받아 돌아오자, 조선 조정은 요즘으로 치면 '국경일을 선포한 것' 같았다. 모든 잡범과 사형수 이하를 사면했다. 또 '읍혈궤청'의 주인공인 유홍과,《속대명회전》을 받아온 윤근수 등은 엄청난 상급을 받았다. 또 '종계변무' 해결을 축하하는 과거시험알성시까지 열었다.

하지만 '왜곡'에 재미를 붙인 것일까? 중국은 이후에도 조선 조정의 약점을 끈질기게 파고드는 곡필로 애간장을 녹였다. 예컨대 명 말에 간행된 것으로 알려진《황명통기》,《황명십육조기》,《양조종신록》 등은 인조반정을 아주 요상한 필치로 표현하고 있다.

“평소 무예를 익혀 지모와 용맹이 소문난 인조가 광해군의 좌우에서 권력을 휘두르다가, 계조모 왕대비와 밀약하여 궁실의 화재를 구한다는 구실로 군대를 이끌고 입궁해 광해군을 포박하여 불에 던져 죽였다. 그는 일본의 사위이기도 하다. 결국 그가 왜의 세력을 끌어들여 ‘반왜파’인 광해군을 제거하고 북으로는 여진과 남으로는 왜와 통모하려던 명백한 사건이다.”

‘인조반정’은 일본인의 사위였던 인조가 일본과 여진을 끌어들여 반왜파인 광해군을 불에 던져 태워 죽인 사건이라는 것이다. 얼마나 말도 안 되는 서술인가. 그렇지만 조선은 이 같은 터무니없는 역사왜곡을 바로잡으려 머리를 조아려야 했다. 《영조실록》 1726년 2월 8일조에는, 영조가 ‘왜곡된 인조반정’을 바로잡으려 청나라 황제에게 보내는 주청문이 나온다.

“신이 머리를 들어 애처롭게 부르짖으며 감히 스스로 그만두지 못하는 것입니다.此臣所以仰首哀號 而不自止者也”

“잘못된 역사는 반드시 바꿔야 한다.”라고 하며 이렇게 굴욕외교까지 감수한 것이다. 과연 그렇게까지 해야 했을까? 너무 저자세 외교 아닌가? 하지만 그때는 중국 중심의 세력판도였으니 그럴 수밖에 없었을 것이다. 그러면 지금은 어떤가? ‘동등한 국가 간에 동등한 외교’를 부르짖고 있기는 하지만 그때와 별반 다르지 않은 것 같다. 중국과 일본이 교묘하고 체계적인 역사왜곡 프로그램을 가동할 때마다 ‘조용한 외교, 차분한 외교 운운’하는 모양새를 보면 딱 그렇다. 이것이야말로 무기력한 저자세 외교가 아닌가.

09

유네스코 세계유산 남한산성은 결코 함락되지 않았다

남한산성은 '치욕의 성'으로 각인되어 있다. 조선조 인조가 청나라 대군에 쫓겨 피란했다가 결국 무릎을 꿇은 곳으로 알려져 있기 때문이다. 기록을 보면 그야말로 목불인견이다.

"상인조이 '세 번 절하고 아홉 번 머리를 조아리는 예'三拜九叩頭를 행했다."

1637년 1월 30일은 이른바 '삼전도의 굴욕'을 당한 치욕적인 날이다. 인조는 청 태종 앞에서 치욕의 '삼배구고두'의 굴욕을 맛봐야 했다. 말이 '조아린다.'라는 것이지 실은 머리를 찧어 피가 날 정도로 용서를 비는 절차였다. 이마저도 청나라가 봐준 것이었다. 원래 청나라는 인조의 두 손을 묶고 구슬을 입에 문 채 빈 관을 싣고 나가 항복할 것을 요구했다.

임금이시여, 백성을 버리시나이까!

이 굴욕적인 '항복의 예'는 《사기》〈진시황본기〉에 잘 나타나 있다. 진나라 3세 황제인 자영이 한나라 유방에게 항복하면서 노끈을 목에 걸고 백마가 끄는 흰

▲ 유네스코 세계유산 등재를 눈앞에 둔 남한산성. 병자호란의 참화 속에서도 함락되지 않았던 철옹성이었다. | 《경향신문》 자료사진

수레를 탄 것을 본 딴 것이다. 한마디로 죽여 달라는 것이었다. 하지만 마지막 순간에 청 태종이 "몸을 결박하고 관을 끌고 나오는 등의 절차는 없는 것으로 하겠다."라는 '은혜'를 베풀어 '삼배구고두'로만 그친 것이다. 그나마 다행이라고 해야 할까? 인조는 임금의 상징인 용포를 벗고 청의靑衣로 갈아입은 뒤 백마를 타고 산성의 정문이 아닌 서문으로 나와 삼전도에서 무릎을 꿇었다.

'청의'는 신분이 낮은 사람'을 뜻한다. 5호 16국의 하나인 한나라 황제에 오른 유총劉聰·?~318이 진晋 회제287~313에게 청의를 입히고 술잔을 돌리게 했다는 이른바 '청의행주靑衣行酒'의 고사에서 유래됐다. 《인조실록》 1637년 1월 28일조를 보면, 인조는 신하가 된 주제에 용포를 입을 수 없었고, 죄를 지은 주제에 정문으로 나올 수 없으며, 무조건 항복을 했으니 백마를 타고 나와야 했다.

항복의식을 벌이면서도 그야말로 청사에 길이 남을 치욕의 순간이 이어진다. 《인조실록》 1637년 1월 30일조를 보면, 인조가 술잔을 돌린 뒤 술상을 물리려 했는데 청나라 종호從胡 두 사람이 개 두 마리를 끌고 들어왔다. 그러자 청 태종은 상에 차려진 고기를 베어 개에게 던져 주었다. 항복한 조선개에게 은전고기을 베푸는 꼴이었다.

지루한 항복의식이 끝난 뒤 인조 일행이 소파진에서 배를 타고 한강을 건너려 했다. 진을 지키던 병사들은 모두 죽고, 배만 두 척 남아 있었다. 이 모습을 전한《인조실록》을 보자.

> "인조 임금이 배를 타려 하자 백관들이 다투어 건너려고 임금의 어의를 잡아당기기까지 했다. 용골대청나라 장수가 이끄는 청나라 군병들이 인조 임금을 호위했다. 사로잡힌 백성들이 그런 임금을 보고 울부짖으며 말했다. '임금님! 임금님! 어찌 우리를 버리고 가십니까!吾君 吾君 捨我而去乎'"

그렇다. 한심한 임금과 신하, 그리고 그런 지도자를 둔 불쌍한 백성들……. 병자호란과 남한산성은 이처럼 단 한 순간도 기억하기 싫은 오욕의 역사로 남아있다.

절대 남한산성을 수축하지 말라

이 지경이었으니 어느 누가 기억하고 싶은 역사이며, 장소이겠는가. 하지만 위안으로 삼을 대목이 있다. 1637년 1월 28일, 청나라가 조선에 내민 12개 조항의 항복조건 가운데 미묘한 내용이다.

> "용골대가 청 태종의 칙서를 가지고 왔다. 명나라와 국교를 끊고, 그들의 연호를 버려라. (중략) 또 있다. 성벽城壁을 수리하거나 신축하는 것을 허락

하지 않는다.新舊城垣 不許繕築

▲ 남한산성 행궁. 병자호란 때 인조가 임시로 거처하면서 45일 간 버텼다. 청나라는 강화조약 때 "절대 남한산성을 수축하지 말라."라는 조건을 달았다. | 《경향신문》 자료사진

바로 "이 성을 새로 쌓거나, 기존의 성을 보수해서는 안 된다."라는 점을 특별히 강화의 조건에 넣어 강조한 것이다. 물론 조선 측은 이 조건을 수락할 수밖에 없었다. 그런데 청나라는 이 합의 내용을 잘 이행하고 있는지를 감시하려고 사절단을 해마다 보낸다. 조선이 성을 새로 쌓았는지, 기존의 성을 개축하는지 끊임없이 감시하고 참견한 것이다. 예컨대 전쟁이 끝난 지 2년 8개월이 지난 1639년인조 17년 12월 6일, 조선을 방문한 청나라 칙사 마부달의 행보를 보자.

마부달 등은 삼전도비를 보고는 사냥을 핑계로 남한산성에 들어가 성첩城堞·성 위에 쌓은 담장을 살펴본 뒤 앙앙불락했다. 병자호란 뒤 조선은 왜적을 막는다는 구실로 남한산성을 보수했기 때문이었다. 이 보수 사실을 마부달이 현장답사 후 알아차린 것이다.

"도대체 이 무슨 짓인가. 당초 양국 간의 합의를 보면 남한산성과 해도강화도를 다시 수축하지 않는다고 했는데 (중략) 오늘 산성을 두루 살펴보니 산성 안에 네 곳이나 곡식을 쌓아 두었고 성기城基를 물려 쌓고 포루砲樓도 개설했구나. 너희 나라가 어떤 간계奸計를 가지고 있기에 감히 이런 짓을

하는가."

그러면서 청나라 사신은 "빨리 허물지 않으면 청나라 군사들을 데리고 와서 조선 각 도의 성城들을 살펴볼 것"이라고 협박했다. 조선은 화가 난 청나라 사신들을 달래느라 진땀을 흘렸다. 《인조실록》 1639년 12월 9일조를 보면, 양국의 신경전이 계속됐다.

▲ 인조가 삼배구고두의 예를 치르며 항복한 뒤 세운 치욕의 삼전도비

"왜구 방비 때문이니 이해해 주시기 바랍니다."
"의주나 부산과 같은 변방의 성은 괜찮다. 다만 남한산성만은 안 된다."
"대국의 명을 어찌 따르지 않겠습니까. 다만 헐어버리는 것도 수축하는 것만큼이나 어려우니 (중략) 새로 설치한 포루砲樓만 헐도록 해주시면……."

남한산성을 둘러싼 갈등은 계속됐다. 3개월 뒤인 1640년인조 18년 3월 25일, 청나라는 조선에 칙서를 보내 남한산성 수축문제를 재차 거론했다.

"지금 또 한 번 지시를 어기고 남한산성과 평양성을 마음대로 수축했다니 이 무슨 심사인가. 다시 전쟁의 실마리를 일으키려고 하는가."

청야전술의 전통

청나라로서는 신경질적인 반응을 보일만했다. 산성을 이용한 우리나라의 청야 전술은 고조선-고구려 때부터 워낙 유명했으니 말이다.

고조선의 예를 살펴보자. 고조선은 우거왕?~기원전 108년 대에 절정의 국세를 과시한다. 이때 중국 중원의 한나라 백성들도 대거 조선으로 귀화했다. 우거왕은 한나라 조정에 입조도 하지 않았다. 속된 말로 한나라 황제와 맞장을 뜨겠다는 것이었다. 우거왕은 진번의 많은 나라들이 한나라와 직접 교섭하는 것까지 중간에서 가로막았다. 이는 한반도 남부의 여러 나라가 한나라와 직접 교역하는 것을 가로막고 중계무역의 이익을 독점했다는 뜻이다.

이 때문일까? 기원전 109년 한 무제는 고조선 정벌의 명을 내린다. 하지만 우거왕은 왕검성의 험난한 지세에 의지하는 수성전守城戰으로 한나라군에 대항했다.

> "한나라의 좌장군 순체와 누선장군이 성을 포위했으나 우거왕이 성을 굳게 지켜 몇 달이 되도록 함락시키지 못했다." –《사기》〈조선열전〉

한나라는 해를 넘기도록 성을 함락시키지 못했다. 그러다가 고조선 조정의 내분 덕분에 겨우 멸망시켰다. 기원전 108년 여름이었다. 승리한 한나라의 후유증도 컸다. 섭하와 누선, 순체, 공손수 등 한나라의 내로라하는 장수들이 죄를 얻어 줄줄이 극형을 당했거나 평민이 됐다. 고조선이 한나라 군을 1년 가까이 괴롭힌 작전이 바로 들판을 비워두고 성문을 굳게 걸어 잠근 채 장기전을 벌인 '청야 전술'이었다. 이 전술의 전통은 고구려에게도 이어졌다.

기원후 172년 11월, 고구려 신대왕이 비상대책위원회를 연다. 막강한 한나라가 많은 군사를 이끌고 쳐들어온 것이다. 이때 국상 명림답부가 말한다.

"지금 한나라 군사들이 군량을 1,000리나 옮겼기 때문에 오래 견딜 수 없습니다. 만약 성 주위에 해자垓子 도랑를 깊게 파고 보루를 높이며 들판의 곡식을 비워 대비하면若我深溝高壘 清野以待之 그들은 반드시 한 달을 버티지 못하고 굶주려서 돌아갈 것입니다. 그 틈에 공격하면 승리할 수 있습니다."

명림답부가 주장한 전법이 바로 '청야清野전술'이었고, 상황은 그가 생각한 대로 전개되었다. 고구려가 맞대응을 피하고 성문을 굳게 닫고 지키자 한나라 군사들은 굶주림에 시달려 철수하기 시작했다. 명림답부는 수천의 기마병을 이끌고 철수하는 적군을 좌원坐原에서 맹공했다. 전의를 상실한 한나라군은 대패했다. 《삼국사기》〈열전·명림답부〉를 보면, "한나라는 크게 패하여 한 필의 말도

▲ 고구려 백암성. 중국 랴오닝성 랴오닝시에 있다. 고조선과 고구려는 산성전을 바탕으로 한 청야전술로 막강한 중국세력을 괴롭혔다. | 《경향신문》 자료사진

돌아가지 못했다.漢軍大敗 匹馬不反"라고 한다.

청나라 팔기군의 파죽지세

고조선과 고구려의 전통을 이어받은 조선도 마찬가지였다. 군사력이 부족했던 조선으로서는 병력과 주민들을 보호하면서 적군의 보급로를 도모하는 산성 위주의 전술이 효과적이라고 본 것이다. 이 산성전술은 정묘호란 때 약간의 효과를 보았다. 당시 후금은 평안도의 산성을 공략하느라 어느 정도 애를 먹었다.

하지만 병자호란 때는 달랐다. 1636년병자년 12월 9일 최강의 기마군이라는 평을 듣던 청나라 13만 대군이 압록강을 건넌다. 정묘호란1627년의 참화가 가시기도 전이었다. 주력군은 당시 러시아와의 국경분쟁에서 맹위를 떨친 팔기군이었다. 청나라군은 이번에는 속전속결 전략을 폈다. 조선의 산성전과 청야전술을 의식한 전략 전술이었다. 6,000명의 선봉부대는 산성은 거들떠보지도 않고 곧바로 한양을 직공했다. 대신 일부 병력들은 조선병력을 산성에 묶어두는 전략을 폈다. 전세가 얼마나 급박했는지 《인조실록》 1636년 12월 13일조를 통해 일별해보자.

"도원수 김자점이 '적병이 안주에 이르렀다.'라고 급보를 전했다."

이것이 《인조실록》에 나오는 병자호란 발발에 대한 첫 번째 기록이다. 벌써 청나라 대군이 안주평안남도 서북까지 달려왔다는 것이다. 조선 조정은 비상사태에 돌입했고 "속히 징병해야 한다."라는 결론을 내린다. 일각에서는 "상인조께서는 속히 강화도로 피하는 편이 낫겠다."라고 주청했다.

그러나 인조는 "적이 반드시 깊이 들어오지는 않을 것"이라면서 "조금만 더 추이를 살펴보자."라고 한다. 청나라 군이 그렇게 빠를 줄은 미처 몰랐던 것이다.

▲ 남한산성 내에는 기원후 2~3세기의 것으로 보이는 한성백제 시대 유구와 유물이 나왔다. 인조는 병자호란이 일어나자 백제 온조왕에게 제사를 지내 종묘사직의 보전을 기도했다. | 토지주택박물관 소장

다음 날인 12월 14일, 청나라 군이 송도를 지났다는 급보가 전해졌다. 그러니까 청의 선봉은 압록강을 건넌 지 불과 닷새만에 한양 도성에 근접한 것이다. 대로변에서 삼사십 리 떨어진 산성은 청군의 한양직공 전략에 속수무책이었던 것이다. 서울에서 신의주 간 거리가 500킬로미터쯤 되니까 하루 80킬로미터 이상씩 말을 달려온 것이다.

이 소식을 들은 조선 조정은 '패닉상태'에 빠졌다.

"파천강화도 천도의 의논을 정했다. 종묘사직의 신주와 빈궁을 먼저 강화도로 보냈다."

그날12월 14일 저녁 무렵, 인조를 모신 어가가 출발해서 숭례문에 막 도착했을 때였다. 다시 급보가 전해졌다. 적군이 이미 양철평은평구 불광동에 닿았다는 것이다. 자칫하면 임금이 붙잡힐 상황이었다. 최명길을 급히 사신으로 보내 청나라와 교섭을 청했다. 시간을 끌기 위함이었다. 당시의 《인조실록》과 《연려실기술》은 이때의 화급한 상황을 생생한 필치로 전한다.

"14일, 최명길이 시간을 끄는 사이 임금이 수구문광희문을 통해 남한산성으로 향했다. 변란이 창졸간에 일어났으므로 시신侍臣 중에는 간혹 도보로 따르는 자도 있었다. 성 안 백성은 부자·형제·부부가 서로 흩어져 그들의

통곡소리가 하늘을 뒤흔들었다." –《인조실록》

▲ 중국 랴오닝성 선양에 있는 청태종의 무덤(북릉). 청태종은 파죽지세로 조선을 짓밟았지만 남한산성에서 45일간이나 발목을 잡혔다. |《경향신문》 자료사진

"임금을 태운 어가가 강화도로 향하려 했지만 적이 이미 양천강을 차단하고 강화도로 향하는 길을 끊었다. 이조판서 최명길이 '남한산성으로 갈 것'을 권유해서……." –《연려실기술》〈인조조고사본말·병자노란〉

우여곡절 끝에 남한산성으로 출발한 어가는 초경저녁 8시 무렵 남한산성에 겨우 도착했다. 대신들은 다시 임금이 강화도로 가는 편이 낫다고 입을 모았다. 과천과 금천을 거쳐 강화도로 가는 것이 좋다는 것이었다.

다음 날인 12월 15일 새벽, 임금을 태운 어가가 남한산성을 출발해서 강화도로 향했다.《인조실록》은 목불인견의 상황을 중계한다.

"어가가 출발했지만 눈보라가 심하게 몰아쳤다. 산길이 얼어붙어 미끄러워 말이 발을 디디지 못했다. 임금이 말에서 내려 걸었다. 그러나 끝내 도착할 수 없을 것을 헤아리고는 마침내 성으로 되돌아왔다."

45일 간의 항쟁

인조와 조선 조정은 결국 남한산성에서 농성전을 펼쳤다.

12월 29일 청나라 본진이 남한산성에 도착해 포위망을 좁히기 시작했다. 하지만 남한산성은 뜻밖에 난공불락이었다. 밀리기만 했던 조선이었지만 무려 45일을 남한산성에서 버텼다. 그러니 청나라 군으로서는 고개를 흔들 수밖에 없었던 것이다. 청나라군은 성 밖에서 대포를 쏘고 간혹 육박전을 시도했지만 변죽만 울렸을 뿐 이렇다 할 전과는 거두지 못했다. 《연려실기술》을 보면 오히려 조선군의 선전이 여러 차례 언급된다.

"12월 18일, 북문대장 원두표가 성을 나가 오랑캐 순찰군을 쳐서 여섯 명을 죽였다."

"21일, 어영별장 이기축이 군사를 거느리고 서성에 나가 적 10여 명을 죽였다."

"22일 신경전 등이 나서 적 30여 명을 죽였다."

청나라는 성 밖 곳곳에 불을 놓는 등 화공전을 감행하기도 했다. 《연려실기술》은 "그 불길과 연기가 100리쯤이나 퍼졌으며 아흐레가 지나서야 진화됐다."라고 기록했다.

"청나라가 탄환의 크기가 모과와 같고 사거리가 수십 리인 대포를 다수 설치해서 하루 종일 임금이 머무는 행궁行宮을 향해 쏘았다. 탄환의 위력은 사창司倉에 떨어져 기와집 세 채를 꿰뚫고 땅속으로 한 자 가량이나 들어가 박힐 정도였다."

"적의 대포가 망월대에 맞았다, 대포알이 성첩에 맞아 한 귀퉁이가 거의 다 파괴되었다. 성 위의 얕은 담은 이미 가릴 것이 없어졌고, 병사들이 탄알에 맞아 죽었다. 그러나 곧 군량을 넣었던 빈 섬 수백 개로 흙을 담아

파괴된 자리를 막고 물을 끼얹어 얼음을 얼게 하였다."

그러나 남한산성은 끝내 함락되지 않았다. 다만 군량미가 문제였다. 당시 남한산성 내부의 창고에는 1만 6,000석의 양식이 있었다. 《연려실기술》을 보면, 주둔한 조선군은 1만 3,800명이 약 50일 정도 버틸 수 있는 수준이었다.

"성 안에 굶주림이 심했다. 말과 소가 다 죽었다. 굶주림 때문에 살아있는 것은 서로 꼬리를 뜯어먹었다."

인조 역시 마찬가지였다. 침구가 없어 옷을 벗지 못한 채 잠을 자야 했다. 밥상에 닭다리 하나가 올라있자 인조가 한마디했다.

"들리던 닭 울음소리가 전혀 들리지 않은 까닭이 있었구나, 그 닭을 잡아 나에게 바쳤기 때문이리라. 앞으로는 닭고기를 쓰지 말도록 하라."

1월 중순 들어 백관과 하인의 양식을 반 되씩, 군졸에게는 7홉을 각각 감해야 했다. 창고의 곡식이 점점 고갈되어 겨우 20일밖에 지탱할 수 없었기 때문이었다.

1636년부터 1637년 사이의 겨울추위는 예년과 달리 혹독했다. 장수와 군졸 할 것 없이 얼굴빛이 푸르고 검어서 사람의 형상 같지 않고, 살이 터지고 손가락이 빠져 그 참혹함은 차마 말할 수 없는 지경이었다. 게다가 1월 22일 강화도 함락소식이 전해지자 조선 조정은 버틸 힘을 잃었다.

"1637년 1월 26일, 강화도가 함락되었다는 소문이 사실로 확인됐다. 인조가 이르기를 '종묘사직이 이미 함락되었으니 내가 어찌할 도리가 없다.'라고

하며 곧 성을 나가기로 의논을 결정하였다." -《연려실기술》

이 병자호란의 내막은 무엇을 말해주는가? 비록 못난 임금을 만나 종묘사직이 남한산성에서 농성하는 신세가 됐지만 결코 함락되지 않았음을 웅변해 주고 있다. 그랬으니 강화조약의 중요한 조건 하나가 "절대 성을 새로 쌓거나 기존 성이라도 보수하지 말라."라는 것이었다. 청나라가 얼마나 진저리를 쳤는지 알 수 있다.

남한산성의 정신

사실 남한산성은 백제가 하남위례성으로 도읍을 정한 후 성산聖山의 개념과 진산鎭山의 개념으로 자리 잡고 있었다. 《삼국사기》〈백제본기·온조왕〉의 기록을 살펴보면, "백제 시조 온조 임금이 기원전 6년 '한산 아래에 성책城柵을 세워 위례성慰禮城의 민호民戶를 옮겼다."라는 내용이 있다. 이 기사가 언급한 한산이 바로 남한산일 가능성이 높다.

남한산성 터에서 발굴된 초기 백제의 유물들이 그것을 입증해 준다. 결국 남한산성이 한성백제 도성풍납토성으로 비정의 최후 배후에 있는 '전략적 요충지'였음을 시사하는 단서이다. 통일신라 때는 주장성으로 일컬어졌다. 이와 같이 남한산성은 한성백제 시대부터 장구한 역사 속에 존재하고 있음을 알 수 있다.

여기서 의미심장한 대목이 있다. 병자호란을 맞아 남한산성에서 농성 중이던 인조가 백제 온조왕에게 제사를 지냈다는 것이다.

"1637년 1월 8일, 인조가 백제 온조왕에게 제사를 지냈다. 이때 예조가 아뢰기를, '사람이 궁해지면 근본을 생각하게 되고 병이 들어 아프면 부모를 부르기 마련입니다. 친히 온조왕에게 제사를 지내 신의 가호加護를 비는 것이

마땅할 듯합니다.'라고 했다." –《인조실록》

국난을 맞은 인조가 백제의 시조 온조왕에게 조선의 종묘사직을 지켜 달라고 호소한 것이다. 그뿐이 아니었다. 인조는 병자호란이 끝난 지 2년 뒤인 1639년 2월 2일 직산稷山에 있던 백제시조 온조대왕의 사당祠堂을 남한산성으로 옮겨 모셨다. 지금 남한산성 내에 있는 숭열전崇烈殿이 바로 그 사당이다. 일시적으로 나라가 유린당하는 치욕을 당했지만 정신만은 빼앗기지 않으려는 조선의 의지였다. 이것이 바로 조선의 정체성이었고 뿌리였던 것이다. 놀랍게도 조선은 그 정체성을 백제에서 찾아 백제시조를 모시는 사당을 바로 남한산성으로 옮겼던 것이다.

10

임금의 이름이 외자인 까닭은?

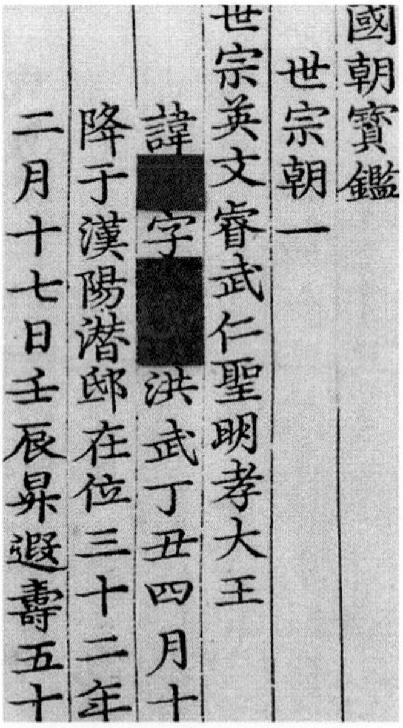
國朝寶鑑
世宗朝一
世宗英文睿武仁聖明孝大王
諱[redacted]字[redacted]洪武丁丑四月十
降于漢陽潛邸在位三十二年
二月十七日壬辰昇遐壽五十

▲ 조선시대 국왕의 업적을 뽑아 기록한 《국조보감》. 세종대왕의 이름과 글자를 붉은 종이로 가려 놓았다. 임금의 이름자를 함부로 침범할 수 없다는 '기휘' 때문이었다. | 국립고궁박물관 소장

"《춘추》에서는 존귀한 사람과 친한 사람, 어진 사람의 이름을 숨겼다.春秋爲尊者諱 爲親者諱 爲賢者諱"

《춘추》의 주석서인 《춘추공양전》〈민공원년 경신조〉에 흥미로운 대목이 보인다. 존경하는 자와 친지, 그리고 현자의 이름자와 호를 부르지 않는다는 것이다. 대체 무슨 말일까?

이것은 서양문화와 달리 남의 이름을 함부로 부르지 않는 유교 문화의 특징이다. 이를 '기휘忌諱' 혹은 '피휘避諱'라고 한다. 친한 사이에도 별칭이나 아호, 별호 등을 지은 뒤에야 마음껏 불렀다. 그랬으니 웃어른은 물론이고 황제나 국왕, 심지어는 공자와 주공, 주희, 노자

등 성인이라 추앙하는 사람들의 이름자를 저촉하기만 하면 큰일 나는 줄 알았다. 아니 실제로 멸족이라는 극형을 받은 사례도 비일비재했다. 기휘 혹은 피휘를 둘러싼 갖가지 이야기보따리를 풀어보자.

대구大丘가 대구大邱가 된 사연

1759년영조 26년 12월 2일, 경상도 대구부의 유학자 이양채가 "대구大丘라는 말을 쓰기가 매우 꺼려집니다."라는 취지로 간곡한 상소문을 올린다. 해마다 대구의 향교에서 공자의 제사를 올릴 때 축문식祝文式에 대수롭잖게 '대구大丘 판관'이라는 직함을 쓰는데 이것이 망령된다는 것이었다.

> "대구의 '구丘'자는 바로 공자의 이름인 구丘이니, 제사 때마다 공자의 이름을 함부로 침범하게 됩니다. 이 때문에 인심이 불안하게 여깁니다. 이름을 바꾸도록 조치해 주십시오." –《영조실록》

공자의 이름을 할 수 없이 부르게 되어 민심이 불안해진다? 영조는 혀를 끌끌 차며 상소문을 기각했다.

> "지명 가운데 구丘자가 들어간 곳이 얼마나 많은데 그런 소리를 하느냐. 지난 300년 동안, 조정의 그 많은 유생들은 이양채보다 못해서 그냥 두었겠느냐."

그러나 '대구大丘'는 결국 정조-순조 대를 지나며 슬그머니 '대구大邱'로 둔갑했다. 삼국시대부터 '넓은 공간達의 마을伐', 즉 달벌달구벌의 한자이름이었던 대구大丘는 결국 공자의 이름을 범했다는 이유로 고유의 이름을 잃고 만 것이다.

신임 관찰사, 부임을 고사한 까닭

1426년세종 8년, 우의정을 지낸 류관柳觀의 아들 류계문은 충청도 관찰사로 임명됐다. 지금으로 치면 충청도지사가 되었으니 가문의 경사였다. 그러나 정작 당사자인 류계문은 부임을 매우 꺼려했다. 이유는 딱 하나. 관찰사觀察使의 '관觀'자가 부친의 이름과 같다는 것이었다. 직함을 부르게 되면 결국 아버지의 이름을 범하는 격이니 도저히 직무를 감당할 수 없다는 것이었다. 그러니 어쩌랴.《세종실록》1426년 4월 13일조를 보면, 결국 그의 아버지柳觀가 이름을 '觀'에서 '寬'으로 바꾸고 나서야 아들이 임지로 떠났다.

또 있다.《세종실록》1419년 1월 17일조를 보면, 1418년 세종대왕본명 이도이 즉위하자 이름을 바꾸는 사례가 속출했다고 한다. 예컨대 개성 유후 이도분李都芬은 자신의 이름을 이사분李思芬으로 고쳤다.《세종실록》1419년 4월 4일조에는 충청도 관찰사의 상소로 충청도 공주의 교통통신시설인 '이도역利道驛'이 '이인역利仁驛'으로 바뀌었다는 기사가 나온다. 사실 임금의 이름과 한자가 같지 않는데도 음이 같다는 이유만으로 이름을 바꾼 것이다.

또 경복궁의 3개 문 가운데 중문의 원래 이름은 '예禮를 널리 편다.'라는 의미에서 홍례문弘禮門이었다. 하지만 1867년고종 4년 11월 8일 흥선대원군이 청나라 건륭제의 이름홍력·弘歷을 피해야 한다며 '흥례문興禮門으로 고쳤다. 최초의 주자학자인 안향安珦·1234~1306년은 140여 년이 지난 조선조 문종 때부터 안유安裕로 일컬어졌다. 문종의 초명이 향珦이었기 때문이었다.

천개소문과 연개소문

이런 이름 변경은 조선에서만 이루어진 게 아니다. 신라시대 명문인 문무왕 비문과 숭복사 비문에는 간지인 병진丙辰과 병오丙午를 경진景辰과 경오景午로 쓴 사례가 보인다. 이것은 당나라 고조의 부친이름인 '병昞'의 음을 기휘한 것이다. 또《삼국사기》는 고구려 대막리지인 연개소문淵蓋蘇文을 천개소문泉蓋蘇文으로 기록했다. 중국의 기록인《신당서》,《구당서》,《자치통감》 등도 모두 천개소문으로 되어 있다.

당나라 고조의 이름이연·李淵을 피하기 위해 '연씨'가 '천씨'로 둔갑한 것이다. 고려 창왕1388~1389년은 수창궁壽昌宮의 이름 가운데 '昌'자가 왕의 이름과 같다 해서 '수령궁壽寧宮'으로 고친 뒤 거처까지 옮겼다.《고려사절요》〈숙종〉을 보면, 고려의 숙종1095~1105년의 초명은 '희熙'였지만 요나라 제9대 황제 천조제가 즉위한 1101년에 이름을 갑자기 '옹顒'으로 바꿨다. 천조제의 이름연희·延禧과 발음희자이 같았기 때문이었다.

아버지의 이름 때문에 과거를 포기하다

상황이 이러했으니 기휘 혹은 피휘의 원조 격인 중국은 오죽했을까.

후한의 허신55~125년 추정이 편찬한《설문해자》는 중국에서 가장 오래된 자전字典이다. 1만 자에 달하는 한자 하나하나에 본래의 글자 모양과 뜻 그리고 발음을 종합적으로 해설했다. 그런데 허신이 이 불세출의 사전에서 해설하지 못한 글자가 있었으니 바로, '시부示部'에 나오는 '호祜'자이다. 허신이 주석을 달지 못한 까닭이 있다. 당시 후한의 황제인 안제재위 106~125년의 이름이 '유호劉祜'였기 때문이었다. 사전에서조차 지존인 황제의 이름을 해설할 수 없었던 것이다.

진시황의 본명영정·嬴政 때문에 '정월政月→정월正月'로, 한 고조의 본명유방·劉邦 때문에 '방邦→국國'으로 각각 바꿨다. 한 고조의 정부인인 여후의 이름여치·呂雉 때문에 꿩雉은 야계野鷄, 즉 야생 닭으로 일컬어졌다. 또 한 문제의 이름항·恒 때문에 중국 신화에 나오는 달의 여신인 '항아姮娥'는 '상아嫦娥'로 바꿔 불렀다. 심지어 후한 광무제의 이름유수·劉秀 때문에 뛰어난 재능의 소유자를 뜻하는 '수재

秀才'는 '무재茂才'로 일컬어지기도 했다. 수나라 양제양광·楊廣 때는 고대 백과사전의 이름이었던 《광아廣雅》가 《박아博雅》로 바뀌기도 했다.

당나라 때는 더욱 심했다. 당태종이세민·李世民 때문에 백성을 뜻하는 민民은 인人으로 바뀌었다. '관세음'은 아예 '관음'으로 일컬어졌다. 당나라 때 '시의 귀재'라 일컬어졌던 이하李賀·790~816년라는 시인은 26세에 죽을 때까지 과거인 진사과 시험을 결코 보지 않았다. 그 이유가 걸작이었다. 그의 할아버지 이름이 '진숙晋肅'이었다. 그러니까 진사의 진進자와 진숙의 진晋자가 음이 같다는 것이다. 그러니까 이하는 "할아버지의 이름을 함부로 부를 수 없다."라고 하면서 시험을 거부한 것이다.

'멸문의 화'가 된 '옹정雍正'과 '유지維止'

하기야 자칫 황제의 이름을 썼다가는 멸문의 화를 당할 수도 있었으니 그럴 만도 했다. 하나라부터 청나라까지 300여 명에 이르는 황제들의 이름을 피한다는 게 어디 쉬웠겠는가. 여기에 성현의 이름까지 피해야 했으니 이름을 둘러싼 옛사람들의 목숨을 건 분투가 눈물겨울 따름이다.

예컨대 청나라 강희제 대의 대명세戴名世라는 사람은 자신의 개인문집 《남산집》에서 남명南明 영력제의 연호를 사용한 게 드러났다. 남명은 명나라 멸망 뒤 명 황가의 일족이 세운 지방정권1644~1662년이고, '영력永歷'은 명나라 신종의 손자인 주유랑의 연호였다. 청나라 조정은 명나라의 부흥을 도모한 죄로 대명세를 참수하고 일족을 몰살했다.

또 1726년옹정 4년, 이부시랑 사사정査嗣庭이 향시의 시험문제를 출제할 때 '유민소지維民所止'라는 시제를 발췌했다. 이 시제는 《시경》 '상송商頌·현조'에 등장하는 '방기천리邦畿千里 유민소지維民所止'에서 인용한 것이다. 즉 '도성에서 사방 1,000리 되는 지역은 아무리 넓어도 백성들이 거주하는 곳'이라는 뜻이다. 아무런 정치적 색채가 없었던 시제였다.

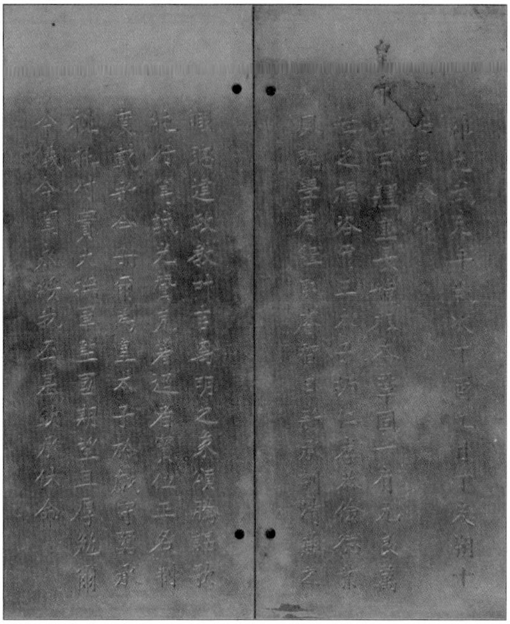

▲ 금책(金冊). 1897년 고종이 척(坧·순종)을 황태자로 책봉하면서 내린 금책이다. | 국립중앙박물관 소장

그런데 이것이 화를 불렀다. 시제의 첫 글자인 '유維'자가 '옹雍'자의 머리를 없앴고, 마지막 글자인 '지止'는 '정正자'의 밑을 자른 것이라는 모함을 받은 것이다. 한마디로 이 시험문제는 옹정황제의 머리와 발을 자른다는 의미, 즉 황제를 시해하려는 의도를 드러낸 것이라는 주장이 제기됐다. 결국 사사정은 효수됐고, 일족은 죽임을 당하거나 원지로 유배되는 참화를 겪었다.

1757년건륭 22년, 강서의 팽가병彭家屛은 가문의 족보《대팽통기大彭統記》를 간행하면서 건륭제를 '기휘'하지 않는 실수를 저질렀다. 이 죄로 팽가병은 자살, 집안 사람들은 참수형을 당했다. 이밖에 강서의 왕석후王錫侯는 사전인《자관字貫》을 펴낼 때 범례에 강희제·옹정제·건륭제의 이름을 집어넣는 바람에 대역죄로 처단되었다.

그와 16세 이상의 친족은 처형되고, 처첩과 16세 이하 어린아이들은 원지로 유배되거나 공신들의 노예가 됐다. 기휘 혹은 피휘의 방법은 주로 세 가지가 있었다. 피해야 할 글자의 마지막 획을 빼거나 다른 글자로 대체하거나, 아예 공란으로 남겨두거나 하는 방법이었다. 그런데 팽가병이나 왕석후는 이 세 가지 가운데 하나도 택하지 않아 참변을 당한 것이다.

임금 이름이 외자인 까닭

우리 역사를 유심히 살피면 흥미로운 현상 하나를 발견할 수 있다. 바로 임금의 이름을 외자로 지은 것이다. 고려 왕조의 경우 475년 동안 34대의 국왕이 등극했는데, 그들의 이름은 모두 외자였다. 1대 태조건·建, 2대 혜종무·武, 3대 정종요·堯, 4대 광종소·昭…….

순위	묘호	이름[휘]	비고	순위	묘호	이름[휘]	비고
1	태조(太祖)	이성계(李成桂)	→ 이단(李旦)	15	광해군(光海君)	이혼(李琿)	
2	정종(定宗)	이방과(李芳果)	→ 이경(李曔)	16	인조(仁祖)	이종(李倧)	
3	태종(太宗)	이방원(李芳遠)		17	효종(孝宗)	이호(李淏)	
4	세종(世宗)	이도(李祹)		18	현종(顯宗)	이연(李棩)	
5	문종(文宗)	이향(李珦)		19	숙종(肅宗)	이순(李焞)	
6	단종(端宗)	이홍위(李弘暐)		20	경종(景宗)	이윤(李昀)	
7	세조(世祖)	이유(李瑈)		21	영조(英祖)	이금(李昑)	
8	예종(睿宗)	이황(李晄)		22	정조(正祖)	이산(李祘)	
9	성종(成宗)	이혈(李娎)		23	순조(純祖)	이공(李玜)	
10	연산군(燕山君)	이융(李㦕)		24	헌종(憲宗)	이환(李奐)	
11	중종(中宗)	이역(李懌)		25	철종(哲宗)	이원범(李元範)	→ 이변(李昪)
12	인종(仁宗)	이호(李峼)		26	고종(高宗)	이재황(李載晃)	→ 이명복(李命福) → 이희(李熙)
13	명종(明宗)	이환(李峘)		27	순종(純宗)	이척(李坧)	
14	선조(宣祖)	이균(李鈞)	→ 이공(李昖)				

▲ 조선 27대 왕의 이름. 3대 태종(방원)과 6대 단종(홍위)을 빼고는 이름이 모두 외자다. 태조 이성계와 정종 이방과, 철종 이원범, 고종 이명복 등은 왕위에 오른 뒤 이름을 외자로 고쳤다.

조선의 경우에는 3대 태종방원, 6대 단종홍위·弘暐을 뺀 나머지 25명의 국왕 이름이 외자이다. 이 가운데 태조이성계와 2대 정종방과, 3대 태종방원은 조선 건국 이전에 지은 이름이므로 두 자였다. 그것도 태조는 조선을 건국한 이후 성계에서 단旦으로, 정종은 방과에서 경曔으로 각각 바꿨다.

평범한 왕족으로 강화도에서 평민처럼 살았던 강화도령 이원범은 철종으로 즉위하자 외자인 '변昪'으로 개명했다. 또 초명이 이명복이었던 고종은 왕위에 오르자 역시 '희熙'로 바꿨다. 그렇다면 역대 국왕들이 이름을 외자로 한 이유는 무엇이었을까?

국왕들이 이름을 외자로 한 이유는 바로 '백성을 사랑하는 마음' 때문이었다. 백성들의 입장에서 황제나 임금, 옛 성현의 이름을 피해야 했던 '기휘피휘'는 불편하기 짝이 없는 제도였다. 그러니 임금으로서는 피해야 할 글자를 한 자라도 줄여 백성들의 편의를 돌봐야 했다. 때문에 역대 임금들은 이름을 지을 때 거의 사용하지 않거나 희귀한 글자를 골라 썼고, 심지어는 사전에도 없는 한자를 새롭게 만들어 쓰기도 했다. 선조는 아예 역대 임금들의 이름을 대신하는 글자를 제정하기도 했다.

이미 이름을 고쳤는데 또 무슨?

1704년숙종 30년 9월 12일, 국왕으로 추존된 덕종의 초명, 즉 숭崇을 피해야 할지를 두고 논란이 벌어졌다. 덕종은 세조의 아들이자 성종의 아버지로 세자였지만 즉위 전인 20세에 요절했다. 인수대비의 남편이기도 한 덕종은 성종이 즉위한 후 왕으로 추존됐다. 그런데 230여 년이 지난 숙종 때 종친들이 왕실의 족보인 《선원계보》를 편찬할 때 덕종의 초휘가 '숭'이었음을 발견하고 기휘 여부를 문제 삼은 것이다. 그러나 기나긴 논란 끝에 덕종의 초명을 피해야 할 이유가 없다는 결론을 내린다. 당시《성종실록》등 당대의 자료를 검토한 춘추관 관리들의 결론은 이랬다.

"덕종의 초휘숭는 세조대왕이 원자元子를 봉할 때에는 휘諱를 이미 고쳤습니다. (중략) 세조대왕世祖大王께서 이미 백성의 불편함을 아시고 원자덕종의 이름을 바꾸신 게 아니었겠습니까." –《숙종실록》

무슨 얘기냐 하면, 세조가 적장자인 덕종을 원자로 봉하면서 이름을 '숭'에서 '장暲'으로 고친 것을 뜻한다. 이미 백성들을 위해 초명을 바꾼 바 있는데, 230여 년이 지난 지금에 와서 초명을 피한다는 것은 좀 지나치다는 것이었다. 숙종도 백성들이 불편하다는 요지의 춘추관 간언을 받아들였다.

괜찮으니 불러라! 불러!

영조도 "지나친 기휘피휘는 금물"이라는 명령을 내린 일이 있었다.

영조가 40년간이나 입 밖에 내지 않았던 자신의 이름금·昑을 우연히 발설한 것이 발단이 됐다. 그러자 문제가 생겼다. 승지가 임금에게 올리는 상소문을 읽어 올릴 때 어느 대목에서 말을 잇지 못하는 것이었다. 바로 상소문에 영조의 이름이 적혀 있었던 것이다. 그러자 영조는 혀를 끌끌 찼다.

"승지가 읽지 못하는데, 반드시 그럴 필요가 없다. 읽어도 된다. 과인이 40년간이나 (내 이름을) 말하지 않았던 까닭을 아는가."

영조대왕은 덧붙여 "본명 이외에도 '이름자와 음이 같은 이름'嫌名까지 피하는 것은 지나치다."라고 하며 국왕의 이름을 회피하는 범위를 좁히라고

명하기도 했다. –《연려실기술》〈국조전고·휘피〉

지금 보면 소모적이고 비생산적인 전통이 아닐 수 없다. 하지만 글자 하나에도 목숨을 걸만큼 이름 석자는 대단한 의미를 지녔음을 알 수 있다. 그러고 보니 이름, 함부로 지을 게 아니라는 생각이 든다.

제2부

관료사회
마누라 빼고 다 바꿔라

11

"바보 임금도 좋다", 재상의 나라 꿈꾼 정도전

"(1383년) 정도전이 이성계를 따라 동북면을 방문했다. (이성계) 정예부대의 호령과 군령이 자못 엄숙한 것을 보고 이성계에게 비밀리에 말했다. '훌륭합니다. 이 군대로 무슨 일인들 못하겠습니까.美哉此軍 何事不可濟' 이성계가 '무슨 말이냐'라고 되물었다. 그러자 정도전이 딴청을 피우며 말했다. '동남쪽 왜구를 칠 때를 이르는 말입니다."

▲ '도담삼봉'. 단양팔경 가운데 하나로 꼽힌다. 정도전의 호가 이 도담삼봉에서 왔으며, 그가 이곳에 정자를 짓고 풍류를 즐겼다는 설이 전한다. | 이호준 촬영

"조선이 개국할 즈음, 정도전은 왕왕 취중에 슬며시 말했다. '한 고조가 장자방장량을 쓴 것이 아니네. 장자방이 곧 고조를 쓴 것뿐이라네.不是漢高用子房 子房乃用漢高'라고……. 무릇 임

금태조 이성계을 위해 모든 일을 도모했으니 마침내 큰 공업을 이뤘다. 참으로 상등의 공훈을 이뤘다.凡可以贊襄者 靡不謀之 卒成大業 誠爲上功"

정도전의 부음기사에 담긴 뜻

위의 두 인용문 모두 《태조실록》 1398년 8월 26일조에 기록된 삼봉 정도전의 졸기卒記, 즉 부음기사Obituary이다. 이날 새벽 정도전을 비롯해 남은·심효생·박위·유만수 등은 정안군이방원과 여러 정실 왕자들의 시해를 도모했다는 죄로 참형을 당했다. 태조 이성계에 의해 세자로 옹립됐던 이방석과 이방번 등도 피살됐다. 이를 "제1차 왕자의 난"이라 한다.

정도전 일파는 '왕자들을 살해하려 한' 죄로 참형을 당했으니 대역죄인에 해당된다. 대역죄인의 졸기인 만큼 그의 죄상을 낱낱이 고하는 것이 마땅하다. 하지만 이상하다. 《태조실록》의 이 '천인공노할 대역죄인의 부음기사'는 비교적 객관적인 평가를 담고 있다.

물론 "도량이 좁고 시기가 많았으며, 보복하기를 좋아했고, 이색을 스승으로 삼고, 정몽주·이숭인 등과 친구가 됐으나 조준 등과 친하려고 세 사람을 참소했다."라는 부정적인 내용도 담고 있다. 그러나 그 정도면 애교가 아닐까? 대역죄인의 부음기사치고는 매우 관대하다는 인상을 지울 수 없다. 부음기사는 되레 정도전에게 매우 긍정적인 단서를 남긴다. 즉 정도전의 사후, 최초의 기록인 이 '졸기'는 정도전과 그의 생애를 가장 함축적으로 보여 주고 있다.

장자방 장량이 한 고조 유방을 기용한 것뿐

우선 위에 나오는 첫 번째 인용문을 보자. 조선이 들어서기 전에, 정도전이 동북면을 지키던 이성계를 방문했다는 내용을 담고 있다. 정도전은 이성계가 새 왕

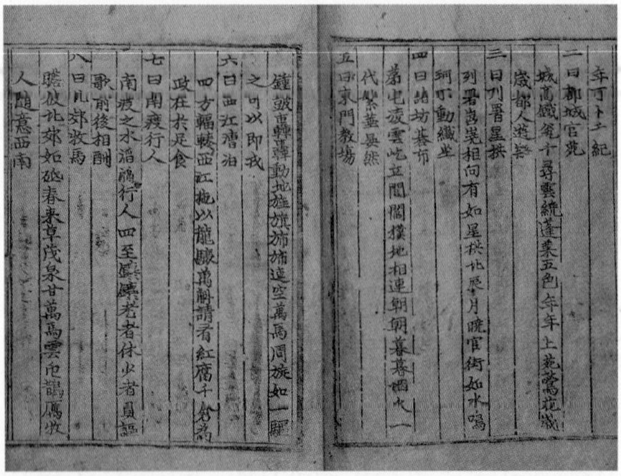

▲ 정도전의 문집인 《삼봉집》. 1465년(세조 11년)에 정도전의 증손자인 정문형(鄭文炯)이 6책으로 재간행했다. 정도전은 조선 왕조를 설계한 인물로 알려져 있으며, 이 책은 조선의 건국이념과 한국학 연구의 귀중한 자료이다. | 국립중앙박물관 소장

조를 개창할 그릇이 되는지를 탐색하려 한 것이 아닐까? 그 자리에서 정도전은 이성계 군대의 엄정한 군기와 군세를 보고 "이런 군대라면 무슨 일인들 못 하겠냐."라고 운을 뗐다. '역성혁명을 할 만한 기세'라고 만족감을 드러낸 것이다. 이성계는 이 질문에 '무슨 말이냐?'라고 되물었고 정도전도 딴청을 피웠다. 그러나 첫 번째 인용문은 새 왕조 개국을 위한 두 사람의 운명적인 만남을 생생한 필치로 전하고 있다.

두 번째 인용문은 더욱 흥미롭다. 정도전은 조선 개국 뒤 술자리 때마다 취중진담의 형식을 빌어 "한 고조 유방과 장자방 장량"의 이야기를 꺼냈다는 것이다. 여기서 정도전이 언급한 장자방, 즉 장량이 누구인가. 장량은 항우를 물리치고 한나라를 개창한 한 고조 유방의 둘도 없는 책사였다. 지금 이 순간까지 '책사의 전범'으로 추앙받고 있는 인물이다. 《사기》〈유후세가〉를 보면, 한 고조는 "군영 안에서 계책을 세워 천리 밖의 승부를 결정짓는 일만큼은 나유방도 장량만 못하다."라고 인정했을 정도였다. 그런데 정도전은 술자리에서 큰 일 날 소리를 해대고 있다. 그것은 "한 고조 유방이 장자방을 기용한 것이 아니라, 장자방이 유방을 이용해서 제국한나라을 개창했다."라는 충격적인 얘기였다. 두 말 할 것 없이 한 고조는 태조 이성계, 장자방은 정도전 자신이다. 그러니까 정도전은 자신이 꿈꾸는 새 왕조를 개창하려고 이성계를 기용했다는 이야기를 술자리

때마다 하고 다녔다는 것이다. 이것이야말로 '춘추대의'에 반하는, 즉 역심을 한껏 드러낸 대역죄가 아닐 수 없다. 그러나 《태조실록》은 정도전이 취중에 발설한 '한 고조와 장자방' 이야기를 아주 담담하게 사실만 담아 전하고 있다.

정도전 일파를 죽인 태종이 《태조실록》을 편찬했는데, 정도전의 역심을 이토록 담담한 필치로 쓸 수 있을까? 《태조실록》은 더 나아가 "태조이성계와 함께 조선 개국에 모든 힘을 쏟은 정도전이야말로 '참으로誠' 상등의 공훈을 세웠다."라고 입에 침이 마르도록 칭찬한다. '참으로誠'라는 표현을 쓸 정도였다면, '진심'이 듬뿍 담겨있는 평가가 아닐 수 없다. 결국 정도전의 목을 벤 태종마저도 정도전이 '조선의 개창자였음'을 솔직하게 인정했다는 이야기다.

군주가 아니라 한낱 사내를 죽인 것

사실 삼봉 정도전의 젊은 날은 당대의 여느 사대부와 다르지 않았다. 백성을 군자가 가르쳐야 할 어리석인 대상으로 여겼으니까. 정도전이 다섯 살 연상의 정몽주에게 보낸 편지를 보자.

> "백성들은 어리석어 취할 것과 버릴 것을 모릅니다. 백성들은 뛰어난 자를 믿고 복종할 줄 알았지, 도가 바르고 나쁨을 모르기 때문입니다."
>
> ─《삼봉집》 제3권 〈정달가에게 올리는 글〉

정도전은 "군자의 덕은 바람이요, 소인의 덕은 풀"이라고 하면서, "따라서 바람이 불면 풀이 반드시 눕는다."라고 생각했다. 하지만 정도전의 삶은 부친상과 모친상으로 인한 3년여의 낙향1366~1369년과, 부원파 이인임의 미움으로 인한 9년여의 긴 유배 및 유랑1375~1384년으로 완전히 바뀐다.

먼저 '절친'이었던 포은 정몽주가 건네준 《맹자》가 그의 삶을 송두리째 바꿔

놓았다. 정도전은 《맹자》를 하루에 한 장 혹은 반 장씩 차근차근 정독했다. 아마도 그는 《맹자》를 읽음으로써 역성혁명의 꿈을 키웠을 것이다.

그렇다면 정도전이 '꽂힌' 맹자의 내용은 무엇이었을까? 《맹자》〈양혜왕(하)〉일 것이다. 제나라 선왕이 맹자에게 물었다.

"탕왕은나라 성군이 하나라 걸왕을 내쫓고, 주 무왕이 상나라 주왕을 죽였는데 그렇습니까?"

"기록에 있습니다."

"신하가 군주를 죽여도 됩니까?"

"어짊과 올바름을 해치는 자는 '사내'에 불과합니다. 주 무왕이 '한낱 사내'은나라 주왕을 뜻함를 죽였다는 말은 들었어도, 임금을 죽였다는 말은 듣지 못했습니다."

그러니까 주나라 창업주인 무왕기원전 1046~1043년은 '어짊과 올바름을 해친 한낱 사내'인 은나라의 폭군인 주왕을 죽였다는 것이다. 이는 곧 역성혁명을 옹호하는 무시무시한 '맹자의 말씀'이다. 또 《맹자》〈이루〉는 "걸주桀紂·폭군의 상징인 하 걸왕과 은 주왕가 천하를 잃은 것은 백성을 잃은 것"이라고 했다.

"백성을 잃은 것은 그 마음을 잃은 것과 같다. 백성을 얻으면 천하를 얻은 것이다. 그 백성을 얻는 데도 도가 있으니 그 마음을 얻으면 백성을 얻은 것이다."

그는 조선 개국 후 펴낸 《조선경국전》에서 이와 같이 말했다.

"임금의 지위는 존귀한 것이다. 그가 백성의 마음을 얻으면 백성은 복종한다. 하지만 백성의 마음을 얻지 못하면 백성은 임금을 버린다."

–《조선경국전》〈정보위·正寶位〉

질타당한 선비의식

9년간의 유배 및 유랑생활에서 마주친 백성들의 비참한 삶도 정도전의 혁명의식을 깨웠다. 바야흐로 홍건적의 난과 왜구의 침입 등의 외우와 권문세족의 토지겸병 등 내환으로 백성들은 도탄에 빠져 있었다.

> "물푸레나무水靑木로 만든 회초리로 농민을 압박해 토지를 빼앗기에 혈안이 되어 토지 하나에 주인만 일고여덟 명이었다. 가난한 사람은 송곳 꽂을 땅도 없었다. 반면 방방곡곡이 홍건적의 난과 왜구 침략으로 싸움터가 됐다." —《고려사절요》 1385년 11월

유배지인 나주 회진현 거평부곡에서 만난 백성들은 '교화해야 할 어리석은 자들'이 아니었다. 농사를 짓고 꼬박꼬박 세금을 내는 것을 천직으로 여긴 '가난하지만 순박한 사람들'이었다. 그러나 질곡의 하루하루를 보내던 백성들은 정도전에게 '탁상공론하는 유학자들의 허위의식'을 사정없이 일깨워주었다.

정도전의 《금남야인》이란 글을 보자. 어떤 야인野人이 "선비는 무엇을 하는 사람입니까?"라고 묻자 선비의 몸종이 선비를 위해 대신 대답한다.

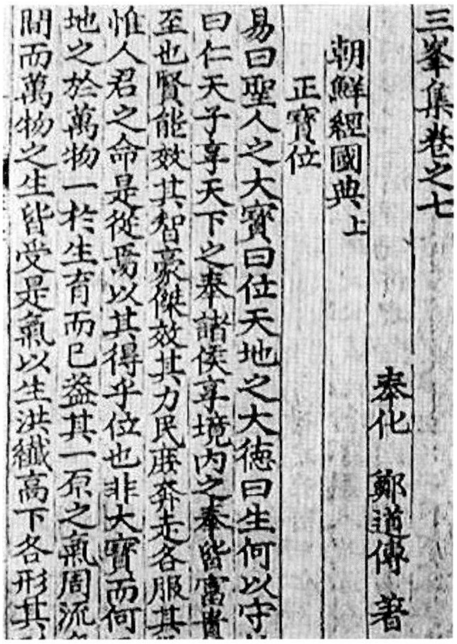
三峯集卷之七
朝鮮經國典上　奉化 鄭道傳 著
正寶位
易曰聖人之大寶曰位天地之大德曰生何以守
曰仁天子享天下之奉諸侯享境內之奉皆富貴
至也賢能效其智豪傑效其力民庶奔走各服其
惟人君之命是從焉以其得乎位也非大寶而何
地之於萬物一於生育而已蓋其一元之氣周流
間而萬物之生皆受是氣以生洪纖高下各形其

▲ 정도전은 통치규범을 육전으로 나누었는데, 국가형성의 기본을 논한 규범체계서였다. 《조선경국전》은 막 개국한 조선 왕조의 헌법이었으며, 훗날 《경국대전》 편찬에 큰 영향을 끼쳤다.
| 서울대학교 규장각한국학연구원 소장

"우리 선비님은 천문·지리·음양·복서에도 능통하고 오륜 윤리에 통달하고 역사와 성리철학에도 조예가 깊은 분입니다. 후신을 가르치고 책을 쓰고 의리를 위해 죽을 각오가 되어 있는 진정한 유학자임을 자부하는 선비입니다."

그러자 야인은 슬쩍 비웃으면서 단칼에 정리한다.

"그 말은 사치입니다. 너무 과장이 아닙니까? 실상도 없으면서 허울만 있으면 귀신도 미워할 겁니다. 선생은 위태롭군요. 화가 나에게까지 미칠까 두렵네요." —《삼봉집》 제4권 〈금남야인(錦南野人)〉

뜬구름 잡는 이야기만 하고 있는 선비의 허위의식을 사납게 질타하고 있는 것이다. 그 때문일까? 이숭인과 정몽주 등이 유배 중이거나 유배가 풀렸을 때 임금을 향한 〈연군시戀君詩〉를 남겼지만, 정도전은 일절 쓰지 않았다. 백성에게 배웠는데 왜 임금에게 고마워한다는 말인가.

이성계를 만난 날

정도전은 맨 처음 인용한 대로 유랑 중 도지휘사로 동북지방 국토방위 책임자였던 이성계를 만나 혁명의 감感을 잡았다. 이때가 1383년우왕 9년이었다. 정도전의 나이 42세였고 이성계의 나이 49세였다. 정도전은 이듬해인 1384년 여름 함주함흥를 찾았다. 아마도 이때는 '이성계의 장자방'으로서 본격적인 혁명모의를 시작했다고 봐야 한다.

1392년 7월 17일, 드디어 조선이 개국하자 정도전은 새 왕조의 실질적인 설계자가 됐다. 그의 직책은 어마어마했다. 1품인 숭록대부에다 봉화백이라는 작위는 덤이었다. 문하시랑찬성사시중 다음 직책, 동판도평의사사사최고정책결정기구 수장, 판호조사국가재정 총괄, 판상서사사인사행정 총괄, 보문각대학사문반의 총책임자, 지경연예문춘추관사역사편찬과 국왕 교육책임, 의흥친군위 절제사태조 이성계의 친병 두 번째 책임자 등등이었다. 그러니까 모든 정책을 결정하고 인사행정을 도맡으며, 국가재정·군사지휘권·왕의 교육과 교서작성·역사편찬 등 전 분야를 총괄하는 직분을 감당해낸 것이다.

혁명공약 쓴 정도전

그의 지위는 7월 28일 발표한 이른바 17조의 〈편민사목便民事目〉이 발표됨으로써 구체화되었다. 이것은 일종의 혁명정부의 공약 같은 것이었다.

▲ 정도전의 만기친람은 혀를 내두를 정도다. 정도전은 17킬로미터에 이르는 한양도성을 설계했고, 거리와 마을의 이름까지 지었다.
| 이호준 촬영

정도전의 연구자인 서울대 한영우 교수는 이 〈편민사목〉 편찬을 두고 "정도전이 조선 왕조의 설계자임을 극명하게 보여 주는 것"이라고 말했다. 그는 종묘사직의 제도, 왕씨 처리 문제, 과거제도 정비, 국가재정의 수입과 지출, 군대진휼, 과전법의 준수, 공물 감면 등 혁명개혁공약을 만천하에 공포했다.

특히 정도전은 이색·이숭인·우현보·설장수 등 56명을 반혁명 세력으로 간주하고 엄중한 처벌을 언급했다. 물론 이들은 태조의 감면으로 극형을 면했다. 그러나 이색의 아들 이종학과 우현보의 세 아들 우홍수·홍득·홍명 등 8명은 유배 도중 곤장 70대를 맞고 사망했다.

《태조실록》 1398년 8월 26일조를 보면, 우현보의 세 아들이 죽은 것은 정도전과 우현보 가문의 오랜 원한 때문에 빚어진 비극이었다. 무슨 말인가? 여기에는 정도전을 둘러싼 출생의 비밀이 담겨있다. 즉 정도전의 외할머니가 '문제'였다. 정도전의 외할머니는 김진이라는 승려가 자기 종의 아내와 사통해서 낳은 아이였던 것이다. 그런데 김진이라는 승려는 우현보의 자손과 인척관계였다. 따라서 우현보의 자손들은 정도전의 '천한 출생의 비밀'을 알고 있었던 것이다.

정도전의 '출생의 비밀'

그런데 정도전이 과거에 급제한 뒤 처음으로 벼슬길에 오를 때 대간사간원에서 고신임명장을 선뜻 내주지 않았다. 《태조실록》 1392년 8월 23일조의 기록에 따르면, 이때 정도전은 우현보의 자손들이 자신의 출생의 비밀을 퍼뜨려 그렇게 됐다고 여겼다는 것이다. 이 때문에 정도전이 훗날 우현보의 세 아들을 모함해서 개인감정으로 '치사하게' 복수했다는 것이다.

사실 정도전은 '천출賤出'이라는 것 때문에 끊임없이 구설수에 시달렸다. 예컨대 고려 공양왕 말기인 1392년 4월, 간관 김진양 등은 정도전을 탄핵하면서 다음과 같이 폄훼했다.

"정도전은 미천한 신분으로서 몸을 일으켜 당사堂司에 자리를 차지했습니다. 때문에 그 미천한 근본을 덮고자 본주本主를 제거하려고 하는데, 홀로 일을 할 수 없으므로 참소로 죄를 얽어 만들어 많은 사람을 연좌시켰습니다." –《고려사절요》 공양왕 2년조

여기서 말하는 '본주', 즉 본주인은 우현보 가문을 일컫는다. 정도전의 '출생 콤플렉스'가 대단했음을 알려준다. 그러나 거꾸로 이런 출생의 한계 때문에 명문가 출신인 정몽주 등과 달리 세상을 완전히 갈아엎는 혁명가로 거듭날 수 있었던 것은 아닐까?

정도전의 예능감

어쨌든 정도전은 그야말로 새 왕조 설계를 위해 '만기친람온갖 정사를 친히 보살핌'했다고 해도 과언이 아니다. 그가 한 일을 일별만 하더라도 과연 대단하다는 생각이 든다.《고려사》를 편찬한 것은 기본이고, 사은사로 명나라를 방문한 데 이어 동북면 도안무사가 되어 함길도를 안정시켰으며, 여진족을 회유하고 행정구역을 정비한 것이다.《태조실록》 1398년 3월 30일조를 보면, 태조는 그런 정도전을 두고 "경정도전의 공이 (고려 때 동북 9성을 경영한) 윤관보다 낫다."라고 치하했다.

그뿐인가? 그는 심지어 '악곡'까지 만들었다. 즉 문덕곡文德曲·이성계의 문덕을 찬양, 몽금척夢金尺·신으로부터 금척을 받았음을 찬양, 수보록受寶錄·태조 즉위전에 받았다는 참서, 납씨곡納氏曲·몽골의 나하추를 격퇴한 것을 찬양, 궁수분곡窮獸奔曲·왜구 격파의 공로를 찬양, 정동방곡靖東方曲·위화도 회군을 찬양 등 6개 악사를 지어 왕에게 바친 것이다. 정도전이 작사·작곡·편곡한 이 6곡은 춤으로 형상화됐다. 종묘와 조정의 각종 행사 때 연주돼 궁중무용으로 자리 잡았다. 이만하면 팔방미인을 넘어선다. 하늘은

정도전에게 음악가의 재능까지 선사한 것이다.

그는 또 한의학에도 천착해 《진맥도지診脈圖誌》까지 펴냈다. 의사는 맥을 짚는 데 착오가 없어야 한다면서 여러 학자들의 설을 참고해 그림을 곁들여 요점을 정리한 것이다. 대체 정도전의 '능력의 끝'은 어디까지였을까?

병법에 군사훈련까지

또 하나 주목할 것은 《오행진출기도》와 《강무도》, 《사시수수도四時蒐狩圖》 등 병서를 지어 태조에게 바쳤다는 점이다. 이것은 요동정벌을 위한 준비작업이었다. 정도전은 각 절제사들이 보유하고 있던 군인 가운데 무략이 뛰어난 자들을 골라 '진도陣圖'를 가르쳤다. 자신이 제작한 '진도'를 펴놓고 훈련을 펼친 것이다. 이것은 사병 성격의 군대를 정도전 자신이 직접 장악해 장차 요동정벌을 준비하기 위한 것이었다.

1394년, 정도전은 중앙군 최고책임자인 판의흥삼군부사가 됐다. 사실상 군 통수권자가 된 것이다. 이성계의 친병인 의흥친군위도 이 기구에 통합됐다. 그러나 정도전의 병권장악은 순조롭지 않았다. 정안군태종 등 여러 왕자와 종친, 그리고 절제사들이 저마다 사병私兵을 거느리고 있었기 때문이다.

> "정도전과 절제사들이 철갑을 입고 군대깃발에 제사를 지내는 제독 행사를 치렀다. 이 행사에 참석하지 못한 절제사들의 수하들에게 태형이 집행됐다." –《태조실록》 1394년 1월 28일조

> "절제사와 군사들에게 진도를 익히도록 강요하고 사졸들을 매질하니 이를 원망하는 사람들이 많았다." –《태조실록》 1398년 윤5월 29일조

정도전은 특히 1394년 2월 29일 왕자들과 종친들, 그리고 공신들이 보유하고 있던 사병들을 혁파하는 것을 골자로 한 군제개혁안을 관철시켰다. 사실 제대로 된 나라라면 모든 군통수권이 국왕 한 사람에게 모여야 하는 게 옳았다. 때문에 정도전의 군제개혁안은 당연한 과업이었다.

요동정벌의 야망

누누이 강조하지만 이런 군제개혁안이야말로 정도전이 외쳐온 '요동정벌'을 위한 선행조건이었다. 예컨대 "고구려의 옛 강토를 회복하고자 한 고려 태조의 정책을 웅장하고 원대한 계략宏規遠略"이라고 칭송했다. 더불어 《삼봉집》〈경제문감 별집〉 '군도君道·고려국 태조高麗國太祖'를 보면, 고구려 유민이 세운 발해유민을 포섭한 태조 왕건의 조처를 "매우 어질고 은혜로운深仁厚澤 정책이었다."라고 숭상했다.

정도전의 요동정벌 의지는 확고했다. 예컨대 1397년태조 6년 정도전은 측근인 남은과 결탁해 태조에게 결연한 의지를 표명한다.

> "이제 모든 준비가 끝났으니 동명왕의 옛 강토를 회복할 수 있습니다."
>
> -《태종실록》 1405년 6월 27일조

남은의 상소가 끊임없이 이어지자 태조는 "과연 그래도 되는 것이오?"라고 정도전에게 물었다. 그때 정도전은 "예전에도 외이外夷가 중원에서 임금이 된 적이 있지 않습니까."라고 요동정벌을 촉구했다. 정도전은 요나라와 금나라, 원나라 등 이른바 이민족의 나라가 중원을 점령한 일을 거론하면서 요동정벌의 정당성을 말한 것이다. 하지만 정도전의 군제개혁안과 요동정벌 계획은 극심한 반발을 불러 일으켰다.

예컨대 《태조실록》 1398년 8월 9일조를 보면, 정도전의 편에 선 대사헌 성석용이 정도전의 《진도》를 익히지 않은 모든 시위관의 처벌을 상력히 주청한 일이 일어났다. 당시 절제사를 비롯한 군부 지도자들의 면면을 보면 정안군태종을 비롯한 여러 왕자들과 종친들, 그리고 개국공신들이었다. 그들의 반발이 극심했던 것이다. 그러자 태조는 "정안군태종 등 왕자 및 종친들과 이지란 등 개국공신들은 사면하라."라는 명을 내림으로써 이들의 반발을 무마했다.

여기에 병상에 누워있던 개국공신 조준은 태조 임금을 알현하고 '요동정벌 불가론'을 조목조목 따졌다. 《태종실록》 1405년 6월 27일조를 보면, "(고려 말 조선 초의) 잦은 부역으로 백성들이 지쳤고, 신생 명나라의 국력이 틈을 찾아볼 수 없을 정도인데 군사를 일으킬 수 없다."라는 것이었다. 결국 정도전의 야망은 전방위적인 반발에 부딪혀 좌절되고 만다.

도성설계에 동네이름까지

이밖에도 새 왕조의 기틀을 잡기 위한 정도전의 '만기친람'은 혀를 찰만 했다.

1394년 《조선경국전》의 편찬은 그의 혁혁한 업적이라 할 수 있다. 이 책은 통치규범을 육전으로 나눠 정리한 것인데, 국가형성의 기본을 논한 규범체계서였다. 《조선경국전》은 막 개국한 조선 왕조의 헌법이었으며, 훗날 《경국대전》 편찬에 큰 영향을 끼쳤다. 또 《역대부병시위지제》라는 군제개혁안을 만들어 임금에게 바쳤는데, 이 책에는 내용을 이해하기 쉽도록 그림까지 곁들였다. 얼마나 병법에 해박했으면 그림까지 그려 설명할 정도였을까. 절로 감탄사가 나온다.

이뿐일까? 정도전은 한양 신도읍지 건설사업의 총책임자가 되어 도성건설의 청사진을 설계한다. 한양의 종묘·사직·궁궐·관아·시전·도로의 터를 정하고 그 도면까지 그려 태조 임금에게 바쳤다. 새 도읍의 토목공사가 시작되자 《신도가》라는 노래까지 지어 공역자들의 피로를 덜어주고 흥을 돋우어 주었다.

경복궁과 근정전, 사정전, 교태전, 강녕전, 연생전, 경성전 등 궁궐 및 전각의 이름과 융문루·영추문·건춘문·신무문 등 궐문의 이름을 지은 것도 정도전이었다.

지금도 상당 부분 남아 있는 한양도성을 쌓은 것도 정도전이었다. 그는 직접 백악산북악산, 인왕산, 목멱산남산, 낙타산낙산에 올라 거리를 실측하고 17킬로미터가 넘는 도성을 설계했다. 오행의 예에 따라 숭례문, 흥인지문, 돈의문, 소지문숙정문 등 4대문과 소의문, 창의문, 혜화문, 광희문 등 4소문의 이름도 지었다.

서울의 중심에 위치한 종로의 종각은 오행의 신信에 해당한다. 한양은 이로써 '인의예지신' 등 오덕의 상징을 갖추게 됐다. 신도시 한양의 행정구획을 정리하고 구역의 이름을 지은 것도 정도전이었다. 정도전은 한양을 동·서·남·북·중 5부로 나누고 그것을 다시 수십 개의 방坊으로 구획한 뒤 이름을 정했다. 예컨대 연희·덕성·인창·광통·낙선·적선·가회·안국·명통·장통·서린 등의 이름이 정도전의 머리에서 나왔다. 그냥 지은 게 아니었다.

인의예지신와 덕德·선善 등 유교의 덕목을 담은 명칭이었다. 《태조실록》 1398년 4월 26일조를 보면, 정도전은 완성된 한양의 모습을 찬미하는 6언 절구의 《신도팔경시》를 지었다.

최고의 불교비판서

새 왕조 개창을 향한 그의 정력은 《불씨잡변》 저술에서도 엿볼 수 있다. 1398년 윤5월 16일, 개국공신 권근이 쓴 《불씨잡변》 서문을 보자.

> "무인년1398년 여름4~5월 선생정도전은 병 때문에 며칠 쉬고 있는 사이 이 글을 지어 나권근에게 보이며 말했다. '불씨부처의 해독은 사람을 금수로 만들어 인류를 멸망시킬 것이니 (중략) 울분을 억제할 수 없어 이 글을 짓는

것입니다.'"

정도전은 더 나아가 "불교를 깨뜨릴 수 있다면 죽더라도 마음을 놓을 수 있다."라고 토로했다. 그런데 이 《불씨잡변》은 동양 역사에서 가장 수준 높은 불교 비판서로 알려져 있다. 또한 성리학을 조선 왕조의 국교로 정착시킨 저술로 인정받고 있다. 놀라운 일이다. 몸이 아파 쉬고 있는 사이에도 나라를 위한 정도전의 노심초사를 읽을 수 있다. 그보다 이 짧은 기간에 이렇게 깊이 있는 저술을 완성할 수 있었다니, 그의 내공에 감탄사가 절로 나올 뿐이다.

군주의 권한은 딱 두 가지뿐

그러나 정도전의 사상 가운데 으뜸은 역시 '재상 중심'의 신권臣權 정치였다.

1394년 《조선경국전》을, 1395년에는 그것을 보완한 《경제문감》을 지었다. 여기서 정도전 정치사상의 핵심인 '재상 중심의 권력구조' 의견이 구체적으로 나온다. 그런데 그의 주장은 너무도 혁명적이다.

> "인주人主·군주의 실제 권한은 딱 두 가지다. 하나는 재상을 선택·임명하는 권한이다.人主之職 在擇一相 다른 하나는 한 사람의 재상과 정사를 의논하는 것이다.人主之職 在論一相" –《조선경국전》〈상·치전·재상연표〉, 《경제문감》〈상·재상〉

여기서도 주안점이 있다. 군주는 국사에 관계된 큰 문제만 협의할 뿐, 그밖에 자질구레한 일들은 모두 재상이 처리해야 한다는 것이다. 그러니까 정사의 주도권은 군주가 아니라 재상에게 있다는 것이다. 정도전은 왜 재상에게 사실상의 권한을 주어야 한다고 주장한 것일까?

> "왕의 자질은 어둡고 현명하고 강하고 약함이 한결같지 않습니다. 따라서 그 아름다운 점은 따르고 나쁜 점은 바로잡으며, 왕이 대중의 영역에 들어가도록 해야 합니다. 그래서 상相·재상이라 합니다. 도와서 바로잡는다는 것입니다." -《조선경국전》〈상·치전총서〉

이게 무슨 소리인가? 군주의 실권은 원래 미약한 존재이기 때문에 왕위는 세습된다 해도 상관없다는 것이다. 《조선경국전》〈상·치전·재상연표〉에 따르면, 왕이 현명하면 좋지만 반드시 그렇지 않더라도 재상만 훌륭하다면 괜찮다는 것이다.

군주는 사유재산도 없어야 한다

정도전은 이와 함께 군주는 사유재산을 가져서도 안 된다고 단언했다. 군주의 사유재산권은 측근들을 먹여 살리기 위한 방편이라는 것이다. 이렇게 되면 왕의 측근세력이 권세와 농간을 부리게 되니 만사의 폐단이 이로 말미암아 일어난다는 것이다. 요컨대 군주는 관념상으로 가장 많은 부의 소유자이긴 하지만, 국가의 경비지출에 의해 생계를 지탱해야 하는 일종의 월급쟁이라는 것이다. 여기서 재상은 군주가 필요로 하는 일체의 경비를 장악해서 군주가 사치와 낭비에 빠지지 않도록 엄격히 통제해야 하는 존재다. 그래서일까? 《경제문감》은 "천하의 교령教令과 정화政化는 모두 재상의 직책에서 나온다."재상지직·宰相之職라고 했다. 따라서 군주는 재상을 대할 때 반드시 '예모禮貌', 즉 '예를 갖춘 얼굴'로 대해야 하며 함부로 언동해서도 안 된다. 결론적으로 그는 《경제문감》〈상·재상지직〉에서, 재상은 인사권과 군사권, 재정관할권, 작상爵賞형벌권 등을 가져야 한다고 주장했다.

정도전이 꿈꾼 세상

정도전이 재상정치를 논하면서 전범으로 삼은 '재상'들이 있다. 상나라 탕왕과 주나라 성왕을 도와 왕조를 반석 위에 세운 이윤요리사 출신의 재상과, 주공성왕의 삼촌이자 섭정 재상이다. 물론 한나라의 소하·조참·주발·진평과 당나라의 방현령·두여회·요숭 등도 명재상이긴 하다. 하지만 그는 《경제문감》〈상·재상 상업〉에서 언급하기를, 자기 몸을 수양하고 임금을 바로 잡지 못했다는 점에서 소하 등은 이윤이나 주공에 미치지 못한다고 보았다.

정리하자면, 미련하고 들쑥날쑥할 수밖에 없는 세습군주로는 백성을 위한 정치를 할 수 없다는 것이 그의 생각이었다. 따라서 천하 만민 가운데 뽑은 선비로 현인집단을 형성하고, 그 현인집단 가운데 선발된 관료를 중심으로 한 관료정치가 이뤄져야 한다는 것이다. 그리고 이 관료정치를 이끌어가는 구심점은 천하 만민의 영재 가운데 선택된 재상이어야 한다는 것이다.

정도전의 천려일실

1398년 8월 26일, 정도전은 자신의 집종로구청 자리과 가까운 남은의 첩 집송현방에서 술을 마시고 있다가 불의의 습격을 받아 참수 당한다. 당시의 상황을 기록한 《태조실록》을 보면, 정도전은 죽기 전 "예전에 공정안군이 나를 살렸는데 이번에도 살려주시오."라고 애원했다고 한다. 하지만 과연 그랬을까? 한영우 교수는 정도전이 죽기 전에 읊었다는 시 〈자조自嘲〉를 보면 혁명가의 기개가 엿보인다고 주장한다.

"조심하고 조심하여 공력을 다해 살면서操存省察兩加功 책속에 담긴 성현의 말씀 저버리지 않았네不負聖賢黃卷中, 삼십 년 긴 세월 고난 속에 쌓아온 사업

三十年來勤苦業 송현방 정자 한잔 술에 그만 허사가 되었네.松亭一醉竟成空"

—《삼봉집》 제2권 〈자조〉

새 왕조 건설을 위해 눈코 뜰 새 없이 움직이던 중 한순간의 방심으로 술 한 잔 마시다가 천려일실, 변을 당했음을 슬퍼한 것이다. 송현방은 바로 남은의 첩 집을 가리킨다.

목만 발굴된 유골의 정체

지난 1989년 3월, 서울 서초동 우면산 자락에서 삼봉 정도전의 것으로 보이는 무덤이 발굴됐다. 발굴된 묘는 《동국여지지》〈과천현〉편과 봉화정씨족보에서 정도전 선생의 묘로 추정한 바로 그곳이었다. 봉화 정씨 종택이 그동안 이 묘소를 관리해 왔다. 그런데 발굴 결과 몸통은 없고, 머리만 남은 피장자의 유해가 발견됐다. 이와 함께 상당히 정제된 조선 초기의 백자가 함께 수습됐다.

무덤을 발굴한 한양대학교 박물관은 "무덤의 지체로 보아 상당한 신분의 피장자였음이 분명하다."라고 하면서 "삼봉의 무덤일 가능성이 높다."라고 추정했다.

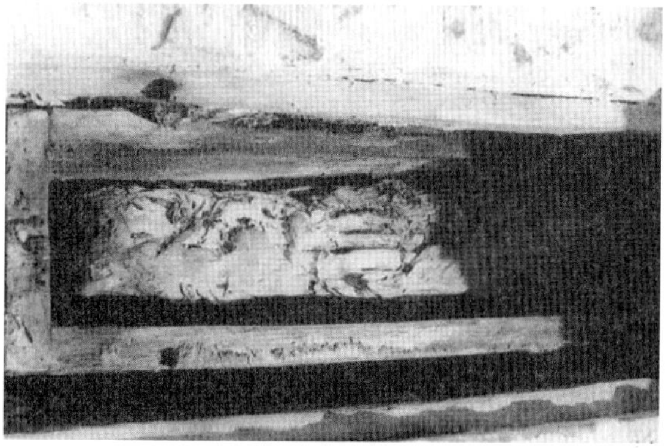

▲ 정도전의 것으로 추정되는 무덤에서 몸통 없이 머리만 남은 유골이 발굴됐다. 재상의 나라를 꿈꾸던 정도전은 태종 이방원에 의해 참수되는 비운을 겪었다.
| 한양대학교 박물관 자료사진

특히 정도전이 "정안군이 정도전의 참수를 명했다.命斬之"라는 《태조실록》의 기사1398년 8월 26일조가 눈에 띄는 대목이다. 아마도 어떤 뜻 깊은 이가 그

▲ 정도전의 것으로 추정되는 무덤에서 확인된 유물들. 상당히 고급스러운 조선 초기 백자들로 구성돼 있다. | 한양대학교 박물관 자료사진

의 잘린 목을 수습해서 정성스럽게 묻어주었을 것이다. 조선을 설계한 위대한 혁명가이자 사상가이자 정치가였던 정도전의 최후는 이렇게 비참했다.

장자방과 다른 점

정도전은 '조선을 개국한 장자방'을 자처했지만, 끝까지 장자방의 길을 가지는 못했다.

장자방의 경우를 보자. 한 고조유방가 한나라를 개국한 뒤 정부인여후의 아들태자을 폐하고 총애하던 후궁척부인의 아들을 새 태자로 옹립하려 했다. 그때 장자방은 정부인을 위해 선묘한 계책을 내어 장자여후의 아들의 계승원칙을 지켜냈다. 반면 정도전은 태조 이성계가 정실이 아닌 후실신덕왕후 강씨의 어린 아들방석을 세자로 세우는 것을 반대하지 않았다. 도리어 세자방석의 스승이 되어 미움을 자초했다.

또 하나, 장자방은 한나라가 개국하자 "이제 세속의 일은 떨쳐버리고자 한다."라고 선언한 뒤 적송자전설상의 신인의 삶을 좇아 유유자적했다. 이 또한 정도전과는 다른 모습이다. 조선 개국 후 하나부터 열까지 일일이 '만기친람'하며 초인의 능력을 발휘했던 정도전과는…….

그분과 견줄 수 있는 영웅호걸은 없다

그러나 분명한 것이 있다. 정도전이 있었기에 역사가 뒤바뀌었다는 것이다. 그가 뿌린 씨앗은 조선 왕조 500년은 물론, 지금 이 순간까지 꽃을 피우고 있다. 1465년세조 11년, 영의정 신숙주는 정도전의 손자 정문형의 부탁을 받아 《삼봉집》의 후서를 써주면서 이렇게 평했다.

> "개국 초 나라의 큰 규모는 모두 선생이 만들었으며, 당시 영웅호걸이 구름처럼 모여들었지만 그분정도전과 비교할 만한 이가 없었다."

태조 이성계는 1395년 10월 29일 낙성된 경복궁에서 연회를 베풀며 삼봉 정도전에게 네 글자를 대서특필해 선물했다. '유종공종儒宗功宗'. 즉 '유학도 으뜸이요, 나라를 세운 공도 으뜸'이라는 글자였다. 핵심을 찌르는 당대의 평가다. 물론 삼봉의 속내는 달랐을 것이다. 이성계한고조 유방가 정도전장자방을 기용한 것이 아니라 정도전이 이성계를 기용한 것이라고…….

12

인사검증, "막말, 항명, 풍문, 탄핵도 허하라"

"이발을 맞이하라."

"싫사옵니다."

"명을 거역하겠다는 거냐."

"이발은 욕심을 품어 어명을 욕되게 한 자입니다. 사헌부의 장관이 될 수 없습니다."

"(이발이) 고의로 범한 것이 아니지 않느냐. 어서 마중하도록 하라."

"하교를 받들지 못하겠나이다."

《세종실록》 1420년 3월 22일조를 보면, 정4품 사헌부 장령에 불과한 송인산이 지존인 임금의 명을 거역했다는 말이 나온다. 이 무슨 하극상이란 말인가. 그러나 세종은 두 손을 들고 만다. 이발의 대사헌 임명을 취소하고 형조참판으로 바꿔 제수한 것이다. 세종 대에 일어난 초유의 항명파동이었다.

무슨 일인가? 내막은 이렇다. 세종은 1420년 3월 16일, 이발을 대사헌으로 임명한다. 그런데 이발의 대사헌 임명은 처음부터 무리수였다. 이발은 3년 전인 1417년태종 17년, 사절단의 일원으로 중국 금릉남경을 방문한 뒤 거센 탄핵을 받은 바 있다. 대량의 포물布物을 사사로이 가져가 중국 현지에서 팔았다는 비난을 받은 것이다. 이 사건은 중국에서도 큰 물의를 빚었다. 명나라 조정에 진상할 물건은 별로 없는데, 개인적으로 가져온 물건이 한 가득이었기 때문이었다. 오죽했으면 명나라 예부가 나서서 백성들에게 "명나라 조정에 진상할 물건을 가져온 조선인들과 매매하는 자는 엄벌에 처할 것"이라고 엄포를 놨을까. 심지어는 명나라 예부상서는 이발을 만나 "어째, 포물은 좀 팔았습니까?"라고 비아냥거렸다고 한다. 때문에 사절단 전체가 웃음거리가 됐다. 낯 뜨거운 외교적인 망신이었다. 《태종실록》 1417년 5월 3일조에 따르면, 이 스캔들은 조선에도 금세 퍼졌다고 한다.

▲ 사간원 관리들의 친목모임을 그린 《미원계회도》. 1540년 열린 이 계모임에는 이황, 유인숙, 이명기, 나세찬, 이영현 등이 참석했고 성세창의 시문이 적혀있다. 보물 868호로 지정되었다. | 국립중앙박물관 소장

문제는 세종이 이발을 사헌부 수장인 대사헌에 임명했다는 것이다. 사헌부는 지금으로 치면 감사원이나 검찰의 업무를 수행하던 사정기관이다. 관리들의 부정부패를 단속

하는 기관의 수장에 비리인사를 임명하다니…….

이 때문에 문제가 생겼다. 사헌부 관리들이 수장으로 임명된 신임 대사헌 이발을 인정하지 못하겠다고 나온 것이다. 사헌부의 수장인 대사헌이 출근하면 모든 사헌부 관리들이 청사의 뜰아래 도열해서 정중히 영접하는 것이 법도였다. 그런데 사헌부 관리들이 신임 대사헌 이발의 첫 출근을 저지하면서, "마음 씀이 간사하고 탐욕이 있는 인물은 풍헌風憲·사헌부의 수장으로 자격이 없다."라고 분명한 입장을 전달했다. 사헌부 관리들이 완강하게 나서자 어쩔 수 없었던지, 태종은 이발의 임명을 취소하고 말았다. 그런데 이 문제의 인물을 세종이 또다시 대사헌에 임명하려 한 것이다.

그러자 이번에도 사헌부 관리들이 나섰다. 1420년 3월 22일, 이발이 다시 출근에 나섰지만 사헌부 관리들은 아무도 영접하지 않았다. 세종이 송인산에게 "이발을 마중하도록 하라."라고 직접 명했으나 송인산 등은 죽기를 각오하고 항명파동을 일으킨 것이다. 세종 대의 항명파동은 결국 13일 만에 사헌부 관리들의 승리로 끝났다. 당대의 사정기관 공무원들은 최고 권력자였던 태종과 세종 앞에서도 당당히 할 말을 하면서 사정기관의 자존심을 무너뜨리지 않은 것이다.

씹어 먹어도 시원치 않을!

말만 들어도 지독한 사정기관 공무원이 있다. 그것도 폭군의 시대라는 연산군 치하의 공무원이다.

"그의 살코기를 씹어 먹고 싶습니다.欲食其肉"

1497년연산군 3년 7월 21일이었다. 정6품 사간원 정언 조순이 '막말'에 가까운

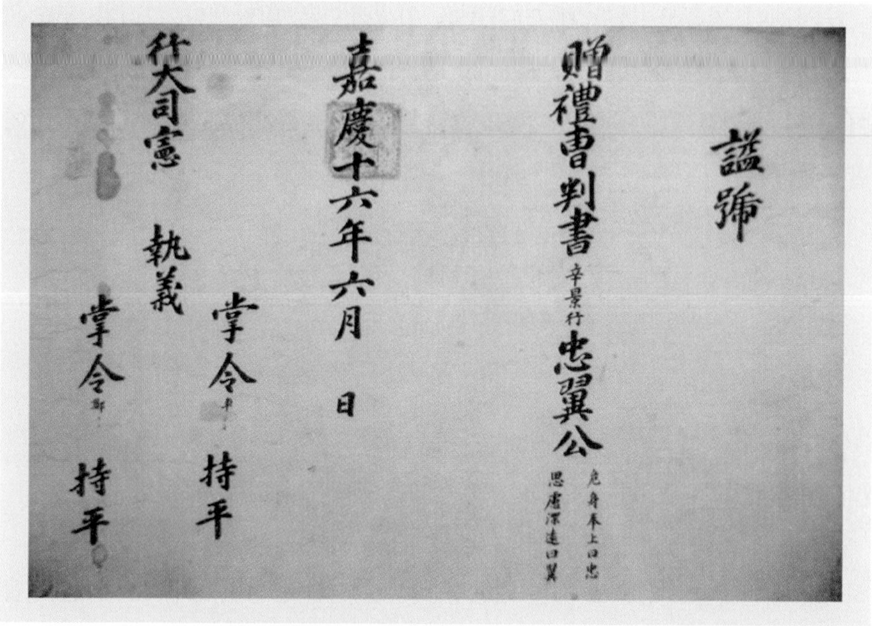
諡號

贈禮曹判書 辛景行 忠翼公

危身奉上曰忠 思慮深遠曰翼

嘉慶十六年六月 日

掌令 持平

行大司憲 執義

掌令 持平

▲ 보물 1380호로 지정된 《시호서경》. 조선시대에는 임금이 관리를 임명할 때 사헌부와 사간원의 동의를 거쳐야 비로소 정식으로 관리가 될 수 있었다. 이것을 서경(署經)이라 한다. 선조 때 청난 및 호성공신이 된 신경행(1559~1623년)은 사후 200여 년 뒤 '충익공'으로 추증됐다. 이 문서는 신경행의 시호를 '충익'으로 정한다는 순조의 명에 대해 사헌부가 이른바 '임명동의'를 해준 것이다. | 국립청주박물관 보관

독설을 퍼붓는다. 갓 서른이 된 사무관조순이 칠순을 넘긴 재상 '노사신'을 겨냥해 직격탄을 날린 것이다. 그것도 임금 앞에서……. 무슨 사연일까?

연산군이 노사신의 최측근인 '채윤공'이라는 인물을 신임 고양군수로 임명하면서 문제가 발생했다. 임금의 잘못을 간언하고사간원 관료들의 비행을 적발하는사헌부 대·간관들이 벌떼처럼 일어났다. 이들의 주장은 한결 같았다.

"글도 모르는 채윤공이 어찌 고을을 다스리겠습니까. 절대 아니되옵니다."

그러자 노사신이 채윤공을 비호했다.

"아니 대간들이 무슨 공자님도 아니고 왜 남의 벼슬길까지 막습니까? 그리고 대간이라는 자들은 남을 고자질해서 명성을 얻는 자들이 아닙니까?"

노사신이 거품을 물고 대·간관들을 원색적으로 비난했다. 그러자 조순은 노사신을 '간신'이라 비난하면서 "씹어 먹어도 시원치 않은 인물"로 비난한 것이다. 사실 임금에게 올린 말 치고는 너무 심한 표현이었다. 때문에 연산군이 발끈했다.

"다른 사람도 아니고, 임금의 면전에서……. 살코기 운운은 너무 심한 표현 아니냐. 저 자조순는 임금이라도 공경하지 않을 인물일 거야. 저 자를 국문하라."

아니되옵니다!

하지만 이번에는 지금으로 치면 대통령 비서실 격인 승정원까지 나서 "아니되옵니다."를 외쳤다. 《연산군일기》를 보자.

"대·간관을 국문한다는 것은 아니될 말씀이십니다."

그러자 연산군이 비아냥댔다.

"승정원도 대간을 퍽이나 두려워하는구나!"

임금의 자문기관인 홍문관 관리들까지 벌떼처럼 나서 상소를 올렸다.

"노사신의 죄가 많습니다. 바른 말을 한 조순을 풀어주십시오."

그러자 연산군은 또 한마디 더한다.

"너희들은 앞 다퉈 조순을 위해 나서는구나. 과연 임금에게 일이 생겨도 이렇게 달려와 구하겠느냐."

천하의 연산군조차 대·간관들의 끈질김에 혀를 내두르며, "너희는 나에게 일이 있어도 나를 위해 이렇게 상소를 올리겠느냐."라고 한 것이다.

연산군마저 굴복시키다

연산군은 3사홍문관·사헌부·사간원에다 승정원까지 나서자 타협책을 제시한다. 문제의 채윤공을 직접 불러 몇 가지 대면시험을 본 것이다. 채윤공은 결국 고양군수직에서 해임됐다. 부임하지도 못하고 낙마한 것이다.

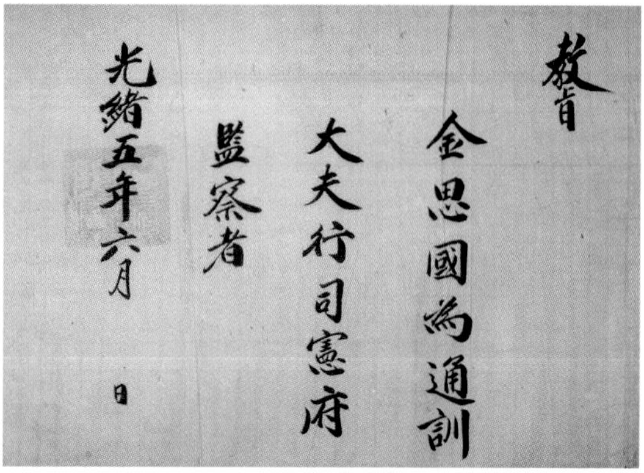

▲ 1879년(고종 16년) 김사국을 사헌부 감찰에 임명한다는 교지. 사헌부는 시정의 시비를 가리고 관리들의 비리행위를 적발하는 등 사정기관 역할을 했다. 비행관리들의 탄핵검찰권은 물론 인사와 법률 개편에 대한 동의권·거부권을 행사할 수 있는 서경권까지 가지고 있었다. | 국립중앙박물관 소장

> "대간들이 하도 탄핵하기에 채윤공을 불러 시험했다. 그랬더니 과연《맹자》도 못 읽고,《경국대전》도 이해하지 못했다. 또 칠사七事·수령의 7가지 덕목도 알지 못했다. 할 수 없이 해임시켜야겠다." –《연산군일기》 1497년 7월 27일조

대·간관이 아우성친다고 그냥 해임한다는 것은 임금 체면에 있을 수 없는 일이었기에, 연산군은 대면시험이라는 과정을 통해 문제인사를 해임한 것이다. 그러면서도 그는 "아무리 그래도 원로대신에게 막말을 퍼부은 조순만큼은 용서할 수 없다."라고 하며 조순의 파직결정은 고수했다. 연산군으로서는 절묘한 타협책을 마련한 것이었다.

한 치의 흠결도 허락하지 않았다

조선 역사상 가장 강력한 왕권을 휘둘렀던 태종과 세종, 그리고 연산군 앞에서 당당히 직언하며 임금을 다그쳤던 사람들이 바로 대·간관들이었다. 도대체 그

들은 어떤 사람들이었나? 앞에서도 언급했듯이, 그들은 관리들의 비행을 규탄하고 풍속을 바로잡고사헌부, 임금의 잘못을 따지는사간원 역할을 담당했다. 서거정은 대·간관의 역할에 대해 이렇게 언급했다.

"군왕의 실책에는 거침없이 역린을 건드리고 (중략) 임금의 노여움에 저항하며 중벌을 두려워하지 않고 (중략) 장상대신에게 과오가 있으면 규탄하고 종친 및 외척과 세도가, 그리고 임금의 측근신하 등에게 횡포가 있어도 탄핵하고……."

또 있었다.

"소인이 조정에 있으면 반드시 내보내고, 탐관이 벼슬에 있으면 기어이 내쫓아야 하고, 곧은 자를 천거하고 굽은 자를 버리며, 탁한 것을 배격하고 맑은 것을 찬양해서 얼굴색을 바로 하고 조정에 서면 백관이 떨고 두려워하는 바이다." -《연려실기술》〈관직서고·사헌부〉

그랬으니 대·간관에게는 한 치의 흠결도 허락되지 않았다. 나라의 기강을 바로 세우는 사표였던 만큼 한 치의 흠결도 허락되지 않았던 것이다.

송영이 무슨 배우인가, 왜 이리 시끄럽냐

또 하나의 사례로 성종을 만나보자. 그는 1481년부터 1482년 사이에 송영이라는 인물을 사헌부 장령과 지평에 고집스럽게 임명하려 했다. 이때 대간들이 반대하며 나섰는데 거기에는 이유가 있었다.

송영은 단종의 장인인 송현수의 조카였기 때문이었다. 송현수는 단종의 복위에 연루되어 교수형을 받았다. 따라서 송현수의 소가인 송영 역시 난신에 연좌된 자라는 것이다. 그런 송영을 성종은 1481년에 사헌부 장령으로 임명했다가 대간들의 반발로 끝내 철회했는데, 1년 뒤 다시 사헌부 지평으로 재임명한 것이다.

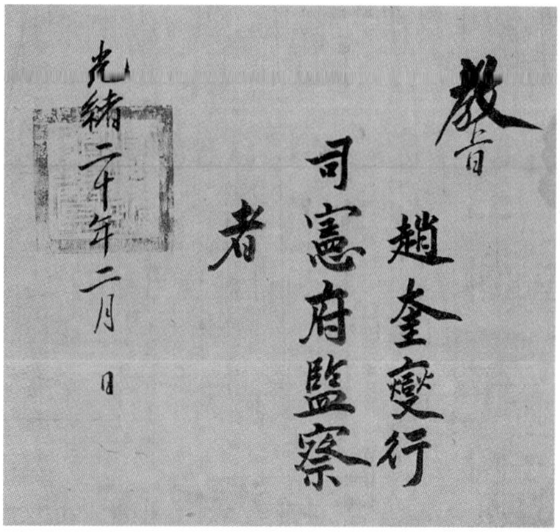
敎旨
趙奎燮行
司憲府監察
者
光緖二十年二月 日

▲ 고종이 조규섭을 행 사헌부감찰에 임명하는 문서 | 국립중앙박물관 소장

성종으로서는 '송영 카드'를 버릴 수 없었다. 송영의 숙모가 세종대왕의 여덟 번째 아들인 영응대군의 부인이었던 것이다. 성종이 고집스레 송영을 장령–지평–장령에 기용했다. 대·간관들이 물러서지 않고 아우성쳤다. 그러자 성종이 짜증을 내며 소리쳤다.

"아니 송영이 무슨 배우냐, 도적이냐? 왜 이리 난리를 떠는가." –《성종실록》 1482년 7월 1일조

그래도 대간들의 아우성이 그치지 않자 성종은 더욱 까칠하게 반응했다.

"내 (임명)교지가 대간의 탄핵보다 못하다는 거냐. 너희들이 난리를 피우는 것은 너희들 마음대로 조정의 기강을 잡으려는 게 아니냐." –《성종실록》 1483년 7월 11일조

성종의 얘기는 "임금의 교지까지 받들지 않는 대간관들을 쫓아내야 한다."라는 것이었다.

그럼에도 논쟁이 이어졌다. 결국 조정의 중론은 "송영과 대간들 가운데 어느 한 편을 물러나게 해야 한다."라는 것이었다.

그러자 성종은 나름의 타협책을 제시했다.

> "대간을 자르면 임금이 간언을 거절해서 갈았다 할 것이고, 송영을 자르면 훗날 대간들이 또다시 아우성을 칠 테니 둘 다 교체하지 않겠다."
>
> –《성종실록》 1483년 7월 24일조

'카더라 통신'으로도 탄핵됐다

조선시대에는 사정기관의 수장인 대사헌이 되려면 이른바 '풍문탄핵'도 감당해야 했다. '풍문탄핵'이 무엇인가? 증권가 찌라시에 나오는 '카더라 통신'으로 고위공직자들을 탄핵했다는 뜻이다. 앞서 언급한 '1477년의 양성지 탄핵 사건'이 바로 그렇다.

사헌부 장령4급 공무원 김제신이 '풍문'을 근거로 막 임명된 대사헌 양성지를 탄핵한 사건이다. 하급관리가 직속상관이자 날아가는 새도 떨어뜨린다는 대사헌에게 직격탄을 터뜨리다니……. 즉 김제신은 "내가 직접 목격한 일은 아니고 소문이 그렇다는 것"이라고 전제하면서 "양성지는 (14년 전) 이조판서 시절 재물만을 탐낸 사람이었다."라고 공개적으로 비판한 것이다.

그러자 당사자인 양성지는 "아니 14년 전에 길거리 소문으로 들은 이야기만으로 탄핵할 수 있느냐."라고 반발했다. 이것이 공직자는 소문만으로도 탄핵할 수 있다는 그 유명한 '풍문탄핵'의 사례이다. 김제신의 풍문탄핵은 강력한 반발에 부딪혔다. 하지만 김제신은 물러서지 않았다.

"예전에 들었지만 기억하지는 못합니다. 그러나 어찌 지어낸 말이겠습니까. 눈으로 보진 못했지만 소문이 그러니 사헌부 수장으로는 마땅치 않습니다."

사헌부도 "대간이 사책史冊에 쓰인 것만으로 말한다면 무슨 말을 하겠느냐." 라고 김제신의 주장에 동조했다. 당사자인 양성지는 '억울해서 미칠 것 같다.'라고 앙앙불락했지만 어쩔 수 없었다. 성종은 솔로몬의 판결을 내렸다.

> "대간의 말을 두고 '소종래所從來·말의 출처'를 가린다면 대간이 어찌 말하겠는가. 양성지도 이미 여러 경로를 통해 충분히 소명한 만큼 혐의가 없어지지 않았느냐. 둘 다 죄를 줄 수는 없는 일이다." —《성종실록》 1477년 10월 5일조

생각할수록 대단한 사정기관에, 대단한 임금이지 않은가? 이렇게 건강한 정부를 또 찾아볼 수 있을까?

13

태조 이성계의 장남, 술병으로 죽은 까닭은?

"1393년태조 2년 12월 13일, 진안대군 이방우는 술을 좋아해서 날마다 마셔 대다가 마침내 소주를 마시고 병이 나서 죽었다." –《태조실록》

태조 이성계의 맏아들인 이방우가 '술병'으로 죽었다는 《실록》의 기사다. 맏아들의 부음소식을 들은 태조는 사흘간이나 조회를 정지하라는 영을 내리고 근신했다. 또한 그는 이방우에게 '경효敬孝'라는 시호를 내렸다.

역사를 쓰면서 '만약'이라는 가정법을 써봐야 아무 소용이 없다. 그러나 태조 이성계의 장남인 이방우를 보면 '만약'이라는 가정을 하게 된다. '만약' 이방우가 태조 이성계의 뒤를 이어 왕위를 계승했다면 어땠을까? '제1·2차 왕자의 난'도 일어나지 않았을 것이다. 따라서 정종-태종-세종-문종-단종-세조-예종-성종 등으로 이어지는 조선의 역사는 전혀 다른 그림으로 그려졌을 것이다. 조선의 설계자라는 정도전도 비명횡사하지 않았을 것이고……. 그렇다면 개국 조선의 '장자'였던 이방우는 어떤 사람이었고, 왜 술로 세월을 보내다가 술병에 빠져 죽었을까?

▲ 태조 이성계의 맏아들 진안대군 이방우를 모시기 위해 순조 31년(1831년)에 조성된 사당인 청덕사. 청빈하고 덕이 높은 이방우를 기려 청덕사라는 이름을 붙였다고 한다. 충북 괴산군 불정면 목도리에 있다. | 괴산군청 사진자료

이성계 맏아들의 행적

여기서 잠깐 이방우가 죽은 뒤의 이야기를 해보자.

태조 이성계에게는 맏아들이었고 태종 이방원에게는 큰형이었으니, 두 사람은 이방우진안대군의 죽음을 무척이나 애달파했다. 조정의 모든 벼슬아치들이 이방우의 영전에 조위를 표했고, 장례행렬에도 문밖에서 전송했다. 엿새 뒤인 21일에는 선공감의 관리가 순군옥에 갇히는 일이 일어났다. 이방우의 관을 너무 좁고 작게 했다는 것이었다.

한편 태조와 태종, 세종 등 후대의 임금들도 이방우의 가족들을 돌봤다. 예를 들어 2년 뒤인 1395년 2월 13일 태조는 진안대군 이방우의 아들인 이복근

을 '진안군'으로 습봉襲封·세습해서 봉함했다. 《태종실록》 1414년 3월 24일조를 보면, 이방우의 동생인 태종은 1412년태종 12년 8월 10일 진안대군의 부인태종이 형수인 지씨에게 쌀·콩 15석과 술, 과자 등을 하사했다. 2년 뒤에는 이방우의 사위인 이숙묘에게 쌀·콩 20석과 종이 150권을 하사했다.

이방우의 부인인 지씨에 관한 《조선왕조실록》 기사를 보면, 그녀는 남편이 죽은 지 47년이 지난 1440년세종 22년에도 등장한다. 《세종실록》 1440년 9월 12일조를 보면, 세종의 부인인 소헌왕후 심씨가 양로연을 베풀었는데, 이방우의 부인인 삼한국대부인三韓國大夫人 지씨가 최고 어른으로 참석했다. 그러나 이후에는 이방우의 이름이 등장하지 않는다.

사라진 이방우의 무덤이 현현하다

그러다가 그의 사후 396년이 지난 1789년정조 13년, 충주사람 이국주의 상언으로 진안대군 이방우의 무덤을 수축하고 어제비를 세웠다는 기사가 나온다. 대관절 무슨 일이 일어났던 것일까? 그 사연은 이렇다.

《정조실록》 1789년 2월 16일조를 보면, 정조가 원릉영조의 능·경기 구리 소재에 행차한 뒤 돌아오는데, 어떤 유학幼學·벼슬하지 않은 유생이 어가를 가로막고 무릎을 꿇었다.

> "신은 진안대군이방우의 15대 손입니다. 듣기로 대군의 묘를 함흥에서 풍덕개풍으로 이장했다는데 (중략) 병란 때문에 모든 문헌이 사라지고 후손들 또한 먹고 살기가 힘들어 무덤을 돌보지 못한 지 100년이 지났습니다. 이후 봉분을 찾을 수 없어……."

정리하자면 진안대군 이방우가 죽자 함흥에 장사를 지냈다가 풍덕개풍으로 무덤을 옮겼다는 것이다. 그런데 병자호란1636~1637년 때문에 후손들이 뿔뿔이 흩어지고, 무덤의 소재를 뒷받침할만한 문헌 또한 사라져버렸다는 것이다. 따라서 이후 100년도 훨씬 넘게 조상의 무덤을 찾지 못했다는 것이었다. 이국주의 상언이 계속된다.

"그런데 1787년정조 11년, 풍덕 지방에 홍수가 났을 때 묘갈묘소 앞의 비석이 드러났는데 (중략) 묘갈의 내용을 보니 '진안대군의 부인인 지씨의 묘'鎭安大君妻三韓國夫人池氏之墓와 그 옆에 '대군묘대좌大君墓在左'라는 다섯 글자가 새겨져 있었습니다. 그 앞에는 석인石人 한 쌍이 쓰러진 소나무와 가시덤불 속에 여기저기 놓여 있었고……."

그러니까 실전된 조상이방우 부부의 무덤 봉분이 홍수 때문에 드러났다는 것이다. 그러나 이방우의 후손들은 쉽게 그 무덤을 보수할 수 없었다.

"노출된 묘역 둘레를 백성들의 무덤이 둘러싸고 있었습니다. 그러니 신이국주이 감히 백성들의 무덤을 깔아뭉개고 새로운 무덤을 조성할 수가 없어서 이렇게 무례함을 무릅쓰고 아뢰는 것입니다."

이국주의 상언을 들은 정조 임금은 가슴을 쳤다.

"아! 그분은 우리 집안의 오태백吳太柏으로 (중략) 그 묘가 실전되어 안타까웠는데, 이제 떨어져 나간 비문 조각과 깎여나간 글자를 이끼에 묻히고 돌이 부서진 뒤끝에서 비로소 찾아냈으니……."

정조는 이렇게 한탄하면서 경기관찰사에게 추상같은 명을 내렸다.

"돈과 곡식을 넉넉히 주어 무덤을 봉축하고 제청祭廳을 지어라. 따로 무덤을 지키는 민호民戶를 두어 백성들이 장사지내거나 나무하고 꼴을 베는 것을 금하라. 무덤조성이 끝나면 해당지역 수령이 돌보도록 하라."

조선의 오태백

정조는 묘를 다 정비하고 비석을 세우는 날 직접 비문을 지었다.

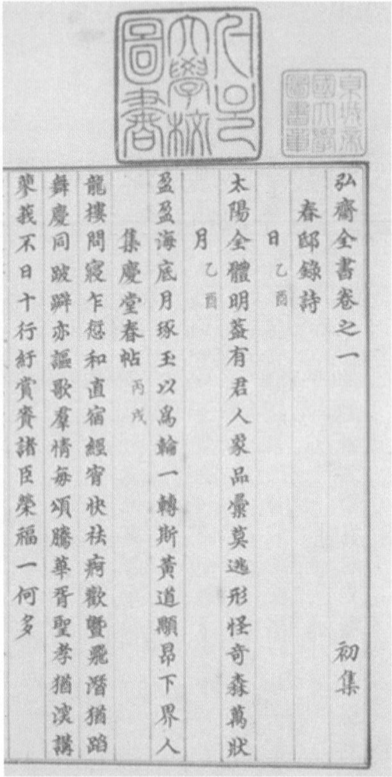
弘齋全書卷之一 初集

春邸錄詩

日 乙酉

太陽全體明蓋有君人象品彙莫逃形怪奇森萬狀

月 乙酉

盈盈海底月琢玉以爲輪一轉斯黃道顒昂下界人

集慶堂春帖 丙戌

龍樓問寢乍愆和直宿經宵伏袪病歡豐飛潛猶蹈

舞慶同跛躃亦謳歌羣情每頌騰華胥聖孝猶淡講

學義不日十行紆賞賚諸臣榮福一何多

▲ 정조의 시문집인 《홍재전서》. 실전된 진안대군 이방우의 무덤을 찾고 개보수한 뒤 임금이 어제시를 남겼다.
| 서울대학교 규장각한국학연구원 소장

"공은 태조의 장남으로太祖長胤 (중략) 가정에 있어서는 효성스러웠고在家而孝 신하가 되어서는 미더웠네.爲臣也藎 의로운 군대가 서쪽으로 돌아오자義旅西回 필마로 동쪽으로 떠나가니匹馬東徂 북산의 옛 마을로北山故里, 곧 오태백吳太伯이시었네.卽太伯吳" –《홍재전서》 제21권 〈제문3〉

정조의 이 어제시는 태조 이성계의 장남 이방우의 생애를 일목요연하게 알려준다.

그런데 정조의 어제시가 표현했듯이 이방우를 지칭할 때 꼭 나오는 수식어가 있다. 바로 조선의 '오태백吳太伯'이라는 별명이다. 과연 오태백이 누구이기에 이방우를 '조선의 오태백'이라 지칭했을까?

오태백은 중국 춘추시대 '춘추 5패' 중 하나였던 오나라의 시조였다. 그는 본래 주나라 태왕고공단보의 장남이었다. 그런데 아버지인 태왕은 왕위를 막내아들인 계력에게 물려줄 뜻을 품고 있었다. 태왕의 숨은 뜻은 원대했다. 막내아들인 계력도 현명했지만 계력의 아들인 희창이 더 현명하다는 사실을 간파했던 것이다. 태왕은 "나의 시대에 대업을 일으킬 사람이 있을 것이라 했는데, 그 말은 내 손자 희창에게 해당되는 것이 아니냐."라고 공공연히 말해왔다. 그러니까 태왕은 막내아들인 계력을 차기 국왕으로 선택함으로써 그 다음 보위를 막내아들의 아들인 희창에게 넘긴다는 심모원려深謀遠慮가 있었던 것이다.

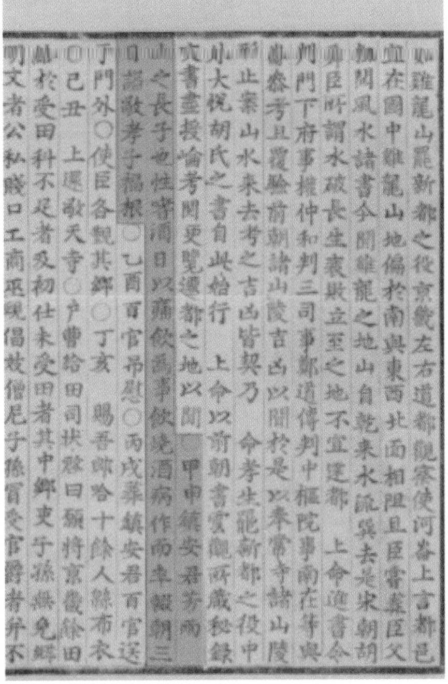
▲ 이방우가 소주를 마시고 죽었다는 기사가 실린 《태조실록》의 이방우 졸기. 이방우는 아버지 이성계가 위화도 회군을 단행한 뒤 철원으로 은거했다. 고려의 충신으로 남기를 원했다는 증거이다. | 서울대학교 규장각한국학연구원 소장

태백은 이런 아버지의 의도를 눈치 채고는 둘째 동생인 우중중옹과 함께 오랑캐 땅인 형만장수성 쑤저우 지방으로 피했다. 거기서 태백은 몸에 문신을 새기고 머리카락을 잘라 절대 주나라 왕위를 이을 뜻이 없음을 전했다. 덕분에 막내아들인 계력은 왕위에 올랐고, 계력의 다음 왕위는 훗날 주나라 문왕이 되는 희창에게 전해졌다. 이로써 주나라는 주 문왕 때 반석 위에 올랐으며, 주 문왕의 아들인 주 무왕 때 은나라를 멸하고 중원의 천자로 우뚝 섰다. 《사기》〈주본기〉와 《사기》〈오태백세가〉 등에는 이런 내용이 자세히 수록되어 있다.

후세 사람들은 막내동생에게 '쿨'하게 왕위를 양보하고 오랑캐의 땅으로 피한

태백을 칭송했다. 태백은 형만 사람들의 추앙을 받아 오나라 시조로 옹립됐다. 《논어》〈태백〉편에서 공자는 "태백은 지극한 덕이라고 말할 만하다. 세 번 천하를 양보했으나 백성들이 일컬을 것이 없다泰伯 其可謂至德也已矣 三以天下讓 民無得而稱焉"라고 했다.

그런데 정조를 비롯한 조선 사람들은 태조 이성계의 장남인 이방우를 '조선의 오태백'이라 칭송하고 있는 것이다.

이방우는 고려의 충신

그렇다면 이방우는 쿨한 마음으로 동생들방과 정종과 방원 태종에게 왕위를 물려주고 초야에 묻힌 조선의 오태백이었을까? 과연 그랬을까?

태조 이성계는 정비인 신의왕후 한씨와의 사이에서 6남 2녀를, 계비인 신덕왕후 강씨와의 사이에서 2남 1녀를 각각 두었다. 한씨와의 사이에서 방우·방과정종·방의·방간·방원태종·방연, 강씨와의 사이에서 방번·방석 등의 아들을 낳았다. 그중에서 이성계의 맏아들인 이방우는 어렸을 때부터 효자였고 형제간에 우애가 돈독했다고 한다.

> "조금 자라서는 시서詩書에 몰두하고 몸소 검약을 실천하였으며 일체의 부귀영화에는 전혀 뜻이 없었다. 고려조에 벼슬해서 벼슬이 예의판서禮儀判書에 이르렀다." —《정조실록》 1789년 2월 16일조

여기까지는 아무런 문제가 없다. 그런데 고려 우왕 때인 1388년 아버지 이성계가 요동정벌에 나섰다가 그 유명한 '위화도 회군'을 단행하면서 운명이 갈린다. 이방우의 무덤을 수축하면서 그의 삶을 기록한 《정조실록》을 더듬어보면, 그는 "태조대왕이성계이 위화도 회군을 하고 명나라를 받들자 가족을 이끌고 철

원으로 들어가 그곳에서 은거했다."라고 한다.

이 《정조실록》의 기사는 매우 의미심장하다. 아버지가 위화도 회군을 단행하고 역성혁명의 뜻을 구체화하자 철원으로 은거했다는 말이 아닌가? 이것은 결국 이방우는 아버지의 혁명을 반대했고, 고려의 충신으로 남기를 원했다는 것이 아닌가? 《정조실록》은 이후 이방우의 행적을 이렇게 소개한다.

> "1392년, 태조께서 조선을 개국하고 왕위에 오르자 대군은 마음속으로 두 동생정종과 태종이 모두 성덕이 있음을 인정하고 고향함흥으로 낙향했다. 두 동생이 마치 중국 주나라 왕가의 계력 및 문왕희창과 같음을 알았다. 이에 대군은 스스로 부족한 사람을 자처하고는 국가의 일에 일절 간여하지 않고 함흥으로 물러가 살았던 것이다. 태조께서도 대군의 뜻을 대략 아시고 땅과 집을 하사했다. 장남의 뜻을 꺾고 싶지 않아서 그런 것이고, 그 행적을 묻어버리고 싶어 했던 것이다."

그러니까 진안대군 이방우는 주나라의 태백이고 정종이방과은 주나라의 계력이며, 태종이방원은 계력의 왕위를 이어받은 문왕희창이라는 소리다. 스스로 왕으로서 부족함을 느낀 이방우가 왕의 기품을 갖춘 두 동생에게 왕위를 물려주려고 함흥으로 운둔했다는 것이다. 하지만 앞서 인용했듯이 "아버지 이성계의 위화도 회군 후 철원으로 은거했다."라는 기사는 아무리 봐도 심상찮다. 덧붙여 마지막 대목, 즉 "이방우의 행적자취을 묻어 버리고 싶어 했다."라는 내용도 허투루 넘길 수 없다. 정조가 은연중에 실토했듯이 이방우에게서 고려 충신의 냄새가 물씬 풍기지 않는가?

종합해 보면 이성계의 위화도 회군과 역성혁명은 맏아들 이방우에게 결코 용납되지 않았음을 알 수 있다. 이성계의 맏아들은 새 나라 조선의 세자이자 제2대 임금이 아니라 마지막까지 고려의 충신으로 남았던 게 분명하다. 그런 그였기에 고려의 멸망을 슬퍼하면서 소주로 하루하루를 보내다가 결국 술병에 걸려 죽고 만 것이다.

이방우의 은둔과 사망의 여파

이방우의 은둔1388년과 사망1393년 이후 조선은 개국 초부터 피바람이 분다. 불행의 씨앗은 조선 개국1392년 7월 17일 이후 한 달여 만인 8월 20일 잉태됐다. 태조가 계비인 신덕왕후 강씨의 두 아들 가운데서도 막내인 방석을 세자로 삼은 것이다.

> "어린 세자 방석을 왕세자로 삼았다. 처음에 공신 배극렴과 조준, 정도전 등이 세자를 세울 것을 청하면서 나이와 공로로 청하자고 했다. 그러나 임금은 강씨를 존중해서 강씨의 첫째아들인 방번을 세자로 삼으려 했다. 하지만 방번이 광망하고 경솔하여 볼품이 없었으므로……."
>
> –《태조실록》 1392년 8월 20일조

▲ 이성계의 계비 신덕왕후 강씨의 묘. 태조 이성계의 맏아들인 이방우가 은둔한 뒤 결국 술병에 걸려 죽자 강씨의 막내아들인 방석이 세자에 올랐다. | 한국학중앙연구원 사진 제공

그 결과 막내아들인 방석이 세자가 되었다. 계비 강씨의 아들들을 세자로 삼으려는 임금의 뜻이 워낙 강경했으므로, 대신들도 "장자나 혹은 공로가 있는 이를 세자로 삼아야 한다."라고 강하게 밀어붙이지 못했다.

《태종실록》 1405년 6월

27일조를 보면, 세자 결정의 내막이 개국공신 조준의 졸기를 통해 생생하게 전해진다.

"원래 태조이성계는 차비次妃 강씨의 맏아들인 무안군 이방번을 특별히 사랑했다. 강씨가 개국에 공이 있었기 때문에 (중략) 태조가 배극렴, 조준, 정도전, 남은 등을 불러 의논했다."

이때 배극렴은 "적장자로 세우는 것이 고금의 의義"라고 상언했다. 태조는 배극렴의 말을 애써 외면하면서 조준에게 고개를 돌렸다.

"경의 뜻은 어떤고?"
"세상이 태평하면 적장자가 우선이고, 세상이 어지러우면 공功이 있는 자가 먼저입니다. 원컨대 다시 세 번 생각하고서."

▲ 세자로 책봉됐다가 1398년 제1차 왕자의 난 때 피살된 방석의 무덤. 첫째 부인에게서 난 장성한 대군들을 제치고 둘째 부인에게서 난 어린 대군 방석이 세자가 됨으로써 조선 왕조는 시작부터 파란이 일어났다. | 한국학중앙연구원 사진 제공

배극렴과 조준 등 참석자들의 뜻은 계비 강씨의 아들들은 안 된다는 것이었다. 그런데 태조와 대신들의 대화를 밖에서 엿들은 사람이 있었으니 바로 신덕왕후 강씨였다. 그녀는 사태가 심상치 않다는 것을 알고 갑자기 목 놓아 울기 시작했다. 강씨의 울음소리는 밖에까지 들릴

정도였다. 그러자 태조 이성계는 조준에게 이방번의 이름을 쓰라고 명했다. 조준은 결코 그럴 수 없다는 듯 엎드려 쓰지 않았다. 하지만 태조는 마침내 강씨의 어린 아들 방석芳碩을 세자로 삼았다. 강씨의 첫째 아들은 광망하고 경솔하다는 혹평을 받고 있었기에 방석을 택한 것이다.

이런 기사를 보면 신덕왕후 강씨도 참 대단한 사람이라는 것을 알 수 있다. 정비신의왕후의 장성한 자식들이 다섯 명이나 살아있는데 자신의 아들을 세자로 밀다니…….

하지만 이날1392년 8월 20일의 세자책봉은 결국 화를 불렀다. 그로부터 꼭 6년 뒤인 1398년태조 7년 8월 26일 제1차 왕자의 난이 일어난 것이다. 세자로 책봉된 방석은 물론, 방번 등 신덕왕후 강씨의 자제는 모조리 죽임을 당했다. 이때 왕자의 난을 일으킨 정안군이방원이 태조에게 올린 상소문을 보자.

> "적자嫡子를 세자로 세우면서 장자長子로 하는 것은 만세의 상도常道입니다. 그런데 전하께서 장자를 버리고 유자幼子·방석를 세웠으니 (중략) 원컨대 적장자인 영안군永安君·정종 이방과을 세워 세자로 삼게 하소서."

다섯째인 정안군이방원이 언급한 영안군 이방과는 앞서 언급했듯이 이성계의 둘째아들이었다. 그러나 이방과 역시 왕재王才, 즉 왕의 재목이 아니었다. 제1차 왕자의 난이 일어났을 때 몰래 몸종 하나를 거느리고 줄에 매달려 도성을 빠져나왔을 정도였다. 그는 풍양남양주으로 달려가 평소 안면이 있던 김인귀의 집에 몰래 숨어들었던 것이다.

이른바 혁명세력은 정안군 이방원을 세자로 옹립하고자 했다. 하지만 이방원은 숨어있던 둘째 형을 굳이 찾아내 세자로 올렸다. 이방과는 "나라를 세운 공은 모두 정안공이방원에게 있으니 내가 세자가 될 수 없다."라고 사양했다. 그러나 정안군 이방원은 "나라의 근본을 정하고자 한다면 마땅히 적장자嫡長子에게 있어야 할 것"이라고 고집했다. 물론 이것은 정통성 확립을 위한 정안군의 의도였다.

《정종실록》 1400년 11월 13일조를 보면, 조선의 제2대 왕인 정종이방과은 결국 허수아비 왕 노릇을 3년간 하다가 왕위를 다섯째 동생 이방원에게 내주고 말았다. 정종은 지존의 자리에 있었지만 동생 정안군과 마주 앉으면 눈조차 마주치지 못했다고 한다.《연려실기술》〈정종조고사본말〉등을 보면, 보다 못한 부인정안왕후이 하루빨리 양위한 뒤에 마음 편히 살라고 애원했단다. 만약 이성계의 맏아들인 진안대군 이방우가 살아있었다면, 그래서 왕위를 물려받았다면 역사는 어떻게 바뀌었을까?

14

사초폐기 4인방, 잃어버린 25년

"선왕선조의 실록은 찬출해야 하는데 (중략) 평시의 사초책이 하나도 남아 있지 않아 전혀 근거할 바가 없으니 매우 걱정스럽습니다. 혹 사대부가 보고 들은 바를 모으기도 하고, 혹은 사사로이 간직하고 있는 일기日記를 거둬들여서라도 막중한 일을 해야 합니다." —《광해군일기》

1609년광해군 1년 7월 13일, 춘추관이 "큰일났다."라는 상소를 올린다.《선조실록》을 편찬해야 하는데 평시의 사초책이 전혀 없다는 것이었다.《연려실기술》은 당시 실록 편찬위원유사당상인 신흠1566~1628년의 〈상촌휘언〉을 인용해, '사초실종'의 내막을 전한다.

"정묘년1567년·선조 즉위년부터 신묘년1591년·임진왜란 직전까지의 역사기록이 깜깜한 채 징험할 수 없게 됐다. 임진왜란1592년을 겪으면서 사관인 조존세·박정현·임취정·김선여 등이 사초책을 모조리 불태워 버리고 도망갔기 때문이다." —《연려실기술》〈춘추관·사고〉

▲ 선조가 몽진길에 건넜던 임진나루. 백성들은 선조가 피난을 가자 "나라님이 백성을 버리고 떠나면 어떻게 하느냐."라고 하며 울부짖었다. | 필자 촬영

그러면서 실록청 총재관편찬위원장 이항복에게 대책이 없다는 듯 하소연한다.

"잃어버린 25년의 사적을 복원하기 위해 그날그날의 일을 다 찾아 기록하자면 10년이 걸려도 완성할 수 없을 겁니다."

그래도 실록편찬은 포기할 수 없는 일. 신흠은 임시방편의 대책을 전한다.

나라가 망하기 전에 역사가 먼저 망한 셈

"명공거경名公巨卿·고위관리의 일거수일투족은 알려져 있으니 이들의 행적을 '열전'처럼 기록하면 당시의 사적은 모두 드러날 것입니다."

사초를 잃어 임금의 행적에 따라 서술할 수 없으니 신하들의 《열전》 형식을 통해서라도 《실록》을 편찬하자는 것이었다. 그야말로 편법이 아닐 수 없었다. 하지만 그 또한 쉽지 않았다. 1613년광해군 5년 계축옥사대북파가 영창대군 및 소북파를 제거하려고 일으킨 옥사로 실록청 인사들인 이항복과 신흠, 이정구 등이 축출됐기 때문이었다. 신흠은 이를 두고 "나라가 망하기 전에 역사가 먼저 망한 셈"이라고 분노했다. 《연려실기술》은 이수광의 《지봉유설》을 인용, "20여 년 간의 아름다운 말과 착한 정사를 증빙하여 적을 수 없었으니 애석하기만 하다."라고 한탄했다.

> "시정기時政記·정무 행정의 실상과 잘잘못을 기록한 1차적 역사 기록물도 없고 (중략) 게다가 나라에서는 야사野史를 금했기 때문에 개인이 갖고 있는 사고史稿·개인이 작성한 역사책도 없었다." -《연려실기술》〈춘추관·사고〉

그야말로 '사초실종'이 낳은 '잃어버린 25년'이 아닐 수 없었다. 아니 임진왜란 초기, 즉 변란의 초기 역사도 엉성하기 그지없었으니 약 30년 동안 조선의 역사는 '소략'과 '엉성' 그 자체였다고 할 수 있다. 즉 《선조실록》은 전체 221권으로 되어 있다. 하지만 '사초실종' 25년의 기록인 즉위년1567년 7월부터 임진왜란 직전 1592년 3월까지의 기사는 불과 26권이다. 임진왜란 이후의 기사들도 변란 초기 기록이 부실할 뿐 아니라 당파에 얽혀 불공정한 기록들이 많다. 따라서 《선조실록》은 《조선왕조실록》 중 가장 형편없다는 평을 받고 있다.

임금은 백성을 버리고 사관은 역사를 버리고

대체 왜 이런 참담한 비극이 일어났던 것일까? 내막을 더듬어보자.

1592년 4월, 임진왜란이 일어나고 왜군들이 파죽지세로 밀고 올라왔다. 선조가 선택한 길은 '무조건 도망'이었다. 《징비록》이나 《대동야승》〈재조번방지 1〉등을 보면, 임금의 몽진길을 바라보던 백성들은 "나라님이 백성을 버리면 누굴 믿고 살란 말이냐."라고 하면서 목 놓아 울었다고 한다. 신하들의 작태는 더 목불인견이었다.

> "임금이 경성을 떠날 때 국가가 틀림없이 망할 것이라는 요사스러운 말이 퍼져 (중략) 명망 진신縉臣들이 보신책을 품었다. 경성부터 의주에 이르기까지 문·무관은 겨우 17인이었으며 내관 수십 명과 어의 허준, 액정원 네댓 명, 사복원 세 명 등만이 끝까지 떠나지 않았을 뿐이었다. 임금이 내관에게 '너희가 사대부보다 낫구나.'라고 했다." —《선조수정실록》 1592년 6월 1일조

이 와중에 '사관 4인방'도 임금을 헌신짝 버리듯 하고 도망갔다.

> "조존세와 김선여, 임취정과 박정현 등이 도망했다. 사관들은 처음부터 임금을 호종하면서 임금의 침문을 떠나지 않았으므로 아들처럼 대했다. 6월 1일 밤 임금이 (압록강을 건너) 요동행을 결정하자 몰래 도망칠 것을 의논하고 (중략) 이들은 먼저 사초책을 구덩이에 넣고 불을 지른 뒤 어둠을 타고 도망갔다."

임금이 국외망명을 결정해 버리자 임금이고 뭐고 살길을 마련해야겠다고 뿔뿔이 흩어진 것이다. '목이 달아나도 잡아야 할 사필과 버려서는 안 될 사초책'까지 불구덩이에 넣은 채 도망갔다니 말문이 막힌다.

선조는 자식처럼 여기던 사관들이 보이지 않자 자주 주변을 돌아보며 걱정했다.

"어디들 갔나, 왜 안 보여? 김선여가 탄 말이 허약하던데……. 걸어서 오느라고 뒤에 처졌나?"

다음 날 새벽, 사관들이 도망갔다는 사실을 확인한 선조의 낯빛은 '참담' 그 자체였다. 호종하던 신하들도 모두 분개했다.

"그 사람들, 뒷날 상선조께서 귀국하시면 어찌 살아남겠는가."

한편, 밤사이 도망의 길을 택한 사관들은 그 길로 영남과 호남에 흩어져 있던 가족들을 찾았다. 그들은 먹을 것을 찾아 고을을 돌면서 거짓 핑계를 댔다.

"주상께서 우리더러 물러가라고 허락했습니다. 그래서……."

실은 사초를 태운 것이 아니옵고

사실 그들이 25년간의 사초를 정말 불태웠는지는 논란의 여지가 있다. 관련 기록들이 애매하기 때문이다. 대부분의 기록들은 그들이 불태운 것을 움직일 수 없는 사실로 적시하고 있다. 하지만 몇몇 기록을 보자.

> "임취정 등 4명의 사관이 《일기》와 사초를 조치하지 않고 일시에 도망했다." -《선조실록》 1592년 12월 4일조

> "(사관들이 도망가고) 난리가 평정된 뒤 그때의 사초를 행재소임금이 몽진 중에 머물던 곳에서 옮겨왔으나 전혀 수정하지 못했다. 세월이 오래되고 좀 먹고 못쓰게 되어 장차 없어질 운명에 놓이게 됐다." -《선조실록》 1601년 7월 2일조

1601년선조 36년 5월 13일, 당시 이조참판 기자헌이 "'사초 소각 사건'을 직접 해명해야겠다."라고 하며 임금에게 상소를 올린다. 상소의 내용을 재구성하면 다음과 같다.

박정현 등 사관 4명이 안주에서 도망칠 때 짊어지고 온 사초책을 그냥 두고 갔다는 것이다. 그래서 자신기자헌이 의주의 승정원으로 가져와 보관해 두었다고

한다. 그때 마침 쉬는 시간이 되어 휴식을 취하려고 자신기자헌이 승정원 구청에 머무르게 됐다는 것이다.

> "그런데 마침 찢어진 휴지 세 장을 주웠는데 마치 평안도 감사의 장계초狀啓草 같았습니다. 그래서 쓸데없는 휴지라 여겨 주위를 살피다가 마침 불이 있어 신기자헌이 던져 넣었습니다. 그날은 마침 전하의 행차가 쉬는 날이어서 동료들이 주변에 쭉 모여 있었습니다. 그래서 신기자헌이 '내가 휴지를 불 속에 던져 넣었다.'라고 했습니다. 그러자 원래 친한 사이였던 주변 사람들이 농담으로 '당신기자헌이 사초를 불살라버렸네.'라고 하며 놀려댔습니다. 그것이 와전되어 마치 사관들이 도망가면서 사초를 모조리 불태웠다고 사실처럼 전해진 것 같습니다."

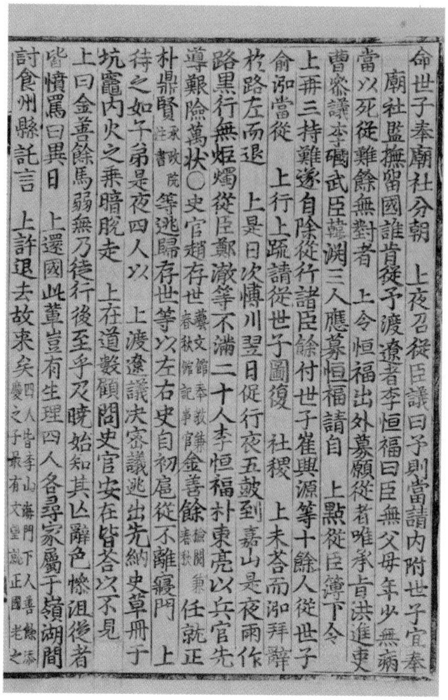
命世子奉廟社分朝 上夜召從臣議曰予則當請内附世子宜奉
廟社監撫留國誰肯從予渡遼者李恒福曰臣無父母年少無病
當以死從雖餘無對者 上令恒福出外募願從者唯承旨洪進吏
曹參議李磵武臣韓淵三人應募恒福請自 上點從臣簿下令
俞泓當從 上行上疏請從世子圖復 社稷 上未答而泓拜辭
上再三持難遂自除從行諸臣餘付世子崔興源等十餘人從世子
於路左而退 上是日次博川翌日促行夜五鼓到嘉山是夜雨作
路黑行無炬燭從臣鄭澈等不滿二十人李恒福朴東亮以兵官先
導艱險萬狀○史官趙存世藝文館奉教春秋館記事官金善餘檢閱春秋任就正
朴鼎賢承政院注書等逃歸存世等以左右史自初扈從不離寢門 上
待之如子弟是夜四人以 上渡遼議決密議逃出先納史草冊于
坑竈内火之乘暗脫走 上在道數顧問史官安在皆答以不見
上曰金善餘馬弱無乃徒行後至乎及曉始知其亡辭色慘沮從者
皆憤罵曰異日 上還國此輩豈有生理四人各尋家屬于嶺湖間
討食州縣託言 上許退去故來矣四人皆李山海門下人善餘添慶之子最有文望就正國老之

▲《선조실록》. 조존세 등 사관 4명이 임진왜란 때 선조 임금의 몽진길을 호종하다가 사초책을 불태우고 도망갔다는 내용을 담고 있다. | 서울대학교 규장각한국학연구원 소장

농담이 소문이 됐고, 그것이 역사적인 사실인양 걷잡을 수 없이 퍼졌다는 주장이다.

흔적도 없이 사라진 사초

하지만 선조 임금은 기자헌의 주장을 일축했다.

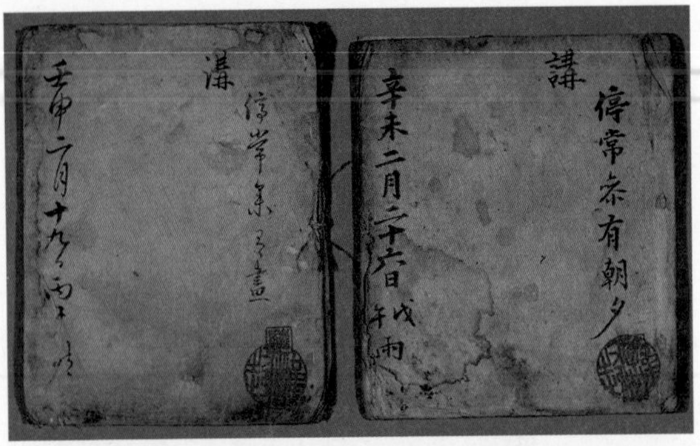

▲ 학봉 김성일(1538~1593년)의 경연일기. 임금이 신하들과 함께 학문을 연구하는 자리인 경연(經筵)에서 강의하고 토론한 내용을 기록한 공식일지이다. 김성일이 썼다. 강독(講讀·뜻을 밝혀가며 글을 읽음)한 책의 제목, 범위, 왕과 신하들의 토론 등을 기록하였다. 이런 일지는 역사 기록을 담당하던 사관(史官)들이 작성해서 보관했다가, 왕이 죽은 후 실록(實錄·임금 재위 시의 모든 사실을 적은 기록)을 펴낼 때 자료로 사용하였다. | 국립중앙박물관 소장

"길가에 버려진 사초를 주워 아무개 조신朝臣·벼슬하는 신하에게 주었다는 사람의 이야기도 있다. 불태웠는지, 버리고 도망갔는지 확인할 수는 없지만 오십보백보 아니냐. 그렇게 변론할 필요 없다."

—《선조실록》 1601년 6월 1일조

선조는 핵심을 짚은 것이다. 기자헌도 언급했듯이 "사초는 사관이 반드시 지녀야 할 물건인데 떠날 때도망갈 때 버리고 간 것"이 문제이다. 불태웠는지의 여부는 곁가지였던 것이다. 분명한 것은 사초책은 버려졌거나(혹은 불태워졌거나) 해서 대부분 복구불능 상태였고, 남아있었다 해도 좀이 슬고 훼손되어 제대로 된 구실을 할 수 없었다. 이것만으로도 천인공노할 잘못이다.

또 하나, 《영조실록》 1735년 2월 13일조에 "목이 달아나도 사필을 굽힐 수 없다.頭可斷 筆不可斷"라고 규정한 사관의 책무를 헌신짝처럼 버린 결과는 어땠을까? 잃어버린 25년의 역사는 물론이고, 사관이 없어 제대로 기록하지 못하는 바람에 임진왜란 초기의 기록을 확보하지 못해 상상도 할 수 없을 만큼의 고초를 겪었다.

1601년선조 34년 10월 30일, 특진관 이호민은 임진왜란 초기 사관들이 모두 도망간 뒤의 고초를 다음과 같이 밝히고 있다.

"(1592년 6월) 사관들이 모두 도망간 뒤 제가 급히 입시했습니다. 대신들

이 저의 등을 떠민 것입니다. 그러나 난리 중이어서 지필을 얻지 못해 맨손으로 입시한 뒤에 (중략) 지금은 (시간이 너무 흘러) 기억해낼 수 없습니다."

아니 사관이 지필 없이 입시해서 뭘 어쩌겠다는 것일까? 그야말로 코미디 같은 장면이다.

개인 일기까지 모두 바쳐라!

임진년 이전과 왜란 초기 잃어버린 25년의 역사를 복원하는 작업 역시 역경이었다. 앞에서 인용했듯이 1609년광해군 1년 《실록》의 수정을 편찬하려던 실록청 총재관 이항복이 광해군에게 아뢴다.

"실록 편찬에 고증할만한 자료가 전혀 없습니다. 매우 걱정스럽습니다. 마침 고故 유희춘, 고故 이정형의 개인일기가 다행히 춘추관이 보관되어 있습니다. 그러나 이정형의 일기는 십오륙 년 전에 기록한 단 한 권뿐이며, 유희춘의 일기는 너무나 소략하여 1만분의 일도 고증할 수 없습니다. 이외의 고증자료는 없습니다."

그러면서 이항복은 여염의 사대부 집에 있는 '가장일기家藏日記'를 대대적으로 찾아내야 한다고 주청을 올린다. 만약 자발적으로 가장일기, 즉 개인일기를 올리면 상을 내리고, 올리지 않으면 벌을 내린다는 고육책까지 쓴다.

"임진왜란 이전에 벼슬한 사람들의 개인기록은 모두 바치게 하고, 사대부의 문집 가운데 시정時政에 관계된 것들은 모두 수집해야 합니다. (중략)

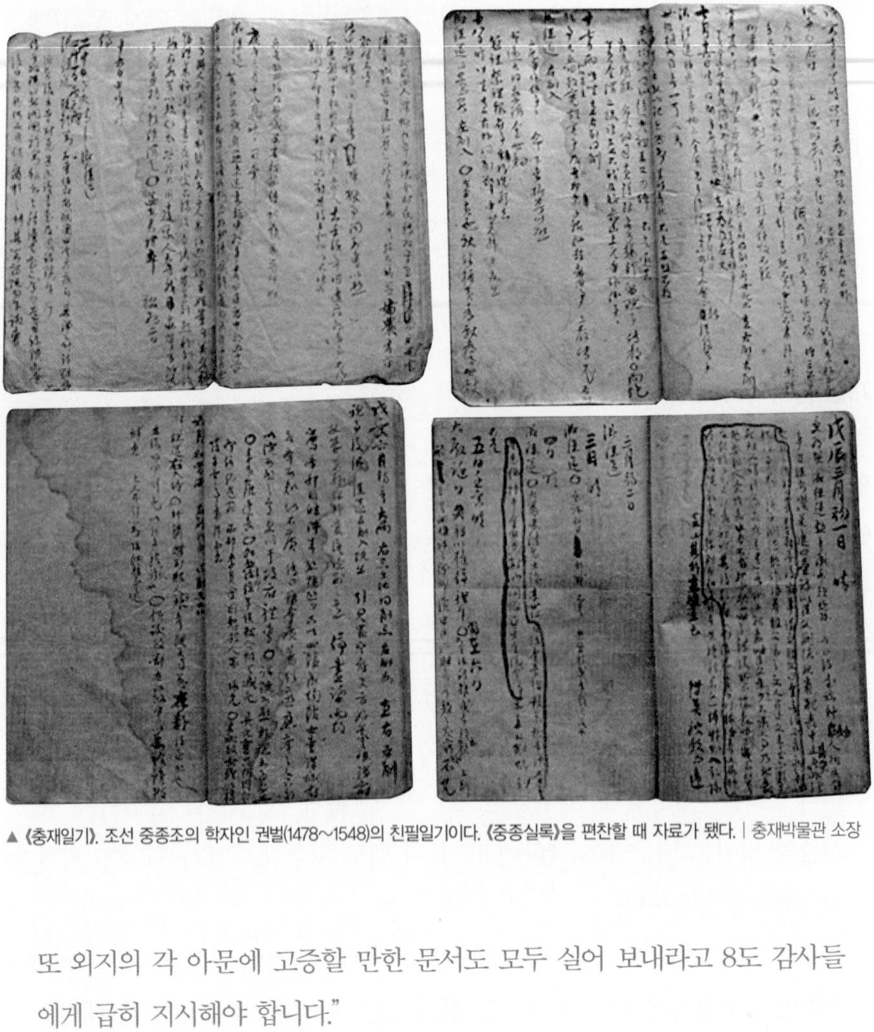

▲ 《충재일기》. 조선 중종조의 학자인 권벌(1478~1548)의 친필일기이다. 《중종실록》을 편찬할 때 자료가 됐다. | 충재박물관 소장

또 외지의 각 아문에 고증할 만한 문서도 모두 실어 보내라고 8도 감사들에게 급히 지시해야 합니다."

《광해군일기》 1609년 10월 5일조를 보면, 이항복은 "배삼익과 이개, 이수준의 집에도 병란 이전의 조보가 보관되어 있으며, 유조인의 집에는 임진년의 《행조일기行朝日記》가 있다는 소문이 있다."라고 하면서 이들 가문에 대대적인 수집령을 내렸다.

도망자에게 사필을 맡길 수는 없느니라

그렇다면 사관 4인방의 운명은 어찌 됐을까?

"어찌 도망간 자들에게 다시 사필을 맡길 것인가. 청요직은 절대 줄 수 없다, 외직이라면 몰라도……."

선조의 말이다.

사관 조존세, 김선여, 임취정, 박정현 등 도망간 사관 4인방은 모두 이산해의 문하인이며, 명문 세신이었다. 전쟁이 끝난 뒤인 1601년선조 34년 이항복과 이호민 등이 "잃어버린 사책을 더듬어 다시 되살릴 수 있는 자들은 바로 저들"이라며 4인방을 다시 사관으로 추천했다.

"나라가 멸망할지언정 사기史記는 멸망할 수 없는 것입니다. 그들이 비록 죄는 졌지만 그들이 사관직에 있었을 때의 일은 그들로 하여금 수정하게 하면 어떨는지요?"

그러나 《선조실록》 1601년 7월 2일조, 10월 30일조에 드러나듯이, 선조는 그들의 요구를 단칼에 일축했다.

> "그들에게 사필을 맡긴다고? 안 된다. 이런 무리에게 역사의 수정을 맡겨 국사國史를 욕되게 할 수는 없다. 예로부터 어찌 도망한 사람이 역사를 수정한 일이 있었던가."

명문세족의 자제들이라 4인방에 대한 명예회복 요구는 끈질겼다. 예컨대 1601년 4인방 가운데 한 사람인 박정현이 중국으로 떠나는 외교사절단동지사의 서장관사절단장으로 추천됐다. 그러자 선조는 비망기를 내려 다른 인사를 추천하라고 하며 화를 낸다.

"서장관은 중국사신으로 가는 일행의 어사御史이다. 왕명을 욕되게 하는 인물이면 안 된다. 그런데 어찌 감히 박정현朴鼎賢을 추천했는가. 박정현은 지난 임진란 때 임금을 버리고 사책史冊을 불지르고 도망친 자인데, 이제 또 명을 받들고 가다가 중도에서 도망치게 하려고 하는가. 중국땅을 더럽히고 말 것이다." -《선조실록》 1601년 4월 1일조

그러면서 박정현 말고도 김선여를 여러 차례 청현직에 천거하고 심지어 홍문관 관리로 천거한 것을 예로 들면서 "이는 권선징악의 법도가 없어진 것이며 인륜이 사라진 것"이라고 꾸짖었다.

부귀영화는 누렸지만?

그러나 4인방은 결코 그대로 죽지 않았다. 박정현은 그로부터 25년이 지난 1625년인조 3년 마침내 중국 사신단의 사은사로 낙점된다. 그야말로 지독한 생명력이다. 《인조실록》의 기자는 그런 박정현을 두고 다음과 같이 사론을 단다.

"사초를 불태우고 도망간 박정현은 선조 때는 끝내 복관되지 못했는데, 오늘날에 와서 표문을 받들고 청나라 사절단의 임무를 맡게 되었으니 참으로 통탄스런 일이다." -《인조실록》 1625년 3월 22일조

박정현이 죽자 《인조실록》의 기자는 1637년 6월 12일조에서 "거동은 조금 무게가 있으나 처신이 탐욕스럽고 더러웠다."라는 논평을 달았다.

임취정은 '4인방' 가운데서도 가장 떵떵거렸다.

"임취정은 힘을 다해 출세하려 했지만 외직을 전전했다. 그러나 광해군 때

> 이이첨 세력이 융성하자 조존세와 더불어 현직에 등용됐다. (중략) 임취정은 자기 형인 임수성의 첩의 딸을 후궁으로 들여보내 소용昭容·내명부의 5번째 품계으로 만들었다. 소용은 용모가 뛰어나고 약삭빨라서 왕이 총애했다. 임취정은 그 덕에 승지가 됐다." ―《광해군일기》 1613년 9월 25일조

그뿐이 아니었다. 그는 여악女樂과 나희儺戲를 즐기는 임금의 비위를 맞춰 총애를 받았다. 10년 뒤에는 대북파의 영수인 이이첨과 비슷한 지위까지 올라 서로 알력이 생기기도 했다. 그는 병조좌랑, 형조참의, 도승지에 이어 이조참판, 대사헌 등 요직을 두루 거쳤다.

조존세는 1599년 예문관 대교에 복직되었고, 1604년 선천군수로 재직할 때 평안감사로부터 포상대상자로 상신되기도 했다. 이후 이이첨의 그늘 아래서 한성부우윤·동지의금부사에 이어 대사성에 올랐다.

김선여 역시 1599년 검열·대교·봉교 등을 역임하고 예조좌랑에 이르렀다. 김선여는 그나마 "선조 임금이 돌아온 뒤에 수치스럽게 여겨 벼슬을 하려 하지 않았다."라는 평을 듣기는 했다.

어쨌든 이들 '사관 4인방'에게는 임금을 내팽개치고 사초책을 '불구덩이에 던져' 역사를 '멸망시킨' 인물이라는 낙인이 찍혔다. 《조선왕조실록》은 이들 4인방의 이름이 거론될 때마다 "사초와 임금을 버린"이라는 수식어를 붙인다. 500년이 지난 이 순간에도 낙인은 지워지지 않고 있다. 과연 "나라는 (임진왜란에도) 망하지 않았지만 (그들 때문에) 역사가 망했다."라는 신흠의 말이 맞는 것 같다.

15

광해군의 장탄식, "제발 고려의 외교를 배워라"

"요즘 우리나라 인심을 살펴보면 밖으로 큰소리만 일삼고 있다. 우린 반드시 큰소리 때문에 나랏일을 망칠 것이다."

1621년광해군 13년 6월 6일, 광해군이 장탄식한다. 당시의 국제 정세는 급박했다. 명나라는 요동 전투에서 신흥강국 후금에 패해 존망의 기로에 서 있었다. 그러나 조선의 공론은 여전히 다 쓰러져 가는 명나라 편이었다. 후금을 오랑캐의 나라로 폄훼하면서……. 명나라와 후금 사이에 절묘한 등거리 외교로 균형을 잡아온 광해군으로서는 이 같은 공론이 한심했다.

> "명나라 장수들이 차례로 적후금에게 항복하고 있다. 중국의 형세가 이처럼 급하다. 그런데도 우리나라 인심은 큰소리만 치고……." –《광해군일기》

그러면서 광해군은 제발 고려의 외교를 배우라는 매우 의미심장한 말을 한다.

> "이럴 때명청교체기, 고려처럼 안으로 스스로 강화하면서 밖으로 견제하는

계책을 쓴다면 나라를 보선할 수 있을 것이나, 그런데 우리는 너무 한심하다. 무장들 모두 겉으로는 결전을 벌이자고 하면서 막상 서쪽 변경으로 가라고 하면 죽을 곳이라도 되는 듯 두려워한다. 이 또한 고려와 견주면 너무도 미치지 못한다."

–《광해군일기》

▲ 고려 외교의 전통을 쌓은 서희의 묘. 서희는 세 치 혀로 거란의 80만 대군을 물리쳤고, 강동 6주까지 덤으로 얻는 외교사상 가장 혁혁한 공을 세웠다.
| 여주박물관 사진자료

광해군은 '고려처럼만' 하면 강대국끼리 충돌하는 격동기도 능히 극복할 수 있다고 본 것이다. 그는 '고려의 외교'를 그만큼 부러워했다.

'멘붕'에 빠진 고려 조정

그랬다. 광해군의 말마따나 고려의 외교술은 대단했다. 하기야 '역사상 가장 성공한 외교관'이라는 서희의 후예들이 아닌가.

고려의 외교에 주춧돌을 놓은 서희의 외교술을 되돌아보자. 993년고려 성종 12년 윤10월 소손녕이 이끄는 거란의 대군이 고려를 침공했다. 파죽지세로 봉산군황해도 북서을 점령한 소손녕이 항복을 종용했다. 고려 조정은 '멘붕'에 빠졌다. 《고려사절요》를 보면, "빨리 군신을 이끌고 항복하자."라고 아우성치는 이들이 있는가 하면, 아예 "서경평양 이북을 거란에 떼어주자."라는 자들도 있었다. 이때

서희가 "절대 안 된다."라고 소리쳤다.

서희는 "삼각산 이북은 고구려의 옛 땅이니 절대 내줄 수 없다."라고 하면서, "한번 땅을 떼어주면 그들의 끊임없는 요구에 시달릴 것"이라고 강조했다. 전쟁을 장기전으로 이끌면서 협상에 임할 것을 주청한 것이다. 고려 성종이 신하들을 모아놓고 말했다.

"누가 '말'로 거란 군사를 물리치고以口舌却兵 역사에 길이 남을 공을 세우겠느냐?"

서희가 "한번 나서보겠다."라고 손을 들었다. 이때부터 고려와 거란의 불꽃 튀는 외교 전쟁이 시작됐다.

소손녕도 만만치 않은 인물이었다. 거란 경종969~982년의 사위이자 중국 송나라를 무찌르는 데 큰 공을 세운 인물이었다. 회담이 진행되기 전부터 양측의 심리전은 대단했다. 소손녕이 먼저 도발했다.

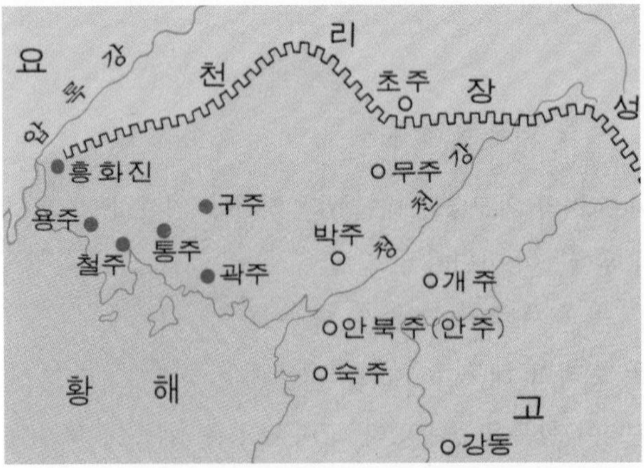

▲ 서희가 거란 소손녕과의 회담에서 얻어낸 강동 6주. 고려는 고구려의 적자임을 만방에 알리는 망외의 소득을 올렸다. | 한국학중앙연구원 사진 제공

"나는 대조大朝·거란의 귀인이다. 마땅히 고려사신이 뜰 아래에서 (당 위에 있는) 나에게 절해야 한다."

서희 역시 결코 꿀리지 않았다.

"무슨 소리인가? 뜰아래에서 절을 한다는 것은 신하가 임금에게 하는 예의가 아닌가? 두 나라 대신이 서로 마주 보는데 무슨 가당찮은 이야기인가."

소손녕이 고집을 피우자 서희는 객사로 돌아와 누운 채 일어나지 않았다. 소손녕은 그때서야 뜰이 아닌 당堂 위에서 예를 차리도록 허락했다.

서희와 소손녕의 피 말리는 외교전

회담 역시 팽팽한 접전으로 이어졌다. 소손녕이 먼저 포문을 열었다.

"고려는 신라 땅에서 일어났고 고구려 땅은 거란의 소유인데, 고려가 이를 야금야금 침식하고 있다. 또 우리와 국경을 접하고 있는데 바다 건너 송나라를 섬긴다. 그러니 대국거란이 이를 토벌하려고 하는 것이다. 지금이라도 땅을 떼어 바치고 조회한다면 봐줄 것이다."

서희는 조금도 당황하지 않고 응수했다.

"우리나라는 바로 옛 고구려를 계승한 나라다. 나라 이름을 봐라. 고구려를 계승했다고 해서 고려라 하지 않았던가? 그것이 평양에 도읍을 둔 까닭이다. 또 고려가 거란의 영토를 침식하고 있다고? 아니다. 그 사이에는 여진이 있지 않나? 바로 이 때문에 고려가 거란을 찾아 조공하지 못하는 것이다."

서희는 한술 더 뜬다.

▲ 강화도에 있는 고려 고종의 홍릉. 강화도 정부를 이끌었던 고종도 끈적끈적한 외교로 세계최강 몽골을 골치 아프게 했다. | 한국학중앙연구원 사진 제공

"고려가 거란에 조회하고 조공을 바칠 수 있는 방법이 있다. 여진을 쫓아내고 우리의 옛 땅을 돌려주면 된다. 그곳에 성을 쌓고 도로를 내면 고려와 거란이 직접 통할 수 있지 않겠는가? 그렇게 되면 고려는 거란에 조빙朝聘·알현하고 조공을 바침할 것이다."

서희는 마지막으로 "장군소손녕이 거란 황제에게 고려의 제안을 알린다면 어찌 거절할 수 있겠느냐."라고 쐐기를 박았다. 할 말을 잃은 소손녕은 거란 황제성종·982~1031년에게 사실을 고하며 혀를 내둘렀다.

"고려에서 화친을 청했나이다. 마땅히 전쟁을 중지하심이 옳을 줄 아옵니다." –《고려사》〈열전 서희〉

이것이 바로 서희가 '세치의 혀三寸舌'로 얻은 '강동 6주'로서, 고려로서는 망외의 외교적 성과였다. 무엇보다 신라가 아니라 고구려를 계승한 나라여서 국호를 고려라 했고, 그 때문에 평양을 도읍서경으로 정했다고 주장함으로써 협상 상대를 꼼짝 못하게 한 것이다. 서희의 외교는 전쟁에서 가장 바람직한 것으로, 싸우지 않고 승리한 외교전의 대표사례라 할 수 있다.

여기서 빼놓을 수 없는 게 하나 있다. 서희는 거란과의 외교전에서 승리함으로써, 고려가 고구려의 적자임을 공식 확인한 것이다. 이로써 고구려의 역사는 공식적이고 객관적으로 고려의 역사로 편입되었다.

세계 최강 몽골제국의 애간장을 녹인 외교술

서희의 명성을 이어받은 고려의 외교는 세계 최강 몽골제국을 쥐락펴락하며 애간장을 녹였다.

1231년부터 1259년까지 고려는 막강한 몽골군의 침입에 시달렸다. 그러나 고려는 강화도 천도 이후 상황에 따라 몽골의 요구를 따르기도 하고, 때로는 단호하게 거부하면서 시간을 질질 끌었다. 항쟁과 교섭의 이중주 외교가 빛을 낸 것이다.

예컨대 1231년 11월, 몽골은 고려의 강화도 천도를 매우 질책했다. 그러자 고려 고종은 다음과 같은 말로 몽골을 녹인다.

> "아니, 전쟁으로 유민들이 모두 흩어지면 나라의 근본이 텅텅 비게 되고, 나라의 근본이 비게 되면 장차 누구와 함께 공물을 마련해서 상국몽골을 섬기겠습니까? 차라리 남은 백성들을 수습해서 섬강화도으로 들어가 있으면서 변변치 않은 토산물이나마 상국에 바침으로써 변방 신하의 명분을 잃지 않는 것이……." –《고려사》

아니 강화도 천도가 항쟁이 아니라 상국몽골을 더 잘 모시려 한 것이라는데 뭐라고 하겠는가.

고려의 핑계외교

고려의 '핑계외교'는 그야말로 혀를 내두르게 한다. 1253년고종 40년, 고려는 대장군 고열을 몽골장군 예쿠也窟에게 보내 육지로 환도할 수 없는 이유를 밝힌다. 그런데 그 이유를 들으면 실소가 터진다.

> "육지로 나가려 했는데 동북 방면에 포달인抱獺人, 즉 수달을 잡는 사람들이 있습니다. 그들이 두려워서 뭍으로 나가지 못한 것입니다."
>
> ―《고려사》 1253년 9월 3일조

수달사냥꾼이 무서워 육지로 천도하지 못하겠다는 것이었다. 1256년고종 43년 9월, 고려 사신 김수강이 몽골 황제헌종에게 몽골 군대의 철수를 강력하게 요구했다. 그러나 황제는 "개경에 환도해야 철수하겠다."라고 하며 거절했다. 그때 김수강의 화술이 백미다.

> "짐승이 사냥꾼을 피해 굴속으로 숨었는데, 그 구멍 앞에 활과 화살을 가지고 기다린다면 피곤한 짐승이 어떻게 나오겠습니까?"

김수강의 '절묘한 외교술'에 감탄한 몽골 황제는 무릎을 치며 군사를 철수시켰다.

> "그래, 네가 바로 참 사신이다. 마땅히 두 나라는 화친을 맺어야 한다."
>
> ―《고려사절요》

애자愛子와 진자眞子의 차이

1241년고종 28년, 몽골은 고려에게 세자를 인질로 보내라고 협박한다. 고려는 할 수 없이 종친인 영녕공 준을 몽골로 보내면서 고종의 아들이라고 거짓으로 고했다. 하지만 1254년에 이 말이 거짓으로 판명됐다. 고려 출신인 민칭이라는 자가 고자질한 것이다. 황제가 마침 몽골에 머물던 고려 사신 최린에게 자초지종을 물었다. 위기에 빠진 최린의 임기응변을 보자.

"영녕공 준은 왕의 애자愛子입니다. 진자眞子·참아들는 아닙니다. 전에 올린 표문외교문서을 보십시오. 다 그렇게 나와 있습니다."

"애자는 무엇이고, 진자는 무엇이냐?"

"애자라는 것은 양자를 뜻합니다. 만일 친자식이라면 어찌 다시 '애愛'자를 쓰겠습니까?"

황제가 새삼스레 고려가 올린 표문을 보니 모두 '애자'라고 되어 있었다. 황제는 더 이상 고려를 문책할 수 없었다. 애자와 진자라니, 도대체 무엇이 다르다는 말일까? 그야말로 말장난이나 궤변이 아닐 수 없다. 하지만 《고려사》〈열전 최린〉의 기록을 보면, 외교관 최린은 기막힌 임기응변으로 위기를 넘긴 것이다. 고려가 거짓아들인 영녕공을 보내면서 만일을 위해 마련해 놓은 장치였던 것이다. 아들 자子 앞에 애愛자를 수식해 놓은 치밀함이라고 할까.

그러나 1259년 28년간의 줄다리기 끝에 고려는 화의를 결정한다. 훗날 원 세조가 되는 쿠빌라이忽必烈가 감개무량하다는 듯 소감을 밝힌다.

▲ 고려 말 대학자 이제현도 '세조(쿠빌라이)의 유훈'을 들먹거리며 원나라의 고려흡수 계획을 무산시켰다. | 국립중앙박물관 소장

"넓은 하늘 아래 복종하지 않은 나라는 고려와 송나라뿐이었는데 (중략) 송나라도 멸망 직전이다. 이제 고려도 제국의 품에 들어와 조회하는구나."

—《고려사절요》 1260년 4월조

기분이 '업'된 쿠빌라이가 선심공세를 편다.

"좋다. 고려만큼은 의관을 본국고려의 풍속을 그대로 좇아 상하 모두 고치지 마라. 개경 환도는 속도조절을 해서 알아서 하라. 설치된 다루가치총독는 귀환시켜라."

—《원고려기사》

고려의 제도와 풍속을 존중하겠다는 약속이었는데, 이것을 '불개토풍不改土風' 혹은 '세조구제世祖舊制'라 한다. 시쳇말로 '세조쿠빌라이의 유훈'이라 할 수 있다.

세조의 유훈을 잊지 말라

그런데 고려는 몽골이 내정간섭에 나설 때마다 이 '세조의 유훈'을 두고두고 써먹었다. 예컨대 세조의 유훈이 발표된 지 60여 년이 지난 1323년충숙왕 10년, 원나라가 고려에 정동행성을 설립해 흡수·통합하겠다는 의지를 밝혔다. 그러자 당시 원나라에 있던 도참의사사 이제현은 예의 그 '세조의 유훈'을 인용하면서 '불가'를 외쳤다.

> "세조황제의 조서 덕택에 고려의 옛 풍속이 유지되고 종묘와 사직이 보전됐습니다. 고려에 행성을 설립한다는데 (중략) 좋습니다. 다른 것은 다 논하지 않더라도 세조의 조서를 따르지 않겠다는 말입니까?" –《고려사절요》

이제현은 정곡을 찌르고 있었다. 당시 원나라 황제였던 영종재위 1320~1323년은 "세조쿠빌라이의 정치를 본받고 회복한다."라는 조서를 내렸다. 이제현은 바로 이 점을 겨냥해 원 조정을 겁박한 것이다. '세조의 유훈을 지키지 않으려는 것이냐?'라고……. 원나라는 결국 정동행성 설치계획을 철회할 수밖에 없었다.

고려는 몽골과 화의한 1259년 이후에도 어지간히 몽골의 애를 먹였다. 11년 후인 1270년이 되어서야 개경으로 환도했으니까. 견디다 못한 몽골 조

▲ 경기 남양주군 진건면에 있는 광해군묘. 광해군은 후금과 명나라 사이를 교묘히 이용하는 등거리 외교로 난국을 타개하려 했다. | 《경향신문》 자료사진

정은 1269년에 고려를 재침공할 것을 타진한다. 하지만 마형과 마희기 등 조정 대신들이 입을 모아 '불가론'을 외쳤다.

> "고려가 지금 원나라에 내조來朝하기는 하지만 그 마음을 헤아리기 어렵습니다. 만약 정벌이 실패할 경우 국위가 손상되고 (중략) 저들이 험준한 강산에 기대고, 섬에 식량을 쌓아 지키면 100만 군대라도 쉽게 함락시킬 수가 없습니다." -《원사》, 《원고려기사》 등

유라시아 대륙을 벌벌 떨게 한 공포의 제국 몽골도 고려의 외교전에 두 손 두 발 다 들었던 것이다.

광해군의 선택

그로부터 400년 후, 백척간두에 선 조선을 이끌고 있던 광해군이 선택한 것이 바로 그 고려의 실리외교였다. 당시의 국제정세는 급변하고 있었다. 중원의 명나라가 쇠락의 나락으로 빠지고 있을 때, 한낱 오랑캐로 치부되던 누루하치가 새로운 강자로 떠오르고 있었다. 그런데도 조선 조정은 명나라를 두고 '재조지은再造之恩', 즉 '망해가는 나라를 구원해준 은혜로운 천자국'이라 치켜세웠다. 임진왜란 당시 백성을 버리고 의주로 도망친 임금선조의 말은 지금 돌이켜봐도 피가 거꾸로 솟는다.

> "왜적 평정은 오로지 명군 덕분이다. 우리 장수들은 간혹 명군의 뒤를 쫓아다니다가 요행히 적병의 머리를 얻었을 뿐이다. 이순신과 원균, 권율 장군의 전공만이 다소 빛날 뿐이다. 명나라 파병군이 들어온 것은 의주까지 과인을 따라온 신료들이 명나라에 호소했기 때문이다. 그 덕분에 적을 토

벌하여 강토를 회복한 것이다." -《호성선무청난공신도감의궤》 신축 5월 15일조

조선 장수들의 공을 평가절하하고 의병들의 공마저 깡그리 무시한 것이다. 그러면서 자신을 따라 의주로 피난한 신료들의 힘으로 명군이 파병됐고, 그 명나라 덕분에 나라가 다시 섰다는 것이다. '비겁한 변명'이 아닐 수 없다. 전쟁을 막지 못하고, 전쟁이 일어나자 백성들을 버리고 도망친 자신의 책임을 회피하려는 수작이 아니고 무엇이겠는가. 그러니 종전의 공을 명나라로 돌릴 수밖에 없었던 것이다. 이 때문일까? 명나라의 기세는 하늘 높은 줄 모르고 치솟았다. 그들은 조선을 '고분고분한 오랑캐', 즉 '순이順夷'라 했다.

1618년광해군 11년 강성해진 후금이 명나라 무순撫順을 점령하자 문제가 생겼다. 다급해진 명나라가 임진왜란 때의 은혜를 갚으라면서 조선에 파병을 요구한 것이다. 광해군은 난색을 표명했다. 첩보전을 통해 후금군의 위세를 잘 파악하고 있었기 때문이다.

《광해군일기》 1618년 7월 4일조에서, 광해군은 "조선의 피폐한 경제력, 나약한 군사력, 상존하는 일본의 위협이 두렵다."라고 했다. 게다가 "파병요청에 황제의 칙서가 없지 않느냐."라고 하며 피해가려 했다. 하지만 신료들은 '재조지은'을 잊었느냐며 빨리 파병하라고

▲ 1619년 심하 전투가 벌어졌던 현장. 명나라와 조선연합군은 후금군에게 참패했다. 강홍립 등은 형세를 보고 판단하라는 광해군의 명에 따라 투항했고, 김응하 장군은 전사했다. |《경향신문》 자료사진

다 그쳤다.

"조선은 중국 조정에 부자의 의리가 있고 나라를 되찾게 해준 은혜를 생각해야 합니다." –《광해군일기》 1618년 윤4월 23일조

"조선이 약하다고 꺼린다면 중국 조정은 대의大義에 입각해 책망할 것이며, 그 뒤의 책임은 어떻게 지려 하십니까." –《광해군일기》 1618년 윤4월 24일조

《연려실기술》〈폐주 광해군 고사본말·심하전투〉에 따르면, 당시 함경도 북청에 머무르고 있던 이항복은 명의 파병요청을 광해군이 허락하지 않았다고 해서 구슬프게 울었다고 한다. 그러면서 "나라가 다시 일어나지 못하겠구나."라고 거의 기절하기에 이르렀다고 한다.

광해군의 밀명

이렇게 아우성쳤으니 임금인 광해군으로서도 어쩔 수 없었다. 그는 파병군 도원수에 강홍립, 부원수에 김경서, 조방장에 김응하를 각각 임명했다. 파병군은 1만 3,000명으로 편성됐다. 대신 광해군은 파병을 앞둔 시점에 도원수 강홍립을 비밀리에 불러 밀지를 전달하며 은밀히 말했다.

"전장에 나가거든 절대 경거망동하지 말라. '관형향배觀形向背', 즉 정세를 살펴보고 방향을 정하라." –《연려실기술》〈폐주 광해군일기 고사전말·심하전투〉

광해군은 강력한 후금군을 조·명 연합군이 절대 이길 수 없다는 사실을 알아차린 것이다. 강홍립의 파병군은 광해군의 지시에 따라 느림보 행군을 펼친다.

1618년 7월에 출발한 파병군은 7개월간의 행군 끝에 1619년 2월이 되어서야 압록강을 건넌다. 광해군이 출발하기 전에 강홍립에게 당부한 또 다른 한 마디는 이것이었다.

▲ 심하 전투에서 전사한 김응하 장군의 빈 묘. 광해군은 김응하 장군을 기리는 현창사업을 대대적으로 벌였다. 조선과 명나라의 외교에 한껏 활용하기 위함이었다. | 《경향신문》 자료사진

"중국 장수의 말을 그대로 따르지 말고 오직 패하지 않을 방도를 찾는 데 힘써라." -《광해군일기》 1619년 2월 3일조

부딪치게 되면 결국 패할 수밖에 없다는 것을 알았기에, 광해군은 패하지 않을 방도만 찾으라고 지시한 것이다. 광해군은 한편으로 '재조지은' 운운하며 파병을 강요한 신료들을 질타한다.

"중국의 동쪽군대는 매우 약하다. 오로지 우리 군만 믿고 있으니 한심할 따름이다. 군사들을 호랑이굴로 몰았으니 비변사는 이 점을 생각하고 있는가?" -《광해군일기》 1619년 3월 3일조

결국 조·명 연합군은 심하深河 전투에서 후금군에게 궤멸당한다. 이때 조방장 김응하는 '적에게 가슴을 철창으로 관통당했음에도 활을 놓지 않은 채'로 장렬히 전사했다.

《광해군일기》 1619년 3월 12일조를 보면, "김응하의 분전에 오랑캐들조차 감탄하고 애석해했다. 오랑캐들은 '만일 이런 자가 두어 명만 더 있었다면 감당하기 어려웠을 것"이라며 혀를 내둘렀다고 한다.

형세를 보고 판단하라

그러나 도원수총사령관 강홍립은 기다렸다는 듯 항복하고 만다. 이에 조선 조정은 강홍립을 배신자로 낙인찍으며 맹비난하지만 강홍립의 투항은 예정된 것이었다. 광해군의 '관형향배' 지시를 받들었을 뿐이니까. 사실 강홍립은 전쟁 중에도 후금군과 접선해서 다음과 같이 말했다고 한다.

"비록 조선이 명나라의 재촉에 파병했지만 항상 후방에 있으면서 접전하지 않을 것입니다."

즉 조선의 파병은 임진왜란 때 명군이 파병한 것에 대한 답례일 뿐 후금군을 해칠 의도가 아니라는 점을 강조한 것이다. 이 때문일까? 《광해군일기》 1619년 4월 2일조를 보면, 후금군과 항복한 조선군의 사이는 매우 좋았다고 한다. 반면 조선의 신료들은 배신자 강홍립 등 항복한 장수들의 일가족을 군율로 다스려야 한다고 앙앙불락했다. 하지만 광해군은 이 같은 주장을 일축했다.

"고상한 말은 국사에 전혀 보탬이 되지 않는다. 젊은이들의 부박경솔한 논변은 잠시 멈추는 편이 좋을 것이다." —《광해군일기》 1619년 4월 8일조

강홍립을 처벌하자는 논의를 '젊은이들의 치기'로 평가절하하면서 '너희가 실리외교를 아느냐?'라고 묻고 있는 것이다. 실리외교를 위한 광해군의 다음 행보

는 명나라를 주무르는 것이었다. 강홍립의 투항을 둘러싼 명나라의 의심을 불식시켜야 했으니까.

광해군은 심하전투에서 장렬하게 전사한 김응하 장군을 대대적으로 현창하는 사업을 펼쳤다. 1619년 3월 19일 김응하 장군을 '자헌대부 겸 호조판서'로 추증했고, 5월 6일에는 명나라 장수가 지나는 길목에 사당을 세워 충렬사라는 이름을 붙였다. 《연려실기술》〈폐주 광해군 고사본말·심하 전투〉를 보면, "명나라 신종이 김응하를 요동백으로 봉하라고 처자에게 백금을 내렸다."라고 되어 있다.

이뿐만이 아니었다. 광해군은 국가적 차원에서 장군의 무공을 기리는 《충렬록》의 간행을 지시했다. 《충렬록》 편찬과정에 광해군은 물론 조정의 대소신료가 총출동했다. 《충렬록》의 편찬은 일석이조의 효과를 낳았다. 광해군은 이 책을 간행하는 데 그친 게 아니라 명나라에까지 소개했다. 《연려실기술》에서는 이 책의 간행이 "장군의 절의를 알릴 뿐 아니라 광해군의 밀교密敎·광해군이 후금과의 전쟁에서 형세를 봐가며 판단하라는 밀명을 내린 것의 흔적을 가리기 위한 의도"였다고 밝혔다. 참으로 절묘한 광해군의 외교가 아닌가.

강홍립이 나라를 팔아먹었느냐

또 하나, 후금군에 투항한 강홍립은 광해군 앞으로 편지를 보내 후금의 사정을 여러 차례 알렸다. 하지만 신료들은 배신자의 편지라고 일축했다. 예컨대 1619년광해군 11년 7월 14일 강홍립이 장계를 올려 '투항이 아니라 화친'이었음을 주장했다. 그러자 《광해군일기》의 기자는 "강홍립이 순절하지 않고 더러운 노적에게 무릎을 꿇었다."라고 하면서, "감히 화친이라 강변함으로써 동방예의의 나라를 금수의 구역으로 만든 것"이라고 비난했다. 광해군은 그럴 때마다 "강홍립 등이 노적의 실정만을 진달하였을 뿐이지 무슨 나라를 판 일이 있느냐."라고 하면서

"비난이 너무 지나치다."라고 일축했다.

《광해군일기》 1621년 6월 6일조에서 광해군이 고려의 외교를 닮으라고 한 것도, "강홍립의 편지를 받아보는 것이 무슨 큰 잘못이냐."라는 자신의 생각을 전달하는 차원에서 내뱉은 말이다. 그는 "제발 중국과 오랑캐 사이에서 현명히 처신할 것"을 신신당부한다.

"적의 형세는 날로 치열해지는데 (중략) 고상한 말과 큰 소리만으로 흉악한 적의 칼날을 막아낼 수 있는가? 적들이 말을 타고 들어와 마구 짓밟는 것을 담론으로 막아낼 수 있는가?" —《광해군일기》 1621년 6월 1일조

중국보다 더 중국을 걱정한 조선

고려 외교를 벤치마킹한 광해군의 외교를 하나 보자.

그것은 상대방의 애간장을 녹이는 시간 끌기 외교였다. 《광해군일기》 1622년 4월 18일조를 보면, 1621년 후금이 요동을 완전히 점령하자 명나라가 감군어사 양지원을 조선에 특사로 파견한 기록이 나온다. 두 말 할 것도 없이 군사 3만 명을 파병해 달라는 것이었다. 그러나 광해군은 이 핑계 저 핑계 대면서 시간을 끈다. 《광해군일기》 1622년 5월 6일조에는 명나라 특사의 조바심 섞인 채근을 이리저리 돌리는 광해군의 선문답이 가감 없이 나온다.

"연일 장맛비가 내리는구려. 영빈관이 습하고 좁은데 지내기가 어떠시오?" (광해군)

"할 일은 많은데 번민만 할 뿐입니다. 파병 건은 어찌 되었는지요." (양지원)

"신하들과 의논해서 수일 안에 회답해 드리겠소." (광해군)

"우선 서쪽 변방에 주둔하는 병마를 징발하도록 허락해 주시면 어떠신가요?" (양지원)

"지금 술자리에서는 번거로우니 신하들과 의논해서 결정한 뒤 문서로 알려주겠소." (광해군)

그러나 광해군은 그 후에도 차일피일 결정을 미뤘다. 12일이 지난 5월 18일, 다시 양지원이 성의 없는 조선의 태도를 책망하고 속히 군사를 징발해 달라는 문서를 보냈다. 그런데 그 내용이 자못 애걸조였다.

"내가 황명을 받고 조선의 의로운 군대를 징발해서 역노逆奴·후금를 쳐 없애고자 했는데 (중략) 한 달이 지나도록 파병하겠다는 태도를 보이지 않고 (중략) 빈 소리만으로 곧 군대를 낸다고 합니다. 자문외교문서이 오갈 때마다 10여 일씩 걸리니 (중략) 이는 조선이 마음으로 분발하지 않고 있다는 뜻입니다."

양지원은 그러면서 "이렇게 눈치나 보면서 대충 얼버무리지 말고 속히 결정해서 알려 달라."라고 청했다. 이런 읍소에 가까운 양지원의 항의에 조선의 신료들도 불안감에 떨었다. 예컨대 《광해군일기》의 기자는 광해군의 줄다리기 외교를 '창피한 일'이라며 비난했다.

"양지원의 자문을 보면 조선의 임금과 신하가 어찌 천지간에 얼굴을 들고 다닐 수 있겠는가. 얼굴이 붉어진다." –《광해군일기》 1622년 5월 18일조

그렇지만 광해군은 굴하지 않았다. 《광해군일기》 1622년 9월 18일조를 보면, 광해군은 은 6만 냥, 배 70척을 뇌물로 주면서 양지원을 구워삶았다. 결국 조선의 재파병은 흐지부지되었고 양지원은 아무 소득 없이 귀국해야 했지만, 그는 광해군을 입에 침이 마르도록 칭찬했다.

> "어진 전하의 집안은 충정忠貞이 독실하고 예절과 음악을 잘 행한다는 소문이 두루 났습니다. 모두가 귀국조선을 우러러보니 저는 이미 감복하고 있습니다." –《광해군일기》 1622년 7월 9일조

재미있는 것은 명나라도 이런 광해군의 등거리 외교를 높이 평가했다는 점이다. 예컨대 심하전투 패전 이후 명나라의 경략經略·주둔군 사령관이 된 웅정필은 조선을 이렇게 평가했다.

> "조선이 지난 겨울 이후 고급사告急使·원조를 요청하는 특사를 보낸 것이 예닐곱 차례나 됩니다. 그들이 후금의 정보를 알려주고 원조를 요청한 것이 매우 급해 보였습니다. 조선이 중국을 염려하는 것이 중국이 중국 스스로를 염려하는 것보다 더 심각했습니다." –《명 신종실록》 1620년 1월 23일조

광해군은 과연 어떻게 했기에 '중국보다 중국을 더 걱정하고 있다.'라는 평가를 받았을까? 광해군 외교의 절묘함을 엿볼 수 있는 대목이다.

광해군 때문에 요동을 잃었다고?

그러나 광해군의 이런 실리외교는 정적들에 의해 '명나라의 은혜를 저버린 외교'라는 혹독한 비판을 받았다. 특히 심광세1577~1624년같은 이는 광해군의 외교

를 '명나라를 배반하고 오랑캐에 영합하는背華附虜 정책'이라고 폄훼했다. 《휴옹집》 권4 〈세해시무소〉를 보면, 광해군의 이런 외교 때문에 명나라가 요동 전체를 앉아서 상실했다는 것이다. 광해군 때문에 명나라가 요동을 잃었다고? 참으로 기막힌 논리가 아닐 수 없다.

이런 분위기에서 광해군은 1623년 이른바 인조반정으로 쫓겨난다. 이로써 광해군의 실리외교는 끝장난다. 명나라 내부에서는 인조반정을 두고 '불법적인 왕위찬탈'이라는 여론이 비등했다. 반정세력들은 반정의 정당성을 얻기 위해 동분서주한다. 그 결과 1625년인조 3년 1월 명나라 희종은 '조선이 모문룡명나라 요동지역 장수과 협력해서 후금을 정벌하는' 조건으로 인조를 승인한다. 《명희종실록》 1625년 1월 28일조의 기록이다.

이렇게 반정은 인정을 받았지만 후유증은 엄청났다. 정확히 3년 뒤부터 조선은 두 차례의 호란을 겪게 되었고, 이로 인해 백성들은 도탄에 빠진다. 백성들은 항복한 뒤 한강을 건너가는 임금인조을 보고 울부짖었다고 한다.

"임금이시어! 임금이시어! 어찌 우리를 버리고 가십니까!吾君 吾君 捨我以去乎"

16

박제가의 '디스', "조선, 더럽고 구역질난다"

"너무 더러워 입에도 댈 수 없는 음식이 바로 장醬이다. 콩을 씻지도 않아 좀이 슬고 모래가 섞여 있다. 마치 마시는 우물물에 똥을 던지는 행위와 같다."

북학파로 유명한 초정 박제가1750~1805년가 던진 '돌직구'다. 하지만 이게 끝이 아니었다.

"삶은 콩을 맨발로 밟아대는데 온몸의 땀이 발밑으로 떨어진다. 장에서 종종 손톱이나 몸의 털이 발견된다. 구역질이 난다."

사실 당대 '중국의 옷과 일본의 주택, 그리고 조선의 장'은 '삼절三絶'이라는 찬사를 받고 있었다. 그러나 박제가는 "대체 무엇이 중국보다 낫다는 것이냐?"라고 하면서 조선의 자랑인 장醬을 '똥' 취급하면서 "구역질이 날 정도"라고 폄훼했다. 또 있다.

"한양에서는 날마다 뜰한 거름이니 길거리에 똥·오줌을 쏟아버린다. 그래서 우물물이 모두 짜다. 시냇가 다리나 돌로 쌓은 제방에는 인분이 덕지덕지 붙어있다."

'디스'도 이런 '디스'가 없다. 그런데 과장이 아니다. 박제가는 《북학의》 등에서 당대 조선의 현실을 '직설어법'으로 폄훼한다.

▲ 1790년 청나라 화가 나빙이 그린 초정 박제가의 초상화. 박제가는 남과의 토론에서 절대 지지 않고 자신의 주장을 관철시키는 성품의 소유자였다.
| 과천 추사박물관 소장

까칠한 박제가의 직설화법

이렇게까지 '디스'한 데는 까칠한 그의 성격 탓도 있다. 후배이자 동료인 성해응 1760~1839년의 얘기를 들어보자.

"박제가는 뛰어난 재능을 자부했다. 말을 꺼내면 바람이 일었다. 자신을 힐난하는 자를 만나면 기어코 꺾으려 했다. 그런 탓에 쌓인 비방이 크고 요란했다."

하기야 박제가 스스로도 "나를 믿지 못하는 자들과 여러 번 논쟁했는데 비방하는 자가 많았다."라고 토로했으니까. 그런 직설적인 박제가가 바라본 18세기 조선은 '구역질나는' 한심한 나라였다. 이 때문일까? 그는 "중국에서 해답을 찾아야 한다."라고 귀에 못이 박히도록 외쳤다.

《북학의》를 완역한 안대회 교수성균관대에 따르면 "중국에서 배우자學中國"라는 말이 20번쯤 나온단다. 예를 들어, 박제가는 "중국은 똥을 황금으로 여겨 모두 거름으로 만든다."라고 했다. 그러니 중국에서 배우라는 것이다. "100만 섬의 분뇨를 버리는 것은 곡식 100만 섬을 버리는 것과 같다."라고 하면서…….

'중국처럼' 타령

"중국 백성들은 비단옷에 담요에서 잠을 잔다. 우리 시골 농부들은 무명옷 한 벌도 얻어 입지 못한다. 남자나 여자나 멍석 깔고 잔다."

그는 "조선 사람들은 열 살이 넘도록 벌거숭이로 다니고 도시여자들마저 맨발로 다닌다."라고 하면서 중국 사람을 보라고 한다.

▲ 박제가의 《북학의내편》 | 한국학중앙연구원 소장

"중국은 변방 여성들까지 분단장하고 수놓은 가죽신을 신는다."

박제가의 '중국처럼' 타령은 끝을 모르고 이어진다.

"중국처럼 수레를 만들어야 한다. 수레가 없으니 주택가격은 물론 나막신과 짚신 값도 오르는 것이다."

"중국처럼 벽돌로 성城을 쌓아야 한다. 벽돌을 무한정 찍어낼 수 있기 때문이다. 운반하기도 가공도 어려운 '돌성석성'은 버려야 한다."

박제가는 이어 "쓸수록 뾰족해지는 중국 붓과 쓸수록 보물이 되는 중국 먹, 그리고 두 가닥 실이면 충분한 중국 서책을 본받아야 한다고 목청을 돋우었다. 심지어 그는 조선의 도자기 기술까지 형편없는 것으로 깎아내렸다.

"(3,000년 전인) 중국의 하·상·주 시대에도 팔 수 없을 정도로 거칠고 조잡하다."라고 하면서……. 또 '중국처럼' 도랑과 하천을 준설하고, '중국처럼' 가축 다루는 법을 배워야 하며, 특히나 '중국처럼' 소 도살을 금해야 한다고까지 주장했다.

나라의 좀벌레들

그렇다면 박제가는 왜 이렇게 '중국에서 배우자.'라는 타령을 입에 달고 살았을까? 그가 바라본 조선은 곧 망할 수밖에 없는 가난하고 폐쇄적인 나라였다. 답답한 나머지 다소간 험악한 표현으로 당대의 조선을 '디스'한 것이다. 철저한 자기부정으로 조선의 허상을 낱낱이 고발하고 중국을 상징으로 하는 선진문물의 도입을 재촉한 것이다. 그가 보기에 조선의 버팀목이라는 사대부선비 혹은 유생는 '우물 안 개구리'이자 '나라의 좀벌레'이며 반드시 '도태시켜야 할 부류'였다. 그는 '지금 당장' 이 자들을 확 바꾸지 않으면 조선이라는 나라와 백성은 무너지고 만다고 보았다.

"국가의 폐단은 가난인데, '나라의 좀벌레'인 사대부만 번성하고 놀고먹는 자들만 늘고 있다. 이들이 천하를 야만족이라 무시하면서 자신들만 중화中華라고 떠들고 있다."

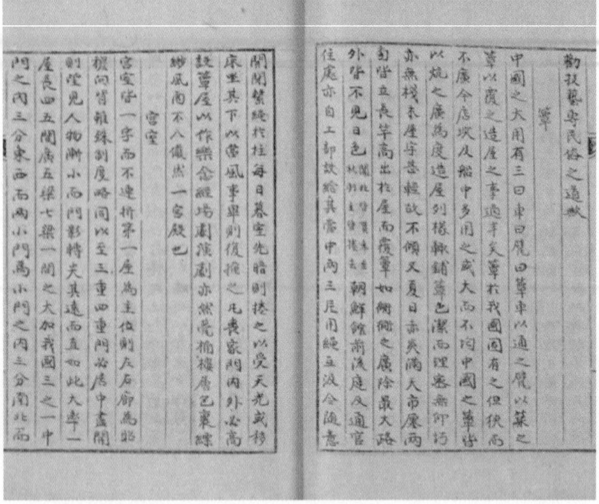

▲ 박제가의 《북학의내편》 본문 | 한국학중앙연구원 소장

박제가는 이런 자들보다는 차라리 서양인들을 기용하라는 혁명적인 주장을 하게 된다. 즉 "기하학과 이용후생利用厚生의 학문·기술에 능한 서양인들을 관상감에 '영입'하자." 라고 제안한 것이다. 관상감은 천문·지리·책력·측후 등의 사무를 맡아보던 관청이다. 푸른 눈의 서양인을 관리로 채용한다고? 지금의 관점에서도 상당히 급진적이고 개혁적인 사고임을 알 수 있다.

우물론

이어 그는 뱃길을 열어 통상하고 천하에서 책이 들어오면 고루하기 짝이 없는 선비들의 좁디좁은 사고가 절로 무너진다고 생각했다. 또 '우물론'을 제기하면서 '소비의 미덕'을 강조하기도 했다.

> "재물은 우물이다. 우물에서 물을 퍼내면 물이 가득 차지만 길어내지 않으면 물이 말라버린다."

소비의 미덕을 간결하게 표현한 탁월한 비유다. 그의 우물론은 계속된다.

"비단옷을 입지 않으니 비단 짜는 사람이 없고, 정교한 도자기를 숭상하지 않으니 나라에 공장과 도공, 풀무장이가 할 일이 없어졌다. 농업이 황폐하니 농사방법이 형편없고, 상업을 박대하니 상업 자체도 실종됐다. 사농공상 백성들이 너나 할 것 없이 곤궁하게 살기 때문에……."

박제가가 주장한 요체는 일상생활을 편리하게 영위하는 '이용利用'과 삶을 풍요롭게 만드는 '후생厚生'이었다.

조선의 왕안석

박제가의 사상은 당대 조선사회에 큰 충격파를 안겼다. 박제가의 《북학의》는 조선의 부국강병과 선진문물의 수용, 이용후생, 기술문명의 향상을 강조하는 사회사상의 모델이 됐다. 예를 들어, 정약용은 《경세유표》에서 "이용후생을 담당할 이용감을 설치하자."라고 주장했다. 박제가의 제안을 정부기구 설립 제안으로 구체화한 것이다. 정약용의 제자 이강회1789~?는 "초정 박제가의 《북학의》를 헐뜯을 수 없다."라고 하며 동조했고, 서유구와 이규경 등도 큰 영향을 받았다.

하지만 당대 조선은 아직 박제가의 개혁을 받아들일 준비가 되어 있지 않았다. 그것이 문제였다. 박제가 스스로도, 또한 그를 무진장 아꼈던 정조도 그것을 알았다. 그랬으니 정조는 초정을 '왕안석王安石'에 비유했다. 왕안석은 송나라 시대에 과감한 개혁을 꾀하다가 보수파의 반발로 끝내 실패하고 말았던 미완의 개혁가다. 중국 역사상 가장 위대한 개혁사상가였지만 보수파에 의해 소인배로 낙인찍히고 말았다. 정조조차 박제가의 개혁론을 왕안석의 그것에 견줄 만큼 높이 평가했지만 너무 급진적이어서 당시로서는 좌절할 수밖에 없음을 알았던 것이다.

사실 그가 연행을 다녀온 후 귀국하자 많은 사람들이 호기심으로 그를 찾아왔다.

> "북경에서 돌아왔더니 나라 안 인사들이 문이 닳도록 찾아와 '저들중국의 풍속을 알고 싶다.'라고 했다. 그러나 내가 말하자 모두들 망연자실했다. 내가 오랑캐 편을 든다는 눈치였다."

이 대목에서 박제가의 장탄식이 하늘에 닿는다.

> "아, 저들은 우리나라의 학문을 이끌고 백성을 다스릴 사람들이다. 그럼에도 저렇게 완고하니 문화가 크게 발전하지 않는 오늘날의 현실이 이상할 것이 없구나."

아마도 걸핏하면 중국을 배우라고 떠드는 박제가를 꼴사납게 여기는 이들도 많았을 것이다. 스스로도 그걸 알았다. 사대부의 눈에 박제가가 보았던 중국은 청나라 오랑캐일 뿐이었으니까. 그들은 조선을 명실상부한 중화中華로 여겼으니까.

> "날 존경한다고 입버릇처럼 말하는 이들도 나를 비방하는 자의 말을 믿는다. 내가 '중국의 풍속이 이러저러 해서 너무나 좋다.'라고 하면 그들이 기대했던 말이 아니라서 매우 실망한다. 나를 믿지 않는다."

친분이 두터운 사람들조차 역관의 말을 믿고, 정작 박제가의 말은 믿지 않았단다. "하도 진짜냐? 거짓이 아니냐?"라고 묻기에 답답한 나머지 "그래요, 내가 거짓말을 했구려."라고 하며 퉁명스럽게 대답했단다.

박제가의 오버, '중국어 공용론'

이랬으니 가뜩이나 직선적인 성격의 박제가가 얼마나 조바심이 났을까? 이런 탓인지 《북학의》에는 지금 이 순간에도 논란을 일으킬만한 대목이 있다. 바로 박제가가 주장한 이른바 '중국어 공용론'이다. 오죽했으면 1955년에 북한학자 홍희유·강석준이 번역본을 펴낼 때 이 '중국어'조를 제외시켰을까.

사실 박제가의 '중국어 공용론'을 읽으면 좀 당혹스럽다. 그는 '중국어는 문자의 근본'이라고 전제하면서 다음과 같이 주장한다.

> "중국어로 천天은 그냥 천天·톈이라 한다. 우리처럼 '하늘 천'이라 하는 겹겹의 장벽이 전혀 없다. 따라서 사물의 이름을 분간하기가 특히 쉽다."

이건 무슨 말일까? 박제가와 같은 북학파인 이희경1745~?의 《설수외사雪岫外史》를 보면 박제가의 주장과 비슷한 내용이 나온다.

> "글자는 말의 근본인데 우리나라는 글자를 말로 쓰지 않고 따로 말을 만들었다. 예컨대 조선에서는 천天을 그대로 '천天'이라 부르지 않고 '하늘 천天'이라 한 것이다.故乎天 不曰天 而曰寒乙天 이는 한 글자에서 소리와 뜻이 전혀 달라 말은 말대로, 글자는 글자대로 사용하는 것이다."

무슨 말인가? 중국에서는 '天천'을 '톈'이라고 발음하면 끝나는데, 조선에서는 굳이 '하늘 천'이라고 한다는 것이다. 박제가는 "따라서 우리는 중국과 가깝게 접경하고 있고 글자의 소리가 중국 글자와 대략 같다."라고 하면서 다음과 같이 주장한다.

"온 나라 사람들이 본래 사용하는 말을 버린다 해도 안 될 이치가 없다. 그래야 오랑캐라는 모욕적인 글자로 불리는 신세를 면할 수 있고, 수천 리 동국조선에 저절로 주·한·당·송의 풍속과 기운이 나타날 것이다."

오랑캐 소리를 듣지 않고 중화에 속하려면 한글을 버리고 '중국어를 공용해야' 한다는 것이다. 당연히 반대파가 벌떼처럼 일어났다.

"중국은 말이 문자와 동일하다. 따라서 말이 변하면 문자의 소리도 그에 따라 변한다. 우리는 말은 말대로, 글은 글대로 사용한다. 따라서 맨 처음 받아들여 배운 한자의 소리를 그대로 유지할 수가 있다."

그러나 박제가는 "문자와 말은 하나로 통일하고 옛 한자의 소리가 바뀐 것은 학자에게 맡기면 되는 것이 아니냐."라고 재반박했다. 그러면서 자신은 "중국과 대등해지기 위해 한자 공용론을 제기했다."라고 못 박는다.

'한글이 모욕적인 오랑캐 글'이며, '중국과 대등해지려고' 한글을 버리고 한자를 공용화해야 한다고? 제 아무리 망국의 위기를 벗어나기 위한 긴급구제책이라 해도 박제가의 '중국어 공용론' 주장을 선뜻 받아들일 수 있을까? 그저 과감하고 급진적인 개혁책을 내놓던 박제가의 '오버'라 할 수 있겠다.

박제가의 진심

그러나 박제가의 진심을 모르는 이는 없다. 어디까지나 자신의 일신을 초개처럼 버리고 백성을 끔찍이 여겼으니까. 그가 《북학의》를 쓰는 심정을 읊은 시를 보라.

"긴 여행을 마치고 초가에 앉아, 저서의 근심을 오래도록 품고 있다. (중략) 일신의 의식주를 걱정하시 않고, 아득히 천지를 그리워하며 수심에 잠긴다. 천 개의 글자로 가슴 속 생각을 풀어내려니, 어느 겨를에 내 한 몸 위해 고민하리오." -《정유각시집》 제2권

만약 박제가가 요즘의 학자였다면 어땠을까? 거침없는 성격에 거친 표현도 서슴지 않은 박제가의 글은 인터넷 공간을 뜨겁게 달구며 극심한 논쟁을 불러일으킬 것이다. 아마도 '골수 보수파'들은 과격한 진보논객인 그에게 십자포화를 쏟아냈을 것이다. 그러나 그가 남긴 경고메시지는 지금도 심금을 울린다.

"(지금 아시아에) 전쟁 먼지가 일지 않은 지 거의 200년이 되었습니다. 천재일우의 기회에 온 힘을 다해 국력을 닦지 않는다면 다른 나라에 변고가 발생할 때 더불어 우환이 발생할 것입니다."

박제가의 경고메시지 이후 수십 년이 지난 고종 대에 일본과 서구세력의 압력에 의해 강제적인 개혁개방이 이뤄졌다. 남의 손에 의한 강제 개방으로 빗장이 풀린 조선은 결국 급속히 망국의 길로 접어든다.

17

기쁜 빛을 보였다고 죽임당한 임금의 처남들

"민무구·민무질 형제는 주상태종께서 세자양녕에게 선위할 뜻을 비치자 '얼굴에 기쁜 빛喜形于色'을 나타냈습니다. 다시 전하께서 복위하실 뜻을 밝히자 도리어 슬픈 빛을 보였습니다. 역심逆心을 품었음이 분명합니다." –《태종실록》

1407년태종 7년 7월 10일, 영의정 이화 등이 '피바람을 몰고 온 탄핵 상소'를 올린다. 민무구·민무질 형제는 끈질긴 탄핵을 받고 끝내 '자진'의 명을 받는다. 이후 남은 동생들인 민무회·민무휼 형제도 똑같은 과정을 거쳐 1416년 1월 13일 역시 자진하고 만다.

민씨 4형제는 이화의 첫 상소문 이후 무려 8년 7개월간의 지긋지긋한 탄핵을 받고 모두 불귀의 객이 된다. 이로써 태종 이방원의 처가인 민씨는 '멸문의 화'를 입고 만다. 그런데 '멸문지화'의 죄목치고는 어처구니없다. "얼굴에 기쁜 빛을 보였다."라는 것이다. 대체 무슨 일이 일어났던 것일까?

종친 이화가 던진 돌팔매

멸문의 도화선을 당긴 이화는 태조 이성계의 이복동생이자 개국공신이었다. 그러니까 태종 이방원의 작은 아버지이자 종친이었다. 종친이 앞장 서 민무구 형제의 탄핵에 나선 것이다. 그렇다면 대체 민무구 형제는 누구이고, 선위와 '기쁜 빛'은 무엇이며, 복위와 '슬픈 뜻'은 또 무엇이란 말인가.

민무구·민무질 형제는 태종비인 원경왕후의 남동생이었다. 태종과 그의 처남들인 민무구 형제는 '피를 나눈 동지'였다. 민무구 형제는 1398년태조 7년 제1차 왕자의 난으로 정도전 세력을 제거할 때 핵심적인 역할을 했다. 정도전 등은 당시 이방원 등 왕자들이 거느리고 있던 사병들을 혁파했는데, 《태조실록》 1398년 8월 26일조를 보면 민무구 형제는 이방원의 사병들을 집에 몰래 숨겨놓았다가 거사 직전에 이방원에게 넘겨주었다고 한다. 태종 등극 이후 민무구·민무질 형제는 중군총제·좌우군총제 등을 두루 역임했다. 매형이 등극하자 병권을 휘

▲기쁜 빛을 보였다고 죽임을 당한 민씨 형제 가운데 둘째인 민무질의 묘. 경기도 양주시 은현면 용암리에 있다. 민무질의 누나는 태종의 부인인 원경왕후이고, 형은 민무구, 동생은 민무휼·민무회이다. 1·2차 왕자의 난 때 결정적인 역할을 담당해 '여성군'에 봉해졌지만, 태종의 명에 따라 형인 민무구와 함께 자진의 명을 받고 죽었다. 이후 동생들인 민무휼·민무회도 제거되었다. | 양주시청 사진 제공

두르는 막강실세가 된 것이다. 그러나 서서히 균열이 생기기 시작했다. 태종이 등극한 뒤 후궁을 10명이나 두자 태종과 원경왕후 사이에 냉기류가 생겼다. 태종의 바람기와 원경왕후의 질투는 용호상박이었다.

심지어 이런 일도 있었다. 태종은 1402년태종 2년 원경왕후의 여종과 바람을 피워 임신시켰다. 바람을 피우다 피우다 못해 부인의 여종까지 건드린 것이다. 여하튼 여종은 출산을 위해 궁밖에 기거하게 됐다.

질투의 화신이 된 원경왕후

원경왕후로서는 억장이 무너지는 일이었다. 누구 덕에 왕이 되었는데……. 원경왕후는 질투의 화신이 됐다. 《태종실록》을 보자.

> "여종이 한겨울12월 산통을 시작했다. 민씨원경왕후가 여종을 문 바깥 다듬잇돌 옆에 내다두었다. 죽이려 한 것이다. 그러나 한 승려화상·和尙가 측은하게 여겨 담에 서까래를 걸치고 거적을 덮어 겨우 죽음을 모면하게 했다. 여종이 아들을 낳았다."

원경왕후의 질투는 계속됐다.

> "민씨는 다른 종들을 시켜 갓 태어난 아기를 허름한 토담집에 옮겨두고 화상이 가져온 금침과 요 자리를 빼앗았다. 그때 한상좌라는 이가 마의馬衣를 아기에게 덮어줘 7일이 지나도 죽지 않았다. 민씨는 이에 그치지 않고 강추위 속에 모자를 소牛에 실어 교하파주의 집으로 보냈다."

이 사건은 그대로 묻혀버렸다. 하지만 무려 13년 뒤인 1415년, 태종은 새삼스럽

▲ 태종과 원경왕후가 함께 묻혀있는 헌릉. 원경왕후 집안은 즉위 때까지 태종의 혁명동지 가문이었지만 결국 멸문에 가까운 화를 당했다. | 한국학중앙연구원 사진 제공

게 이 사건을 들춰내면서 원경왕후와 민씨 가문을 맹비난하는 '증거자료'로 삼는다.

> "핏덩이를 불쌍히 여기는 게 인지상정인데 (중략) 민씨 가문은 음참하고 교활해서 여러 방법으로 꾀를 내어 임금의 자녀들을 끊으려 한 것이다. 음흉한 일이 아닐 수 없다. 반드시 역사에 남겨야 할 것이다."
>
> –《태종실록》 1415년 12월 15일, 17일조

'선위 소동' 더듬수 둔 태종

한때 조선 개국의 공신가문이었고 태종의 혁명동지이기도 했던 민씨 가문이 몰락한 결정적인 이유는 무엇일까?

태종으로서는 '차세대'가 큰 걱정거리였다. 세자양녕는 어릴 적부터 외가에서 자랐다. 이런 세자양녕가 보위에 오른다면 누구의 나라가 될까? 가뜩이나 기세가 등등한 원경왕후와 민무구 형제의 가문, 즉 민씨의 나라가 되는 것은 아닌가? 때문에 태종은 함정을 만든다. 그것이 1406년태종 6년 8월 18일에 벌어진 '선위 소동'이다.

> "이상한 일이 자주 생긴다. 한번은 잠결에 들으니 어디선가 곡소리가 구슬프게 났다. 왕위를 물려주라는 계시 같구나. 세자 이제양녕에게 전하려 하니……." -《태종실록》

핵폭탄급 발언이었다. 어떻게 오른 임금의 자리인데 6년 만에 물려준다니……. 게다가 세자는 겨우 열세 살이 아닌가. 당연히 조정은 한 목소리로 "아니되옵니다."를 외쳤고, 세자도 부왕이 건네준 옥새를 보고 깜짝 놀라 울면서 정전正殿으로 달려온다.

"신세자은 나이 어리고 아는 것이 없으므로 감히 감당하지 못하겠습니다."

태종은 다시 옥새를 세자에게 되돌릴 것을 고집했다. 임금은 옥새를 내리고, 세자는 울면서 "아니되옵니다."를 외치며 되돌리고, 대신들은 "천하에 이런 일은 없다."라고 반대하고……. 태종 각본·연출·주인공의 이 코미디 같은 '선위 드라마'는 8일 만에 끝난다. 그 명분도 웃긴다. 태종은 선위의 명을 번복하기 전에 측근인 이숙번을 비밀리에 부른다.

"밤마다 어머니가 나타나는데 우시면서 나에게 고하시더구나. '너는 나를 굶기려고 하느냐?'라고……. 이 무슨 뜻인지 모르겠다."

"어린 세자에게 선위하시면 종사가 보전되지 못해 어머니께서 굶으신다는 말씀이 아닙니까? 어머니께서 '선위는 불가하다'라고 말씀하시는 것입니다."

"그런가."

《태종실록》 1406년 8월 26일조를 보면, 태종은 이런 소동을 거쳐 할 수 없다는 듯 옥새를 다시 받았다.

올가미에 걸려든 임금의 처남들

그런데 이 올가미에 민무구·민무질 형제가 걸려든 것이다.

모든 대소신료들이 "선위는 안 된다."라고 머리를 찧으며 울고불고 할 때 민무구·민무질 형제가 '기쁜 낯'을 보였다는 것이다. 또한 임금이 복위를 결정하자 도리어 '슬픈 낯'을 비쳤다는 것이다.

《태종실록》 1407년 7월 19일조를 보면, 이화 등이 벌떼처럼 민무구 형제의 처단을 촉구하자, 태종은 민무구를 불러 다그쳤다.

"내가 선위하려다가 복위하자 너희들이 기뻐하고 근심하는 빛을 번갈아 얼굴에 나타내지 않았느냐."

민무구가 답답하다는 듯 대답했다.

"신은 신의 얼굴빛이 어떤지 모르겠는데 전하께서 어찌 그런 말씀을 하십니까."

"내가 들은 바 없고 네가 한 말이 없다니 (중략) 네가 물러나 네 집에 돌아가 분향焚香하고 잘 생각해 보라. 네 마음이 바르고 바르지 않은 것을 알 것이다."

《실록》을 아무리 읽어봐도 태종의 질책은 '억지'라는 생각이 든다.

세자 외에는 다 죽인다?

한번 탄핵의 대상이 되자 온갖 혐의가 눈덩이처럼 쌓이기 시작했다. 먼저 1405년태종 5년 창덕궁에서의 일이 거론됐다. 창덕궁이 건립되자 태종은 건설감독관을 치하하는 작은 술자리를 베풀었다.

태종은 당시 아홉 살이던 충녕훗날 세종이 쓴 '글씨墨戲·묵희'를 여러 신료들에게 자랑삼아 보여 주었다. 이때 사단이 생겼다. 민무구가 취산군 신극례에게 글씨를 건네자 신극례가 술기운을 빙자해서 찢어버린 것이다. 왜 그랬을까? 《태종실록》 1407년 7월 10일조를 보면, 민무구 형제는 평소 태종에게 "세자 외에 왕자 가운데 영기英氣·빼어난 기상 있는 자가 많으면 반드시 난을 일으킨다."라고 누누이 말해왔다는 것이다. 이것이 탄핵대상이 됐다. 이는 "(민씨 가문에서 자란) 세자 외의 모든 왕자를 제거할 수도 있다."라는 의미였기 때문이다.

트집 잡힌 일은 또 있었다. 민무질이 우정승이었던 이무와 호조참의 구종지 등에게 "주상이 우리민무구·민무질 형제들을 의심하고 꺼린다."라거나 "전하께서 나를 보전하지 않을 것이니 장차 어찌할 것이냐?"라는 식으로 걱정했다는 것이다. 이것이야말로 불손한 역심을 품은 것이 아니고 무엇이냐는 것이 신료들의 비난이었다. 심지어 태종이 '선위 쇼'를 벌일 때 민씨 형제가 은밀히 '내재추'라 해서 일종의 '그림자 내각'을 구성했다는 주장까지 올라왔다.

난신의 목을 베야 한다

이 민무구·민무질 형제의 탄핵은 만 2년 8개월햇수로 4년이나 계속됐다.

민씨 형제는 처음에는 황해도 옹진민무구과 경기도 장단민무질으로 자원 부처됐다가, 여흥민무구과 대구민무질로 다시 쫓겨 갔다. 민씨 형제는 급기야 제주도까지 밀려났다가, 그곳에서 자진의 명을 받고 불귀의 객이 되고 말았다. '옹진·장단→여흥·대구→제주→자진自盡'으로 파란만장한 생을 마감한 것이다.

거론된 죄목 외에, 특기할만한 여죄餘罪들이 탄핵과정에서 우후죽순처럼 제기됐다. 태종이 처남들의 '10대 죄상'을 거론하면서 언급한 여죄를 보자.

"과인태종이 등에 매우 큰 종기腫瘡가 났던 적이 있었다. 그런데 민무구·민무질 형제는 가만히 내 병세를 엿보고 치료할 뜻이 없이 사사로이 모여 아홉 살이 된 자식양녕을 끼고 나라 권세를 쥐려고 획책했다. 또 민씨 형제는 양인良人 수백 명을 핍박하여 자신의 종으로 만들었다. 그 때문에 종이 된 사람들이 신문고鼓를 쳐 억울함을 호소했다. 또 과인태종이 세자 시절 입었던 관대를 지금의 세자양녕에게 전하려 할 때 민무구는 제 마음대로 이 관대를 착용하고 교만 방자하게 굴었다." —《태종실록》 1408년 10월 1일조

《태종실록》 1408년 10월 16일조를 보면, 대사헌 박은 등은 민무구 형제를 두고 "고기를 회쳐먹어도 시원치 않을 대역죄인들"이며 "난신의 목을 베는 것이 《춘추》의 의리"라고 앙앙불락했다.

신료들의 '무력시위'

쉬이 끝날 싸움이 아니었다. 민씨 형제의 목숨이 끊어져야 끝날 싸움이었다. 세자가 왕위에 오를 때까지 살아있다면 언제든 세력을 회복해서 피의 보복을 하지 않겠는가.

꼬투리는 계속 잡혔다. 귀양지에서 민무구 형제들에게 아부를 떨며 친분을 맺은 사람들이 포착됐다. 덧붙여 형제를 둘러싼 동정론이 비등해진 것도 민씨 형제의 명을 재촉했다.

예컨대 《태종실록》 1409년 6월 1일조를 보면, 이지성은 세자양녕의 명나라 조현 행차1407년에 따라나서 남몰래 "민무구 형제는 죄없이 쫓겨났다."라고 귓속말한 것이 탄로 났다. 또 《태종실록》 1409년 9월 8일조를 보면, 우정승이자 개국공신인 이무와, 원평군 윤목·한성소윤 정안지 등은 "민무구 형제가 불쌍하다." 라고 하거나 "민무구 형제가 귀양 중이지만 잘 대접하라."라는 식의 큰일 날 소리를 발설함으로써 명을 재촉했다.

1410년태종 10년 3월 18일, 성석린·김한로·설미수 등 원로대신들은 제사를 지

내려 궁을 나와 있던 태종에게 달려갔다.

"대간들의 상소가 벌써 (햇수로) 4년이나 되었습니다. 수적首賊·민무구 형제을 베지 않고서는 물러나지 않겠습니다."

"뭐 그리 바쁘냐. 내일 제사를 지낸 뒤 결정하면 안 되겠느냐."

"아니되옵니다."

태종의 고민은 2경밤 9~11시 사이이 되도록 계속됐다. 대신들은 혹은 서서, 혹은 앉아 임금의 결단을 기다렸다. 일종의 무력시위였다. 견디다 못한 태종은 의정부·백관·대간의 상소에 답하는 영을 내렸다.

"민무구·민무질에게 자진하도록 하라."

태종의 이중플레이

그것으로 끝이었을까? 아니었다. 민씨 가문에는 살아있는 아들들이 또 있었으니까. 3·4남인 민무휼·민무회 형제였다. 1407년 11월, 형들인 민무구·민무질 형제가 한창 탄핵받고 있을 때였다. 《태종실록》 1407년 11월 18일조를 보면, 태종은 근신 중이던 민무휼·민무회 형제를 특별히 불러 위로했다.

"요사이 처남들은 왜 출사하지 않는고?"

"(민무구·민무질 형제와) 같은 민씨이니 감히 문밖으로 나올 수 없습니다."

임금이 노한 표정으로 소리쳤다.

"그 무슨 말인고? 너희는 불충한 형들을 사랑하고 나를 버리는가? 옛날 주공周公이 불충한 형제를 베고 주나라 왕실에 충성을 다한 것을 어찌 모르는고?"

주공周公은 누구이고, 주공이 벴다는 형제는 누구인가? 주나라를 창업한 무왕이 기원전 1043년에 세상을 떠나자, 강포에 싸인 어린 왕성왕이 등극했다. 이때 섭정에 나선 이가 바로 무왕의 둘째동생 주공이었다. 그러자 형제들인 관숙과 채숙이 연합하여 반란을 일으켰다. 주공은 반란군을 진압한 뒤 관숙을 주살했다. 태종은 바로 이 일을 언급한 것이다. 즉 "너희민무휼·민무회는 형들민무구·민무질의 죄를 덮고 일어나라."라는 것이었다. 대단한 적려가 아닐 수 없었다. 심지어 태종은 1411년 6월 3일 아버지민제의 장례를 끝낸 민무휼·민무회 형제를 위해 잔치까지 베풀어주었다.

"오늘 여러 민씨들을 위로하고자 한다. 민씨의 마음에 대해 미안하게 여긴다."

그러면서 태종은 민무휼·민무회 형제에게 "중전원경왕후을 위해 잔을 올려도 좋다."라는 지시를 내렸다. 처남들을 죽인 미안함 때문이었을까?

믿었던 세자의 고자질

하지만 민씨 가문은 또 한 번의 피바람에 몸서리를 떨었다. 이 피바람은 엉뚱하게도 민씨 가문에서 어린 시절을 보낸 세자양녕대군의 '고자질'에서 비롯됐다.

▲ 세자였던 양녕대군 이제의 묘역. 어릴 적 외갓집(민씨)에서 자랐다. 민씨 형제는 세자인 양녕을 믿고 세도를 부리다 멸문의 화를 당했다. 결국 민씨의 남은 형제 민무휼·민무회 형제는 양녕의 고자질로 탄핵됐다. | 한국학중앙연구원 사진 제공

1415년태종 13년 6월 6일 아침이었다. 태종이 세자 및 효령·충녕대군 등과 함께 편전에 나와 있었을 때, 세자가 뜬금없이 2년 전의 일을 들춰내며 외숙인 민무휼·민무회 형제를 탄핵했다.

"1413년, 중궁원경왕후이 편찮아 병문안을 가서 두 아저씨들민무휼·민무회을 만났습니다. 그런데……."

이때 민무회가 '민씨 가문이 망하고 두 형이 죽은 연유'를 언급했다는 것이다. 그때 세자가 "외숙의 가문이 교만·방자하여 불법을 자행했으니 화를 입음이 당연하다."라고 책망했다는 것이다. 그런데 이때 민무회의 대꾸가 결정적인 한 마디가 됐단다.

"세자는 민씨 가문에서 자라지 않았습니까?"

어릴 적 키워준 공을 모르고 외가를 욕보이는 말을 하느냐는 원망이 분명했다. 세자도 순간 할 말을 잃고 말았다. 분위기가 냉랭해지자 민무휼이 세자를 따라와 "동생이 실언한 것이니 괘념치 말라."라고 해서 겨우 무마됐다. 그런데 세자는 2년이 지난 뒤에 이때의 일을 부왕에게 '고자질'한 것이다. 세자는 그 이유를 이렇게 설명했다.

"그때는 그냥 넘어갔지만 지금까지도 개전의 정이 없고, 여전히 원망하는 말이 나오므로 아뢰는 것입니다."

중전원경왕후을 비롯한 민씨 일가로서는 도저히 풀 수 없는 한恨이었으리라. 그래서 기회가 있을 때마다 임금은 물론 외가를 욕한 세자에게까지 그 원망을 드러냈을 것이다. 세자도 그런 외가의 분위기가 무척 부담스러웠을 것이고……. 어쨌든 세자의 '고자질'로 피바람의 서막이 올랐다.

술 취한 세자, 외삼촌들을 죽이라고 아뢰다

민무휼·민무회 형제는 형들과 똑같은 과정을 거치면서 서서히 수렁에 빠졌다.

처음에는 민무휼을 원주에, 민무회를 청주에 귀양 보냈다. 그러나 이번에는 세기가 않았었다. 그것이 민무구·민무질 형제 때와 달랐다. 1416년태종 16년 1월 10일, 임금이 제례를 마치고, 광연루에서 술자리를 베풀었을 때였다. 세자양녕대군가 한껏 술에 취해 부왕에게 나서 아뢰었다.

"종사는 오로지 전하의 종사만이 아닙니다. 죄인을 바로잡지 않을 수 없습니다. 민무휼·민무회 형제를 법대로 처치함이 옳습니다."

태종은 세자의 이 말에 귀를 쫑긋하면서 최한에게 일렀다.

"경은 세자의 이 말을 자세하게 들어두라."

1416년 1월 13일 민무휼·민무회 형제는 "임금과 세자를 원망하면서 역심을 품었다."라는 죄목으로 귀양지에서 자진自盡해야 했다. 태종이 내린 명은 이랬다.

"그들을 굳게 지켜 도망하지 못하게 하라. 그러나 만약 자진하고자 하거든 막지는 말아라."

웃긴다. 즉시 자진하라는 말과 무엇이 다르다는 말인가. 이로써 임금의 처남 가문이자 세자의 외숙으로 권력을 휘둘렀던 4형제는 불귀의 객이 되고 말았다. 그와 함께 민씨 가문도 멸문의 화를 입었다.

세종 장인의 말로

어디 그들뿐인가. 양녕대군 대신 세자가 되어 보위를 물려받은 세종의 외척은 어땠는가. 1418년 세종의 장인인 심온 역시 자살했다. 어떤 연고였을까?

"1418년세종 즉위년 9월 8일, 심온이 명나라 사은사로 떠났다. 임금의 장인으로 나이 50이 못되어 수상의 지위에 오르니 영광과 세도가 혁혁했다. 이날 전송 나온 사람으로 장안서울이 텅텅 비었다."

이때는 상왕태종이 아직 군권을 틀어쥐고 권력을 장악하고 있었을 때였다. 그런데 외척의 위세가 "장안이 텅텅 빌 정도였다."라고 했으니 태종이 어찌 생각했겠는가. 이미 외척발호를 염려해서 처남 가문을 멸족시킨 이력이 있는데 심온 정도야……. 게다가 심온이 했다는 말 한 마디가 상왕태종의 심기를 결정적으로 건드렸다. 《태종실록》 1418년 11월 22일조를 보면, "군령이 두 곳에서 나오는데 군사는 한 곳에 모여야 한다."라는 말을 했다는 것이었다. 당시 군권을 휘어잡고 있던 태종을 겨냥한 말이 아니고 무엇이겠는가. 그러나 이것은 심온을 위기에 빠뜨리려는 모함이었다. 결국 심온 역시 자살을 강요받고 말았다.

역린을 건드리면 파멸한다

한비자의 이야기가 떠오른다.

> "용이란 동물은 잘 길들이면 그 등에 탈 수 있다. 그러나 '그 목 줄기 아래에 한 자 길이의 거꾸로 난 비늘'이 있는데 사람이 이것을 건드리면 반드시 그 사람을 죽여 버린다." –《사기》〈노자 한비열전〉

'목 줄기에 거꾸로 난 비늘'이 바로 '역린逆鱗'이다. '역린을 건드린다는 것'은 아무리 임금의 총애를 한 몸에 받는 신하라도 도가 지나쳐 임금의 심기를 건드리면 죽임을 당한다는 뜻이다. 한비자는 단적인 예를 든다. 바로 위나라 군주의 총애를 한 몸에 받았던 위자하라는 인물이었다. 어느 날 위자하의 모친이 병이 나자 위자하는 멋대로 군주의 마차를 타고 갔다. 위나라 법에 군주의 마차를 훔쳐 타는 자는 월형刖刑·발뒤꿈치를 자르는 벌에 처하도록 되어 있었다. 그러나 위나라 군주는 '위자하의 효성'을 칭찬했다.

또 어느 날 위자하가 "복숭아가 맛있다."라고 하며 자신이 먹던 복숭아를 위나라 군주에게 건넸다. 위나라 군주는 "나를 위해 이렇게 단 복숭아를 주다니!"라고 하며 칭찬했다. 그러나 시간이 흐르자 위자하는 군주의 총애를 잃었다. 어느 날 위자하가 죄를 짓자 군주는 이렇게 말했다.

“저 자는 예전에 군주를 사칭해서 내 마차를 탔고, 먹다 만 복숭아를 나에게 먹인 자다.”라고 하며 위자하를 처벌했다. 위자하의 행위는 다를 바 없었지만 상황에 따라 결과가 180도 바뀐 것이다.

사실 민씨 형제와 심온이 무슨 죄가 있었겠는가. 또 ‘기쁜 얼굴빛’은 무엇이고, ‘건성건성 박수’는 또 무엇인가. 다 군주의 역린을 건드린 죄였을 뿐이다.

18

"원샷은 금물", 다산의 술주정 경계령

"소가 물마시듯 하며 마시는 저 사람들은 뭐냐."

다산 정약용이 둘째 아들학유에게 쓴 편지의 내용이다. 다산이 말을 잇는다.

"(술 마실 때) 입술이나 혀를 적시지 않고 곧바로 목구멍으로 넘어가니 무슨 맛이 있겠느냐."

《다산시문집》 제21권 〈서·유아〉를 보면, 다산은 술버릇 가운데 특히 '원샷'을 두고 절대 해서는 안 될 술버릇이라 일렀다. 그는 편지에서 "나는 이날 이때까지 술을 크게 마신 적이 없어 주량을 알지 못한다."라고 자신의 주량이 보통이 아님을 은근히 과시했다.

"예전에 상감정조께서 삼중소주三重燒酒를 옥필통玉筆筒에 가득 부어서 하사하신 일이 있었다. '오늘 죽었구나.' 하고 할 수 없이 마셨는데 취하지 않았다. 또 한 번은 술을 큰 사발로 하사받았는데 다른 학사들은 모두 인사불성이 됐다. 어떤 이는 남쪽을 향해 절을 올리고, 또 어떤 이는 그 자리에서 누워 버리고……. 그러나 나는 시권試券·과거답안지을 다 읽고 착오 없이 등수도 정했다. 물러날 때에야 약간 취했을 뿐이었다. 그렇지만 너는 내가 술을 반 잔 이상 마시는 것을 본 적이 있느냐."

▲ 〈길가에서 술독을 지키는 노파〉. 김홍도의 《행려풍속도병》에 수록되어 있다. | 국립중앙박물관 소장

그러니까 주량은 엄청나지만 어쩔 수 없는 경우가 아니면 한 잔 이상을 마시지 않았다는 것이다. 그러면서 다산은 "소가 물 마시듯 목구멍으로 들이부으면 안 된다."라고 하면서, "참다운 술맛이란 입술을 적시는 데 있다."라고 했다. 술의 정취는 살짝 취하는 데 있다는 것이다.

소가 물마시듯 하는 자들은 뭐냐

"저 얼굴빛이 주귀朱鬼와 같고 구토를 해대고 곯아떨어지는 자들이야 무슨 정취가 있겠느냐. 요컨대 술 마시기를 좋아하는 자들은 대부분 폭사暴死하게 된다. 술독이 오장육부에 스며들어 하루아침에 썩기 시작하면 온몸이 무너지고 만다."

그러면서 "무릇 나라를 망하게 하고 가정을 파탄 내는 흉패凶悖한 행동은 모두 술로 말미암아 비롯된다."라고 하면서 경계했다. 다산은 또 공자의 유명한 화두를 '절주'와 연결시켜 해석했다. 공자의 화두란 《논어》〈옹야 23장〉에 나오는 유명한 말로, "고불고 고재고재觚不觚觚哉觚哉·모난 술잔이 모가 없으면 모난 술잔이겠는가, 모난 술잔이겠는가?"이다. 다산은 이 선문답 같은 공자의 말씀을 "고라는 술잔을 사용하면서도 주량을 조절하지 못한다면 어찌 고라고 할 수 있겠는가."라고 해석했다.

청나라의 고전학자인 모기령毛奇齡도 《논어계주편》에서 "'고불고'는 술주정을 경계한 것"이라고 풀이했다. 술그릇의 이름인 '고'는 '두 되 정도 담을 적은 양의 술잔'을 의미한다는 것이다. 이규경의 《오주연문장전산고》〈논어경〉을 보면, 예전에는 술 마시는 양으로 석 되를 적당하다고 하고 다섯 되를 과하다고 했으며 두 되를 적다고 했다는 것이다. 그런데 공자의 시대에 과음의 풍조가 퍼지자, 공자가 "어찌 고를 고라고 하겠는가."라고 한탄했다는 것이다.

다산은 과도한 음주로 발생할지도 모를 갖가지 병을 열거하면서 "제발 술을 입에서 끊고 마시지 말라."라고 신신당부한다.

"술로 인해 등창이 생기기도 하고, 뇌저腦疽·치루痔漏·황달黃疸 등 별 기괴한 병에 걸리기도 하는데, 이럴 경우에는 백약百藥이 무효다."

이덕무의 《청장관전서》를 보면 흥미로운 내용이 나온다.

> "예로부터 술그릇인 '이彝'에는 '배舟'가 그려져 있는데, 이것은 뒤집힘을 경계하는 것이다. 또 술주정을 '후酗'라 하는 이유는 술酒로 인한 흉凶을 경계하는 것이다. '취醉'자는 죽음을 뜻하는 '졸卒'에 매여 있고, 술에서 깬다는 뜻의 '성醒'은 살아난다는 '생生'에 매여 있다. 또 술잔을 뜻하는 '치卮'는 위태롭다는 '위危'와 비슷하고, '배杯'는 '불不'에 속한다." -《청장관전서》〈이목구심서 6〉

훌훌 옷까지 벗고 술 마시는 풍토

그러고 보면 예나 지금이나 우리의 술 문화는 못 말리는 풍습이었던 것 같다.

《속동문선》 제12권을 보면, 조선 전기의 성리학자인 김종직도 《밀양향교 제자諸子에게 보내는 편지》에서 잘못된 술문화를 맹비난하고 있다. 향교 학생들까지 음란한 술문화에 젖었다는 것이다.

> "향교가 습속을 무너뜨리고 있다. 잔칫날에는 명륜당 위에 기생의 풍악이 앞에 놓이고, 선비들이 둘러앉아 음란한 노래와 춤을 밤낮으로 계속한다. 스승의 자리에 있는 자도 (중략) 입을 다물고 금하지 않을 뿐만 아니라, 술주정을 하며 옷을 벗는 자도 왕왕 있다고 하니 슬프다."

향교에서조차 창녀들을 불러 술잔치를 벌이고 술주정을 하며 옷까지 벗는 행태를 고발한 것이다. 그는 세속의 남녀가 서로 만나 금수의 행위를 낙으로 삼게 되었다며 한탄했다. 그런데 따지고 보면 이런 상황은 요즘의 행태와 다르지 않은 것 같다.

《태조실록》을 보면, 1397년태조 6년 4월 12일 소감종4품 최선과 전 정언 최굉·전 정랑 이반 등이 여성 도우미창녀를 불렀다. 풍악을 울리고 술을 질펀하게 마신 것도 모자라 남의 집에 난입하여 집기를 부수는 등의 술주정을 벌이다가 적발됐다. 특히 최선과 최굉은 할머니 상중喪中에 그런 음란한 죄를 저질렀다. 임금은 이반은 용서했지만 최선과 최굉은 엄벌에 처했다.

1447년세종 29년 10월 3일 양녕대군의 아들인 이혜가 술주정을 하다가 사람을 죽였다. 이 때문에 원래는 서산군瑞山君이었던 이혜는 황계령黃溪令으로 작위가 깎였으며 경남 고성현으로 유배됐다.

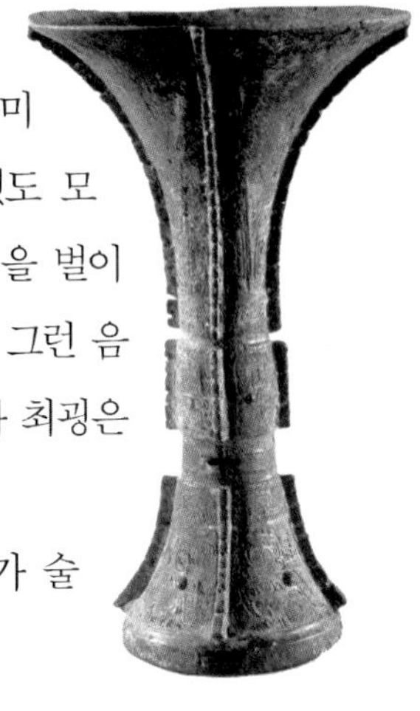

▲ 상나라시대 무덤인 부호묘에서 발견된 고. 고는 원래 술 2잔 정도를 담을 수 있을 정도의 작은 술잔이다. 술을 적당히 마시라는 뜻에서 만들었다고 한다.

아버지인 양녕대군도 고을백성에게 소주를 강제로 먹여 사망에 이르게 했다는 이유로 1422년부터 1423년 사이에 대사헌과 문무관 2품 이상 관리들로부터 대대적인 탄핵을 받은 적이 있다. 바로 그 양녕대군의 아들인 이혜 역시 술주정 때문에 신세를 망친 것이다. 부전자전인가. 왕족이었으니 망정이지 술주정에 생사람을 잡은 행위는 천추에 오명을 남길 일이 아닌가.

어전에서 횡설수설, 술주정한 죄는?

그런데 아무리 어전御前에서 술주정으로 임금에게 무례를 저질렀다 해도 정색하고 처벌하기란 쉽지 않았다. 술 때문에 강상의 죄를 범했거나 역린을 건드린다면 몰라도, 그렇지 않은 경우에는 '속 좁은 임금'이라는 소리를 들을 수도 있었다.

예컨대 1440년세종 22년 2월 2일, 판중추원사 이순몽의 주사는 악명이 높았다. 노비 문제로 형조에 소송했을 때, 술에 취해 형조의 당상관을 욕하고 꾸짖다가 사헌부의 탄핵을 받았다. 그러나 대마도 정벌에 공을 세운 그를 쉽사리 벌할 수 없었다. 대신 세종은 그를 불러 단단히 훈계했다.

> "경의 나이 이제 늙었으니 일을 요량할 때인데, 어찌하여 광패狂悖한 성질이 늙도록 그치지 아니하는가. 지금부터 마땅히 더 근신하여 광패하고 망령된 짓은 하지 말아라."

한마디로 나잇값 좀 하라는 이야기였다. 이 대목에서 《세종실록》의 기자는 "임금이 모두 용서하고 죄를 주지 않아 그의 술주정과 광패함이 늙어가면서 더욱 심했다."라고 꼬집었다.

또 1456년 1월 12일 세조는 사정전에서 술자리를 베풀었다. 그런데 이때 동부승지 이휘가 "이석산 살인사건의 진범은 민발이라는 사람"이라고 고했다.

'이석산 살인사건'이란 이석산이라는 자가 남근이 난자당하고 눈알이 뽑힌 채 시신으로 발견된 사건을 일컫는다. 그런데 동부승지는 술맛 달아나게 '살인사건의 진범' 운운하면서 술자리의 분위기를 깬 것이다. 이때 좌헌납 구종직이 "사건을 재수사해야 한다."라고 한술 더 떴다. 술판의 분위기가 깨질 것 같자 세조는 세자를 바라보며 화제를 돌렸다.

▲ 강진의 다산초당. 다산은 유배 도중 가족 및 제자들과 편지로 안부를 주고받았다. 특히 둘째 아들 학유에게는 술 좀 작작 먹으라는 경고메시지를 보냈다. | 강진군청 제공

"자, 너는 저 구종직이라는 이의 사람됨을 아느냐? 참으로 어진 선비니라."

그러나 이미 술이 거나하게 취한 구종직은 분위기 파악도 못하고 "이석산 살인사건에 연루된 이들을 방면해서는 안 된다."라고 거듭 말했다. 그런데 만취상태에서 구종직의 말이 중언부언 횡설수설했다. 했던 말 또 하고, 했던 말 또 하고……. 결국 직언은 지루한 주사가 되어버렸고, 세조는 파평군 윤암에게 끌어내라고 명했다. 다음 날 아침, 잠에서 깬 구종직은 하늘이 노랬다. 단숨에 임금에게 달려가 엎드려 고했다.

"전하, 소신이 어제 그만 술에 취해서……. 청컨대 대죄하게 하소서."

하지만 뜻밖이었다. 세조는 "과인이 살인사건을 최종 판결했는데 왜 다른 의견을 제기했느냐."라고 타박하면서도, "그러나 네가 연로했음을 불쌍히 여기니 어서 본연의 직무에 나서라."라는 특명을 내렸다. 이게 전부는 아니었다. 《세조실

록》에 따르면, 세조는 구종직의 관작을 1계급 올려주었다.

술주정 때문에 탄로 난 살인죄

못 말리는 술주정 때문에 사람이 죽어나가는 일도 부지기수였다. 예컨대《동문선》〈24권·휼형교서〉에는 주사 때문에 붙잡힌 살인범 내연남녀의 이야기가 담겨 있다.

서울에 사는 어떤 목공의 아내가 내연남과 짜고 남편목공을 살해한 뒤 방 구들장을 뜯고 그 밑에 시신을 숨겨놓았다. 죽은 남편은 상사공장와 다툰 뒤 화해주를 거나하게 마시고 돌아오던 길에 변을 당했던 것이었다. 남편을 살해한 아내는 남편과 다퉜던 공장에게 살인죄를 뒤집어씌워 고소했다. 이에 붙잡힌 공장은 모진 고문을 감당하지 못한 채 짓지도 않은 죄를 허위로 자백하고 말았다. 공장은 이 사건으로 참형을 당했다. 다른 목공들이 억울하게 죽임을 당한 공장의 한을 풀어주고자 현상금돈 100정을 걸고 방을 붙이는 등 범인 색출에 나섰다.

그러던 어느 날 어떤 도둑이 남의 집에 숨어들어 도둑질할 기회를 엿보고 있었다. 그 집은 바로 내연남과 함께 남편을 죽인 그 아내의 집이었다. 그런데 술 취한 남자가 비틀거리며 술주정을 하면서 집에 들어오는 것이 아닌가. 남자는 여자의 내연남이었다. 내연남은 여자에게 욕을 하고 주먹과 발로 마구 때리기 시작했다. 여자는 술주정하던 남자가 잠이 들고 나서야 신세한탄을 하기 시작했다.

"너 때문에 남편을 죽여 방구들 밑에 둔 지 2년이 지났는데……. 방에 불도 못 때고 수리할 수도 없게 됐는데……. 내 (옛) 남편이 다 썩었는지 안 썩었는지 모르겠구나. 그런데 너는 나를 이렇게 학대하다니……."

숨어있던 도둑이 이 말을 듣고는 곧바로 목공들에게 달려가 들은 바를 전하고 현상금을 요구했다. 도둑의 이야기를 들은 목공들은 한걸음에 달려가 구들장을 뜯고 동료의 시신을 찾아냈다. 결국 내연남과 짜고 남편을 죽인 아내는 내연남과 함께 저잣거리에서 능지처참을 당했다. 완전범죄로 묻힐 수 있었던 사건이 내연남의 술주정 때문에 전모가 드러난 것이었다.

취중진담은 분명히 있다

"술에 취하면 천자라도 안중에 없다고 한다. 그러나 취중에도 역시 진실은 드러나는 법이다."

술주정으로 인해 벌어진 살인죄를 판결하던 정조의 '말씀'이다. 정조는 '취중진담'에 대해 말한 것이다.

예컨대 1791년정조 15년 술자리에서의 다툼이 살인으로 이어진 사건이 있었다. 당시 살인범은 술자리에서 "너는 마지기馬直·궁방 하인의 자식이다."라고 부른 동

▲ 〈정자에서 풍류를 즐기는 선비〉. 단원 김홍도의 작품이다. 풍류를 아는 선비라면 정자에서 아름다운 여인과의 술자리가 빠질 수 없었다. | 국립중앙박물관 소장

료를 머리로 받고 돌로 때려죽였다고 한다. 이때 정조는 이 사건을 판결하면서 예의 그 '취중진담' 이야기를 꺼내면서 "범행에 사용한 흉기를 보면 고의범행이 분명하다."라고 말했다. 정조는 "피살자가 '마지기의 자식' 운운하자 분노해 독기를 드러냈으니 사납고 모진 행위에 대해 당연히 적용할 율문을 시행해야 한다."라고 하며 사형을 결정했다.

이 이야기는 《심리록》〈1791년·서울편〉에 나오는 것이다. 《심리록》은 조선조 정조 대의 각종 살인사건 판례집인데, '주폭'으로 인한 살인사건의 전모가 심심찮게 보인다.

술, 싸움, 실수가 죄라면 죄

1784년정조 8년의 일이다. 친구들끼리 "청주를 시키느냐 탁주를 시키느냐."를 놓고 헛된 말다툼을 벌이다가 칼부림이 벌어졌다. 문제는 그중 한 사람이 사타구니와 넓적다리를 찔려 사망했다는 것이다. 형조의 공초내용을 보고받은 정조는 다음과 같이 말했다.

> "당초 칼부림이 일어난 것은 장난이 아니면 술주정이고, 술주정이 아니면 실수임을 알 수 있다. 살인의 원인은 바로 술이요 싸움이요 실수이다. 이중 하나만 해당되어도 오히려 살려줄 수 있는데, 더구나 셋을 겸하였음에랴."

《심리록》〈1784년 평양편〉을 보면, 정조는 피살자의 상처가 급소에 있지 않음을 중시하면서 "용의자가 애당초 살해할 마음이 없었음을 입증하는 것"이라고 판결했다. 그 결과 용의자는 정조의 관대한 처벌 덕분에 '과실치사죄'로 사형을 면했다.

술자리 다툼 과정에서 발로 동무의 불알을 마구 차서 죽인 사건도 일어났다. 1783년정조 7년의 일이다. 충청도 이산의 광대 박삼강이 친구황성재와 함께 마을 모임에 갔다가 술에 취해 벌인 다툼 끝에 살인을 저지른 것이다. 《심리록》〈충청도편〉의 내용을 보자.

> "[상처] 음낭이 약간 붉은색으로 변하고, 불알이 오그라붙었으며, 척추가 붉은색으로 변하여 약간 단단하였다. [판결] 죽음을 재촉하는 급소를 쳤고, 목을 잡다 던진 사실이 인정된다. 용의자가 늙었지만 용서할 수 없는 일이니 사형에 처할 뿐이다."

공무원 주폭자들

지금으로 치면 공연히 술을 마시고 행패를 부리는 이른바 공무원 '주폭'도 여러 명이었다.

《일성록》을 보면, 1776년정조 즉위년 12월 11일 무예별감 하경연이라는 자가 정동 근처의 길가에서 술주정을 부리며 발악하던 중에 말리던 사람들을 무자비하게 때리다가 적발돼 곤장 100대의 중형을 받았다. 또 1780년정조 4년 8월 6일에는 별감 이경주라는 자가 술만 마시면 상습적으로 술주정을 부리다 적발됐다. 당시 형조의 심문내용이 재미있다.

> "이놈은 한두 번이 아닙니다. 제명한 적도 있었고, 형조에서 처벌한 적도 있었고, 노비로 강등시킨 적도 있었습니다. 그래도 개전의 정이 없으니 (중략) 일단 곤장 10대를 치고 공초를 받아……."

《일성록》에 따르면, 이경주는 결국 구류 처분을 받았고, 부하의 상습 술주정을 막지 못한 상관행수별감 마저 문책을 당했다.

이태백이 아니면 차나 마셔라

그러나 술과 술주정을 경계하고 처벌한다 해도 이런 현상을 막지는 못한다. 처음에는 사람이 술을 마시다가 술이 술을 마시게 되고 나중에는 술이 사람을 마시게 되는 것이다. 목은 이색의 시를 보면 이런 시구가 나온다.

> "태백이 부른 노래가 천고를 비추고 있지만太白歌行映千古, 천재가 아닌데 흉내 내면 술주정만 부리리다.徒能使酒非天才 객 떠나고 술동이 빈 때 홀로 노래를 뽑으니客去樽空時獨唱, 광활한 천지 사이에서 풍뢰가 호응하오 그려.天地闊遠呼風雷" –《목은시집》 제34권 〈군수 이공이 찾아온 것을 감사하며〉

이태백처럼 천재도 아니면서 이태백의 풍류를 따라하면 그저 술주정을 부리는 격이 될 뿐이니 차나 한잔 하라는 것이다. 견디지도 못할 술을 마시고 술주정을 부리지 말라는 것이다.

술 끊겠다고 어머니께 맹세했건만

조선조 남효온의 시문집인 《추강집》에는 남효온이 김시습에게 보내는 편지가 실려 있다.

> "술이 중도를 잃으면 머리를 풀고 노래하며 어지럽게 춤추고, 시끄럽게 부르짖고, 넘어지고 자빠져서 예의를 무너뜨리고 의리를 없애며 소동을 일으킵니다. 마음을 풀어놓고 눈을 부라리다가 싸움이 일어나서 작게는 몸을

죽이고, 더 나아가서는 집안과 나라를 망하게 하는 경우가……."

그는 "맛있는 술맛이 사람을 변하게 하여 술주정에까지 이르게 되지만, 주정하고 있는지조차 모르게 되는 것은 이치상 필연적인 것"이라고 경계했다. 그러면서 "이제부터는 술을 끊겠다."라고 다짐한다.

"저는 젊었을 때부터 술을 몹시 좋아하여 비난을 받았고, 방자하게 주광酒狂이 되었습니다. (중략) 점점 부덕해져서 집안에서 방자하게 주정을 부리다가 어머니께 크게 수치를 끼쳤습니다. 술의 죄가 3,000가지 가운데 으뜸이니 무슨 마음으로 다시 술잔을 들겠습니까? 어머니께 '지금 이후로는 임금의 명령이 아니면 감히 마시지 않겠습니다.'라고 다짐했답니다."

술을 즐기고 주사를 부리다가 어머니로부터 '술을 끊으라.'라는 걱정을 듣자 금주선언을 한 것이다. 그런데 남효온은 김시습에게 다짐의 사연을 보내면서 한 가지 토를 달았다.

"그러나 제사 지낸 뒤 음복한다거나 축수祝壽를 올리고 술잔을 되돌려 받는 경우에는 어찌 사양하겠습니까? 또 술이 뱃속을 적셔도 어지럽지 않은 경우는 또 어쩌겠습니까?"

어머니 앞에서 금주선언을 한 남효온이었지만, '어쩔 수 없을 때, 그리고 술이 달 때는 어쩌겠냐.'라고 입맛을 다시며 하소연한 것이다. 그러니까 '역성 좀 들어 달라.'라는 말이었다.

그러자 김시습은 남효온의 편지가 무슨 뜻인 줄 알고 박자를 맞춰주었다. '술을 완전히 끊기는 아마 불가능할 것'이라고 답한 것이다.

"옛사람이 술을 베풀었던 까닭은 선조에게 제사 지내고 손님을 대접하고 노인을 봉양하고 병을 다스리고 복을 빌고 기쁨을 나누기 위한 것이었습니다. 이것을 살피지 않고 그저 술이 재앙을 낳는다고 여겨 곧바로 완전히 끊고자 하니 (중략) 이는 마치 밥을 짓다가 불똥이 튈까 염려하여 일생 동안 익힌 밥을 차리지 않으려는 것과 같습니다."

그러면서 김시습은 술을 마시는 게 문제가 아니라, 술을 적당히 마셨는데도 '필름'이 끊기고 주정을 부리는 것을 경계해야 한다고 충고한다.

"공자는 《논어》에서 '술에 일정한 양이 없었으나 어지러운 지경에 이르지 않았다.'라고 했습니다. 위 무공재위 기원전 812~758년도 '세 잔에도 기억하지 못하거니와 하물며 감히 또 더 마신단 말인가.'라고 했습니다. 위 무공 또한 완전히 끊은 것이 아니라 술을 경계했을 뿐입니다."

그러니까 공자는 자신의 주량을 알 수 없었지만 늘 정신이 멀쩡할 정도까지만 술을 마셨다. 또 위 무공은 석 잔 술에 필름이 끊긴 어처구니없는 상황을 자책하고 있음을 알 수 있다.

《추강집》 제4권 〈동봉산인에게 답하는 편지〉를 보면, 김시습은 마지막으로 "선생남효온이 멀리 떨어져 혼자 살 것 같으면 괜찮겠지만, 그렇지 않다면 종신토록 끊는다는 약속은 하지 말아야 한다."라고 덧붙였다. 이런 김시습의 맞장구야

말로 남효온이 바라던 답장이 아니었을까? 남효온은 그런 답을 바라고 간절한 편지를 보냈을 것이다. 상황이 이럴진대 "술은 중도를 지켜야 한다."라는 금과옥조를 과연 누가 지킬 수 있겠는가.

19

"군대 가기 정말 싫다", 조선의 '가짜 사나이'

"술과 고기를 먹지 않고 처자가 없는 중은 100명 가운데 한둘입니다. 나머지는 놀고먹으면서 조세와 부역을 피하는 자들입니다. 중들 가운데 굶어죽었다는 말을 들어보셨습니까? '암탉이 울면 집안이 망한다.'라는 말이 있습니다. 조정의 큰 의논은 모후인수대비가 할 바가 아닙니다."

1492년성종 23년 11월 27일, 사간 권구가 막말에 가까운 어조로 서슬 퍼런 임금의 모후인수대비를 "집안을 망가뜨리는 암탉"에 비유한다. 그가 간담이 서늘한 간언을 올린 이유는 바로 '병역문제' 때문이었다.

조선을 내내 괴롭힌 대표적인 문제는 '병역기피'였다. 그리고 '병역기피'의 방법 가운데 가장 일반적인 예가 머리를 깎고 승려가 되는 것이었다. 심지어 한 집안에 두세 명이나 출가시켜 병역을 기피하는 사례도 늘어났다.

"지금 중僧의 무리가 일은 안하고 놀고먹습니다. 백성들에게 끼치는 해독이 너무 심합니다."

1479년성종 10년 11월 29일 장령 구치곤은 성종에게 “병역을 피해 중이 된 자들이 많다.”라고 하면서, “전국적으로 중의 수가 40만 명이 넘을 것”이라고 고했다. 이런 간언에 따라 성종은 1483년 4월 13일조로 도첩度牒, 즉 ‘승려 자격증’이 없는 가짜중을 색출하고, 여염에 섞여 살던 승려들을 대처승의 예에 따라 병역에 편입했다. 그러나 이 또한 역부족이었다.

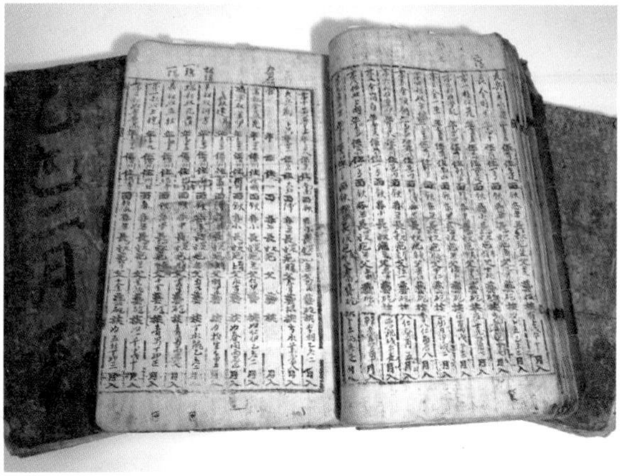

▲ 조선 숙종 대의 군역기록부. 요즘의 병적기록부이다. 충청도 병사 3,878명의 신상명세가 기록되어 있다. | 토지주택박물관 소장

쌀을 훔쳐 먹는 도둑들

군인의 수가 갈수록 줄어들자 성종은 마침내 도첩제도를 폐지하기로 결정했다. 심지어 1492년 10월 23일에는 “전국의 사찰을 수색해서 병역을 피해 승려가 된 자들을 모조리 충군으로 편입시키라.”라는 전교까지 내렸다.

그러자 성종의 모후이자 불교에 심취해 있던 인수대비가 발끈했다. 인수대비는 “도첩폐지법은 민심을 소동시킬 뿐”이라며 임금과 신하들을 싸잡아 질타하는 한글편지를 내렸다.

> “너희는 술과 고기를 마시고 먹는다. 처자를 가진 즐거움도 누린다. 하지만 중은 아침저녁으로 죽을 먹으며 어렵게 살고 있다. 그리고 제대로 정치를 했다면 어느 누가 중이 되려 했겠느냐.” –《성종실록》 1492년 11월 25일조

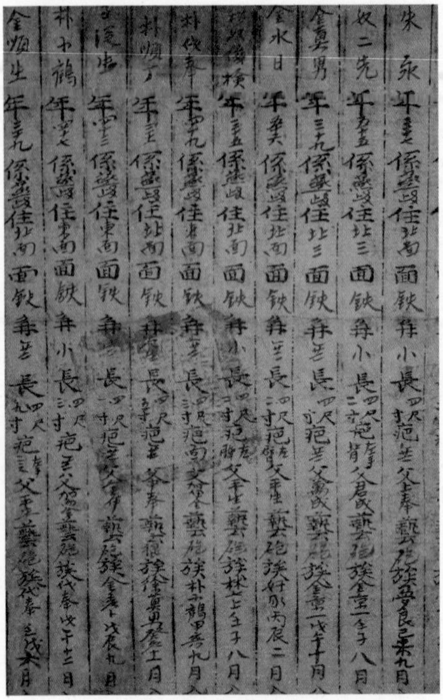

▲ 마맛자국과 얼굴흉터, 수염유무 등 자세한 신상명세를 담고 있는 조선 숙종 대의 병적기록부 | 토지주택박물관 소장

그러자 가뜩이나 불교를 못마땅하게 생각하던 신하들이 들고 일어났다. 이때 사간 권구가 인수대비의 한글편지를 두고 '아녀자의 간섭'이라고 몰아붙인 것이다. 권구는 이어 "모후인수대비가 정사에 간여하고 대신이 아첨해서 따른다면 나라의 장래를 그르칠까 두렵다."라고 직간했다. 《성종실록》 1492년 11월 27일조의 기록이다. 청상과부인 어머니를 끔찍이도 공경하던 성종은 "자전慈殿·임금의 어머니의 마음이 상할까 두렵다."라고 괴로워했다. 하지만 신하들의 뜻을 가납하지 않을 수 없을 만큼 병역기피 문제는 심각했다.

이런 와중에 승려의 병역기피 논란은 끊임없이 이어졌다. 1616년광해군 1년 서학생, 11월 22일 박경준은 "중僧은 쌀을 훔쳐 먹는 도적"이라고까지 주장했다.

"중이라고 하는 자들은 백성들의 식량을 빼앗고, 백성들의 자제를 그물질로 쓸어담아 기릅니다. 세상에서 병역을 피하고자 하는 자들은 모두 중이 되기를 원하니……."

구덩이에 파묻혀 죽는 것 같다고?

그러고 보면 병역은 예나 지금이나 괴로운 일이었음에 틀림없다. 1636년인조 14년

8월 20일 대사간 윤황이 동료들을 대동하고 엎드려 고한다.

"마치 구덩이 속에 파묻혀 죽는 것처럼 여깁니다."

백성들이 병역의 고통을 마치 '구덩이 속에 파묻혀 죽는 것처럼如坑穽' 여겨 온갖 구실을 대며 기피한다는 것이다.

"너도나도 죽기를 각오하고 '병역의 의무'를 모면하려 합니다. 10호 가운데 겨우 한두 명만이 병역을 담당할 뿐이고, 나머지는 여러 가지 핑계를 대어 빠졌습니다."

윤황은 이렇게 병역을 기피하는 자들을 '도적'이라고 규정한다.

"전하께서도 말씀하셨잖습니까. '만일 이 도적을 막아내지 못하면 나라는 망하고 말 것이다. 경대부고위관리는 어찌 가문을 보전하며, 일반 백성사서인·士庶人은 어찌 몸을 보전하겠는가. 똑같이 망하고 죽을 뿐이다.'라고……."

―《인조실록》 1636년 8월 20일조

윤황이 근심어린 상소를 올린 지 4개월 만인 12월 초, 조선은 병자호란의 불구덩이에 빠진다. 윤황은 병란을 예고한 것이다.

80퍼센트가 병역기피자

1752년영조 28년 1월 13일 병조판서 홍계희가 올린 상소를 보면 눈물이 앞을 가린다.

"병역은 모두 피폐하고 의지할 데 없는 가난한 백성들에게로 돌아갑니다. 병역에 응하는 사람들은 겨우 62만 명입니다. 그것도 사대부니 지방관리니 하면서 병역을 면제받는 자가 5분에 4나 되기 때문에 병역에 응하는 사람은 단지 10여 만 호에 불과합니다. 10여 만의 민호로 50만 명의 양역을 충당해야 합니다."

그러니 죽은 자백골는 물론 생후 3개월짜리 갓난아이황구에게까지 병역을 대신할 면포綿布를 걷는 이른바 '백골징포'와 '황구첨정'이 횡행한 것이다. 《숙종실록》 1678년 5월 22일조 등 여러 군데에 이런 상황이 적나라하게 드러나 있으니, 조선시대 남성들이 느끼는 병역의 고통은 필설로 다할 수 없었을 것이다.

요즘의 복무기간은 육군이 21개월, 해군이 23개월, 공군이 24개월이지만, 조선시대에 병역의 의무를 져야 하는 나이는 16세부터 60세까지였다. 1년에 2~6개월씩 교대하는 방식으로 근무했지만, 청년기인 16세에 군인이 되어 호호백발 할아버지인 60세까지 병역의 의무를 져야 한다고 생각해 보라. 끔찍하지 않은가?

조선시대에 일반병정병·正兵 대상자는 기본적으로 양인良人이었고, 천민은 병역에서 제외되었다. 왕실가인 종친과 양반도 원칙적으로는 병역의 의무를 피할 수 없었지만, 이들은 '꽃보직'이라 할 수 있는 '충의위忠義衛'에 속했다.

물론 병역면제의 기준도 있었다. 지체장애인과 현직 관료, 학생성균관 유생, 사학 유생, 향교생도과 2품 이상의 전직 관료 등은 병역 면제 혜택을 받았다. 여기에 70세 이상의 부모를 모신 경우는 아들 한 명, 90세 이상의 부모를 모신 경우는 아들 모두를 면제시키는 등의 규정도 있었다. 국가 유공자의 자손은 3대까지 병역 면제의 혜택을 받았다. 도첩승려자격증을 받은 승려들도 마찬가지였다. 면제를 받지 못하면 호호백발까지 혹독한 병역의 의무를 져야 했으니 백성들의 괴로움은 필설로 다할 수 없었다. 오죽했으면 병역을 '구덩이 속에 파묻혀 죽는 꼴'이라고 했을까. 그랬으니 백성들은 너도나도 불·편법으로 병역기피의 방법을 찾느라 혈안이 되었다.

병역기피의 온상

가장 눈에 띄는 병역비리의 온상은 학교였다.

1548년명종 3년 9월 11일 사성 정희홍은 "학교가 군역을 피하려는 무뢰한들의 소굴이 되었다."라고 개탄하면서, "지방 향교에 유능한 훈도교관를 보낼 것"을 호소하기에 이른다.

심지어 사오십 대임에도 병역을 피하려고 향교 학생으로 등록하는 사례가 비일비재했다. 그러자 임금은 1462년세조 8년 7월 24일 "비록 마흔이 되지 않은 학생이라도 공부가 지지부진한 학생들은 제적시킨 뒤 병역에 충당하라."라고 지시했다.

1493년성종 24년 5월 5일, 지방의 유생이 대리수강을 통해 훈도訓導·학생들을 가르치는 교관에 올라 병역을 회피한 일이 문제가 됐다. 현직관리가 되면 병역을 면할 수 있다는 특례규정을 이용한 것이다. 이밖에 1495년연산군 1년 5월 28일의 기록을 보면, 뇌물을 주어 병역을 기피한 훈도도 있었다. 이에 충청도사 김일손이 상소문을 올린다.

> "향교 훈도선생를 시험해 보니 한심했습니다. 경전에 능통한 교생학생들도 즐비한데, 훈도라는 자들 중에는 제대로 읽지 못하는 이들이 많습니다. 스승이 학생을 가르치는 게 아니라 외려 학생이 스승을 가르치는 꼴입니다."

김일손은 "바로 뇌물청탁으로 훈도에 올라 병역을 기피하기 때문"이라고 고발했다. 심지어 1624년인조 2년 10월 20일에는 소년들의 학습서인 《소학》의 첫 구절도 외우지 못하는 이들이 성균관이나 향교, 서원의 명부에 올라있음을 개탄하는 상소가 올라오기도 했다.

차라리 천민으로 남겠다

조선의 천민은 원칙적으로 병역을 면제 받았다. 그러나 예외가 있었다. 사족이 천민 여인을 처첩으로 삼아 아들을 낳았을 때, 그 아비가 장례원에 신고할 경우 보충대에 소속될 수 있었다. 보충대는 천민의 신분이었다가 양인이 된 남자들로 구성된 군대였다. 사람대접을 받지 못한 천민이 양인으로 승격된다는 것은 그 자체가 감격스러운 일이었다. 문제는 양인이 되면 반드시 겪어야 하는 병역의 의무였다.

1473년성종 4년 8월 22일, 손장수라는 사람이 있었다. 원래 천민이었다가 세조대 "이시애의 난"1467년 때 진압군에 자원 종군한 공로로 양인이 됐다. 감격스런 신분상승이었을 것이다. 하지만 손장수는 "환천還賤, 즉 다시 천민이 되겠다."라는 애절한 사연을 담은 소장을 병조에 제출했다.

> "너무 가난하고 미약해서 병역을 감당하기에는 합당하지 않습니다. 제발 성균관의 노비로 살게 해주십시오."

딱한 사연을 들은 성종은 그렇게 하라고 윤허했다. 얼마나 병역이 괴로웠으면 차라리 노비의 신분이 낫다고 했을까.

의학도를 칭하고 문서를 위조하기도 했다

요즘은 의대에 들어가기가 하늘의 별따기처럼 어렵지만, 조선시대에는 병역기피의 수단으로 의학을 공부하는 사례가 있었다. 1472년성종 3년 3월 14일, 예조가 아뢰다.

> "병역을 피하려고 함부로 의학에 귀속하는 자가 많습니다. 앞으로는 의학의 책임자제조가 한 달에 한 번씩 시험을 치러 '불통不通·불합격'한 자와 학업을 게을리한 자는 그 직첩을 거두소서."

군대가 싫어 문서를 위조하는 일도 있었다. 1612년광해군 4년 2월 13일 붙잡힌 '문서위조범' 김제세는 병역기피를 위해 지방 훈도의 임명장을 위조했다. 그는 임명장에 자신의 이름을 쓰고 봉산 군수에게 제출했다가 적발 당했는데 그 적발 과정이 매우 구체적이다.

> "훈도의 임명장은 반드시 '이조'가 발부해야 하는데 (중략) 위조 임명장은 예조의 이름으로 되어 있었습니다. 또 임명장에는 '예조참지參知'의 이름이 적혀 있었는데, 예조에는 참지라는 직함이 없습니다."

얼마나 병역을 피하고 싶었으면 이 같은 꾀를 냈을까.

귀화인의 병역특례

그렇다면 귀화인은 어땠을까?

1487년성종 18년 9월 7일 만든 법은 "귀화인의 경우 증손자부터 병역을 감당하게 한다."라는 것이었다. 정착을 위해 3대까지는 병역면제의 혜택을 부여한 것이다. 그로부터 6년 뒤인 1493년 9월 11일, 개성부에 살던 귀화인의 후예 명귀석이 상소를 올렸다.

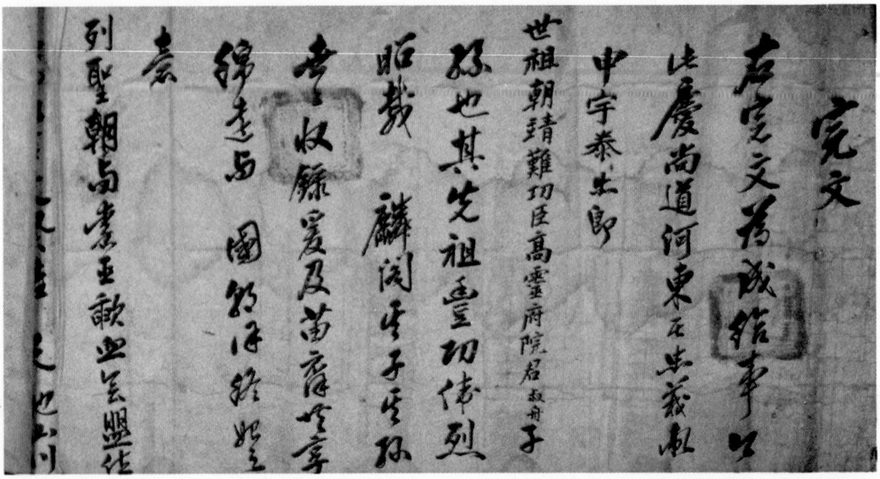

▲ 완문(完文). 1830년 충훈부가 신우태에게 발급한 문서. 공신 신숙주의 후손인 신우태의 잡역을 면제하는 내용이다. | 국립중앙박물관 소장

"저의 고조할아버지명옥진는 원나라 말에 존재했던 대하국大夏國·1362~1371년의 초대 황제재위 1362~1366년였습니다. 그런데 나라가 명하는 바람에……."

사연인즉슨 고려 말 공민왕 때인 1371년, 명나라는 사천성四川省을 기반으로 건국한 대하국을 멸망시켰다. 명나라는 대하국의 제2대 황제명승·재위 1366~1371년와 그의 어머니 팽씨를 포로로 잡은 뒤 "고려에서 살라."라는 명을 내렸다. 그러면서 명 태조 주원장은 "명씨 집안은 고려의 군인도 백성도 아니니 병역의 의무를 감당할 이유가 없다."라는 조칙을 내린다. 그 후 왕조가 조선으로 바뀌었지만 명 태조의 조칙은 유효했다. 그러나 성종 때 귀화인의 병역면제 혜택을 3대까지로 제한하자 명씨 일가가 상소를 올린 것이다. 조선 조정은 작은 논쟁 끝에 명귀석의 손을 들어 주었다. "명 태조의 칙서"를 칭하니 어쩔 수 없었다.

1655년효종 6년 10월 14일 명씨 집안의 병역문제가 다시 불거진다. 명씨 일가가 병자호란으로 강화도에 피난하고 있을 때 그만 명 태조의 조칙문서와 일가 시

조명옥진의 초상화를 잃어버린 것이다.

> "조칙문서와 초상화를 모두 잃어버리는 바람에 신분을 확인할 길이 없어 꼼짝없이 병역을 치르게 됐습니다. 종전처럼 면제시켜 주소서."

조정은 이번에는 명씨의 손을 들어주지 않았다. 명씨가 조선에 의탁한 대하 황제명옥진의 후손임은 인정했지만, 병역만큼은 더는 면제해줄 수 없다는 결정을 내린 것이다.

> "돌이켜보면 명씨 일가가 그동안 조선에 무슨 공덕을 쌓았는가. 명 황제의 조칙에 따라 병역을 정하지 않았을 뿐 (중략) 이제 귀화한 지 300년이나 지났다. 다른 백성들과 똑같이 정역을 정하라."

잃어버릴 게 따로 있지 대대로 간직해온 가보병역면제 서류를 잃어버린 대가는 혹독했다.

왕씨, 안씨, 한씨, 선우씨가 면제를 받은 까닭

조선 왕실은 고려 왕조의 후예로서 선조의 제사를 지내는 왕씨의 자손들에게도 면제혜택을 주었다. 또《숙종실록》1681년 1월 30일조를 보면, 병자호란의 '3학사', 즉 오달제·윤집·홍익한의 후예들과, 고려의 대유학자인 안향의 후손도 대대로 병역면제의 혜택을 받았다.

유학에서 성인으로 꼽혔던 기자箕子의 후손이라는 한韓씨와 선우鮮于씨, 그리고 목화씨를 들여온 문익점의 후손들도 혜택을 받았다. 이러다 보니 후유증도 만만치 않았다. 너도나도 "이분들의 후손"이라고 나선 것이다. 예컨대《숙종실록》

咸豐十年十月　日

九完文永久遵行事已到付

禮曹關內全羅道幼學孔載

東孔泰東等以大聖之商幸

生種莪之邦各遵其生在宽

是乿

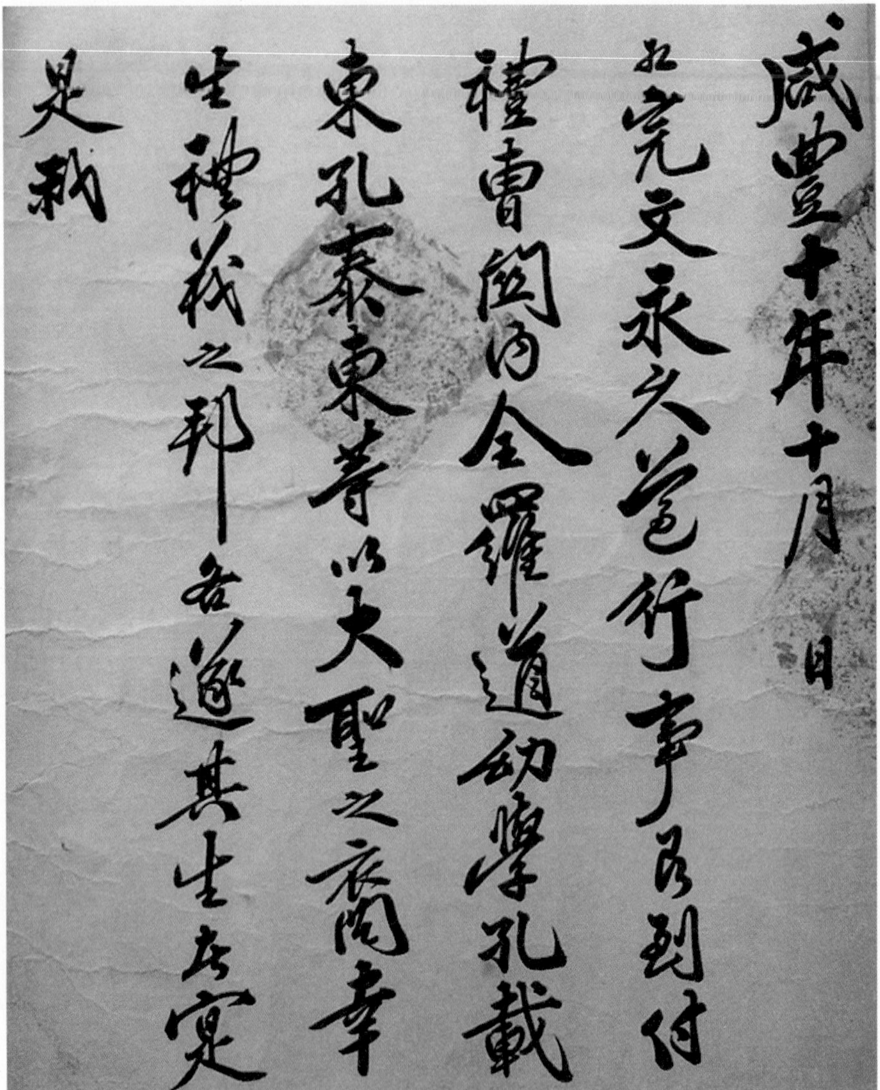

▲ 공씨의 자손에게 조세와 역을 감면해줄 것을 명령한 문서 | 국립중앙박물관 소장

1682년 2월 29일조를 보면, 지사 김석주가 고하는 장면이 나온다.

"병역에 편입되는 사람들 중에 선현의 자손이라고 거짓말하는 자들이 많습니다. 안安씨 성을 가진 자는 다 안향의 자손이라 하고, 한韓씨 성을 가진 자는 모두 기자의 후예라 합니다."

숙종은 고심 끝에 결론을 내린다.

"기자의 후손 가운데는 오로지 선우鮮于씨 만을 군대에 편입하지 마라. 안향의 후예 중에는 제사를 받들고 무덤을 수호하는 자 외에는 모두 병역에 포함시켜라."

500년 만에 부활한 예비군 제도

조선에도 예비군 제도가 있었다.

조선의 병역법은 60세가 되면 병역의무가 끝났다. '시정侍丁의 법'도 있었다. 이는 부모의 나이가 70세 이상이면 아들 1명, 90세 이상이면 아들 2명을 면제시켜 주는 제도였다. 그런데 "병역면제 혜택을 받은 사람들이 한가롭게 놀면서 나라에 보탬이 안 된다."라는 불만이 쇄도했다. 그러자 1468년 12월 27일 예종이 나섰다.

"나라에 보탬이 안 되는 이들을 가만 둘 수 없지 않은가. 나라에 큰 변고가 생길 때를 대비하라. 60세가 넘어 제대한 자들은 '노장위老莊衛'에 소속시키고, '시정의 법'에 의해 면제된 자들은 '충효위忠孝衛'에 소속시켜라. 이들을 현역병으로 참여시키지 않더라도 1년에 한 번씩 점고點考, 즉 인원점검이라도 해서 관리하라."

그러고 보니 신기한 일이다. 지금의 예비군 제도가 생긴 것이 1·21사태와 푸에블로호 납치사건 등이 일어난 1968년이 아닌가. 예종이 제대자들을 관리하고 정기적으로 인원을 점검한 일종의 예비군 제도가 생긴 것이 1468년이었으니 꼭 500년 만의 부활이었던 셈이다.

병역의 괴로움보다 더 괴로운 것

예나 지금이나 '군대 이야기와 군대에서 축구한 이야기'는 강대국의 틈바구니에서 비집고 살아야 했던 남성들의 평생 이야깃거리임에 틀림없다. 《조선왕조실록》만 해도 무려 4,000건이 넘는 군대이야기가 실려 있으며, 한국고전번역원의 《고전종합 DB》를 보아도 7,544건이나 되니 무슨 말이 필요할까.

새삼 조선에서, 그리고 대한민국에서 가장 민감한 이야기의 주제는 아마도 '병역면제'라는 생각이 든다. 강대국의 틈바구니에서 나라를 보전하려면 어쩔 수 없이 병역의 의무를 견뎌야 하는 이 땅의 남자들이니 말이다. '구덩이 속에 파묻혀 죽는 것처럼' 싫어도 가야만 하는 운명인데 어쩌랴. 다만 지금으로부터 350여 년 전인 1659년효종 10년 2월 11일 병지참지 유계가 올린 상소는 두고두고 금과옥조가 될 것이다.

> "지금 놀기만 하고 게으른 자가 10명 가운데 팔구 명을 차지하고 (중략) 선량한 백성만 유독 병역을 부담하고 있습니다."

유계는 이어 송곳 같은 한마디를 더한다.

> "바로 지금 병역의 불평등이 이 지경에 이르렀으니 무슨 방법으로 민중의 마음을 화합시켜 나라를 망국에 이르지 않게 하겠습니까."

그렇다. 유계는 핵심을 찌르고 있다. 바로 '병역의 괴로움'보다 더 큰 문제는 '병역의 불평등'이라는 것이다. 그 불평등이 백성의 화합을 무너뜨리고 급기야는 나라를 망하게 한다는 것이다.

20

암행어사, "성접대까지 받았지만……."

"황명조는 관서의 토호이다. 사촌형인 (황)겸조의 밀고로 암행어사의 내사를 받고 있다고 지레 짐작했다. 황명조는 한밤중에 사촌형을 찔러 죽이고, 스스로 목숨을 끊고 말았다."

▲ 암행어사들이 차고 다녔던 마패. 박래겸의 〈서수일기〉에는 평안도 점쟁이가 암행 중이던 박래겸의 마패를 보고는 '나침판을 갖고 다니면서 땅의 길흉을 점치는' 지관이라 착각하기도 했다.

1822년순조 22년 7월 8일, 암행어사 박래겸이 평안남도 지방을 휘젓고 다닐 때였다. 평남의 토호 황명조가 암행어사 출현 소식에 제발이 저렸는지 그만 끔찍한 살인·자살사건을 일으킨 것이다.

그러나 정작 암행어사는 자살한 황명조를 내사할 생각이 없었다. 그만큼 '암행어사 출몰소식'은 못된 짓을 일삼던 현지의 수령과 아전, 토호세력에게 '충격과 공포'였던 것이다.

1822년 4월 21일 평안도 지방을 돌던 박래겸이 어느 마을을 지날 때였다. 길가 집에서 젖 달라고 우는 갓난아기 울음소리가 들렸다.

박래겸은 귀를 쫑긋 세웠다. 그런데 아기를 달래던 할머니가 "울지 마라. 암행어사 오신다."라고 하는 게 아닌가. 넌지시 할머니에게 물었다.

"아기가 어찌 암행어사가 무서운 줄 안단 말이오?"

"말도 마시오. 요즘, 이 고을에 암행어사가 출두한다는 소문이 파다합니다. 그 소문 때문에 관리들과 토호들이 벌벌 떨고 있다오."

할머니는 내친김에 속마음까지 털어놓았다.

"암행어사가 평생 두루 다녔으면 얼마나 좋겠소. 그래야 가난한 마을의 힘없는 백성이 그 덕택으로 살 게 아니겠소."

그랬다. 순조 임금이 박래겸에게 밀명을 내려 125일간 4,915리2,064~2,654㎞의 발품을 팔며 평안남도 암행어사의 직분을 감당하게 한 것은 바로 이런 이유 때문이다.

박래겸이 암행어사의 체험담을 꼼꼼히 기록한 《서수일기》에는 19세기 초 백성들의 생생한 생활상과, 당대의 모순을 바로잡으려 했던 '어느 암행어사의 분투'가 고스란히 담겨있다.

지방에서 잘했으면 좋겠소

사실 조선 조정은 왕권을 대행해서 백성들을 다스리는 행위는 지방수령들에게 전적으로 일임했다. 대신 관찰사를 내려보내 수령들을 규찰하고 다스리게 했다.

조선 초기에는 사헌부가 각 지방에 감찰을 파견하거나 지방에 분대를 설치하

기도 했다. 중종 이후에는 사헌부 감찰이 파견되지 않고 어사가 지방 관리들을 규찰했다. 그런데 효과적인 규찰을 위해 명종 때부터 암행규찰이 허용됐고, 이후 암행규찰을 원칙으로 하는 암행어사가 파견된 것이다.

이후 선조 때부터 19세기 말까지 3세기 동안은 암행어사가 지방감찰의 유일한 수단으로 활용됐다. 임금은 암행어사에게 봉서封書와 사목事目, 마패馬牌와 유척鍮尺 등을 직접 하사했다. 봉서封書의 겉봉에는 '도남대문외개절到南大門外開切', '입도개견入到開見'이라는 글자가 있었다. 말 그대로 남대문 혹은 동대문 밖에서, 혹은 임지에 도달해서 봉투를 열어야 했다. 당연히 집에도 알리지 않고 즉시 떠나야 했다. 이유가 있다. 암행어사 임명 사실을 알고, 임지까지 밝혀질 경우 그 소문과 정보가 해당 지역에 삽시간에 퍼질 수 있었기 때문이었다.

박래겸 밀명을 받다

1822년 윤3월 16일, 박래겸은 순조의 부름을 받고, 창덕궁 희정당에 들어갔다. 임금은 그에게 봉서封書 한 통을 건넸다.

"지방으로 내려가 잘 했으면 좋겠소."

분명 암행어사 임명장이었다. 박래겸은 공손히 봉서를 받들어 소매 속에 넣은 뒤 물러나 신문新門·서대문 밖으로 나와 열어보았다. 봉서에는 역시 임명장과 함께 업무지침, 즉 매뉴얼인 사목事目 한 책과 마패 하나, 범죄수사나 시체검시에 사용되는 형구가 규격에 맞는지 단속할 때 사용하는 유척놋쇠로 만든 표준 자 두 개가 들어있었다. 박래겸의 어깨가 책임감으로 무거워졌다.

'이 못난 사람이 어찌 그런 중책을 맡을 것인가.'

앞서 밝혔듯이 원래 암행어사로 임명되면 집에도 들르지 못한 채 떠나야 했다.

박래겸도 3월 16일자 일기에서 "미처 가족과 작별인사도 하지 못하고 급히 떠나야 했다."라고 썼다. 그런데 어쩐 일인지 길을 떠난다고 기록한 그 다음 일기가 3월 21일부터 시작된다.

닷새의 공백? 아마도 임명장을 받은 날 곧바로 떠날 생각을 했다가 결국 닷새나 지체했던 것 같다. 좋은 말로는 사전준비를 위해 그랬다고 볼 수도 있고, 가족들과 친구들이 베푸는 송별회를 마치고 떠난 것일 수도 있다.

얼굴이 누렇게 뜬 백성들을 만나고

각설하고, 3월 21일 암행어사 박래겸은 아우 박성부와 생원 김후근 등 12명을 수행원으로 한 암행어사단을 꾸며 길을 떠난다.

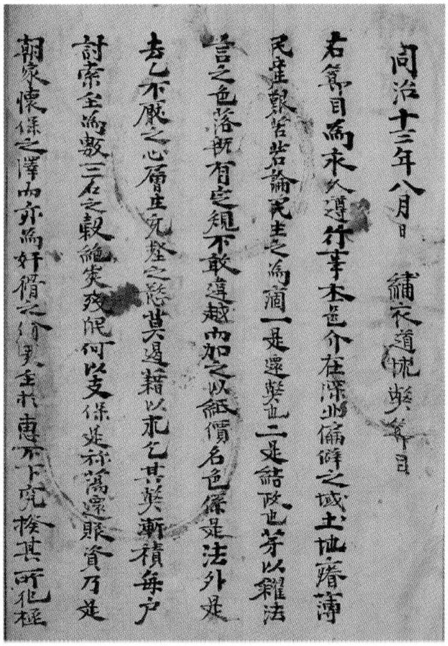

▲ 절목(節目). 1874년(고종 11년) 함경도 무산지역에 파견된 암행어사가 내린 구폐절목(救弊節目·폐단을 바로 잡으려 조정에 올리는 대책)이다. | 국립중앙박물관 소장

"해진 옷에 부서진 갓차림에서 관단마느릿느릿 가는 조랑말에 걸터앉아 길을 떠났다. 새벽달은 그림 같고 구불구불 서쪽으로 가는 모습이 영락없는 가난한 선비의 행색이라 내가 보아도 우스꽝스러웠다. 길에서 아는 사람을 많이 만나게 되어 부채로 얼굴을 가리고 갔다."

서울을 떠난 지 사흘만에 황해도 남천 당에 들어선 박래겸은 임지인 평안남도에 도착할 때까지 수행원을 3개조로 나눠 세 방향으로 활동하게 했다. 효과적인 암행활동을 위한 것이었다. 박래겸이 만나본 18세기 백성들의 삶은 고단했다.

"백성들이 얼굴이 누렇게 떠있었고, 구걸하는 나그네들이 많았다. 빈민구제책을 집행하는 정사가 너무도 지나치게 추려내는 통에 백성들은 굶주림에 시달리고 호소할 길도 없다."

양덕의 가리탄에서 만난 노인은 전임수령의 잘잘못과 아전들의 폐단을 암행어사에게 털어놓았다. 하지만 박래겸은 곧 백성들의 뿌리 깊은 불신을 확인한다. 그의 3월 24일자 일기를 보자.

"암행어사가 온다는 소문이 들리지만, 아마도 관가와 아전들은 서울과 내통하여 이미 암행어사 소식을 알고 있을 것입니다."

암행어사 일행은 첫 번째 암행어사 출도를 외친 5월 13일 전까지 45일간 21개 읍을 암행·염찰했다. 특히 박래겸이 겪은 함종평남 강서군에서의 일화가 가슴을 때린다. 그의 4월 28일자 일기를 보자.

"곡식을 나눠주고 있었다. 몇 사람이 '받은 쌀의 빛깔이 나쁘다.'라고 하면서 '수령에게 고발하겠다.'라고 으름장을 놓았다. 아전들이 만류하자 몇몇 백성이 항의했다. '근자에 암행어사가 온다는 소문이 파다한데, 당신들이 이렇게 장난을 치는가. 질이 나쁜 곡식을 주고 하소연할 길마저 막다니 백성들이 어찌 살라고 하는가.' 그러나 아전들은 콧방귀를 뀌면서 도리어 호통쳤다. '어찌 시끄럽게 구는가.' 그러자 백성들은 아무 말도 못한 채 흩어졌다."

박래겸은 바로 '환곡의 폐해'를 목격한 것이다. 환곡은 원래 춘궁기에 백성들에게 곡식을 나눠주고 가을 추수 때 돌려받는 진휼제도였다. 하지만 지방의 수령들은 춘궁기에 빌려줄 때는 추곡거친 곡식을 주고, 가을에는 정곡精穀·좋은 곡식으로 돌려받는 등의 불·편법으로 백성들을 수탈했다. 암행어사 박래겸은 이날 바로 전형적인 '환곡의 폐단'을 현장에서 목도한 것이다. 그는 일기에서 장탄식했다.

"심하구나! 어리석은 백성들이 하소연할 곳이 없음이여."

위기에 빠진 암행어사

암행어사는 헤진 옷과 부서진 갓을 쓴 추레한 선비 모습으로 돌아다녔다.

과거에 낙방하고 산수를 돌아다니는 선비행색으로 각 지방을 규찰해야 했으니까. 이렇게 철저히 숨기려 했지만 신분이 노출되어 난관에 봉착하는 경우도 있었다.

예컨대 1525년중종 20년, 황해도 암행어사 조종경이 강령현황해도에 갔을 때 그 지방 수령이 성문을 닫아걸고 말았다. 조종경은 할 수 없이 성문을 부수고 들어가 샅샅이 수사해서 많은 불법문서들을 찾아냈다.

1539년중종 34년에는 암행어사가 압수한 불법문서를 지역 수령이 다시 훔쳐간 황당한 케이스도 있었다. 강원도 어사 송기수가 아뢰었다.

"강릉에서 압수한 문서 3건을 책상 위에 봉해서 올려놓았는데 누가 다른 봉서로 바꿔치기 해놓았습니다. 다른 향교를 압수 수색했는데 다른 봉서마저 도둑맞았습니다."

심지어 암행어사의 규찰·활동을 고의로 방해하는 사례도 심심치 않았으며, 암행어사를 사칭해 아전과 백성들을 공갈·협박하는 무리도 생겨났다. 이 때문에 박래겸도 몇 번이나 곤욕을 치렀다.

예컨대 그는 1822년 4월 22일 가짜 암행어사로 몰려 포박당할 위기에 처했다. 절체절명의 순간이었다. 그때는 어쩔 수 없었다.

> "할 수 없이 마패를 꺼내 암행어사임을 알렸다. 그를 쫓던 사람들이 흙빛으로 변해 마치 '판때기 위에 뒹구는 탄알처럼 '혼비백산 흩어졌다." —〈서수일기〉

그러나 역시 암행어사 출도의 위세는 대단했다. 5월 13일 순안현에서 첫 번째로 '암행어사 출도!'를 외쳤을 때였다.

> "암행어사 출도를 외치니 사람들이 바람처럼 날고 우박처럼 흩어졌다. 문루에 오르니 온 성의 등불이 모두 켜졌고, 바깥문은 닫혀 있었다. (중략) 각 관청에 들어갔지만 텅 비었다."

토호들의 반격

물론 관리들과 토호들의 반격도 만만치는 않았다. 암행어사에게 부조리를 고발한 자가 보복을 당하는 일이 비일비재했으니 말이다.

1516년중종 11년, 평안도 선천의 한 백성이 평안도 어사 홍언필에게 수령의 비행 사실을 고발한 적이 있었다. 그러나 홍언필이 막상 선천에 도착해 보니 고한 사람은 옥에 갇혀 있었고, 다른 백성들은 이미 도피해서 만날 수가 없었다. 홍언필의 보고를 받은 중종은 "보복이 두려우니 백성들이 도망한 것"이라고 앙앙불락하면서 선천군수 우행언을 잡아 추고했다.《중종실록》1516년 9월 14일조와 10월 7일조에는 이런 사실이 구체적으로 드러나 있다.

또 인조 때 전라도 암행어사 이계는 염찰 결과 나주목사 구봉서의 불법을 적발해 처벌을 건의했다. 문제는 훗날 이계가 선천부사로, 구봉서가 평안감사로 각각 임명됐다는 것이었다. 그러니까 구봉서가 이계의 직속상관이 된 것이다. 인수는 외나무 다리에서 만난 격이 됐다.

이것이 비극을 불렀다. 《인조실록》 1642년 11월 22일조를 보면, 구봉서는 "이계가 청나라 장수 용골대 진영에서 국익에 반하는 발언을 했다."라고 고변했다. 이 때문에 역적죄로 몰린 이계는 아버지·아들과 함께 3대가 처형당했다. 그로부터 30여 년이 흐른 《숙종실록》 1675년 11월 3일조를 보면, 이계의 손자 이선이 "구봉서의 모함 때문에 억울한 일을 당했다."라고 상소문을 올린 내용이 나온다. 하지만 3대의 죽음은 돌이킬 수 없었다.

피감기관장에게 성 접대를 받다

흥미로운 것은 '암행어사 출도'를 외친 다음에는 지역 관리들로부터 온갖 향응을 받았다는 것이다. 심지어 성 접대까지 공공연히 받았다.

사실 박래겸은 출도 전에도 여러 차례 기생을 만났다. 황진이·이매창 등과 함께 조선의 3대 명기名妓로 꼽히던 (김)부용을 끈끈한 말로 유혹했다.

"내 장래에 황금집에 살게 해주마."

그러나 부용은 역시 서울에서도 이름을 떨친 조선의 '3대 명기' 다웠다.

"비록 제가 천하지만, 돈 많은 남편을 위하는 것은 부끄럽게 여깁니다. 황금집도 기대하지 않습니다. 저를 지기知己로 대하지 않는군요. 서글픕니다."

박래겸으로서는 애간장이 녹았을 것이다.

"그래. 이제야 그 얼굴을 보았으니 과연 허명이 아니구나!"

하지만 이게 끝이 아니었다. 그의 5월 12일자 일기를 보면, 박래겸은 이번에는 또 다른 기생인 경란의 집을 찾아가기도 했다.

신분을 감추고 경란을 찾은 암행어사 박래겸은 경란과 경란의 어미인 빙심과 앉아 술잔을 기울였다. 주흥에 젖을 무렵, 두 여인이 뭔가 감을 잡은 듯 운을 뗐다.

"신비님은 범상한 인물이 아닐 것 같네요."

그러자 박래겸은 정체가 탄로 난 줄 알고 곧바로 일어섰다. 그는 경란을 만나기 전인 4월 7일의 일기에서 "기생과 음식이 부러웠지만 가까이 할 수 없었다."라고 토로한 적이 있는데, '암행어사 출도' 때까지는 나름대로 꾹 참았던 것이다. 하지만 5월 13일 암행어사 출도 후에는 '절제와 금욕' 대신 '욕망'만이 봇물처럼 터져 나왔다.

그의 5월 19일자 일기를 보면, "용강현 수령이 기생 향염을 보내 하룻밤 동침했다."라고 기록할 정도였다.

〈서수일기〉에 따르면 박래겸은 성천의 부용과 경란, 용강의 향염, 평양의 만홍 등 무려 4명의 기생과 동침하고 잔치를 벌였다. 심지어 6월 20일과 21일에는 한양에서도 유명했던 부용을 불러, 고을 수령이 제공한 유람선까지 타면서 시와 노래를 읊고 불렀다.

감사기간 중에 피감기관장이 제공한 성접대에 흠뻑 빠졌다면? 지금 기준으로 보면 천인공노할 노릇이다. 하지만 이 시대에는 일기에 "(감사기간 중) 기생과 하룻밤 동침했다."라고 기록할만큼 '허용값 내의 관행'이었던 것 같다.

암행어사의 한계

이런 우여곡절 끝에서도 박래겸은 평안남도 수령 48명 가운데 4분의 1에 달하는 12명을 적발했다. 그중에는 그와 친분이 있던 순안 현령 이문용은 봉고封庫·부정부패를 저지른 관청의 창고를 잠그는 것의 처벌을 내렸다. 하지만 5월 16일자 일기에서, "못할 짓이지만 (그의 탐학이 심해) 어쩔 수 없었다."라고 괴로움을 토로했다. 나름대로 흐트러짐 없는 공정한 감사를 진행했음을 짐작할 수 있다.

박래겸은 어사의 직분을 마친 뒤 순조 임금에게 전·현직수령의 공과를 보고

한 '서계書啓'와 평남지방의 사회문제와 개선책 20개 조를 건의한 '별단別單'을 제출했다. 여기에는 '삼정田政·軍政·還政의 문란'과 관직을 임명할 때 뇌물을 주고받는 '매향·임뢰賣鄕·任賂', 그리고 서북인 차별정책의 폐해 등이 담겨있었다.

그러나 박래겸의 '암행어사 출도'는 봉건사회의 체제적인 모순을 푸는 근본 해법은 아니었던 것 같다. 관리들의 부정부패가 갈수록 심해졌고, 암행어사들마저 뇌물을 받는 일이 비일비재했기 때문이다.

실제로 박래겸이 적발되어 징치된 안주목사 서준보를 보자. 서준보는 징치된 지 불과 5개월도 되지 않은 1822년 12월 20일 재기용됐다. 순조는 이를 두고 "지난번 처분은 암행어사의 서계에 거론됐기 때문이지 참으로 죄가 있어 법을 적용한 것은 아니다."라고 변명했다.

이런 일도 있었다. 《순조실록》 1833년 10월 9일조를 보면, 순조 대의 사간 윤석영이 암행어사들의 불법행위를 보고하면서 처벌을 건의한 기록이 나온다.

> "경기도 암행어사 이시원이 경기도 37고을 가운데 20여 곳이나 암행어사 출도를 외쳤는데 (중략) 이시원이 접대를 받고 역마를 바꿔 타는 데서 끼친 폐단은 이루 헤아릴 수 없고 (중략) 잠행潛行의 의義를 크게 어겼습니다. 성묘한다면서 위세를 부리고 제물을 마련했으며, 벌초할 때에는 역군을 징발했고……."

그러나 순조는 전혀 뜻밖의 반응을 보였다.

> "남을 너무 심하게 논박하는 것은 본래 아름다운 일이 아닌데, 그대의 말이 또 이에 가깝지 않겠는가."

그렇다면 왜, 누구를 위해 암행어사를 보냈다는 말인가.

제3부

왕과 백성이 어우러진 조선의 거리를 걷는다

21

유언비어 유포자는 참형에 처하라!

▲ 김윤보의 《형정도첩》에 수록된 〈죄인이 참형을 당하기 직전의 모습〉. 상진은 유언비어를 퍼뜨리는 자는 이와 같이 참형에 처해야 한다고 주장했다. | 서울대학교 중앙도서관 소장

"중국에서는 대궐 안 높은 곳에 패를 세우고 '헐뜯는 말을 하는 자는 참형에 처한다.'라고 써놓았습니다." –《명종실록》

1550년명종 5년 7월 25일, 영경연사 상진이 '유언비어를 퍼뜨리는 자는 참형에 처해야 한다.'라고 힘주어 말했다. 그는 "《주례》주나라 정치제도를 기록한 책에는 조언造言에 대한 형벌이 있고, 《경국대전》과 《대명률》명나라 형법에도 난언亂言·요언妖言의 형벌이 있다."라고 덧붙였다. 그러면서 왜 이런 엄벌이 필요한지를 설파했다.

"이는 군주가 사람의 입을 막으려는 것이 아닙니다. 어진 이를 방해하고, 국가를 병들게 하는 말을 금지하려는 것입니다. 옛날 한나라가 진나라를 계승한 뒤에 너그러운 정사를 숭상해서 백성들이 순후해졌으며, 남의 허물을 말하기를 부끄럽게 여겼으니 어찌 아름답지 않습니까." —《명종실록》

상진은 마지막으로 "유언비어는 고금의 공통된 걱정거리라서 금지할 수밖에 없다."라고 마무리했다.

유언비어는 일벌백계로

그랬다. 고금을 통해 '흘러가는 헛소문'을 일컫는 '유언流言'과 '바퀴벌레 같은 말'을 뜻하는 '비어蜚語'를 퍼뜨리는 자는 '참형에 처해야 할 중죄'로 여겼다. 그 기준에 따라 참형을 집행한 사례가 《조선왕조실록》에 보인다.

"1413년태종 13년 8월 20일, 회양淮陽 사람 정성鄭成을 참형에 처했다. '올 봄에 마땅히 대군大軍을 일으켜야 한다.'라고 요사스런 말을 했다는 죄목이었다. 정성을 덧붙여 '임금이 봄 축일丑日에 행차에 나서면 춘우春牛가 서로 싸울 것이다.'라고 했다."

특히 재변이 일어난 시기에 유언비어를 퍼뜨리는 행위는 심각한 범죄로 여겼다. 예컨대 1511년중종 6년 5월 3일, 가뭄과 우박이 잇달아 내려 몇 년 간 흉년이 이어지자 영의정·좌의정·우의정 등 3공이 사의를 표했다. 그러면서 임금에게 올린 말은 이렇다.

"재변은 인심이 조화를 잃는 데서 일어납니다. 이런 상황에서 간교한 무리가 들끓어 조금이라도 원한이 있으면 모함하고 유언비어를 전파해서 현란에 빠지기도 하여 기어이 중상모략하니, 사람들이 서로 의심하고 두려워해서 각자의 형적만 보존하려 합니다. 이 풍습이 그치지 않으면……."

1603년부터 1664년 사이선조 36~37년, 헛된 유언비어가 시중에 떠돌자 선조는 "일벌백계의 율로 중징계하겠다."라고 으름장을 놓았다.

> "유언비어가 전파되어 인심이 놀라고, 소요가 일어났다. 우매한 백성들이 지방으로 달려가 유언비어를 와전訛傳했다. 지금부터 대중을 현혹시키는 자는 반드시 참형으로 다스리고 본보기로 한두 사람을 효수하도록 하라."
>
> –《선조실록》 1603년 1월 29일, 1604년 3월 12일조

유언비어의 유래

'유언비어'의 고사는 《시경》〈대아大雅〉와 《한서》〈관부전〉에 나온다. 〈관부전〉을 보면, 한 무제 때 두영이라는 사람이 죄를 뒤집어쓰고 사형판결을 받았다. 두영은 곡기를 끊고 사형집행을 기다리고 있었다. 그런데 어느 날 옥리가 조용히 귀띔해 주었다.

"내년 여름이면 특별사면이 실시된답니다. 그때까지만 참고 기다리시면……."

그 말을 들은 두영은 희망을 갖게 됐다. 그런데 그 무렵 시중에 이런 유언비어가 떠돌았다.

"두영이 옥중에서도 반성은커녕 황제만 헐뜯고 있다."

이것은 두영을 무고한 전분이라는 간신 일당이 퍼뜨린 것이었다. 유언비어를 들은 한 무제는 그만 두영을 사형에 처하고 말았다. 한 무제는 바로 '유언비어'에 깜빡 속아 죄 없는 신하를 죽인 것이다.

뭐니뭐니해도 유언비어를 떠올릴 때 가장 많은 선인들이 인용한 이가 바로 주나라기원전 1046~771년 창업공신인 주공周公의 일화일 것이다.

주공이 누구인가. 그는 은나라를 멸하고 주나라를 세운 무왕재위 1046~1043의 첫째 동생이었다. 무왕이 창업 스트레스 때문인지 재위 3년 만에 죽고 만다. 때문에 아직 강보에 싸인 무왕의 어린 아들성왕이 왕위에 오를 수밖에 없었다. 주공은 할 수 없이 조카를 대신해 섭정을 하게 됐는데, 이러다 보니 문제가 생겼다. 관숙과 채숙 등 다른 형제들이 유언비어를 퍼뜨린 것이다.

> "형님주공은 반드시 어린 조카성왕를 배신하고 나라를 찬탈할 것이다."
>
> —《사기》〈노주공세가〉

참소를 당한 주공은 다른 창업공신들인 태공망과 소공석에게 해명하느라 진땀을 흘렸다.

> "내가 오해받을 것을 개의치 않고 섭정하는 까닭을 잘 알지 않소. 나는 천하 백성이 (창업한 지 얼마 되지 않아 불안한) 주나라를 이반할까 두려워하는 것이오. 절대 다른 마음을 품지 않소."

유언비어가 통하지 않자 관숙과 채숙은 은나라의 후예인 무경과 손을 잡고 반란을 일으켰다. 주공은 3년간의 진압 전쟁 끝에 겨우 반란을 진압했다. 관숙·채숙이 퍼뜨린 유언비어가 만만찮게 퍼져 있었음을 알 수 있다. 주공은 어린 성왕이 병이 나자 곧바로 자신의 손톱을 잘라 황하에 던지고 다음과 같이 기원했다.

"어린 왕 대신 나주공를 벌해주소서. 신의 명령을 어지럽힌 자는 바로 단旦·주공의 이름입니다. 어린 왕은 아무 잘못이 없사옵니다."

▲ 조선을 개국한 태조 이성계의 어진. 위화도 회군 직후 고려에서는 이(李)씨가 임금이 된다는 목자득국(木子得國)의 유언비어가 퍼졌다. | 어진박물관 소장

주공은 이런 내용의 축문을 문서보관소에 보관했다. 그러자 성왕의 병이 완쾌됐다. 그런 와중에도 주공이 어린 조카의 왕위를 찬탈하는 게 아니냐는 세간의 우려는 계속 지워지지 않았던 것 같다. 7년의 섭정 후 드디어 성왕이 친정에 나섰다. 그런데 어떤 자가 은퇴한 주공을 또 한 번 유언비어로 참소했다.

주공은 견디지 못하고 초나라로 망명했다. 성왕은 문서보관소를 열어 주공의 축문을 보고서야 눈물을 흘리며 오해를 풀었다. 이처럼 유언비어의 덫은 누구도 벗어나기 힘든 늪이었던 것이다.

십팔자十八子와 목자득국木子得國

상황이 이 정도였으니 "유언비어를 퍼뜨린 자는 참형에 처한다."라는 법률이 생겼던 것이다. 지금도 인구에 회자되는 유언비어가 많다.

예컨대 《고려사절요》 1126년 5월조를 보면, 고려 인종仁宗때의 권신인 이자겸은 1126년 '십팔자十八子'가 왕이 될 것이라는 유언비어를 퍼뜨리면서 반란을 일으키기도 했다. '십팔자十八子'는 '李이'자의 파자이다. 이자겸은 '십팔자' 설을 믿고 직접 왕위에 오르고자 떡에 독약을 넣어 인종에게 올렸다. 그러나 왕비가 그 사실을 비밀리에 인종에게 알렸고, 이에 놀란 인종은 떡을 까마귀에게 주어 가까스로 죽음을 모면했다고 한다.

1388년우왕 4년, 이성계가 위화도 회군을 하자 시중에 '목자득국木子得國'을 노래하는 동요가 널리 퍼졌다. 《고려사절요》는 이 부분을 이렇게 전하고 있다.

> "태조이성계가 회군하여 압록강을 건너려 했다. 이때 장마가 며칠째 내렸는데도 강물이 넘치지 않았다. 군사가 건너고 나서야 비로소 큰물이 덮쳐 섬위화도이 잠겼다. 사람들이 모두 신기하게 여겼다. 이때 '목자득국木子得國'이라는 동요가 퍼졌는데 군사와 백성, 늙은이, 젊은이 할 것 없이 모두 노래

했다." —《고려사절요》 1388년 5월조

뭔가 냄새가 풍긴다. 위화도 회군은 분명 반란이었다. 그러니 이 동요는 이성계 세력이 역성혁명을 노리며 퍼뜨린 '유언비어'가 분명했다.

유언비어로 탄핵당한 대사헌

조선 초기의 제갈량으로 일컬어졌던 양성지 같은 인물도 '유언비어' 때문에 곤욕을 치른다.

1477년성종 8년, 당시 대사헌감사원장이던 양성지가 직속부하인 김제신사헌부 장령·4급에게 거센 탄핵을 받는다.

> "양성지는 일찍이 이조판서 시절, 문전성시를 이뤘답니다. 그래서 '보궤불식簠簋不飾'이니, '오마판서五馬判書'니 하는 별명을 얻었답니다. 이처럼 더러운 소문이 있는데, 그에게 규찰의 지위를 더할 수 있겠습니까."
>
> —《성종실록》 1477년 10월 4일조

그러면서 김제신이 덧붙인 말은 "제가 비록 그의 비위사실을 목격한 것은 아니지만 이런 소문이 퍼졌으니 빨리 파면해야 한다."라는 것이었다. 김제신의 표현 중 '보궤불식'은 '청렴하지 못한 대신이 나라의 제사그릇을 더럽힌다.'라는 뜻이고, '오마판서'는 '수레를 끄는 4마리 말 외에 부정축재용 말 한 마리를 더 데리고 다닌다.'라는 말이다. 탐욕스런 부정축재의 전형이 아닌가.

문제는 '비록 직접 목격한 것은 아니지만 소문에…….'라는 단서였다. 전형적인 '유비통신'을 통한 탄핵이었던 것이다. 양성지는 당연히 펄펄 뛰었다. 더욱이 직속부하에게 그런 풍문탄핵을 받다니……. 그는 즉각 "목을 매 죽고 싶은 심정"이라는 상소문을 올린다.

> "아니 14년 전 길거리에서 들은 애매한 이야기로 노신에게 뒤집어씌우고 (중략) 구천에서도 원통함을 달랠 길이 없을 것입니다. 당사자김제신와 대질이라도 하게 해주십시오." —《성종실록》 1477년 10월 12일, 14일조

그러자 조정에 큰 파문이 일었다. 성종은 풍문탄핵의 당사자인 김제신 등을 불러 유언비어의 진위를 캐물었다. 김제신 등은 "예전에 들었지만 기억하지는 못한다. 그러나 어찌 지어낸 말이겠냐."라고 고집했다. 이어 "눈으로 보진 못했지만 소문이 그러니 사헌부 수장으로는 마땅치 않다."라는 주장을 되풀이했다. 《성종실록》 1477년 10월 15일조를 보면, 이 사건은 결국 엄청난 논쟁을 벌인 끝에 유언비어를 토대로 탄핵한 김제신이나 억울하게 탄핵 당한 양성지나 모두 용서받는 쪽으로 결론이 나고 말았다.

양재역 벽서사건

1250년고려 고종 5월, 서울송도 시중에 "사람 50명을 천구성天狗星·유성 혹은 혜성에 제물로 바친다."라는 유언비어가 떠돌았다. 이때 남녀가 모두 황황하여 공포에 떨고, 간사하고 교활한 무리들이 음탕한 짓을 저지르거나 도둑질하는 자가 매우 많았다고 한다. 《고려사절요》는 "이때 어사대사정기관가 거리에 방을 붙여 무마시켰지만 이미 퍼진 유언비어는 어쩔 수 없어 한 달이 지난 뒤에야 겨우 진정됐다."라고 기록했다.

1547년명종 2년에 일어난 이른바 '양재역 벽서사건'은 어떤가. 이것은 외척으로서 정권을 잡고 있던 윤원형 세력이 반대파를 유언비어 날조로 숙청한 악명 높은 사건이다. 즉 부제학 정언각 등이 경기도 과천 양재역에서 익명의 벽서를

발견했다.

> "위로는 여주女主·문정왕후를 지칭가 정권을 잡고 아래로는 이기라는 인물이 권력을 농간하고 있으니 나라가 망할 것이다." –《명종실록》 1547년 9월 18일조

이 사건으로 윤원형을 탄핵한 바 있던 송인수와 이약빙 등 30여 명이 사사되거나 유배를 당하는 옥사를 치렀다.

지혜가 유언비어를 해소시킨다

유언비어의 위력을 보여 주는 고사는 많다. 예를 들어 "많은 사람들의 말은 쇠라도 녹일 수 있다."라는 '중구삭금衆口鑠金'의 고사를 보라. 또 있다. 공자의 제자이며, 효孝의 상징으로 여겨지는 증삼의 고사가 《전국책》〈진책秦策〉에 나온다.

어느 날 노나라 비현 사람이 사람을 죽였는데, 마침 증삼공자의 제자과 이름이 같았다. 착각한 이웃 사람이 증삼의 어머니에게 달려와 "(당신 아들인) 증삼이 사람을 죽였다."라고 말했다. 증삼의 어머니는 이를 믿지 않고 편안하게 옷을 짰다. 또 다른 사람이 와서 같은 말을 했어도 어머니는 믿지 않았다. 그러나 세 번째 사람이 와서 똑같은 말을 고하자 이번에는 정말 자기 아들이 살인한 것으로 여겼다. 어머니는 혼비백산해 담장을 넘어 현장으로 달려갔다. 세 사람이 똑같은 말을 하자 어머니는 역사상 최고의 효자아들까지도 믿지 못했던 것이다. 하기야 "혀가 네 마리 말이 끄는 수레보다 빠르다사불급설·駟不及舌"라고 하지 않는가. 그러나 이항복이 참소를 당한 뒤 사직상소를 내자 광해군이 했다는 한마디 말을 기억해야 할 것 같다.

> "1612년광해군 4년, 우의정 이항복이 사직상소를 올렸다. 임금광해군은 '유언

> 비어는 지혜로운 사람에게 이르면 해소된다.'라고 했다. 경은 다시는 사직한다는 소리를 하지 말라." —《광해군일기》 1612년 윤11월 5일조

《명종실록》 1550년 7월 25일조에서 "유언비어를 퍼뜨리는 자는 엄벌에 처해야 한다."라고 주장한 상진尙震·1493~1564년의 말처럼, '유언비어는 사회를 병들게 하는 것'이다.

22

세종대왕 며느리의 금지된 사랑

▲ 혜원 신윤복의 〈연못가의 여인(蓮塘女人)〉. 《여속도첩(女俗圖帖)》에 실려 있다. 뒤뜰에 활짝 핀 연꽃 너머로 무료해 보이는 여인이 앉아 장죽을 물었다 생황을 불었다 상념에 잠겨 있다. | 국립중앙박물관 소장

"요사이 괴이한 일이 있다. 말하기도 수치스럽지만 (중략) 글쎄 세자빈봉씨이 궁궐의 여종소쌍과 잠자리를 같이 한다는구나."

1436년세종 18년 10월 26일, 세종이 사정전에서 주변을 물린 뒤 도승지 신인손과 동부승지 권채를 은밀히 불러 하소연한다. 세종이 이토록 비밀리에 신료들을 만난 것은 며느리의 동성애 스캔들 때문이었다.

소쌍이라는 아이가 잠자리를

> 거부하면 세자빈이 마구 윽박지른다는구나. 그래서 마지못해 옷을 반쯤 벗고 병풍 속에 들어가면 세자빈이 나머지 옷을 강제로 벗기고 눕게 한 뒤 남자와 교합하는 형상과 같이 서로 희롱한다는구나." –《세종실록》

'세자빈'의 금지된 사랑

참으로 민망한 일이다. 임금 체면에, 그것도 만고의 성군이라는 '세종께서' 며느리, 즉 세자문종의 두 번째 정부인인 세자빈 봉씨의 추행을 미주알고주알 밝혔으니 말이다.

아닌 게 아니라 세종은 세자빈과 관계를 맺었다는 여종 소쌍에게 직접 진술을 듣고는 하늘이 무너지는 듯했다. 여자끼리 남자와의 성교합 형상으로 희롱했다니 이 무슨 해괴한 일이란 말인가.

이어지는 소쌍의 진술은 세종을 절망시켰다. 세자빈은 소쌍이 다른 여종단지을 좋아하는 것을 알고는 미행을 붙여 감시까지 하면서 서로 만나지 말라고 협박했다는 것이다. 또 만약 소쌍이 자신을 만나주지 않으면 대놓고 원망의 말을 쏟아냈단다.

"나는 너를 좋아하는데 너는 나를 좋아하지 않는구나."

소쌍은 세자빈의 지나친 집착에 질려 주변사람들에게 넋두리했단다.

"세자빈께서 나를 사랑하는데 정상적이지 않습니다. 무서워 죽겠습니다."

이것이야말로 '조선판 스토커'가 아닌가. 세종은 결국 봉씨를 세자빈의 자리에서 쫓아내고 말았다. 세종의 말을 곧이곧대로 받아들이면 당대의 기준으로 볼 때 절대 용서할 수 없는 행동이었다.

문제적 여인

봉씨는 조선의 전형적인 여인이 아니라 '문제적 여인'이었다. 우선 성격이 과격했다.

▲ 《세종실록》. 세종이 측근들에게 세자빈 봉씨의 동성애 스캔들을 알리고 폐출의 당위성을 강조한 부분. | 서울대학교 규장각한국학연구원 소장

《세종실록》 1436년 11월 7일조를 보면, 세종은 세자빈 봉씨에게 《열녀전》을 가르치게 했지만 봉씨는 며칠 만에 "이따위 책을 배워서 뭘 하느냐."라고 하며 집어던졌다고 한다.

그뿐이 아니었다. 봉씨는 말술을 즐겼고 주사 또한 대단했다. 세종의 넋두리 속에 봉씨의 주사가 생생하게 표현된다. 그녀는 알코올 중독자였던 것이다.

"세자빈은 방에 술을 준비해 두고는 큰 그릇으로 연거푸 술을 마셔댔다는구나. 술에 잔뜩 취해 어떤 때는 시중드는 여종으로 하여금 뜰 안에서 업고 다니도록 했고 (중략) 술이 모자라면 사가친정에서 가져와 마신다는데 (중략) 이 어찌 세자빈이 할 노릇이냐."

하지만 필자는 이렇게 말하고 싶다. 대체 누가 봉씨에게 돌팔매질을 할 수 있겠는가. 그랬다. 봉씨에게도 할 말은 있었다. 무엇보다 남편, 즉 세자문종에게도 책임이 있었다.

봉씨는 두 번째 세자빈이었다. 세자문종는 원래 김씨 여인를 세자빈으로 삼았다. 하지만 김씨는 압승술壓勝術을 썼다는 단서가 발각됨으로써 폐출됐다. 압승술은 남자의 사랑을 받는 술법, 즉 '사랑의 묘약'을 쓰는 것을 뜻한다. 이 술법 가운데는 '남자가 사랑하는 여인의 신발을 불에 태워 가루로 만든 뒤 술에 타 남자에게 먹이는 방법'이 있었다. 또 있다. '두 뱀이 교접할 때 흘린 정기를 수건으로 닦아 허리에 차는 방법'이었다. 이 경우 남편의 사랑을 받는다는 것이었다. 그러나 남편의 사랑을 갈구하던 김씨의 염원은 결국 파국을 맞는다. 《세종실록》 1429년 7월 20일조를 보면, 해괴한 방술이 만천하에 드러나면서 김씨는 '부덕을 행했다.'라는 죄목으로 폐출된 것이다.

좌절감의 다른 표현

김씨의 뒤를 이어 두 번째로 세자빈이 된 이가 바로 봉씨였다. 그러나 그녀 역시 남편의 사랑을 받지 못했다. 여기에 세자의 첩인 권씨가 세자의 아들을 낳자 봉씨의 좌절감은 극에 달했다.

하지만 봉씨는 가만히 있지만은 않았다. '거짓임신'을 고해 한 달간이나 남편을 중궁전에 붙잡아 두었다. 또 남편을 사랑하는 내용의 노래를 지어 여종들로 하여금 부르게 했다. 빈궁을 지키던 늙은 여종에게는 세자를 불러오라고 채근했다. 남편은 그런 봉씨의 마음을 너무도 몰라줬다. 제발 빈궁의 처소에 가보라는 아버지세종의 꾸지람이 있어야 겨우 세자빈의 처소를 찾았다. 그조차 며칠 왕래하다가 발길을 끊기 일쑤였다. 어떤 날은 봉씨의 처소 근처를 어슬렁거리다가 그냥 돌아가기도 했다. 세자빈의 애간장이 녹을 수밖에 없었다. 세자빈은 지게문을 하염없이 바라보며 이렇게 넋두리했단다.

"저 분은 왜 안방에는 들어오지 않고 공연히 밖에서만 맴돌고 있는 것인가."

세종도 그런 무심한 아들을 어지간히 닦달했지만 뾰족한 수가 없었다. 세종의 한탄이 하늘을 찌른다.

▲ 혜원 신윤복의 〈그네 타는 여인〉. 기녀인 듯한 여인들이 그네를 타고 있는 여인을 바라보며 나무 옆 그루터기에 앉아 담배를 피우고 있다. | 국립중앙박물관 소장

"금실이 저리 좋지 않으니 (중략) 아무리 부모라 해도 침실의 일까지야 어찌 자식에게 가르칠 수 있다는 말인가." -《세종실록》 1436년 10월 26일조

자초지종을 보면 잇달아 폐출된 김씨나 봉씨의 분투가 가여울 뿐이다. 남편의 사랑을 받고 싶을 뿐이었는데……. 여기서 짚고 넘어갈 일이 있다. 폐출의 이유 중 하나였던 '거짓 임신'을 다른 관점에서 바라봐야 하지 않을까? 혹시 봉씨가 남편의 아이를 갖겠다는 집착이 낳은 상상임신은 아니었을까? 또 첫 번째 세자빈이었던 김씨가 사랑의 술법까지 써서 남편의 사랑을 얻으려 했을 정도였으니, 봉씨의 동성애 소동 역시 남편의 사랑을 얻을 수 없었던 좌절감의 다른 표현은 아니었을까?

동성애의 원조

우리 역사에 나타난 첫 번째 성소수자는 신라 혜공왕재위 765~780년일 것이다.

"왕은 원래 여자였는데 남자가 되었다. 첫 돌 때부터 왕위에 오르는 날까지 늘 여자놀이를 하고 자랐다."

《삼국유사》〈경덕왕 충담사 표훈대덕〉

▲ 사랑을 나누는 남녀토우 | 국립중앙박물관 소장

혜공왕의 아버지인 경덕왕에게는 아들이 없었다. 근심하던 왕은 표훈선사를 통해 "천제에게 청하여 아들을 얻을 수 있도록 해 달라."라고 부탁했다. 그러나 상제上帝를 만나고 내려온 표훈은 고개를 가로질렀다. "경덕왕의 팔자에 딸은 있지만 아들은 없다."라고 하면서, "딸을 아들로 바꿀 수는 있지만 나라가 위태로워진다."라고 했다. 대를 이을 아들이 급했던 경덕왕은 "아들을 낳을 수만 있다면 족하다."라고 응했고, 경덕왕은 소원대로 아들을 낳았다. 그가 바로 혜공왕이다.

혜공왕은 아버지 경덕왕이 죽자 여덟 살의 나이로 왕위에 올랐다. 하지만 원래 딸이었던 혜공왕의 여성취향은 더욱 심해졌다.

"왕은 늘 비단주머니를 차고 다녔고, 미소년들로 구성된 도류道流를 희롱하며 놀았다. 그 때문에 나라가 크게 어지러워지고 마침내 피살됐다. 표훈 대사의 말이 맞은 것이다."

《삼국유사》는 신라가 혼란에 빠진 원인을 혜공왕의 '동성애 취향 탓'으로 모든 책임을 돌리고 있는 것 같다. 남자의 몸으로 태어난 여자이기에 동성애를 즐겼고, 그 때문에 나라가 위태로워졌다는 것이다. 그러나 이 또한 '비겁한 변명'이다. 《삼국유사》의 내용을 찬찬히 뜯어보면 신라가 혼란에 빠진 진짜 이유가 명확하게 드러난다.

"(혜공)왕이 너무 이른 나이에 왕위에 올라 태후만월부인가 섭정을 했는데, 정사가 잘 다스려지지 않았다. 도둑이 벌떼처럼 일어났다."

혜공왕 대신 정사를 주무른 태후의 책임이 훨씬 크다는 사실을 적시하고 있는 것이다.

몸도, 나라도 망친 동성애?

고려의 목종재위 997~1009년과 공민왕재위 1351~1374년도 동성애 때문에 정사를 망치고, 몸도 망쳤다는 오명을 썼다. 목종이 사랑한 동성애자는 유행간과 유충정이었다. 그런데 《고려사》〈열전·패행1〉을 보면 유행간은 "용모가 미려하여 목종의 사랑을 받은 동성애의 대상姿美麗穆宗嬖愛有龍陽之寵"이었다. 유행간을 향한 목종의 사랑은 끔찍했다.

"신하들에게 지시할 사항이 있으면 먼저 유행간에게 물어본 뒤 명령했다. 유행간은 왕의 총애를 믿고 오만했으며, 문무백관들을 경멸하고 턱과 낯빛으로 명령을 내렸다."

이 지경이었으니 대신들은 유행간을 왕처럼 모셨다. 발해 출신인 유충정도 '별다른 재능이 없이도' 왕의 총애를 받았다. 두 사람은 궁중을 출입할 때 자신들이 마치 국왕인양 의장을 차리고 다녔다. 그러나 목종과 유행간, 그리고 유충정 모두 '강조의 난'1009년 때 피살되고 만다.

《고려사》 공민왕 1372년 10월 1일조를 보면, 개혁군주였던 공민왕도 마찬가지 길을 걸었다. 그토록 사랑했던 노국공주가 죽고, 신돈을 통한 개혁정치가 물거품이 되자 동성애에 빠진다. 총신 김흥경과 사랑에 빠졌으며, 그를 통해 자제위라는 기관을 두어 미남자들을 선발했다. 하지만 1374년 9월 공민왕은 자신이 선발한 자제위 홍륜 일파에게 피살되고 만다. 역사는 이것을 동성애가 낳은 비극이라고 폄훼했다.

사방지는 남성의 형상이 많은 양성입니다

조선을 들끓게 한 동성애 사건이 또 있었으니 바로 '사방지舍方知' 사건이었다.

사방지는 세종의 사위인 안맹담1415~1462년의 노비였다. 태어날 때부터 남성과 여성의 특징을 모두 지니고 태어난 성소수자였던 것 같다. 그의 어미는 사방지에게 여자 아이의 옷을 입히고 연지와 분을 발라주며 바느질을 가르쳤다. 사방지는 빼어난 바느질 솜씨로 벼슬한 선비들의 집을 드나들다가 과부 이씨와 인연을 맺는다. 이씨의 아버지는 세종을 보필하면서 과학기술 정책을 다졌던 천문학자 이순지1406~1465년였고, 아들은 하동부원군 정인지의 사위였다. 엄청난 가문의 딸이었던 것이다. 그러나 신분의 차이가 무슨 문제가 되는가. 과부 이씨와 사방지는 죽고 못 사는 사이가 된다.

> "둘은 사랑하게 됐다. 늘 좌우에 함께 있으면서 음식도 그릇도 같이 쓰고 앉고 눕는 것도 함께 했다. 심지어는 의복도 같은 빛깔로 하니 사치스럽고 화려하기가 이루 말할 수 없었다."

그러니까 과부 이씨와 '양성'의 사방지는 의상까지 '커플룩'으로 맞춰 입을 정도로 사랑에 빠진 것이다. 10년 가까이 이어지면서 갈수록 대담해진 '금지된 사랑'은 결국 꼬리가 잡혔다.

1462년세조 8년 감사원격인 사헌부가 직접 수사에 나선 것이다. 사방지의 몸을 직접 살펴본 사헌부 관리들은 소스라치게 놀라면서 다음과 같은 결론을 내린다.

"사방지는 '이의二儀'의 사람입니다. 그러나 남성의 형상이 더욱 많습니다."

-《세조실록》 4월 27일조

'이의'라는 말은 '남성기와 여성기를 둘 다 갖춘 양성兩性의 소유자'라는 말이다. 그런 탓일까? 수사 결과 사방지가 이씨 부인 말고도 여러 여성들과 관계를 맺었다는 사실이 드러났다. 내시의 아내와 여러 차례 정을 통했고, 여승女僧들과 사통해서 파계시키기도 했다. 심지어 여승 중비가 임신을 걱정하자 사방지는 과거의 이력을 자랑하며 큰소리쳤다.

"이것 봐. 내가 내시 김연의 처와 간통한 게 한 두 번이 아니야. 그래도 임신은 시키지 않았으니 걱정하지 마."

《명종실록》은 사건 발생 81년이 지난 1548년명종 3년에도 사방지를 둘러싼 망측스런 기사를 싣고 있다.

"사방지와 평소 정을 통했던 여승은 '사방지의 양도陽道·생식기가 매우 장대하다.'라고 증언했다. 이에 여자아이 반덕에게 만져보게 했더니 그 말이 사실이었다. 세조 임금의 명을 받고 사방지의 성기를 확인한 정현조 역시 '어쩌면 그리 장대하냐.'라고 하며 혀를 내두를 정도였다."

-《명종실록》 1548년 11월 18일조

사방지는 병자이니라

그러나 사건을 보고받은 세조는 씩 웃으면서 특명을 내렸다.

"특별히 추국해서 중벌에는 처하지 마라." –《세조실록》

사헌부를 비롯한 신료들의 반발이 빗발쳤다. 하지만 세조는 되레 사방지 사건을 문제 삼아 내사를 벌인 사헌부 관리를 파직시켜 버렸다. 초강수였다.

"간통 현장을 적발한 것도 아닌데 재상집이순지 일을 경솔하게 의논·내사하여 임금에게 올린 것은 불가한 일이다. 사헌부 관리를 파직토록 하라."
–《세조실록》

세조는 명백한 증거 없이 '대부大夫의 가문'을 욕되게 할 수 없다는 뜻을 분명히 한 것이다. 조선시대에도 명백한 현장을 잡지 못하면 간통죄는 성립될 수 없었던 것이다. 게다가 세조는 또 다른 논리로 사방지를 변호했다. 《세조실록》 1462년 4월 29일조를 보면, "사방지는 (양성기를 가진) 병자病者이므로 추국하지 말라."라는 엄명을 내린 것이다. 그럼에도 신료들은 집요했다. "사방지와 과부 이씨는 물론, 이씨의 아버지인 이순지까지도 처벌하라."라고 끈질기게 요구했다.

세조는 결국 사방지의 처리를 과부 이씨의 아버지인 이순지에게 맡겼다. 이순지는 곤장 10여 대를 친 뒤 사방지를 기내畿內·수도권에 살고 있는 머슴의 집에 보냈다. 솜방망이 처벌이었다. 과부가 된 딸의 외로움을 달래준 사방지를 배려한 것이었으리라. 그러나 사방지를 잊을 수 없었던 과부 이씨는 그의 행방을 수소문해서 찾아낸 뒤 몰래 불러올렸다. 설상가상으로 1465년 아버지 이순지가 죽자 두 사람의 사이에는 걸림돌이 없어졌다. 둘의 관계는 수습할 수 없을 정도까지 치닫는다. 1467년 4월 5일, 조정의 공론이 다시 일자 세조는 더 이상 관용을 베풀지 못하고 사방지를 유배형에 처한다.

두 사람의 '금지된 사랑'이 남긴 여파는 컸다. 특히 과부 이씨의 전력은 아들은 물론 외손자의 전정에까지 걸림돌로 작용했다. 예컨대 1473년성종 4년 11월 8일, 성종이 과부 이씨의 아들인 김유악을 경상도 도사都事·행정부지사에 임명하자 사헌부가 '사방지 추문'을 거론하며 반대했다. '도사'는 관찰사도지사를 보좌하며 각 도의 행정은 물론 감찰업무까지 담당했던 중요한 직책이었다. 사헌부는 그런 중차대한 자리에 가문을 더럽힌 여자의 아들을 앉힐 수 없다는 것이었다.

"그런 허물이 있는 자가 경상도 업무를 맡는다면 누가 복종하겠습니까."

– 사헌부 지평 김윤종

성종은 결국 하루만인 9일 '임명취소' 결정을 내린다. 말하자면 김유악은 어머니의 추문 때문에 인사검증 과정에서 낙마하고 만 것이다.

주홍글씨는 쉽게 지워지지 않았다. 1500년연산군 6년 2월 12일, 연산군은 부마駙馬·임금의 사위를 선택할 때 "김유악의 아들김씨의 외손자은 입궐하지 말라."라는 엄명을 내렸다. 《연산군일기》는 "사방지가 김유악의 어미집에 출입하며 추문을 일으켰기 때문"이라고 부연설명했다. 3대에 걸친 혹독한 징벌이었던 것이다.

성소수자는 비인류다

"하늘에 달려있는 도리는 음陰과 양陽이고, 사람에게 달려있는 도리는 남자와 여자입니다.在人之道曰男與女 이 사람은 남자도 여자도 아니니此人非男非女 (중략) 죽여야……." – 서거정

"이 사람은 인류가 아니다.此人非人類 병자다. 함께 살 수 없으니 외방의 노비로 영원히 사는 것이 옳다." —《세조실록》 1467년 4월 5일조에서 세조가 한 말

"(양성애자는) 괴이한 물건이긴 하지만 (중략) 그저 외진 곳에 두어 인류와 섞이지 않게 하라. 굳이 중전重典·엄한 법률을 쓸 것까지는 없다."

—《명종실록》 1548년 11월 21일조에서 명종이 한 말

성소수자를 바라보는 조선 사람들의 인식은 비슷한 것 같다. 남자도 여자도 인류도 아닌 '격리시켜야 할 낯선 비인류'라는 인식이었다. 그렇다면 지금은 어떤가?

23

조선판 색신소,
“전하, 흑인 용병을 소개합니다.”

정유재란이 한창이던 1598년 5월 26일, 선조가 명나라 파견군 장수인 팽신고를 위해 술자리를 베풀었다. 주흥이 한껏 달아오르자 팽신고가 선조 임금에게 고했다.

▲ 명나라군의 철수를 기념해 그린 《천조장사전별도》의 해귀 부분에 보이는 흑인용병 4명. 몸집이 너무 커서 말에 타지 못하고 수레에 탔다는 기록에 완전히 부합하는 그림이다. 잠수해서 적선의 밑을 뚫는 특수임무를 지녔지만 별 전과를 기록하지 못했다. | 한국국학진흥원 소장

“전하. 제가 ‘색다른 신병’을 소개하겠습니다.”
“그래, 어느 지방 사람이오?”
“예. 호광湖廣의 남쪽 끝에 있는 파랑국波浪國 사람입니다. 바다를 세 번 건너야 호광에 이르는데 조선과의 거리는 15만여 리가 됩니다. 그 사람은 조총을 잘 쏘고, 여러 가지 무예를 지녔습니다.”

흑인용병은 UDT 대원

팽신고가 그 '색다른' 신병을 불러왔다. 과연 신기했다. 《선조실록》의 기자는 "그 신병을 일명 해귀海鬼·바다귀신라 한다."라고 하면서 세세한 인상착의를 묘사한다.

"노란 눈동자에 얼굴빛은 검고 사지와 온몸도 모두 검다. 턱수염과 머리카락은 곱슬이고 검은 양모羊毛처럼 짧게 꼬부라졌다. 이마는 대머리가 벗겨졌는데 한 필이나 되는 누른 비단을 반도磻桃의 형상처럼 서려 머리 위에 올려놓았다."

누가 봐도 영락없는 흑인의 모습이다. 팽신고의 자랑이 하늘을 찌른다.

"이 흑인은 바다 밑에 잠수하여 적선賊船을 공격할 수 있습니다. 어디 그뿐입니까. 며칠 동안 물속에 머물면서 수중생물水族을 잡아먹을 줄 압니다."

그러자 선조 임금이 화답한다.

"우리 같은 작은 나라에서 어찌 이런 신병을 보았겠소이까. 대인의 덕택에 보게 되었으니 황은皇恩이 아닐 수 없소이다. 이제 흉적왜적을 섬멸하는 것은 시간문제가 아니겠소이까."

이 흑인은 명나라군에 합류한 용병이었다. 팽신고의 말에 따르면, 이 흑인용병은 바다 밑에 잠수하여 적선을 공격하는 지금의 UDT 요원 같은 사람이었을까? 파랑국 혹은 불랑국佛浪國은 1557년 이미 마카오 반도를 조차통치권을 획득한 포르투길의 한문표기이다. 그리니까 이 흑인용병은 포르투갈 시람인 것이다.

▲ 한국국학진흥원 소장 《천조장사전별도》 2면의 전체 그림. 1599년 2월 철수를 앞둔 명나라를 위한 연회의 모습을 담았다. 왼쪽 아랫부분에 해귀, 즉 포르투갈 흑인 용병의 모습이 보인다. | 한국국학진흥원 소장

팽신고의 말이 맞다면 그야말로 대단한 특수부대 용병이 아닐 수 없다. 며칠 동안 물속에 머물며 온갖 수중생물을 먹고 버틸 수 있다니……. 해귀는 한 사람만이 아니었다. 《선조실록》을 보면, 팽신고는 이틀만인 5월 28일 포르투갈 용병 세 명을 선조 앞에서 소개한다. 선조는 그들의 칼솜씨를 구경한 뒤 상급으로 은자銀子 한 냥을 선사했다.

'해귀 등장' 소식에 전국이 떠들썩해지다

이 포르투갈 용병을 둘러싼 당대의 관심은 대단했던 것 같다. 문헌 곳곳에서 어느 날 갑자기 등장한 해귀의 기사가 보인다. 보는 사람마다 그 신기한 '종족'의

인상착의를 앞다퉈 기록한 것이다.

"명나라 군이 4만 7,000여 명이었다. 해귀海鬼 네 명이 있었는데 살찌고 검고 눈이 붉고 머리카락이 솜털 같았다." -《난중잡록》3

"해귀海鬼라는 자가 있었다. 남번南番 출신으로 낯빛이 칠처럼 까맣고, 바다 밑에 숨어 다니기도 하며 그 모양이 귀신같다고 하여 해귀라고 했단다. 키가 큰 사람이 있었는데, 몸이 아주 커서 거의 두 길이나 되었다. 말을 타지 못하고 수레를 타고 다녔다." -《서애집》

"군중에 해귀海鬼가 넷인데 까만 눈에 붉은 머리털이 가는 털과 같았다."
-《일월록》

해귀가 등장했다는 뉴스에 적진은 공포의 도가니에 빠진 것 같다. 그해 9월 5일 전라도 관찰사 황신의 보고를 보자.

"적진을 왕래하는 자의 보고입니다. 왜적이 중국군의 병력수를 묻기에 수·육군을 합해 모두 40만 명이라 했답니다. 해귀海鬼와 달자韃子·몽골군도 수없이 출전했고 엄청나게 불려 말했더니 왜적들이 (두려워하여) 모두 얼굴색이 변하면서 짐바리와 잡물雜物을 죄다 배에 실었답니다."
-《선조실록》 1598년 9월 5일조

왜 아니 그랬겠는가. 특수 임무를 수행하는 '용감무쌍한' 해귀가 출전했다는 소식에 왜병들도 부들부들 떨면서 철수준비를 했던 것이다.

410여 년이 지난 지금에도 포르투갈 용병의 생생한 모습을 볼 수 있다. 바로

1599년 2월 철수를 앞둔 명나라 군을 위한 연회의 모습을 담은 〈천조장사전별도天朝將士餞別圖〉에 확연히 나온다. 그림의 맨 마지막 장면 왼쪽 하단에 수레를 탄 '해귀' 네 명을 그렸다. 그림을 설명한 표제에는 "불랑국佛浪國의 해귀 4명은 살결이 검고 누르스름한 머리가 방석둘레처럼 펼쳐졌어도 적선을 잘 뚫었다."라고 했다. 몸집이 하도 커서 "말을 타지 못하고 수레를 탔다."라는 《서애집》의 기록과 정확하게 부합된다.

실패한 퇴출용병

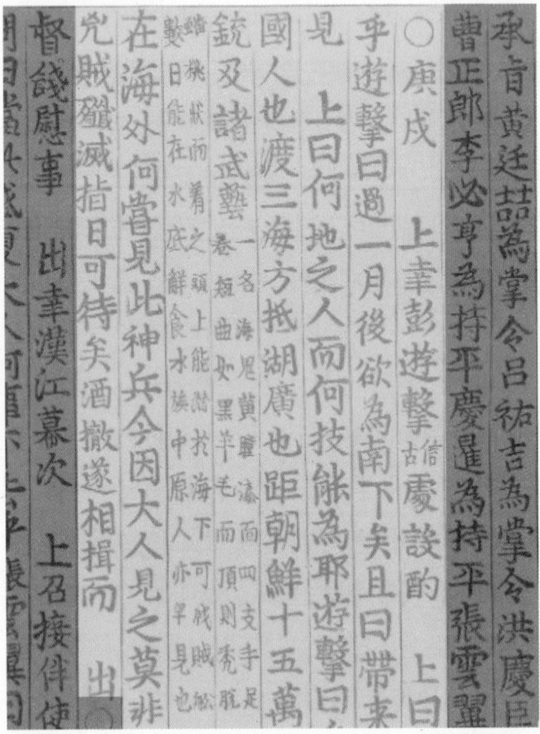
承旨黃廷喆爲掌令呂祐吉爲掌令洪慶臣
曹正郎李必亨爲持平慶暹爲持平張雲翼
○庚戌 上幸彭遊擊(信古)處設酌 上曰
爭遊擊曰過一月後欲爲南下矣且曰帶來
見 上曰何地之人而何技能爲耶遊擊曰
國人也渡三海方抵湖廣也距朝鮮十五萬
銃及諸武藝(一名海鬼黃瞳漆面四支手足 卷短曲如黑羊毛而頂則禿脫
蟠桃狀而着之頭上能潛於海下可戕賊船 數日能在水底鮮食水族中原人亦罕見也)
在海外何嘗見此神兵今因大人見之莫非
兇賊殲滅指日可待矣酒撤遂相揖而 出
督餞慰事 出幸漢江慕次 上召接伴使

▲ 해귀, 즉 포르투갈 용병의 출전소식을 알린 《선조실록》. "노란 눈동자에 얼굴빛과 사지와 온몸이 모두 검다. 턱수염과 머리카락은 곱슬이고 검은 양모(羊毛)처럼 짧게 꼬부라졌다."라고 인상착의를 전하고 있다. | 서울대학교 규장각한국학연구원 소장

그렇다면 이 용감한 용병은 선조 임금의 기대만큼 혁혁한 공을 세웠을까? 그렇지는 않은 것 같다.

"명나라 장군 유정이 수십 종류의 해귀海鬼를 이끌고 나왔다고 한다. (중략) 얼굴이 새까만 것이 귀신처럼 생겼고 바다 밑으로 헤엄을 잘 쳤으며, 그중에 키가 거의 두 길 정도나 되는 거인巨人이 수레를 타고 오기도 했다. (중략) 유정은 경주에서

벌어진 전투에서 한 치의 공도 세우지 못했다. 왜 해귀海鬼를 시켜 물속으로 들어가 왜선의 밑을 뚫어 침몰하도록 하지 않았을까."

—《성호사설》 23권 〈경사문〉·〈유정동정〉

그러니까 명나라군은 해귀, 즉 포르투갈 용병의 재주를 제대로 써먹지도 못하고 패했다는 것이다. 《성호사설》의 저자 이익은 바로 그 점을 꼬집으며 안타까워한 것이다. 결과적으로 흑인 용병들은 잔뜩 기대를 모았다가 실망만 안겨준 채 쓸쓸히 귀국해야 하는 '퇴출용병'으로 전락하고 말았다.

흑귀노, 곤륜노

동양의 역사에서 흑인은 곤륜노崑崙奴나 흑귀노黑鬼奴 등으로 표현됐다. 1713년에 나온 시문선집인 《동문선》의 주서문병서呪鼠文幷書·쥐를 저주하는 글를 보자.

"사람의 집에는 (중략) 각각 맡은 바가 있노라. 음식을 만드는 일은 적각赤脚·계집종이고, 나무하고 마소를 치는 것은 곤륜崑崙이 한다. 아래로 육축가축에 이르기까지 각기 구분이 있으니……."

여기서 말하는 곤륜은 흑인 노예를 가리킨다. 이유원1814~1888년의 연작시를 모은 《임하필기》〈이역죽지사異域竹枝詞〉에도 '양흑귀노'를 설명하는 대목이 있다.

"흑귀노는 바로 당나라시대의 곤륜노.黑奴唐代崑崙奴 명사에도 하란이 부리던 오귀가 있네.明史荷蘭役鬼烏 구유에 음식을 담아서 말처럼 먹이고饋以一槽如馬食, 손에 단봉을 들고 다니며 부려먹네.手提短棒自相呼"

무슨 말이냐 하면, 서양의 흑귀노는 당시에 '곤륜노'로 통했다는 것이다. 《명사明史》에도 "하란荷蘭, 즉 네덜란드 사람이 부리던 노예를 '오귀烏鬼'라 했는데 바로 그 흑귀노"라는 것이다. 그런데 주인은 남은 음식을 말구유통 같은 그릇 하나에 쏟아서 흑귀노를 먹이고 항상 목봉木棒을 가지고 다니며 부린다는 것이다. 그렇다면 임진왜란 때 참전한 포르투갈 흑인용병도 바로 포르투갈 인들이 부리던 노예가 아니었나 싶다.

'산 같기도, 구름 같기도 한' 영어 알파벳

그렇다면 조선인들은 이렇게 흑인만을 동물로 취급하면서 신기해하고 폄훼했을까? 기록을 보면 그렇게 하지는 않은 것 같다.

1797년 8월 27일 새벽, 동래 구봉 봉수대부산시 동구 초량동를 지키던 군사가 아연실색했다. 엄청난 규모의 이양선 한 척이 용당포로 근접하고 있었기 때문이었다. 해괴한 이양선을 본 조선인들은 이른바 '멘붕'에 빠졌다. 《증정교린지增訂交隣志》를 보면, 지휘계통을 통해 배에 타고 있던 선원들의 인상착의가 보고됐다.

> "코가 높고 눈이 푸른 것으로 보아 서양 사람인 듯합니다. 중국어·청나라어·왜어·몽골어 등을 다 동원해도 말이 통하지 않습니다. 붓을 내밀어 글을 쓰게 했더니 마치 산과 구름을 그려놓은 것처럼 도무지 알아볼 수 없었습니다."

그러니까 그들이 쓴 영어 알파벳을 보고 조선 사람들은 '산과 구름을 그려놓은 듯하다.'라고 생각한 것이다. 정동유1744~1808년가 쓴 《주영편晝永篇》에 묘사된 선원들의 인상착의는 아주 구체적이다.

"몸집이 거대했다. 우리보다 두어 자60cm 컸다. 콧대가 높고 곧아서 위로 이마를 관통했다. 뺨에는 광대가 없었다. 코에서 귀를 향해 평평하게 낮아졌다. 마치 살구씨 모서리를 깎아 놓은 것 같았다. 상의와 바지는 몹시 좁아서 겨우 팔다리를 펠 수 있을 뿐 무릎을 굽힐 수 없었다. 그들이 쓴 글자는 산 같기도 하고, 구름 같기도 해서 통역관도 알지 못했다."

이양선 출몰은 조정에도 엄청난 화제를 뿌렸다. 다음은 10월 4일 정조가 대신들에게 물은 내용이다.

"동래에 온 배는 아란타阿蘭陀·네덜란드 사람들인 듯하다. 아란타는 어느 나라 오랑캐인가?" –《정조실록》

비변사 당상 이서구가 한 치의 주저함이 없이 쾌도난마식으로 브리핑했다.

"예, 아란타는 곧 서남지방 번이蕃夷의 무리로서 중국의 판도에 속한 지는 얼마 되지 않습니다. 《명사明史》에서는 '하란賀蘭'이라 했는데 요즘의 대만臺灣이 바로 그것입니다."

정조와 신하들은 이서구의 해박한 지식에 엄지손가락을 치켜세웠다. 특히 우의정 이병모는 이서구를 칭찬하며 감탄사를 연발했다.

"과연! (이서구가) 이토록 해박하다니 (중략) 역시 재상은 독서한 사람을 뽑아 써야 한다니까요."

독서인 이서구의 '뻥'

그러나 실상 이서구는 '전혀' 해박하지 않았다. 이서구가 아뢴 것은 결과적으로 '뻥'이었으니까. 우선 아란타, 즉 네덜란드는 중국 영토로 편입되지 않았다. 네덜란드는 1602년 동인도회사를 세워 동방무역을 개척한 뒤, 1624년에 대만 북부를 점령했다. 하지만 청나라는 1683년 다시 대만을 정복한 뒤 푸젠성福建省의 일부로 편입시켰다. 결국 이서구의 말은 전혀 앞뒤가 맞지 않는 것이었다. 청나라가 대만을 푸젠성에 편입시킨 지 무려 114년이나 흘렀는데도 그 사실을 오해하고 있었던 것이다.

아니 처음부터 잘못됐다. 동래에 정박한 이양선은 네덜란드 배가 아니라 윌리엄 브로턴 함장이 지휘한 영국배, '프로비던스'호였다. 400톤 규모의 이 배는 2년간의 태평양 탐사 도중 안전한 항구를 찾아 동래에 닻을 내린 것이다. 브로턴 함장은 귀국 후《북태평양 탐사항해기》를 출간했다. 또《코리아 남동해 초산항 스케치A Sketch of Thosan Harbor S.E. Coast of Corea》라는 도면을 영국해군수로부에 제출했다.

하지만 항해기와 지도에 나온 지명의 표기가 들쭉날쭉했다. 예컨대 부산항은 '초산항'을 비롯해 Tshosan, Chosan, Tchosan, Thosan, Tshesan, Chousan, Thesan 등 무려 7가지 지명으로 표기됐다. 이는 주민들과 말이 통하지 않았기 때문이었다. 브로턴이 항구의 이름을 묻자 주민들은 '초산'이라고 대답했단다. 주민들은 항구이름이 아니라 '조선', 즉 나라이름을 불러준 것이다. 또한 브로턴은 남해안을 '토상Thosang, 조선국을 '토상고Thosango'로 일컫고 있다. 도무지 말이 통하지 않으니 그럴 수밖에 없었던 것이다. 다만 오륙도에 대해서는 바위가 검게 보인다고 해서 '검은 바위들Black Rocks'이라고 한 게 흥미롭다.

그러고 보면 이서구와 조선 조정을 국제정세에 어둡다고 싸잡아 비난할 수도 없을 것 같다. 어차피 낯선 자들끼리의 만남이었으니까.

벨테브레, 박연

▲ 하멜 일행이 1656년부터 7년간 머물렀던 전남 강진의 병영마을. 하멜 일행이 청나라 사신 앞에서 '조국으로 보내 달라.'라는 기습시위를 벌인 뒤 조선 조정의 감시가 심해졌다. | 《경향신문》 자료사진

네덜란드인 얀 얀세 벨테브레1595~?와 헨드릭 하멜의 이야기는 읽을 때마다 흥미롭다. 그 사연을 보자.

1627년 5월 12일 벨테브레는 상선 우베르케르크호를 타고 대만으로 향하다가 항로를 벗어난다. 태풍을 만났기 때문이었다. 배는 동해안 경주혹은 제주도 앞바다까지 흘러왔다. 벨테브레는 다른 동료 두 명과 함께 물과 양식을 구하려 보트를 타고 상륙했다가 주민들에게 사로잡힌다. 주민들은 이들을 동래의 왜관으로 돌려보냈다. 인도적인 차원에서 왜관을 통해 나가사키로 보낼 요량이었다.

하지만 왜관은 일본인이 아니라는 이유로 표류자의 접수를 거부했다. 벨테브레 일행은 할 수 없이 서울로 이송됐다. 조정은 이들을 훈련도감 군사로 편입했다. 이들은 임진왜란 때 투항한 일본인 및 표류한 중국인들로 구성된 부대의 장수가 됐다. 병자호란이 일어나자 이들은 조선군으로 참전했다. 그러나 전쟁 통에 두 사람은 전사했고, 벨테브레만 살아남았다. 벨테브레는 조선 여인과 결혼해서 1남 1녀를 두었다.

이 벨테브레의 조선 이름은 박연朴淵이다. 그는 조선글자를 알지 못해 자기 이름을 말할 때는 늘 네덜란드 말로 말했다. 자발적인 귀화가 아니었던 벨테브레가 고향을 얼마나 그리워했는지는 필설로 다할 수 없을 것이다.

그로부터 26년이 지난 1653년 8월 6일이었다. 동인도 회사 소속 상선인 스페르웨르호에 탑승한 하멜 일행은 일본 나가사키로 향하다가 폭풍을 만나 제주도 대정현에서 좌초됐다. 이 사고로 64명 중 28명이 죽고, 서기관 하멜 등 36명이 구조됐다. 제주 목사 이원진이 조정에 이 사건을 보고한다.

> "파란 눈에 코가 높고 노란 머리에 수염이 짧았는데 혹 구레나룻은 깎고 콧수염을 남긴 자도 있었습니다." -《효종실록》

제주 관리들은 왜어 통역자를 통해 생존자들을 심문했다.

> "너희는 서양의 크리스천吉利是段인가?" -《효종실록》

그러자 다들 '야야耶耶' 했다. 즉 '예스'라는 것이다. 이어진 조선 관리의 물음에 하멜 일행은 알고 있다는 듯이 정확히 답한다.

> "그렇다면 이 땅이 어느 나라냐?"
> "고려입니다."

조정은 생존자들을 모두 서울로 보내라고 명했다. 조선 조정은 박연벨테브레과 하멜을 대질시켰다.《효종실록》은 이 대목을 아주 건조하게 기록했다.

> "남만인南蠻人 박연이라는 자가 (하멜 일행을 보고) '만인蠻人이 맞다.'라고 했다. 그래서 이들을 금려禁旅·국왕 호위군에 편입하였다. 그들이 대개 화포

火砲를 잘 다루기 때문이었다. 그들 중에는 코로 통소를 부는 자도 있었고 발을 흔들며 춤추는 자도 있었다."

코를 귀 뒤로 돌리고 음료를 마시다

그런데 무려 26년 만에 동포를 만난 박연과, 앞길에 막막해진 하멜의 만남이 이렇게 무미건조했을까? 아니었다. 윤행임1762~1801년의 시문집인 《석재고》는 "(박연이 하멜을 만나자) 옷깃이 다 젖을 때까지 눈물을 흘렸다."라고 했다. 하멜이 훗날 조선을 탈출한 뒤 남긴 《하멜표류기》에도 눈물 없이는 볼 수 없는 박연과 하멜 일행의 만남을 설명하고 있다. 박연은 하멜 일행에게 이렇게 푸념했다.

"나는 여러 번 국왕효종에게 일본으로 보내달라고 부탁했지만 거절당했습니다. 조선 조정은 '당신이 새라도 된다면 날아갈 수 있겠지만, 우리는 국법 때문에 당신을 보낼 수 없다.'라고 했습니다. 나는 일생을 이 나라에서 보내야 합니다."

하멜 일행은 박연의 지휘 아래 훈련도감의 포수로 임명됐다. 저잣거리에는 하멜 일행을 보려는 구경꾼들로 가득 찼다. 관리들은 앞 다퉈 그들을 초청해 연회를 베풀었다. 그들의 검술과 춤을 보고 싶어 했기 때문이다.

"사람이라기보다는 괴물로 보았다. 음료를 마실 때는 코를 귀의 뒤로 돌리고 마신다든가, 금발이라 물속을 헤엄쳐 다니는 새처럼 보인다든가 하는 소문 때문이었다. 한마디로 처음 한동안은 구경꾼들 때문에 시끄러워서 숙소에서도 쉬지 못할 정도였다."

조선 사람들이 보기에 서양인들의 코가 얼마나 컸으면 코를 귀 뒤로 돌리고 음료수를 마신다고 했을까. 높은 서양인의 코가 참으로 인상적이었던 것 같다.

하멜 일행은 박연처럼 가만히 있지만은 않았다. 일등 항해사와 포수 등 두 사람이 1655년 조선을 방문한 청나라 사신 앞에서 선처를 호소하는 해프닝을 벌였다. 결국 두 사람은 감금됐고 그곳에서 사망했다. 후에 전라도에 유배됐던 하멜 일행은 13년여 만인 1663년 조선을 탈출했다.

조선인은 인육을 구워먹는다

타자他者와의 조우, 즉 나와 우리가 아닌 낯선 사람들과의 만남은 늘 오해를 불렀다. 조선인들은 '서양인'을 가리킬 때 '흑인'을 양귀 혹은 흑귀노로 낮췄지만, 서양인들도 조선인은 '미개하고 야만적인 사람들'이라는 편견을 갖고 있었다. 심지어는 "조선에는 식인풍속이 있다."라는 해괴망측한 이야기도 들렸다. 정재륜의 《공사견문록》을 보자.

> "박연은 '본국에 있을 때 고려인들은 인육을 구워먹는다는 이야기를 들었다.'라고 했다. 박연이 제주도에 표류했을 때 마침 날이 어두워 조선 군사들이 횃불을 준비했다. 배안에 있던 (네덜란드) 사람들은 모두 이 불이 자신을 구워먹으려는 도구라고 여겨 하늘이 사무치도록 통곡했다고 한다."

여기에 《하멜표류기》는 조선을 둘러싼 부정적인 이미지를 더욱 악화시켰다. 하기야 조선의 대표적인 실학자인 이덕무1741~1793년마저도 네덜란드인을 이렇게 묘사했단다.

> "네덜란드 사람의 발 길이는 1척 2촌36cm 정도이며, 오줌을 눌 때는 늘 한

쪽 다리를 들고 눈다." -《편서잡고(編書雜稿)》

사람을 개犬의 종류로 보다니……. 낯선 이들을 인간으로 대접하고 존중하는 일이 이렇게 힘들었단 말인가.

백인만 골라 제사지낸 사연

"백인으로 요제燎祭를 지낼까요?燎白人"
"오늘 저녁 흰 강인 세 명을 제물로 올려 제사를 지낼까요?唯今夕用三白羌"

상나라의 정복전쟁이 한창이던 시절기원전 1300~1046년, 정인貞人·점을 치는 관리들이 점을 치면서 국왕에게 보고한 갑골의 내용들이다. 그야말로 끔찍한 일이다.

첫 번째 갑골은 백인을 잡아 불에 태우는 제사를 지낼지 말지를 묻고 있다. 두 번째 갑골은 정복전쟁에서 포로로 잡힌 강족 노예 가운데 피부가 하얀 사람 세 명을 잡아 제사를 지낼지 말지를 묻고 있다. 그러니까 희생자들은 피부색깔이 하얗다는 단 한 가지 이유로 제물로 선택돼 비참한 죽음을 맞이한 것이다.

이렇듯 차별과 구별의 역사는 뿌리가 깊은 것이다. 3,300년 전에도, 500년 전에도 피부색이 다르고 언어가 다르고 종교가 다르다는 이유로, '내남'의 차이를 두려는 습성은 여전했던 것 같다.

타자他者와의 조우, 즉 나와 우리가 아닌 낯선 사람들과의 만남은 늘 이렇게 서로 간에 오해를 불렀으니……. 다른 말 다 집어치우고 사람에게는 사람이 가장 무서운 존재가 아닌가 싶다.

24

'침 좀 뱉었던' 힙합 전사들의 18세기 한양 풍경

▲ 단원 김홍도의 〈주막〉. 여행하던 중년 부부가 간이주막에서 요기하는 광경을 그린 것이다. 국자로 막걸리를 떠내는 주모의 모습이나 부뚜막 위의 밥 양푼과 술사발들이 당시 주막의 풍경을 잘 보여 준다. | 국립중앙박물관 소장

"여러분들, 《성시전도》를 보고 시詩를 지어 바치도록 하라. 제출기한은 사흘 뒤 묘시卯時·오전 5~7시까지이니라."

1792년 4월 24일, 정조가 규장각 관리들에게 시험문제를 낸다. 그해 한양의 풍물을 담은 대형 병풍혹은 두루마리 《성시전도城市全圖》를 완성했는데, 이것을 보고 '7언言 100운韻'의 시를 지으라고 명한 것이다. 이에 규장각 관리들은 임금의 명대로 《성시전도》를 보고 각각 '200구 1,400

자'가 넘는 '7언 100운'의 장편시를 지어 제출했다.

관리들의 시를 받아본 정조는 직접 점수를 매겼다. 그 결과 1등은 병조정랑 신광하申光河였고 2등은 검서관 박제가朴齊家였다. 그 뒤를 검교직각 이만수李晩秀·3등, 승지 윤필병尹弼秉·4등, 겸검서관 이덕무李德懋·유득공柳得恭·공동 5등이었다. 정조는 점수를 매기면서 답안지에 촌평을 남겼다.

정조의 촌평

"신광하는 '소리가 있는 그림有聲畫'이고, 박제가는 '말할 줄 아는 그림解語畫'이며, 이만수는 아름답고娟, 윤필병은 '넉넉하며贍', 이덕무는 '고아하고雅', 유득공은 '모두가 그림都是畫'이구나."

이날, 황공하게도 임금의 평가어평·御評를 받은 6명을 포함해서 모두 17명이 상을 받았다. 지금까지 안대회 교수성균관대가 발굴·공개한《성시전도시》는 12편에 이른다.

정조의 어평을 받은 6명 가운데는 신광하·박제가·이만수·이덕무·유득공 등의 시가 전해진다. 상을 받지 못한 서유구의 시도 알려졌다. 이밖에 개인적인 창작품 6편이 더 알려져 있다. 안대회 교수의 언급대로《성시전도시》는 '왕명에 따라 같은 그림한양전도을 보고' 시를 썼다는 한계가 엄존한다. 왕도로서의 한양을 찬미하는 태도가 깔려있기 때문에 안 교수의 표현대로 '비판적인 독해'가 원천적으로 막혀있다는 것이다. 예컨대 당대 조선의 현실을 특유의 독설로 칼질한 초정 박제가도 예외가 아니었다.

"사대부는 놀고먹을 뿐 하는 일이 없으며, 성 안에 분뇨가 넘치고, 냇가의 석축에 인분이 가득 차 더러운 냄새가 가득하다." –《북학의》

이렇게 한양을 '놀 거리'라고 뽐훼했던 조성이었지만, 정조가 출제한 시험에서까지 비판의 칼날을 들이댈 수는 없었으리라. 그러니 천하의 독설가 박제가였지만 이렇게 사탕발림했다.

"놀고먹는 백성 없이 집집마다 다 부자요, 저울 눈금 속이지 않아 풍속 모두 아름답다. 인仁의 성城과, 의義의 시장에 나라를 세워 번성함과 화려함만 믿지 않는다."

18세기 한양의 뒷골목

그러나 과연 박제가는 박제가였다. 대부분의 시들이 정제되고 고답적인 언어로 한양의 풍경을 묘사했지만, 박제가는 생동감 넘치는 필치로 한양거리를 있는 그대로 그려냈다. 그의 '작법'은 신택권·이학규·신관호 등의 《성시전도시》에도 큰 영향을 미쳤는데, 당대의 풍물을 당대 시장바닥의 말로 뱉어낸 어법이 인상적이다. 안대회 교수의 표현대로 '비속卑俗의 풍격風格'이라고 할까? 그럼에도 정조는 박제가의 시를 2등으로 뽑았다. 박제가의 시를 한번 보자.

"물가 주막엔 술지게미가 산더미일세. (중략) 눈먼 장님 호통 치니 아이놈들 깔깔거리고 (중략) 개백정이 옷 갈아입으면 사람들은 몰라봐도, 개는 쫓아가 짖어대고 성을 내며 노려본다."

18세기 한양 뒷골목의 적나라한 풍경이다. 특히 개들이 옷을 갈아입은 개백정을 알아보고 쫓아가 짖어댄다는 대목에서는 당황한 표정을 지었을 개백정의 얼굴이 떠오른다.

박제가는 시장21운 42구과 거리42운 84구의 풍물을 표현하는 데 작품의 반 이상을 할애했다.

▲ 《성시전도》와 비슷한 시기에 제작된 《태평성시도》. 결혼, 장원급제자, 귀부인의 행렬과 상업, 노동, 농사 등에 종사하고 여가를 누리는 사람들의 모습이 그려져 있다. | 국립중앙박물관 소장

"배우들의 옷차림이 해괴하고 망측하다. 동방의 장대타기는 천하에 없는 거라. 줄타기와 공중제비하며 거지처럼 매달렸다. 한 곳에선 꼭두각시 무대에 오르자 동방에 온 칙사勅使가 손뼉을 친다. 원숭이는 아녀자를 깜짝 놀라게 해 사람이 시키는 대로 절도 하고 꿇어앉기도 하네."

더 이상 설명이 필요 없는 18세기의 저잣거리가 아닌가. 200여 년 전 한양의 시장에서 벌인 광대와 사당패의 공연 한 편을 그대로 보는 듯하다.

시정잡배들의 인사법

"아전배들은 허리로 인사하고, 시정잡배들은 이빨 사이로 침을 뱉어낸다.吏胥之拜拜以腰 市井之唾唾以齒"

▲ 단원 김홍도의 《풍속도첩》에 수록된 〈춤추는 아이(舞童)〉. 18세기 한양의 생생한 모습이 엿보인다. 박제가의 〈성시전도시〉에 묘사된 사당패의 공연모습이 연상된다. | 국립중앙박물관 소장

이 대목에 와서는 절로 무릎을 칠 수밖에 없다. 하급관리인 아전들의 '허리인사법'이라니……. 아전배의 굽실거리는 꼴이 연상되지 않는가? 또 '이빨 사이로 침을 뱉는 시정잡배들의 인사법'은 어떤가. 한마디로 '침 좀 뱉고 껌 좀 씹는' 동네 양아치들의 모습이 아닌가. 이유원1814~1888년이 쓴 《임하필기林下筆記》는 '시정잡배들의 인사법'을 두고 재미있는 일화를 전한다.

어느 날, 이유원과 필담을 나누던 중국 사람이 생각났다는 듯 질문을 던졌다.

> "박제가의 시를 보면 '이빨 사이로 침을 뱉는' 시정배들의 인사법이 있다는데 대체 그것이 무엇입니까?"

이유원은 순간 당황했다. 조선 시정배들의 불량스런 '침 뱉기'가 부끄러웠기 때문이었다. 이유원이 순간 딴청을 피웠다.

> "이 시는 내가 처음 보는 시인데 (중략) 무슨 말을 하고 있는지 잘 이해를 못하겠네요."

중국인은 알듯 모를 듯한 미소를 지으며 더는 묻지 않았다. 그러나 정조는 그냥 넘어가지 않았다. 조선의 치부를 드러낸 박제가의 시가 남의 나라중국에 퍼져 놀림감이 되는 것을 저어했던 것 같다. 때문에 정조는 박제가의 시를 중국에 소개한 자를 색출해서 처벌했다. 하지만 이규경은《오주연문장전산고》에서 박제가의 시를 두고 "당대의 실정을 잘 형용했다.乃善形容者也"라고 칭찬했다.

어쨌든 박제가는 자신의《성시전도시》를 두고 "이언邇言, 즉 천박하고 깊숙한 맛이 없는 시일 수밖에 없다."라고 자인했다. 박제가의 영향을 받은 이학규와 신택권의《성시전도시》도 당대의 풍물을 생생하게 전하고 있다.

> "바닥에 쌓인 생선에선 비린내 살살 풍겨오고, 사람보곤 냅다 달리는 놈은 돼지라네. (중략) 누더기 입은 사내는 술에 취해 인사불성 (중략) 어린 계집종은 정수리에 동이 이고 (중략) 쏟아지려 하자 머리를 치켜든다."
> –이학규

> "가련하구나! 광통교 색주가는 별자別子 쓴 등을 걸고 탁자를 늘어놓았네. 가련하구나! 구리개 약 파는 늙은이는 망건 쓰고 어슬렁거리며 주렴 안에 머무네." –신택권

두 사람은 시장을 무대로 살아가는 장삼이사들의 뭇 사연들을 스케치했다. 그들의 작품에는 종로와 청계천, 을지로를 무대로 살아간 시장 사람들의 일상이 그대로 녹아있다.

골초가 된 조선

안대회 교수는 '특정 직업이나 현상을 부각시켜 묘사한' 신택권에 주목한다.

“위로는 정승판서부터 아래로는 가마꾼까지
안으로는 규방서부터 외방고을의 기생까지
입을 가진 사람이라면 그 누가 즐기지 않으며
(중략)
잔치자리 첫 대면에는 이 물건을 못 빼놓고
비변사 공무로는 저것을 넘어서는 게 없네.
연다烟茶·담배와 술은 어느 것이 좋은가?
큰 술장사는 당당하게 거부巨富와 비견되네.”

정승판서부터 가마꾼까지, 신분고하를 막론하고 담배가 전통의 기호품인 술에 비견될 정도로 대유행했음을 알리고 있다. 신택권은 ‘정승판서’도 담배를 좋아했다고 하지만 어디 정승판서뿐이랴. 임금인 정조부터 희대의 골초였는데……. 정조는 지독한 ‘담배예찬론자’였으며, 과거시험의 시제로 ‘남령초담배’를 내걸기까지 했다.

1796년 11월 18일 정조는 과거시험의 시제로 ‘남령초를 내걸면서, “사람에게 유익한 것은 남령초만한 것이 없다.”라고 했다. 그는 “담배가 아니면 답답한 속을 풀지 못하고 꽉 막힌 심정을 뚫어주지 못한다.”라고 하면서, “담배를 백성들에게 베풀어 줌으로써 그 혜택을 함께 누리고자 한다.”라고까지 했다. 심지어 “담배가 이 시대에 출현한 것은 인간을 사랑하는 천지의 마음에서 비롯됐다.”라는 ‘담배예찬론’을 편다. 요즘 같으면 큰일 날 소리가 아닌가. 여하튼 신택권은 술에 취하고, 담배연기에 휩싸인 당대 한양의 저잣거리 풍경을 적나라하게 그려낸 것이다.

부동산투기 붐

▲ 19세기 기와집 밀집촌을 떠올리게 하는 서울 북촌 풍경 | 이호준 촬영

신택권의 《성시전도시》에는 당시에 성행했던 부동산투기의 모습도 담겨 있다.

"특히 집주름家儈·부동산 중개업자이 나타나 생업을 꾸리니 (중략) 1,000냥을 매매하고 100냥을 값으로 받으니千緡買賣百緡價
동쪽 집 사람에게 서쪽 집을 가리킨다."

역시 신택권의 시에 나타난 한양의 풍속이다. 18세기 한양에 이른바 부동산 중개업자가 '동쪽 집, 서쪽 집'으로 이사를 유도하고 중개수수료를 챙기는 현상을 낱낱이 고발하고 있다. 부동산업자의 농간으로 부동산 투기가 성행하면서 이사가 빈번했음을 알려주고 있다. 또 부동산 중개료가 매매가의 10분의 1임을 분명하게 전하고 있다.

"남촌과 북촌에는 이름난 집들이 몰려있어
부귀한 자는 성세聲勢에 기대야지
예부터 양반은 조용하고 외진 곳을 좋아했으나自古兩班喜靜僻
지금은 사대부가 시끄럽고 낮은 데를 탐낸다.而今士夫貪喧庳"

이 대목을 보면, 당시에도 지역에 따라 집의 가치가 달랐음을 알 수 있다. 즉 부유층은 동네의 이름값과 위세를 감안해서 지금의 강남과 같은 특정한 곳에 모여 살았던 것이다. 또 시대에 따라 부촌의 조건이 바뀐 것도 알 수 있다. 조용하고 외진 곳을 선호했던 양반들이 지대가 낮고 번화한 동네를 찾아 이동하고 있음을 보여 준다. 그러나 서민들의 삶은 여전히 팍팍했던 것 같다.

"외진 골목에 팔짱끼고 살자니 생계가 어려워 빈촌에 둥지 틀어 시장 가까이 산다."라고 했으니 말이다. 그런데 부동산 중개업자를 뜻하는 집주릅가쾌의 존재는 《영조실록》에도 나온다.

1753년영조 29년 7월 5일조의 기사를 보면, "윤성동이라는 인물은 사족士族인데도 집주릅, 즉 부동산 중개업을 생업으로 삼았으니 이런 무뢰배가 어디 있겠느냐."라고 탄핵하는 내용이 나온다. 이 기사로 미뤄보면, 당시 부동산 중개업이 성업을 이뤘고 이 직업을 가진 자를 '무뢰배'로 폄훼했음을 알 수 있다.

조선판 힙합전사들의 인사법

'의리'를 외치며 '하이파이브'를 나누는 한량들의 모습도 보인다.

> "아직도 연조燕趙의 협객을 사모하는 풍모가 남아 말 달리고 투계鬪鷄하면서 한 자나 되는 칼을 찼네. 문득 의기투합하는 자를 만나면 술집과 찻집에서 손바닥을 부딪치네.酒樓茶肆掌一抵"

전국시대연나라·조나라를 풍미하던 옛 협객을 그리던 한양 한량들은 '의리'를 외치며 의기투합했다. 특히 한량들끼리 만날 때 하이파이브를 나누는 장면은 마치 '힙합전사들'의 독특한 인사법 같기도 하다.

> "취한 뒤엔 고담준론, 공자들을 압도하며 한평생 호화로움 언제나 자신하네.醉後高談凌五公 一生豪華長自恃"

술에 취하면 뜬구름 잡는 이야기를 해댔다는 얘기인데, 말하자면 '인천 앞바다에 배들어오면'이라며 허풍을 '질러대는' 모습이라니……. 이 시는 홍문관 교리이자 초계문신抄啓文臣·규장각의 엘리트 문신이었던 김희순1757~1821년의 작품이다.

▲ 보물 527호로 지정된 단원 김홍도의 〈점심〉. 웃통을 벗고 밥을 먹는 일꾼의 모습이 생생하다. 술을 벌컥벌컥 들이마시고 있다. | 국립중앙박물관 소장

박제가와 이학규, 신택권의 《성시전도시》는 박제가의 표현대로 마치 '유리에 비춰 종이 위에 줄여놓는 방법'을 사용했다. 박제가는 "한 폭의 그림 위에 큰 도화지가 펼쳐지고 인정세태를 모조리 여기에 옮겨왔다."라고 했다. 안대회 교수의 말마따나 18~19세기 초상화 제작법의 하나인 '카메라 옵스큐라Camera obscura'기법을 활용한 것이다. 그랬으니 정조가 박제가의 《성시전도시》를 두고 '해어화解語畵', 즉 '말할 줄 아는 그림'이라고 표현한 것일까. 박제가와 이학규 등은 "자질구레한 모습은 차라리 천근한 것에서 찾아야 한다."라고 했다. 그러고 보면 박제가·이학규·신택권의 시는 요즘 유행하기 시작한 '내러티브식 기사'라 할 수 있지 않을까? '200년 전 한양의 저잣거리'를 주제로 한…….

필자는 '기사는 이야기'이며 '기자는 이야기꾼'이라고 입버릇처럼 주장하는 사람이다. 그러나 박제가와 이학규, 신택권 같은 이들의 시와 비교하면 그야말로 부끄러울 지경이다.

25

'내가 설설 기는 이유는', 어느 공처가의 변명

하동사후河東獅吼'라는 말이 있다. 무슨 뜻일까?

중국 송나라 때 진조陳慥라는 인물이 있었는데, 그의 호는 '용구거사龍邱居士'였다. 그는 서슬 퍼런 아내 유씨 때문에 오금을 펴지 못했다. 얼마나 유명한 공처가였는지 소동파蘇東坡는 이런 시를 남겼다.

> "용구거사 또한 불쌍한 사람이다.龍邱居士亦可憐 공空이 어떠니, 유有가 어떠니 하다가 밤잠을 못 이룬다.談空說有夜不眠 그러다가 느닷없이 '하동 사자후'를 듣자 지팡이를 떨어뜨리며 망연자실 한다.忽聞河東獅子吼 拄杖落水心茫然"

'하동사후'에 벌벌 떤 영웅호걸들

아내 유씨의 본관은 하동河東이었다. 사자후는 사자의 울부짖음이기도 하지만, 불가에서는 위엄 있는 부처의 설법을 뜻하기도 한다. 그러니까 '하동사후'는 진조의 부인 유씨가 화를 벌컥 내며 지르는 고함소리였던 것이다. 그러고 보면 집밖에서는 천하를 호령하는 영웅호걸도 집인에서는 '하동사후'의 위세에 눌려 숨죽였던 일이 비일비재했다.

예컨대 당나라 곽자의郭子義·697~781년는 안녹산의 난을 평정한 난세의 영웅이었다. 그런데 어느 날 손님이 가득 모인 잔칫상에서 처첩이 대판 싸움을 벌였다. 곽자의는 한 마디도 거들지 못한 채 꼼짝없이 앉아 있었다. 본처 앞에서는 고양이 앞의 쥐였던 것이다.

▲ 단원 김홍도의 〈신행길〉. 《단원풍속도첩》에 수록된 작품으로, 혼인을 위해 신부 집으로 향하는 신랑의 행렬을 그린 것이다. 백마를 탄 신랑 앞으로 청사초롱과 기럭아비가 앞서서 가고 있다. 신랑 뒤에서 장옷을 입고 따라오는 인물은 매파로 보인다. | 국립중앙박물관 소장

한 사람이 더 있다. 왜구섬멸의 영웅인 명나라의 전설적인 명장 척계광戚繼光·1528~1588년도 마찬가지였다. 그의 아내는 남편이 첩을 들이기만 하면 내쫓거나 심지어 죽이기까지 했다. 하지만 본처 앞에서는 주눅이 들어 첩의 편이 되지 못했다. 두 장군의 변명이 들리는 듯하다.

"만 명의 원수怨讐는 무섭지 않지만, 집 안에 있는 단 한 명의 원수元帥는 무서워한다."

엄처시하에 무릎 꿇은 왕양명

양명학의 창시자인 성리학자 왕양명王陽明·1472~1529년도 마찬가지였다. 밖에서는 제자들에게 '인간의 도리와 사물의 이치'를 가르쳤겠지만 안에서는 설설 기는 공처가일 뿐이었다. 청사에 빛나는 성리학자인데 여색을 탐해 첩을 줄줄이 들였으니 제 아무리 현모양처라도 견딜 수 없었을 것이다. 때문에 왕양명의 처는 여름이면 한적한 대나무 밭으로, 겨울이면 눈 덮인 땅바닥으로 남편을 끌고 갔다. 그러고 나서 무릎을 꿇린 뒤 반성하라고 일갈했다.

천하의 성리학자가 아내의 서슬 퍼런 명령에 무릎을 꿇어야 했으니 딱한 노릇 아닌가. 무엇보다 그렇게 아내에게 괴롭힘을 당하고도 여색을 탐해 계속 첩을 들인 왕양명도 대단한 남자이기는 하다.

어떤 경우에는 조정이 나서 악처를 둔 남편을 파직하기도 했다. 당나라시대 계양현 현령을 지낸 완숭阮嵩은 대청에 손님들을 초청해 밥을 먹다가 흥에 겨운 나머지 계집종들을 불러 노래를 시켰다. 그러자 아내 염씨가 그 사실을 알고 머리를 풀어헤치고 맨발에 팔을 걷어붙인 뒤 칼을 들고 달려왔다. 완숭은 상 밑으로 숨고, 손님들은 혼비백산해서 도망가고……. 이 때문에 완숭은 "아내 하나 제대로 거느리지 못한 자가 어찌 백성을 다스리겠는가."라는 촌평과 함께 '인사고과'에서 최하등급을 맞은 뒤 결국 파직되고 말았다.

▲ 단원 김홍도의 〈행상〉. 《단원풍속도첩》에 수록된 작품으로, 행상을 떠나는 부부가 헤어지기 직전의 풍경을 담았다. 먹고 살기 위해 출산한 지 얼마 되지 않는 아내를 생활전선으로 내보내야 하는 남편은 왠지 눈치를 보는 듯하다. | 국립중앙박물관 소장

반대로 엄처시하를 솔직하게 털어놓은 이는 황제로부터 칭찬을 받았다. 양홍무楊弘武·?~668년라는 인물이 사융소상백司戎少尙伯·병부시랑이 됐을 때 고종이 "무슨 이유 때문에 고관직을 수락했냐."라고 물었다. 그러자 양홍무는 "마누라 때문"이라고 답했다.

> "성격이 강하고 사나운 처위씨가 어제 저에게 지엄한 분부를 내렸습니다. 만약 그 직함을 맡지 않으면 가만 두지 않겠다고 해서 할 수 없이……."

고종 황제는 '쿨'하게 공처가임을 인정한 양홍무를 칭찬한 뒤 웃으면서 빨리 부임하라는 명령을 내렸다.

세종, "질투는 부인지상사婦人之常事이니라"

꼭 중국의 예만 들출 필요가 있을까. 산다는 것이 고금과 동서를 막론하고 똑같은 것일진대 부부간의 이야기도 마찬가지였을 것이다. 세종 때인 1440년의 일이다.

행호군 이맹균의 처 이씨가 계집종을 때려 죽였다. 사헌부는 "이맹균의 처가 아들도 낳지 못한 데다, 남편을 질투한 나머지 여종을 죽였다."라고 하면서 이씨를 처벌해 달라고 세종에게 아뢰었다. 하지만 세종은 되레 남편 이맹균을 처벌했다. 질투는 부인지상사婦人之常事이니 (부인을) 처벌할 수 없으며, 집안을 다스리지 못한 남편의 잘못이 크다고 보았기 때문이다.

> "옛 성현이 말하기를 질투는 '부인의 보통 일婦人之常事'이라 했느니라. 도리어 남편이 아내를 통제하지 못한 죄가 크니 남편의 관직을 빼앗고 황해도

우봉현으로 쫓아내라."

—《세종실록》 1440년 6월 19일조

▲ 〈놀란 나그네(過橋驚客)〉(부분). 단원 김홍도의 《행려풍속도병》에 수록된 그림이다. 선비가 나귀를 타고 어디론가 가다가 뒤에서 갑자기 들이닥친 사람을 보며 놀라는 장면이다. 당장이라도 달려오라는 아내의 전갈을 받은 공처가의 표정 또한 이와 다르지 않았을 것이다. | 국립중앙박물관 소장

그러나 아무리 질투가 '부인의 상사'라지만 남편을 괴롭히고 구타하는 아내라면 어떨까? 《고려사》와 《조선왕조실록》 등 각종 문헌을 들춰보면 생각보다 '학대받고 매 맞는 남편'이 많았다. 심지어는 스물세 살 연하인 왕비에게 방망이로 얻어맞고도 '끽'소리 못한 국왕도 있었다. 1274년부터 1308년까지 고려를 다스린 충렬왕이 바로 그 사람이었다.

1275년 5월, 고려의 세자 왕심충렬왕이 원나라 수도 연경燕京에서 혼례를 올렸다. 39세 때였다. 신부는 다름 아닌 원나라 황제 쿠빌라이의 막내딸인 제국대장공주홀도르게리미실·忽都魯揭里迷失였다.

당시 제국대장공주는 꽃다운 이팔청춘 16세 소녀였다. 쿠빌라이재위 1260~1294년는 칭기즈칸의 손자로, 원 제국을 건설한 희대의 영웅이었다. 충렬왕은 바로 그 무시무시한 세계제국 황제의 친딸과 혼인한 것이었다. 그랬으니 제국대장공주는 얼마나 기세가 등등했을까?

사실 충렬왕에게는 조강지처가 있었다. 24세 때 혼인한 정화궁주였다. 하지만 제국대장공주가 개경에 도착하자 15년간이나 충렬왕의 본부인이었던 정화궁주는 별궁에 유폐됐다.

외국인 부인에게 얻어맞고 울기만 한 충렬왕

설상가상으로 제국대장공주가 왕자충선왕를 낳자 정화궁주는 두려움에 떨었다. 정화궁주는 "제국대장공주의 출산을 하례한다."라고 하며 잔치를 베풀겠다고 했다. 하지만 그게 화를 불렀다.

훗날 세종의 말마따나 "질투는 부인의 상사常事"인가. 정화궁주가 단상 아래에서 무릎을 꿇고 제국대장공주에게 술잔을 올리는 순간이었다. 충렬왕이 힐끗 바라본 게 화근이 됐다. 제국대장공주가 충렬왕을 몰아붙였다.

"흰 눈으로 나를 보는 까닭은 무엇입니까? 정화궁주가 내 앞에서 무릎을 꿇었다고 그런 겁니까?何白眼視我耶 豈以宮主跪於我乎"

제국대장공주는 벌떡 일어나 뛰쳐나가며 쏘아붙였다.

"잔치를 그만 두세요."

연회는 싸늘하게 식었다. 하지만 이것은 시작에 불과했다. 어느 날 충렬왕이 제국대장공주와 천효사라는 절을 방문할 예정이었다. 그런데 문제가 생겼다. 왕이 먼저 절에 도착한 것이다. 뒤따라온 공주는 먼저 온 충렬왕에게 화를 벌컥 냈다. "나를 따르는 수행원이 왜 이리 적냐."라고 하며……. 그러면서 "돌아가겠다!"라고 변덕을 부리며 행차를 되돌렸다. 당황한 남편이 공주를 따라 말머리를 돌렸다. 공주는 그런 남편을 맞아 지팡이로 때렸다.公主以杖迎擊之 이 순간 충렬왕의 대응은? 《고려사》를 보자.

"(공주가 지팡이로 왕을 때리자) 충렬왕은 사모를 벗어던지며 홀라대공주의 시종를 쫓아가 마구 꾸짖었다. '다 네놈 때문이야. 널 반드시 처벌할거야.'라고 했다. 공주의 노여움이 풀렸다. 다시 절로 돌아갔지만 이번에는 남편이 자기를 기다리지 않고 먼저 들어갔다고 욕하고 때렸다. (중략) 이 모습을 본 문창유는 '이보다 큰 모욕이 어디 있겠느냐.'라고 한탄했다."

–《고려사》〈제국대장공주〉

세상에 일국의 왕이 부인에게 매를 맞고, 화풀이를 남에게 하는 꼴이라니……. 그것도 스물세 살이나 연하인 부인에게 한 마디 변명도 못하고 구타를 당했으니……. 이뿐이 아니다.《고려사》를 보자.

"공주가 흥왕사의 황금탑을 파괴하여 금을 쓰려고 하자 왕이 안 된다며 금했다. 그런데도 공주는 왕의 말을 듣지 않았다. 충렬왕은 그저 울기만 했다.王禁之不得 但涕泣而已"

스물세 살이나 어린 딸 같은 부인에게 수모를 당하고도 그저 울기만 했다는 것이다.

못생겨 구박받고 파직까지 당한 불쌍한 남편

여말선초 때 왜구를 무찌르는 데 공을 세운 최운해崔雲海·1347~1404년 역시 아내를 다스리지 못했다.《고려사》는 "아내 권씨의 성품이 질투가 심하고 사나왔다." 라고 하면서 다음과 같이 기록했다.

"광주에 있을 때 투기하여 남편의 얼굴에 상처를 내고 옷을 찢었으며 양궁良弓을 꺾어버렸다. 심지어는 말馬의 목을 자르고 개犬를 쳐서 죽였다."
—《고려사》〈열전·최운해〉

아내 권씨는 심지어 도망가는 남편 최운해를 쫓아가 칼로 내리치려 했다. 달아난 최운해는 겨우 화를 면했다. 아내의 칼을 피해 이리저리 도망가는 장군의 모습을 한번 상상해 보라.

이게 끝이 아니다. 남편더러 못생겼다며 모욕하고 멸시한 못된 부인도 있었다. 1517년중종 12년의 일이다. 중종에게 남편을 멸시한 판관 홍태손의 부인 신씨를 탄핵하는 상소가 올라온다. 내용은 이렇다.

홍태손은 얼굴도 추악했고, 전처와 후처 사이에서 모두 아들이 없었다. 나이 50세에 이르러 후사가 끊어질 것을 걱정한 홍태손은 다시 장가를 들 생각을 했다. 혼담의 상대는 바로 신씨였다. 누군가 혼인을 앞둔 신씨를 놀려댔다. "꽃다운 나이에 그렇게 얼굴도 못생기고 늙은 남자와 혼인해서 같이 잘 수 있겠느냐."라고……. 그럼에도 혼사는 결정됐다. 천성이 사납고 완악했던 신씨는 결혼 후 6~7년간이나 남편과 동침하지 않았다. 그러면서 남편을 대놓고 구박하며 악다구니를 썼다.

"너는 추한 얼굴에 나이도 늙고 기력도 없는데, 무엇을 믿고 혼인해서 나를 초라하게 만드느냐. 빨리 죽어라." —《중종실록》 1517년 윤12월 20일조

홍태손은 자신에게 빨리 죽으라고 저주한 아내를 사헌부에 고소했다.《중종실록》 1518년 1월 26일조를 보면, 중종은 이 소송에서 "홍태손과 그의 아내 신씨는 이혼하라."라고 선고했다. 홍태손도 수안군수직에서 파직됐는데, 그는 얼굴

도 못생겨 아내에게 구박당하고 공직에서도 쫓겨나는 신세가 됐다.

장애인 남편을 학대한 아내

또 있다. 1457년세조 3년 행호군 박윤창의 아내 귀덕 이야기다.

귀덕은 성질이 사납고 모질어 남편을 위협하고 억눌러 종처럼 부렸다. 남편 박윤창은 한쪽 눈을 잃은 사람이었다. 부부는 어느 날 새 집을 지을 때 창문을 어디다 둘 것이냐를 두고 논쟁을 벌였다. 그때 아내가 남편에게 해서는 안 될 욕을 마구 해댔다.

> "이 애꾸눈 놈아! 애꾸눈 놈아!瞎漢!瞎漢! 네가 아는 게 뭐가 있느냐?"
>
> -《세조실록》 1457년 5월 19일조

그러고 나서 장대를 잡고 처마와 기와는 물론 당실과 창 벽을 다 부셔버렸다. 드라마 《청춘의 덫》에서 여주인공이 남편에게 한 '부셔 버릴 거야!'라는 저주가 떠오른다.

귀덕은 설상가상으로 키가 크고 멀끔한 사내종을 귀여워했다. 여종이 귀덕과 사내종의 사통私通 소식을 발설하자, 귀덕은 즉시 그 모자를 때려죽였다. 귀덕은 이 살인사건이 발각됨에 따라 체포됐다. 그래도 박윤창은 남편이라고 "그럴 리가 없다."라고 하면서 아내를 변호했다. 옥관獄官은 남편의 주장에 빙긋 웃으며 말했다.

> "은밀한 규방의 일을 자네가 어찌 별일이 없었다고 보장하는가."

남편은 애꾸눈을 닦으면서 구슬프게 울었다. 사람들은 악처를 애써 변호하는 남편을 안타깝게 바라보았다.

남편을 상습구타하고 저주한 부인

중종 때의 인물인 허지許遲의 아내유씨도 온 조정을 떠들썩하게 만든 '악처의 대명사'였다. 1522년중종 17년 사헌부가 유씨 사건을 임금에게 아뢴다.

> "허지의 아내 유씨는 투기가 너무 심해 사생결단으로 남편을 '상습구타毆辱'해 왔습니다. 그뿐이겠습니까. 볏짚을 사람처럼 만들고는 사지와 몸통을 절단하면서 '이것이 허지다.'라고 계집종들로 하여금 축하하도록 했습니다." –《중종실록》 1522년 6월 15일조

또 있었다. 허지가 사신使臣으로 나갈 때면 다시 계집종들에게 시켜 문밖에서 곡哭소리를 내도록 했다. 그러면서 "허지가 죽었으니 초상을 알리려는 것"이라고 거짓말을 했다.

남편의 부재중에 과거시험 감독관으로 임명됐음을 알리는 명패가 집으로 배달됐을 때는 더욱 이해할 수 없는 짓을 저질렀다. 이 명패를 남편에게 전달하지 않아 죄를 받게 만든 것이다. 또 이웃집 수탉이 암탉을 쫓다가 자기 집 담장을 넘자 그 수탉을 잡아 날개를 뽑고 사지를 찢어죽이며 말했다.

> "너희 집에도 암탉이 있는데 남의 집 암탉을 쫓는 까닭이 뭐냐. 그러고 보니 허지남편 같은 부류의 짐승이로구나!"

허지 아내의 악행은 장안에 화제를 뿌렸다. "소문이 퍼진 뒤이므로 조정에서도 모르는 이가 없을 정도였다."라고 한다. 하지만 유씨는 구속당하지도 이혼당

하지도 처벌받지도 않았다. 특히 중종은 "(허지의 아내 유씨가) 간음하지도 않았는데 죽일 수는 없다"라고 분명히 밝혔다. 대신들이 벌떼처럼 들고 일어났지만 중종은 일축한다.

"사족의 부녀는 사형으로 다스릴 수 없다. 또한 이혼은 위에서 명령할 일이 아니다. 남편 허지가 결정할 일이다."

간통한 부인에게 불알 잡혀 죽은 남편

태조 이성계의 사촌동생從弟 중에 이지李枝라는 인물이 있었다. 사촌형 이성계를 따라 왜구섬멸전에 나섰고, 위화도 회군 때도 이성계의 사저를 방위하는 등 혁혁한 공을 세웠다.

그는 해마다 연말이 되면 선달그믐어머니과 정월 초하루아버지에 죽은 부모의 명복을 빌기 위해 절을 찾았다. 1427년세종 9년 1월 3일, 향림사를 찾아 부처님에게 공양하고 있던 이지가 갑자기 죽었다. 향년 79세였다. 《세종실록》은 그의 졸기卒記·부음를 전하면서 '사람들의 말'을 빌어 이렇게 '사족'을 달아놓았다.

"사람들이 말하기를 이지가 후처 김씨와 더불어 며칠 동안 절에 머물렀는데 부인 김씨가 밤중에 중과 간통했다. 이때 이지가 부인의 간통현장을 붙잡아 꾸짖고 구타하니, 부인 김씨가 남편 이지의 고환불알을 끌어당겨 죽였다.金拉枝腎囊而殺之"

망측한 일이다. 간통현장을 들키자 이를 꾸짖는 남편의 급소를 붙잡아 결국 죽이고 말았으니……. 사건현장에는 김씨의 노비들밖에 없었다. 때문에 이 사건은 쉬쉬하며 묻힐 뻔했다. 하지만 부고를 듣고 달려온 이지의 전처 아들절제사 이상흥에 의해 들통이 났다. 피의자 김씨는 "이상흥이 형조에 사건을 고할 것"이라는 말을 듣자, 어쩔 줄 모르다가 그만 실성해버렸다. 그런 탓일까. 전처 아들 이상흥은 끝내 형조에 사건의 전모를 밝히지 않았고, 세종 또한 김씨가 종친의 아내였음을 감안해 처벌하지 않았다. 졸지에 아내의 간통현장을 잡고도 '급소'를 붙잡힌 채 죽은 남편이지만 불쌍하게 된 셈이다.

▲ 1640년대 명나라 말기의 작가 맹영광(孟永光·1590~1648년)이 그린 〈패검미인도(佩劍美人圖)〉(부분). 가늘고 긴 눈과 갸름한 얼굴 등 미인형의 여인을 그렸다. 공처가 남편은 아내를 이처럼 칼을 찬 여인 보듯이 두려워하지 않았을까? | 국립중앙박물관 소장

아내가 무서운 세 가지 이유

당나라 초기에 어사대부를 지낸 배담의 '공처가론'은 심금을 울린다. 배담은 '아내가 무서운 세 가지 이유'를 이렇게 논한다.

> "젊고 예쁠 때는 보살 같아서 무섭다. 세월이 지나 집안에 자식이 많아지면 구자마모九子魔母·동자를 잡아먹는 불경의 여신처럼 변하니 무섭다. 그뿐이랴. 예순이 되면 검은 얼굴에 온통 분을 발라 마치 '구반도鳩盤荼·사람의 정기를 빨아먹는 불경 속 귀신처럼 변한다. 어찌 무섭지 않으랴."

동진317~419년 때 황제 다음으로 권세를 떨쳤던 사안謝安·320~385년이라는 인물은 음주가무와 주색잡기에 능했다. 기생을 데리고 놀러 다니던 사안은 첩을 들일 결심을 했다. 하지만 아내는 결사반대했다. 사안의 조카들이 숙모사안의 아내를 설득하려고 《시경》의 〈관저關雎〉와 〈종사螽斯〉 등의 작품을 인용했다.

"〈관저〉와 〈종사〉를 보면 '옛 사람들은 질투하지 않는 것을 미덕으로 삼았다.'라고 했습니다. 그냥 삼촌사안의 말을 들어주시면……."

사안의 부인이 물었다.

"한 가지만 물어봅시다. 이 《시경》의 〈관저〉와 〈종사〉는 누가 쓴 것입니까?"
"주공周公·주나라 무왕의 동생이 썼습니다."

사안의 부인이 고개를 끄덕였다.

"그럴 테지. 남자니까 그런 시를 쓴 것입니다. 여자였다면 이런 시를 썼겠습니까."

조카들은 입도 벙끗하지 못했다. 어느 누가 대꾸할 수 있단 말인가.
실학자 박제가1750~1805년는 《북학의》에서 친구의 말을 인용하면서 한탄했다.

"여자들의 저고리는 날로 짧아지고 치마는 날로 길어진다. 이런 차림으로 제사를 지내고, 손님을 맞이할 때 이런 차림으로 휘휘 젓고 다니니 부끄러운 일이다. 한 친구가 말했다. '요즘 사람 중에 집안을 대장부처럼 다스리는 사람이 전혀 없다.'라고……."

그로부터 300년도 훌쩍 지난 지금 박제가의 말을 떠올려보자. 그래, 과연 '대장부처럼' 집안을 '다스리는' 가장인가? 아니면…….

26

슬픈 그녀들,
화냥년 혹은 환향녀

"충신은 두 임금을 섬기지 않고, 열녀는 두 남편을 섬기지 않는다. (중략) 사로잡힌 부녀들은 비록 본심은 아니었다고 하더라도 변을 만나 죽지 않았다. 어찌 절의를 잃지 않았다고 할 수 있겠는가."

1638년인조 16년 3월 11일 《인조실록》의 기자가 비분강개한다.

"이미 절개를 잃었으면 남편의 집과는 의리가 끊어진 것이다. 억지로 다시 합치게 해서 사대부의 가풍을 더럽힐 수는 절대로 없는 것이다. (중략) 절의를 잃은 사람과 짝이 되면 자신도 절의를 잃는 것이다."

그러면서 한 마디 더 한다.

"아! 100년 동안 내려온 나라의 풍속을 무너뜨리고, 삼한三韓을 들어 오랑캐로 만든 자는 최명길이다. 어찌 통분함을 금할 수 있겠는가."

▲ 인질로 붙잡혀 간 소현세자 부부 등의 숙소였던 심양관. 병자호란으로 약 60만 명의 조선인이 붙잡혔으며 이중 반은 여성들이었다. | 《경향신문》 자료사진

이 사관은 왜 이다지도 격정을 토로하는가. 그리고 왜 최명길을 그렇게 탄핵하는가. 그 자초지종을 들어보자. 환향녀還鄉女의 아픔과 한이 절절이 밴 사연이다.

환향녀와는 살 수 없습니다

1638년 3월 11일 신풍 부원군 장유張維가 예조에 단자單子, 즉 진정서를 보낸다.

"제 외아들장선징의 처가 청군에 잡혔다가 속환贖還·몸값을 주고 귀국했습니다. 지금은 친정 부모한테 가있습니다. 이제 그대로 배필로 삼아 함께 선조의 제사를 받들 수 없습니다. 이혼하고 새로 장가들도록 허락해 주십시오."

때마침 그와 반대 입장의 상소도 함께 올라왔다. 전 승지 한이겸韓履謙의 진정서였다.

"제 딸이 청군에 사로잡혔다가 속환됐는데 사위가 다시 장가를 들려고 합니다. 원통해 못살겠습니다."

누구는 며느리가 이른바 '환향녀'이므로 아들과의 이혼을 허락해 달라고 진정서를 올렸고, 누구는 사위라는 작자가 환향녀가 된 자기 딸을 버리고 다른 여자와 재혼하겠다니 원통하다고 호소한 것이다. 참으로 난감한 노릇이었다. 예조도 선뜻 결론을 내리지 못한다. 조정의 의논도 분분했다.

"사로잡혀 갔다가 돌아온 사족의 부녀자들이 어디 한둘입니까. 조정의 의논을 거쳐야 피차 난처하지 않을 겁니다."

공론이 시작됐다. 좌의정 최명길은 단호한 어조로 '이혼 및 재혼 불가론'을 펼쳤다.

▲ 〈호병도(胡兵圖)〉. 조선 후기의 화가 김윤겸(1711~1775년)이 그린 청나라 병사들이다. | 국립중앙박물관 소장

"전쟁이라는 급박한 상황에서 몸을 더럽혔다는 누명을 뒤집어쓰고도 진실을 밝히지 못한 여인이 얼마나 많겠습니까? 그리고 사로잡힌 부녀자들이 모두 몸을 더럽혔다고 볼 수 있습니까?"

사실 최명길의 주장에는 명백한 근거가 있었다. 임진왜란 때도 똑같은 쟁론이 벌어진 적이 있었기 때문이었다. 그러나 선조 임금은 "이혼 및 재혼을 허락하지 않는다."라고 선을 그었다.

> "이것은 음탕한 행동으로 절개를 잃은 것과 견줄 수 없다. 아내를 버려서는 안 된다." –《조야첨재·朝野僉載》

이런 선조의 예에 따라 인조도 최명길의 손을 들어주었다. 환향녀와의 이혼과 다른 여자와의 재혼을 금한 것이다. 하지만 사대부 집안들은 임금의 명령도 듣지 않았다. 너도나도 조강지처를 버리고 다른 여자와 재혼한 것이다. 환향녀를 '화냥년'이라, 그 여자가 낳은 자식을 '호로胡虜자식'이라 폄훼하면서…….

전쟁에 임하는 남정네들의 행태

전쟁이 일어나면 일차적으로 전쟁터의 남성들이 많이 희생당한다. 하지만 힘없는 여성들도 마찬가지다. 더욱이 패전하는 날이면 여성들은 그야말로 수난의 수레바퀴에서 헤어나지 못한다. 더구나 무능한 임금, 무능한 아비, 무능한 남편이 다스리는 나라라면 더했다.

청군의 말발굽이 한반도를 짓밟던 1637년 1월 22일 강화도가 함락된다. 청나라는 인조가 강화도로 피신할까봐 전력을 다해 돌진한 것이다. 강화도에는 소현세자와 봉림대군 부부를 비롯해 수많은 사대부 부녀자들이 피신해 있었다. 《연려실기술》〈인조조고사본말·강화도 함락되다〉를 보면, 이른바 천혜의 요새인 '금성탕지'라던 강화도가 함락되는 경위가 나오는데 그야말로 목불인견이다.

인조는 청나라가 침략하자 영의정 김류의 아들인 판윤 김경징을 강화 검찰사로 임명했다. 한마디로 최후의 보루인 강화도를 지켜달라는 것이었다. 하지만 김경징은 누란의 위기에 빠진 조국을 건사할 능력이 안 되는 인물이었다. 우선 자신의 가솔과 절친한 친구들을 강화도로 먼저 건너가게 하려고 다른 사람들의 출입을 막았다. 주로 사대부 가족인 피란민들이 수십 리나 줄을 서서 기다려야 했는데도……. 심지어는 소현세자빈인 강빈조차도 이틀 동안이나 밤낮을 굶주리며 기다려야 했다. 오죽했으면 강빈이 가마 안에서 "경징아 경징아, 어찌 이럴 수 있느냐!" 하고 외쳤을까.

그뿐이 아니었다. 김경징은 독단으로 지휘권을 행사하려 했다. 그러자 강화유수 장신은 "나는 지휘를 받을 사람이 아니다."라고 하며 명령 받기를 거부했다.

김경징은 강화도가 금성탕지金城湯池·쇠로 만든 성과 끓는 물을 채운 못을 뜻하는 말로, 매우 견고한 성을 뜻함니 함부로 적군이 건너지 못할 것이라 여겼다. 매일 술만 퍼마시며 주사를 부렸다. 남한산성의 임금도 안중에 없었다. 심지어 봉림대군이 "술만 마실 때가 아니다."라고 충고해도 "대군이 어찌 말을 하느냐."라고 반문하면서 듣지 않았다. 그러다가 강화도가 제대로 싸워보지도 못하고 무너지자 섬 전체가 아비규환이 됐다.

욕보지 않으려 자결한 여인들

소현세자빈은 자기 목을 찔렀다. 내시들이 급히 세자빈을 잡지 않았으면 죽었을 것이다. 다른 사대부의 여인들도 마찬가지였다. 《연려실기술》에는 강화도에서 수모를 당한 여인들의 이야기가 실려 있다.

윤선거의 아내는 스스로 목을 맸다. 겨우 아홉 살이었던 아들은 손으로 옷과 이불을 정돈한 뒤 빈소를 정했다. 꼬마는 사방 구석에 돌을 놓고 숯과 재를 덮은 후 통곡하여 하직한 뒤 계집종의 등에 업혀 나왔다. 이돈오의 아내 김씨는 시어머니와 동서 등과 같이 목을 찔렀다. 김씨가 즉사하고 시어머니와 동서가 피를 흘려 옷에 가득 흐르자 청군이 버리고 갔다.

홍명일의 아내 이씨와 시어머니를 비롯한 여성 세 명은 배를 타고 도망치다가 적병이 엄습하자 서로 껴안고 물에 빠졌다. 어떤 선비의 아내는 "청군이 죽은 사람을 보면 옷을 모두 벗긴다니 내가 죽으면 서둘러 화장하라."라고 신신당부한 뒤 목을 매 죽었다. 이호선의 아내는 토굴 안에 숨어 있다가 적병이 불을 질렀는데도 나오지 않고 그대로 타 죽고 말았다.

▲ 강화도의 관문인 갑곶돈대. 청군이 이 돈대를 통해 강화도로 쳐들어오자 수많은 여성들이 스스로 목숨을 끊었다. | 《경향신문》 자료사진

유인립의 아내는 적병이 끌고 가려 했지만 끝까지 버텼다. 청군이 총을 난사해 몸의 살이 다 뜯겨 나갔지만 꼿꼿하게 선 채 넘어지지 않았다. 이렇게 사대부 여인네들만 수모를 당한 것이 아니었다. 천민의 아내와 첩도 줄줄이 목숨을 끊었다.

"적에게 사로잡혀 욕을 보지 않고 죽은 자와 바위나 숲에 숨었다가 적에게 핍박을 당해 물에 떨어져 죽은 자들이 얼마나 되는지 알 수 없다. 사람들은 '빠져죽은 여인들의 머리 수건이 마치 연못물에 떠 있는 낙엽이 바람을 따라 떠다니는 것 같았다.'라고 했다."

—《연려실기술》〈인조조고사본말 · 순절한 부인들〉

빨리 죽으라며 두 눈 부릅뜬 남편

강화 함락의 장본인인 김경징강화검찰사은 도망갔지만, 부인박씨과 며느리, 그리고 다른 일가의 여인들은 모두 자진했다. 김경징의 아내 박씨는 평소 남편에게 제발 좀 정신을 차리라고 하며 바른 말을 했다. 하지만 김경징은 "아녀자가 무엇을 안다고 그러시오?"라고 하며 힐책했다. 그때 박씨는 "나라가 깨지고 집이 망하면 여자라고 모면하겠습니까?"라고 했다. 못난 남편이나 자식에 비하면 그야말로 올곧은 여인이라 할 수 있다. 그러나 김경징의 아들인 김진표는 그런 어머니를 비롯한 일가 여인들을 다그쳐 자살하게 했다. 그런 뒤 자기 혼자 살아남았다.

> "적병이 갑곶진甲串津을 건너자 김경징은 늙은 어미를 버리고 배를 타고 달아났다. (중략) 김경징의 아들 김진표는 제 할미와 어미를 협박하여 스스로 죽게 하였다." —《인조실록》 1637년 9월 21일조

강화 유수 장신의 어머니도 죽었다. 강을 건널 때 내관이 봉림대군에게 "장신의 어머니가 있는데 어찌 할까요?"라고 물었다. 그러자 봉림대군이 한 마디 했다. "아들이 어머니를 모시지 않았는데 낸들 어떻게 하느냐."라고……. 어머니는 결국 추위와 굶주림에 지쳐 강변에서 죽고 말았다. 참으로 한심한 아들이 아닐 수 없다. 훗날 임금효종의 자리에 오른 봉림대군의 몰인정도 갑갑하긴 마찬가지다.

이런 어처구니없는 일도 있었다. 정선흥의 아내는 청군이 접근하자 친정아버지의 절친이자 왕족인 회은군 이덕인에게 달려갔다. "영감회은군은 내 아버지와 절친하니" 살려달라는 얘기였다. 그러나 회은군이 난감해했다.

"내가 어쩌겠느냐."

그러자 남편 정선흥이 눈을 부릅뜨고 "빨리 죽는 게 낫다."라고 꾸짖었다. 아내가 칼을 들고 안으로 들어갔다. 회은군이 남편 정선홍에게 빨리 가보라고 했다. 과연 아내는 죽어 있었다. 《연려실기술》에 있는 이야기다. 사실이라면 천인공노할 짓이다. 청군에게 짓밟힐까 두려워 살려달라는 아내에게 빨리 죽으라고 겁박하고 급기야 죽게 만든 것이다. 피가 거꾸로 솟을 일이다. 이렇게 자의든, 자의반 타의반이든, 타의로 내몰리든 죽음을 선택하거나 강요당한 여인들도 많았다.

갈수록 태산인 조선의 영의정

하지만 그보다 엄청난 수의 여인들이 볼모로 잡혀가 곤욕을 치렀다. 소현세자 부부와 봉림대군 부부도 그 사이에 끼어있었으니 오죽했으랴. 다산 정약용의 《비어고備禦考》는 "청나라로 간 사람은 60만 명이 넘는다."라고 기록했다.

> "우리나라 사람으로 오랑캐의 포로가 된 자가 반이 넘고 각 진영 안에는 여자들이 무수했다. 이들이 발버둥 치며 울부짖으니 청군이 채찍으로 휘두르며 몰아갔다." –《연려실기술》

1637년 1월 30일 인조가 삼전도에서 굴욕적인 항복의식을 행했다. 청군은 수많은 포로를 데리고 철수하기 시작했는데, 그 철수행렬은 30일이나 이어졌다.

> "사대부의 아내나 첩, 처녀들은 차마 얼굴을 드러내지 못하고 사람을 보면 더러 옷으로 머리를 덮었다." –《비어고》

▲ 제비꼬리를 닮았다고 해서 연미정이라는 이름이 붙은 정자. 정묘호란 때 후금과 형제맹약을 맺은 장소이며, 병자호란 때도 불에 탔다. 《강도몽유록》의 무대가 된 곳이다. | 저자 촬영

웃어야 할지 울어야 할지……. 또 이런 일도 있었다.

청군이 철수를 하고 있던 1637년 2월 3일, 청나라의 용골대·마부대 두 장군이 정명수조선인 출신으로 청 태종의 신임을 받아 통역으로 일한 자를 거느리고 궁궐에 나타났다. 이때 영의정 김류가 나타났다. 김류는 강화도 함락의 장본인인 김경징의 아버지였다. 그런데 김류의 첩이 낳은 딸이 청군에게 붙잡혀 있었다. 김류가 인조에게 부탁했다.

"전하, 용골대 장군에게 제 딸을 좀 돌려달라고 말씀 좀 해주시면……."

딱한 일이다. 이게 지존이라는 임금에게 할 부탁인가. 수많은 백성들이 죽거나 잡혔는데……. 임금한테 이런 사사로운 청탁이나 하라고 시킨단 말인가. 그러나 인조는 그의 청을 거절하지 못했다. 김류는 인조반정의 일등공신이었기 때문이었다. 임금은 "김류의 딸을 좀 보내달라."라는 청탁의 말을 용골대에게 전했다. 하지만 용골대는 일언반구 대꾸도 하지 않았다. 그야말로 대망신이 아닐 수 없다. 임금의 청탁마저 속된 말로 단칼에 '킬'된 것이다. 조바심이 난 김류가 용골대에게 어처구니없는 제안을 한다.

"만약 제 딸을 무사히 돌아오게 해준다면 몸값으로 1,000금을 주겠소."

그러나 용골대는 이번에도 아무 말 없이 나갔다. 김류는 이번에는 정명수를 껴안고 귓속말을 했다.

"이제 판사정명수와 함께 한 집청나라을 모시게 됐습니다. 판사가 뭘 부탁해도 난 들어줄 것이고, 판사도 내 부탁을 들어줄 것으로 믿소. 내 딸의 귀환을 좀 도와주오."

정명수 역시 대답하지 않았다. 《비어고》에는 김류가 정명수를 껴안고 걷자, 정명수가 난처해하며 옷자락을 떨치고 가버렸다고 한다.

일국의 임금, 그리고 재상이라는 사람이 이런 사사로운 청탁이나 했으니 말문이 막힌다. 또 하나, 김류가 용골대에게 인질의 몸값으로 1,000금을 주겠다는 말은 엄청난 후폭풍을 일으켰다. 인질 몸값이 이 말 때문에 폭등했기 때문이다. 갈수록 태산인 영의정이다.

단식투쟁 끝에 자결한 여인

목불인견의 과정 끝에 청군에게 붙들려 간 여인네들은 온갖 수모를 당했다. 예컨대 청나라 병사들이 어떤 아름다운 처녀를 끌고 가면서 온갖 수단으로 달래고 협박했다. 그러나 처녀는 끝내 들어주지 않았고 단식으로 항거했다. 결국 처녀는 끌려가던 도중에 굶어죽었다. 그러자 청나라 사람들도 그 정절에 감탄해서 처녀를 묻어주고 떠났다. 또 심양청나라 수도에서 어떤 처녀를 두고 몸값을 협상할 때 청나라 사람이 너무 과도한 액수를 요구했다. 그러자 이 처녀는 '환향'할 수 없다는 좌절감에 빠져 스스로 목을 찔러 죽고 말았다.

좌의정 최명길은 아내의 속환을 위해 심양을 찾은 남편과의 애절한 만남을 생생한 필치로 전하며 '이혼·재혼 불가론'을 호소했다.

> "심양에 속환몸값을 주고 인질을 돌려받는 것을 위해 따라간 남편들이 많았습니다. 남편이 붙들려간 아내를 보고는 저승에 간 이를 만난 듯 부둥켜안고 울었습니다. 아무리 돈이 부족해도 부모나 남편은 붙들려간 아내를 위해 돈을 마련할 겁니다. 그런데 만약 이혼을 허락해 보십시오. 어느 남편이 아내를 위해 돈을 마련하겠습니까. 이는 허다한 부녀자들을 영원히 이역의 귀신이 되게 하는 것입니다."

못생겼다고 수모 당한 여인들

기막힌 일은 또 있었다.

> "예전에 명나라에서는 지극히 예쁜 여자들만 뽑아 바쳤는데, 지금은 이렇게 못생긴 여자들만 보냈는가? 그리고 24명을 보내기로 했는데 10명만 보낸 연유가 무엇인가." -《인조실록》

1637년 9월 6일, 청나라 장군 용골대가 조선의 사신 백대규를 꾸짖었다. 청 황제는 10명의 여자들을 직접 간택하면서 평양의 장옥, 용강의 영이, 삼화의 업생, 청주의 영춘 등 4명만 황궁에 두었다. 나머지는 여러 제후들의 집에 보냈다. 이 과정에서 조선에서 보낸 여자들이 못생겼다고 타박했던 모양이다. 그렇다면 이 여성들은 어떤 연유로 이역만리 청나라까지 가야 했을까?

모두 항복문서에 따른 것이었다. 《인조실록》 1637년 1월 30일조의 항복문서를 보면, "청과 조선은 안팎 여러 신하들과 더불어 혼인관계를 맺어 사이좋게 지낸다."라는 내용이 들어있었다.

8개월이 지난 1637년 9월 청나라는 그때의 약속을 지키라고 요구했다. 당황한 조선은 차일피일 결정을 미뤘다. 하지만 청의 재촉이 극심해지자 조선은 관기·관비 등에서 선발한 여인 10명을 보냈는데, 못생겼다는 굴욕적인 말만 들은 것이다. 그야말로 치욕의 역사인 것은 틀림없다.

치욕의 인질장사

청나라는 붙잡아온 인질들을 성문밖에 모아두고 시장을 열었다. 백주대낮에 공개적인 '인질장사'를 벌인 것이다.

> "청인들이 남녀 인질들을 모아놓으니 수만 명이 됐다. 모자가 상봉하고 형제가 서로 만나 부여잡고 울부짖으니 곡소리가 천지를 진동했다."
>
> –《심양일기》

인질 1인당 몸값은 천차만별이었다. 양국 간 교섭에 따른 1인당 몸값은 은銀 25~30냥이었지만, 실제로는 1인당 100~250냥에 이르렀다. 일부 사대부 집안이 비공식적인 인맥을 통해 자신의 가족들을 빼오려 했기 때문에 몸값이 폭등했다. 앞서 밝혔듯이 김류가 첩의 딸을 구하기 위해 용골대에게 1,000냥을 불렀고, 병조의 사령 신성회는 600냥을 냈다.

영중추부사 이성구는 무려 은 1,500냥을 지불했다. 이 사건은 큰 물의를 빚었다. 몸값을 높인 죄도 있었지만, 더 큰 문제는 조선인 출신의 청국 통역관인 정명수에게 온갖 모욕을 받아가면서까지 거액의 뇌물을 제공한 것이었다.《병자록》〈잡기난후사雜記亂後事〉의 기사를 보자. 정명수가 이성구를 모욕하는 대목이다.

> "대감의 입에서 나온 말은 내 똥구멍에서 나온 소리보다 못합니다."

그래도 이성구는 이 말을 모욕이라 여기지 않고 정명수에게 신신당부했다. 자기 아들이 심양에 곧 갈 테니 잘 봐달라고……. 그렇다면 청나라에 볼모로 간 60만 명 가운데 '환향'한 여성들의 운명은 어땠을까?

회절강에 몸을 씻은 여인들?

귀국하는 환향녀들이 홍제천 등 조정이 지명한 이른바 회절강回節江에 몸을 씻으면 모든 과거를 잊게 했다는 전설이 남아있을 정도였다. 그만큼 '환향녀' 문제는 컸다. 그러나 현실은 냉엄했다. 이상적인 유교국가의 건설을 목표로 한 조선으로서는 반드시 짚고 넘어가야 할 것이 바로 '환향녀' 문제였다.

사실 《경국대전》〈이전吏典·경관직〉은 "정절을 잃은 부녀자의 가문은 자손 대대로 문과에 응시하거나 요직에 등용될 수 없었다."라고 규정했다. 때문에 이것을 문제 삼았다. 사대부 집안들은 환향녀들을 '청군에 끌려갔다가 정절을 잃고 귀환한 여인들'로 낙인찍었다. 앞서 밝힌 장유의 진정 이후에도 끊임없는 논란이 벌어졌다.

장유의 진정이 큰 논란을 빚은 지 불과 두 달 만인 1638년 5월 다시 대대적인 이혼론이 제기됐다. 특진관 조문수의 주장은 강경했다.

> "부부는 인간의 대륜입니다. 포로로 잡힌 여자들은 남편의 집안과 대의가 이미 끊어졌습니다. 어찌 다시 억지로 합해 사대부의 기풍을 더럽힐 수 있겠습니까. 우리 동방은 예의의 나라인데……." -《인조실록》 1638년 5월 21일조

인조는 "포로로 잡혀갔던 여자들은 이미 본심에서가 아니었고 죽을 수도 없었다."라고 하면서 더는 재론하지 말라고 매듭지었다. 그러니까 환향녀와 이혼하는 것도, 환향녀를 버리고 재혼하는 것도 불허한다는 것이 조정의 공식입장이었

▲ 귀국하는 환향녀들이 몸을 씻으면 모든 과거를 잊게 했다는 전설이 깃든 홍제천 | 이호준 촬영

다. 하지만 일부 사대부들의 아우성은 계속됐다.

맨 먼저1638년 이혼론을 주장한 장유가 1640년에 사망하자, 장유의 부인 김씨가 다시 한 번 상소를 올렸다. 외아들인 장선징의 이혼을 허락해 달라는 것이었다. 이번에는 환향녀인 며느리가 타고난 성정이 못되어 시부모에게 순종하지 않고 있다는 이른바 칠거지악七去之惡의 조목을 들었다. 《인조실록》 1640년 9월 22일조를 보면, 인조는 "'훈신의 와아들인 만큼 이번만 예외로 이혼을 허용하라.' 라는 명을 내린 뒤 "관례로는 삼지 마라."라고 신신당부한다.

죽자마자 쫓겨난 '환향' 종부

그러나 법은 '이혼 및 재혼 불가'였고 온갖 예외가 만들어진 법은 누더기가 됐다. 효종 때인 1649년에도 논란은 계속됐다. 사헌부가 아뢰었다.

▲ 김포 월곶에서 바라본 강화 갑곶돈대. 청군은 이곳을 출발해 강화도에 침입했다.

"정자程子는 '절개를 잃은 여자를 배필로 삼는 것도 이미 절개를 잃은 것娶失節者以配身 是己失節也'이라고 했습니다. 환향녀와 이혼하지 말라는 법을 시행하지 마시고, 재혼을 허락해 주십시오." —《효종실록》 1649년 11월 21일조

효종은 결국 이 '환향녀와의 이혼 및 다른 여자와의 재혼'을 금한 법을 폐기했다. 그런데도 환향녀 논란은 대를 이어가며 계속됐다.

1677년숙종 3년의 일이다. 사헌부 소속 관리인 최선이 징을 쳐서 그의 이복형최관이 자신의 어머니를 사당에서 출향黜享·제사의 대상에서 쫓겨나는 것했다고 호소했다. 그 까닭이 무엇일까? 《연려실기술》〈숙종조고사본말〉과 《현종실록》 1667년 9월 20일조 등을 통해 알아보자.

최선의 어머니 권씨는 최계창이라는 인물의 후처였다. 병자호란이 일어나자 최선의 어머니는 청군에게 사로잡혀 강화도에서 개성까지 끌려갔다가 몸값을

주고 풀려났다. 그런데 최씨 집안은 이른바 '환향녀'인 권씨를 전혀 홀대하지 않았다. 시아버지는 도리어 권씨를 가문의 종부宗婦로 제사를 받들게 했다. 전처의 아들인 최관에게도 "네 어미로 섬기라."라고 하며 신신당부했다. 최관의 작은 아버지도 20여 년 간 권씨를 형수로 대했다. 권씨가 죽었을 때도 최관은 3년 복을 입었다. 그런데 문제가 생겼다.

작은 아버지가 권씨의 장례를 마치고 관을 묻는 날에 "환향녀인 권씨의 신주를 우리 집안의 가묘家廟·사당에 둘 수 없다."라고 선언해 버린 것이다. 최관은 작은 아버지의 말에 따라 자신의 이름을 방제傍題·신주 아래 왼쪽에 쓰는 제사 받드는 사람의 이름에서 삭제했다. 그런 뒤 권씨의 신주를 권씨가 낳은 최선의 집으로 보내버렸다. 권씨와 권씨의 소생 최선의 입장에서는 그야말로 날벼락 같은 일이었다. 어머니가 심양도 아닌 개경까지 끌려갔을 뿐인데……. 그야말로 '쿨'한 시부모를 만나 20여 년간이나 종부로서 가문을 지켜왔는데, 이제 와서 '화냥년'의 굴레를 씌우며 쫓아내다니……. 최선의 입장에서는 징이라도 쳐서 억울함을 풀려 했을 것이다.

환향녀는 모두 자결하라고?

그러나 계모를 사당에서 쫓아낸 최관도 결코 행복하지 않았다. 1667년 집의사헌부 내 벼슬 최관은 "집안의 화 때문에 온몸에 허물이 쌓였으므로 천지간의 죄인"이라며 파직을 호소하는 상소를 올린다. 《현종실록》을 쓴 사관의 논평을 보자.

"사신은 논한다. 최관의 계모인 권씨權氏는 병자호란을 당하여 청나라 사람에게 잡혀갔다가 구차하게 살아 돌아왔으니, 참으로 허물이 있다. (중략) 아, 모자간의 천륜과 삼년상의 제도가 얼마나 중대한 일인데 일이 어그러졌단 말인가. 설령 최관이 관여하지 않았지만 어지러운 집안의 자식임을 면치 못한다. 그런데 그가 대각에 출입하다니 외람되다."

그렇다면 청군에게 잡힌 여인들은 모두 자결이라고 해야 한단 말인가. 그렇게 잘난 남성들은 어땠는가. 유교국가니까 여성의 '열烈', 즉 정절이 중요하다고? 그렇다면 유교국가 남성의 제일덕목인 충忠은 어땠을까?

남자들이나 잘 하세요

《연려실기술》〈인조조고사본말·정묘노란〉을 보면, 정묘호란 때인 1627년 1월 17일 후금군이 능한산성을 함락시켰다. 그러자 곽산군수 박유건과 정주목사 김진이 집안 식구들과 함께 항복을 애걸하고 머리를 깎았다. 적은 그의 처첩을 간음하고 늘 장막 속에 두었다. 행군할 때는 박유건과 김진에게 각각 처첩의 말고삐를 잡게 했다. 박유건이 아내의 부정을 책망하자 처첩들은 남편의 불충을 꾸짖었다.

물론 당대의 윤리기준으로 볼 때 남편이 절개를 잃은 자신의 처첩들을 속수무책으로 봐야 했고, 또 그 처첩의 말고삐를 잡아야 했으니 그 심정을 필설로 다할 수는 없을 것이다. 하지만 남편의 불충을 추상같이 꾸짖은 여성을 보라. 한마디로 '너나 잘하라'는 소리가 아닌가.

또 병자호란을 배경으로 한 《강도몽유록》이란 작품이 있다. 강화도에서 죽은 여인 15명의 혼령이 한 곳에 모여 한 많은 사연을 토로하는 꿈 이야기이다. 여기서 영의정 김류의 부인은 사사로운 정에 이끌려 무능한 아들에게 강화수비의 총책을 맡겼다고 한탄한다. 또 성문을 열어 적을 맞아들인 뒤 무릎 꿇고 목숨을 구걸한 남편을 둔 여인의 이야기도 있다. 남편이 국록을 받으면서 오랑캐의 종이 되어 상투를 잘랐다는 여인도 있다. 혼인한 지 두 달 만에 아내가 전쟁을 만나 물에 빠져 죽었지만, 남편은 그 사실도 모르고 아내를 의심하고 있다고 탄식하는 여인도 있다. 또 한 여인은 마니산 바위굴에 숨었다가 적벽에서 투신하는 바람에 으깨진 비참한 몰골로 원한을 토로하기도 했다. 기생인 마지막 여인은 순절한 여인들을 찬양한다.

"나라의 수치에 충신으로 의義에 죽은 사람은 하나도 없고, 매서운 정조를 보인 것은 부녀자뿐이니 이 죽음은 영광된 것인데 어찌 슬퍼하십니까."

하기야 누가 '정절'을 논하고 꾸짖는단 말인가. 못난 임금, 못난 아비, 못난 남편을 만난 여인들이 할 수 있는 말은 한 가지밖에 없다.

"남자들이나 잘 하세요."

27

'대장금', 그녀는 임금의 주치의

"남자 의사가 여인의 살을 주무르니遂使男醫按摩肌膚 망측합니다."

—《태종실록》 1406년 3월 16일조, 《세종실록》 1423년 11월 28일조

조선이 여의사 제도를 도입한 까닭이다. "남의의 진맥이 부끄러워 병을 숨겨 죽는 부인들이 많다."라는 것이었다. 조정은 각 도의 관비 가운데 10세부터 15세 사이의 영리한 동녀童女를 뽑아 '서울 국비 유학'을 시켰다. 이들은 사서四書는 물론 어려운 의학서적까지 독파해야 했다. 3년 연속 '불통不通·낙제'을 받으면 다시 관비로 전락했다.

조선시대 여의 가운데 으뜸은 대장금大長今, 혹은 장금長今일 것이다. 사실 대장금 혹은 장금이 국왕중종의 명실상부한 주치의였음을 확인시켜 주는 기록은 없다. 다만 《중종실록》의 기록을 살펴보면 대장금이 임금 주치의였을 가능성이 짙다. 대장금혹은 장금이 《중종실록》에 처음 등장한 것은 1515년중종 10년 3월 21일부터 22일 사이이다. 중종의 첫 번째 왕비인 장경왕후가 원자훗날 인종를 낳고 일주일 만에 죽자 문제가 생겼다. 의원 하종해와 의녀 장금 등이 '약을 잘 못 쓴 죄'

로 탄핵대상이 된 것이다. 특히 의녀 장금의 죄가 더 컸다. 의녀가 장경왕후의 증상을 전하면 의원하종해이 그 증상에 따라 약을 올렸기 때문이었다. 그러나 중종은 의녀 장금을 도리어 두둔한다.

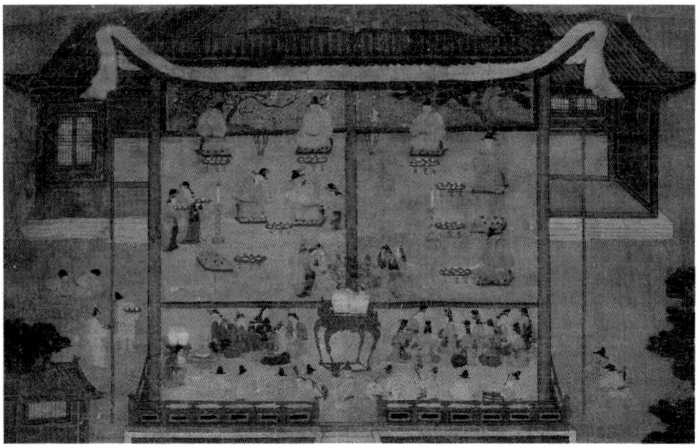

▲ 〈기영회도〉. 기영회는 조선의 정2품 이상 벼슬을 지낸 70세가 넘은 원로 사대부들의 모임이다. 의녀들은 이와 같은 사대부들의 연회에 일종의 접대부로 불려갔다. 그림의 왼쪽 아래에 모여 있는 여성들이 의녀들이다. | 국립중앙박물관 소장

의녀 장금만 남기고 다 나가라

"사람의 삶과 죽음이 어찌 약 처방과 관계가 있는가. 또 의녀 장금은 왕후의 출산에 공이 커서 당연히 큰 상을 받았어야 했지만, 대고大故·여기선 왕후의 죽음 때문에 상을 받지 못했다. 상을 베풀지 못할지언정 형장을 가할 수는 없다."

원자인 인종을 출산하는데 공을 세운 장금을 벌할 수 없다는 것이다. 대간들이 벌떼처럼 들고 일어났지만, 중종은 일축하고 만다.

장금의 기록은 7년 뒤인 1522년 9월 5일 다시 등장한다. 중풍과 감기를 앓던 자순대비의 병이 호전되자 임금이 의녀 장금과 신비信非에게 쌀과 콩 각 10석씩 하사했다는 기록이다. 그리고 나서 2년 뒤인 1524년 중종은 의술의 중요성을 새삼 강조하면서 대장금에게 전체아全遞兒를 주라는 명을 내렸다.

"의녀 대장금의 의술이 조금 괜찮아 대내大內·왕과 왕비, 대비의 거처를 출입하면서 간병하니 전체아를 대장금에게 주어라." –《중종실록》 1524년 12월 15일조

의녀는 원래 전체 인원이 돌아가면서 근무하고 근무기간 동안 급료를 받는 체아직遞兒職이었다. 중종은 왕과 왕비, 대비전을 드나들며 간병하는 대장금에게 '상근하고, 급료의 전부를 지급받는 내의녀'의 직분전체아을 하사한 것이다. 그런데 1544년의 기록을 보면 어느 시기부터 장금이 대전에 머물면서 직접 임금중종을 돌봤다고 한다.

"의녀 장금이 나와 말했다. '어제 저녁에 상중종께서 삼경밤 11시에서 새벽 1시 사이에 잠이 드셨고, 오경에 또 잠깐 잠이 드셨습니다. 또 소변은 잠시 통했지만 대변이 불통한 지가 이미 사흘이 됐습니다.'라고 했다."

–《중종실록》 1544년 10월 25일조

그런데 중종은 이즈음 재미있는 명령을 내린다.

"아침에 의녀 장금이 내전으로부터 나와 말하기를 '하기가 비로소 통하여 매우 기분이 좋다고 하셨습니다.'라고 했다. 임금이 약방에 전교했다. '지금 제조와 의원, 의녀들이 모두 왕래하고 있는데 이제 의원과 제조는 해산하여 돌아가라." –《중종실록》 10월 26일조

중종이 의녀 장금만을 남기고 제조와 남자의원들을 모두 내보냈음을 알 수 있는 대목이다.

어찌 의녀에게만 맡기시옵니까

중종은 의원들 대신 장금에게 진맥을 받고 약을 처방받았다.

"요즘 풍한증이 있구나. 맥을 짚은 의녀의 처방에 따라 약을 지어 올리라."
-《중종실록》 1532년 10월 21일조

"소소한 약에 관한 의논은 의녀를 통해 전해줄 터이니……." -《중종실록》 1544년 10월 24일조

"대소변이 보통 때와 같지 않구나. 의녀들이 전하는 말을 듣고 써야 할 약을 의논하여라." -《중종실록》 1544년 10월 24일조

▲ 의녀 장금이 밤새도록 중종의 곁을 지키며 병세를 체크했음을 알려주는 《중종실록》 기록 | 서울대학교 규장각한국학연구원 소장

《중종실록》에서 중종은 자신을 진맥한 의원을 대장금이라고 명확히 밝히지는 않았다. 하지만《중종실록》에는 임금의 병을 치료한 의녀 대장금에게 상급을 내리는 기사가 심심찮게 보인다.

"여러 달 병을 앓다가 거의 회복됐구나. 의녀 대장금과 계금에게 쌀과 콩 각 15석씩 내리고……." -《중종실록》 1533년 9월 5일조

"의녀 대장금에게 쌀과 콩 5석씩, 은비에게 쌀과 콩 3석씩 하사하라." -《중종실록》 1544년 2월 9일조

대장금이 사실상 중종의 주치의였음을 입증하는 자료들이다. 대신들은 이 같은 대장금의 활약을 무척 못마땅하게 여겼다. 특히 내의원 총책임자인 제소 홍언필 등이 불만을 터뜨렸다.

"의녀의 진맥이 어찌 의원의 정밀한 진찰만 하겠습니까. 천박한 의녀의 식견보다는 의원들의 진맥을 받으소서." –《중종실록》 1544년 10월 24일조

치과·이비인후과 전문의, 장덕과 귀금

대장금만큼은 아니지만 의술로 이름을 떨친 의녀들의 이름도 《실록》에 심심찮게 보인다. 예컨대 제주출신 의녀 장덕張德과 그의 제자 귀금貴今의 진료과목은 치과와 이비인후과였다. 그런데 두 여인의 의술은 당대성종 대 최고였던 것 같다.

"잇병을 잘 고치는 의녀 장덕은 이미 죽었다. 이제 그 일을 아는 자가 없다. 이·눈·귀 등 여러 가지 아픈 곳에서 벌레를 잘 제거하는 사람이면 남녀를 불문하고 뽑아보아라." –《성종실록》 1488년 9월 28일조

장덕은 충치는 물론 코와 눈 등에 난 모든 부스럼 치료에 뛰어난 의술의 보유자였다. 그런 장덕이 죽자 치과 및 이비인후과 분야 전문가가 없어 국왕의 명으로 장덕의 후임을 찾은 것이다.

사실 장덕은 죽기 전에 귀금이라는 제자에게 의술을 전수했다. 귀금은 장덕의 계집종이었다. 조정은 귀금을 면천免賤하고 여의로 삼았다. 그러나 문제가 생겼다. 귀금이 스승에게 배운 의술을 제자들에게 전하지 않았던 것이다.

"나라가 귀금을 면천하고 여의女醫로 삼았다. 조정은 그 의술을 널리 전하

고자 두 사람의 여의를 귀금의 제자로 붙였다. 그러나 귀금은 의술을 숨긴 채 제자들에게 가르쳐주지 않았다."

이를 괘씸하게 여긴 성종은 1492년 귀금을 불러 고문이라도 해서 죄를 묻겠다고 엄포를 놓았다. 그러자 귀금은 억울하다며 속사정을 털어놨다.

"저는 일곱 살 때부터 의술을 배워 열여섯 살이 되어서야 완전히 습득했습니다. 저는 성심성의껏 가르쳤는데, 그들이제자들이 제대로 익히지 못했을 뿐입니다." -《성종실록》 1492년 6월 14일조

이 말이 사실이라면 귀금은 정말 억울했으리라. 능력이 없어 제대로 배우지 못하는 건 스승이라도 어쩔 도리가 없지 않은가. 하지만 귀금의 말마따나 10년 가까이 배운 의술을 쉽게 남에게 전할 수는 없었을 것이다.

'음탕한 끼' 때문에 쫓겨난 명의 애종

이름난 여의사를 한 명 더 꼽자면 애종愛鍾이다. 그런데 애종은 어쩐 일인지 임금선조의 눈 밖에 나 있었다. 1600년선조 33년, 선조의 정부인인 의인왕후 박씨가 죽음을 앞두자 약방제조 김명원이 선조에게 아뢴다.

"의녀 애종이 문자를 조금 알고, 의술도 다른 의녀들보다 우수하니 중전마마를 진찰하고 돌보게 하는 게 좋을 것"이라고…….

하지만 선조는 무슨 말을 들었는지 일축해버린다.

"애종은 창녀倡女·여자 광대인 듯하다. 비록 의술이 빼어나다 해도 궁궐에 함부로 출입하게 할 수 없다." —《선조실록》 1600년 6월 25일조

약방제조의 권유가 워낙 끈질겼던 탓인지, 애종은 결국 왕후의 간호를 맡게 됐다. 하지만 왕후는 결국 죽고 말았고, 때문에 애종은 탄핵의 대상이 되었다.

"애종은 맥박의 도수와 증후의 경중을 살피지 않고 약을 잘못 써서 끝내는 '망극의 변왕후의 죽음'을 당했으니 (중략) 용서받기 어렵습니다. 마땅히 추국하여 법에 따라 처단해야 합니다."

선조는 "음탕한 의녀를 내전에 가까이 둔 것이 잘못"이라고 후회한다. 하지만 "사람은 밉지만 약을 잘못 쓴 죄는 없다."라고 하며 내의녀의 적에서만 삭제하라고 명한다.

"애종을 입진시킨 것은 대안이 없었기 때문이다. 다른 합당한 의녀가 없었다. 그러니 사람은 밉지만其人可惡 죄를 줄 수는 없다." —《선조실록》 1600년 6월 30일조

그런데 애종의 의술은 뛰어나기는 했나 보다. 광해군이 즉위한 뒤 이항복은 내의녀에서 쫓겨난 애종을 다시 불러올리자고 간언한다.

"의녀 중에 애종이 가장 의술이 좋았습니다. 그런데 선조 때 끼氣가 있다고 해서 쫓아내 지금껏 쓰지 않고 있습니다.以爲有氣黜而不用 이때부터 내의녀의 씨가 말랐습니다." —《광해군일기》 1612년 10월 6일조

궁금한 것은 애종이 무슨 끼氣를 부렸고 음탕한 짓을 했는지 궁금할 따름이다. 그럼에도 애종의 의술 하나만큼은 이렇게 인구에 회자될 정도였다.

종친의 꾀병 여부를 조사하다

이렇게 몇몇 출세한 여의들도 있었지만 다른 여의들은 힘겨운 삶을 살았다. 그들의 팔자는 셌다. 사람을 고치는 의사의 직분은 그야말로 기본업무일 뿐이었다. 온갖 궂은일에 불려 다녔으니까. 좋은 말로 팔방미인이라 할 수 있지만, 나쁜 말로는 오지랖이 넓다고나 할까. 특히 여의의 곁가지 업무 가운데 빼놓을 수 없는 직분이 '수사관' 혹은 '검시관'이었으며, 경우에 따라서는 '감사관'이 됐다가 '법의학자'가 되기도 했다. 1434년세종 16년, 종실을 감찰하는 종부시가 임금에게 상소를 올린다.

> "종학宗學 · 종친들의 학교에 입학한 종친들이 어머니나 부인의 병을 핑계 삼아 결석하는 일이 잦습니다. 이제부터는 의녀를 보내 어머니나 부인의 병이 진짜인지 가짜인지 판단해야 할 것입니다." –《세종실록》 1434년 1월 21일조

의녀가 종친들의 꾀병 여부를 조사하는 임무를 맡았던 것이다.

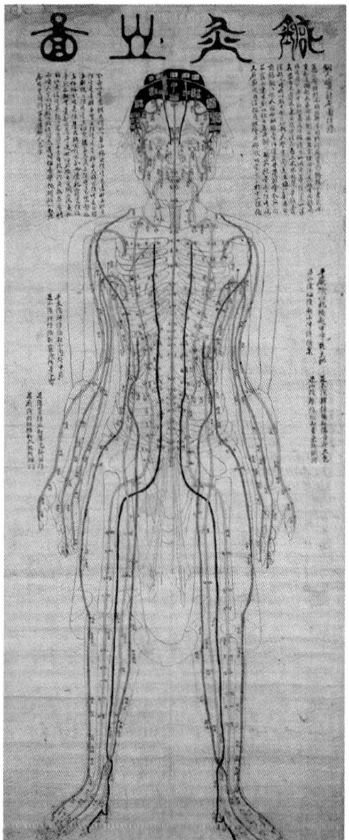

▲ 침을 놓거나 뜸을 뜨는 자리를 표시한 경혈도
| 국립중앙박물관 소장

폭력남편 수사에 참여하다

1490년성종 21년 10월 12일 행사직 조지산이 성종에게 달려와 고했다.

"사위한환가 제 딸을 상습폭행하고 있습니다. 딸의 머리카락을 잡고 흔들며 옷을 벗겨 함부로 때리는데, 그 상처가 헤아릴 수가 없습니다. 잘못하면 제 딸이 죽습니다. 제발 이혼을 허락해 주소서."

그 말을 들은 성종은 즉각 "의녀를 보내 조지산의 딸이 입은 상처를 살핀 후 보고하라."라고 지시했다. 수사관이 된 의녀 영로는 한환의 처 조씨의 상처를 살핀 뒤 보고했다.

"조씨에게 상처가 많았습니다. 그뿐이 아닙니다. 그 집에 남편과 정을 통한 계집종의 시신까지 있었고, 다른 종奴 한 사람도 곧 죽게 될 것 같습니다."

《성종실록》 1490년 10월 13일조를 보면, 의녀 영로의 초동수사 덕분에 조지산의 딸은 폭력남편인 한환의 손아귀에서 벗어나 이혼할 수 있었다. 폭력남편 한환은 유배까지 당한다.

1528년중종 23년, 하억수의 처 말정이 투기심에 못 이겨 쇠칼로 남편과 정을 통한 계집종을 살해한 사건이 벌어졌다. 관례에 따라 피의자 말정은 '홑옷을 입고 곤장 100대를 맞는' 중벌을 받아야 했다.

원래 조선의 국법에는 "사대부와 사족의 여인에게는 도둑질과 간음죄 등이 아니면 곤장을 칠 수 없다."라는 대목이 있었다. 하지만 말정의 죄질이 좋지 않다는 판단 아래 '볼기형'을 내린 것이다. 그러자 피의자 말정 측은 "현재 임신 중이어서 지금 곤장을 맞으면 생명을 잃을 수도 있다."라고 주장했다. 이때 의녀가 수사관으로 나섰다. 《중종실록》 1528년 3월 2일조에 따르면, 의녀의 진찰 결과 임신 8개월 판정을 받은 말정의 형 집행은 출산 후 100일 뒤로 미뤄졌다.

굶어죽는 백성들을 구휼하다

1481년성종 12년 4월 25일, 장평부정 이흔의 첩이 정처를 독살했다는 혐의로 구속됐다. 이에 의금부는 물론 승지지금으로 치면 대통령 비서까지 국문에 나섰지만 사건의 전모가 드러나지 않았다. 성종이 말했다.

> "첩이 정처에게 떡 여섯 개를 보냈는데, 정처가 그 떡을 먹고 죽었다고 한다. 사람들이 이를 두고 독살이라고 한다. 하지만 떡이 여섯 개였는데 (중략) 만약 첩이 떡에 독약을 넣었다면 정처가 어느 떡을 먹을 줄 알고 독약을 넣었겠는가. 또 떡을 먹은 다른 계집종들은 죽지 않았다. 그러니 어찌 (첩을) 의심할 수 있겠는가."

그런데 정처의 병을 돌봤던 의녀는 결정적인 단서를 제공한다.

> "그 정처는 본래 풍증風證의 지병이 있었습니다."

풍증은 현기증, 졸도, 경련 등 중추 신경 계통에서 일어나는 병증을 뜻한다. 그러니까 의녀는 "사망자가 독살이 아니라 지병으로 죽은 것"임을 증언한 것이다. 이 결정적인 진술로 첩은 무죄로 풀려났다.

1529년중종 24년, 서울의 서부西部에 살던 유정이라는 사람의 자녀 두 명이 굶주림 때문에 얼굴이 누렇게 뜨고, 신체가 퉁퉁 부었으며, 노비 두 명은 이미 굶어죽었다는 상소가 올라왔다. 그러자 한성부서울시는 의녀를 파견해 실태를 파악하게 했다. 과연 유정의 자녀들은 굶어죽기 일보 직전이었고, 그의 집에도 쓸만한 물선이 하나도 없었다.

"지방 백성들도 이 지경으로 만들어서는 안 되거늘, 하물며 도성 안 사람들은 말해 무엇하랴."

《중종실록》 1529년 12월 20일조를 보면, 중종은 의녀의 보고를 듣고 혀를 끌끌 차고는 그 책임을 물어 서부참봉 이찬종을 의금부로 넘겼다.

또 《광해군일기》 1614년 7월 27일조를 보면, 광해군은 이미 폐출된 임해군의 기생인 환어사를 검거할 때 의녀를 수사관으로 급파한 적도 있었다. 물론 의녀를 사대부집 수사에 동원하는 문제는 논란을 일으키기도 했다. 1526년, 중종은 사족의 집을 수색할 때 의녀를 동원하는 것에 회의적인 반응을 보였다.

"생각하건데 의녀를 둔 까닭은 병을 치료하기 위함이다. 그런데 지금 의녀가 포도대장을 따라 사족의 집을 수색하는 것은 의녀를 둔 본뜻이 아니다." –《중종실록》 1526년 2월 15일조

법의학에 참여하기도 하고 사약도 내리다

법의학에 참여한 의녀도 있었다.

임진왜란 발발 직전인 1595년 3월 3일, 고 순회세자의 부인인 공회빈 윤씨가 죽었다. 선조는 창경궁에 빈소를 설치하고 상례절차를 진행했다. 그 와중에 임진왜란이 일어났다. 급히 피란길에 오른 선조는 벽제를 지날 때 비로소 공회빈의 시신을 떠올리고는 뒤늦게 시신을 가매장하라는 지시를 내린다. 참으로 민망한 일이 아닐 수 없었다.

그 후 한양으로 돌아온 선조는 가매장된 공회빈의 시신을 무던히 찾으려 했지만 수포로 돌아갔다. 1595년 가매장처로 추정되는 곳에서 뼈 두 점이 확인됐다. 그러자 조정은 의관과 의녀 등을 급파해 뼈의 상태를 검안하도록 했다.

"골절이 작고 가는 것으로 미루어 사람 뼈가 아닌 것 같습니다. 골절이 썩고, 부서진 정도로 보아도 훨씬 옛날의 뼈인 것 같습니다."

그야말로 법의학자의 풍모가 아닐 수 없다.

《중종실록》 1533년 5월 23일조를 보면, 중종은 상주에 있던 경빈 박씨에게 사약을 내릴 때 의녀 두 명을 현장에 파견하기도 했다. 보통사람에게는 금부도사가 사약을 가져가는데, 후궁의 신분으로 왕자복성군까지 낳은 경빈 박씨를 나름대로 예우한 것이다.

호화혼수 적발에 참여하다

심지어 호화혼수 적발에도 의녀가 동원됐다. 1502년연산군 8년, 사헌부가 만연한 호화혼수 풍조를 개탄한다.

"근래 고관대작과 부잣집들이 허영심과 사치에 빠져 앞 다퉈 호화혼수 경쟁에 나서고 있습니다. (중략) 결혼식 현장에 담당공무원과 의녀醫女를 보내 호화혼수 여부를 낱낱이 감찰하도록 하라." –《연산군일기》 1502년 6월 8일조

의녀들이 남의 집 혼인날에 현장을 지키면서 혼수품이 무엇인지, 돈을 얼마나 쓰는지, 손님접대는 어떻게 하는지 일일이 체크했던 것이다. 문제는 호화혼수를 적발하고도 고발하지 않다가 발각되면 감찰했던 의녀도 곤장 100대를 맞았다는 것이다. 자칫 호화혼수를 적발하지 못했다가 엄청난 처벌을 받을 수도 있는 상황이었다. 의녀가 무슨 전지전능한 신도 아닌데…….

술자리에 동원되다

이렇게 뼈 빠지게 부림을 당한 여의사들에게 그 무엇보다 감당할 수 없는 '직분'이 있었다. 심심찮게 술자리에 불려 나가고, 때로는 사대부의 노리개가 되었던 것이다.

사실 여의는 당대 조선의 여성 중에서도 둘째가라면 서러워할 전문가 집단이었다. 비록 관비 출신이었지만, 그중에서도 뛰어나다는 평가를 받아 선발됐다. 무엇보다 혹독한 훈련과 공부, 그리고 시험을 거쳐 양성된 사람들이었지만, 천민 출신이라는 한계가 그녀들의 발목을 잡았다. 이런 폐단은 특히 연산군 때 극심했다. 1504년 6월 13일 연산군은 "잔치 때 젊은 의녀 80명을 선발해서 깨끗한 옷으로 가려 입힌 뒤 기생들과 함께 어전의 섬돌 위에 앉히라."라는 명을 내렸다. 연산군은 더구나 의녀의 동원을 정례화하라고 특별히 지시했다.

또한《연산군일기》1504년 12월 22일조를 보면, "의녀는 글은 물론 음악도 배워야 한다."라고 하며 음악을 배우지 않는 의녀를 탈락시켰다. 같은 책 1506년 6월 20일조에는, 연산군이 강금이라는 의녀를 직접 선발했다는 내용이 나오며, 1506년 6월 22일조에는 의술을 겸비한 아름다운 의녀를 숨기는 자는 죄로 다스린다는 엄명을 내리기도 했다.

의녀들은 국왕뿐만 아니라 사대부의 연회에도 곧잘 끌려 다녔다. 오죽했으면 중종은 1510년 2월 1일 "지금부터 각종 연회에 의녀 및 창기의 참석을 엄금하라."라는 지시를 내렸을까. 국왕의 지엄한 명령도 잘 먹히지 않았는지, 중종은 6년 뒤인 1516년 11월 14일 "대신들이 의녀와 기녀를 불러 방종하게 술을 마시는 행위를 법으로 금한다."라는 명을 또다시 내렸을 정도였다. 하지만 이 명령마저 잘 먹히지 않았던 것 같다. 1517년 8월 25일 정언 임권은 "예조가 의녀들의 연회 참석을 끊임없이 감찰해야 한다."라고 아뢰며 다음과 같이 덧붙인다.

"의녀를 둔 까닭은 의술을 배워 궁중과 사족의 부인병을 치료하려는 것이

었습니다. 그런데 요즘 사대부의 연회에 의녀들이 참석하니 의술을 배울 여가가 없습니다." –《중종실록》

그녀들은 조선 최고의 커리어우먼

그럼에도 상황은 전혀 개선되지 않았다. 1535년 10월 15일 대사헌 허항은 "혜민서의 훈도들이 무뢰한들과 어울려 의녀들을 데리고 연회를 베푼다."라고 고발했다. 또 "의녀들로부터 뇌물을 받고 휴가를 주는 등 각종 비리를 저질렀다."라고 덧붙였다.

이에 따라 의녀 열의烈伊를 수사한 결과 혜민서 훈도 이세영 등이 의녀 네댓 명을 불러 술판을 벌이고 동침한 사실을 밝혀냈다. '혜민서 훈도訓導', 즉 '혜민서 교수'가 상관이라는 직위를 이용해, 의녀들과 술판을 벌이고 동침했으며, 뇌물까지 받았다는 기막힌 일이 벌어진 것이다.

의녀들은 이렇게 천민이라는 신분의 멍에에 말려 이리저리 끌려 다니는 운명도 감수해야 했다. 하지만 '타고난 팔자'만을 탓할 수밖에 없다. 머리가 좋고, 누구보다 재주가 뛰어났던 조선시대 의녀들은 당대 최고의 전문직 여성이었음을 알 수 있다.

28

조선시대 성범죄, 어떤 처벌 받았나

"11살 어린 아이를 강간한 사노 잉읍금을 교수형에 처했다."

—《태조실록》 1398년 윤5월 16일조

"철원 사람 정경이 처녀 연이를 강간하려고 밤새도록 때렸으나 연이가 완강히 항거하다 죽었습니다. 청컨대 정경은 교수형에 처하고, 연이는 정문旌門을 세워 그 정절貞節을 표창하게 하소서." —《세종실록》 1429년 11월 27일조

강간죄를 처벌한 조선시대의 법률은 이렇듯 추상같았다. 모두 1367년에 제정된 명나라 법인 《대명률》에 따른 처벌이었다.

"무릇 화간和姦은 장 80대, 남편이 있으면 장 90대이다. 조간刁姦·여자를 유괴한 뒤 간음은 장 100대이고, 강간한 자는 교수형絞刑에 처한다. 강간미수죄는 장 100대에 3,000리 바깥의 먼 곳으로 유배를 보낸다."

—《대명률》〈형률·범간조(犯奸條)〉

강간범은 교수형, 성희롱도 곤장 80대

'강간죄'의 구체적인 처벌 규정은 다음과 같다.

"부모상 또는 남편상을 당한 자와 승니僧尼·비구와 비구니와 도사道士·여관女冠·여자 도사이 간음을 범하면 범간죄에다 2등을 더해 가중처벌한다."

–《대명률》〈거상급승도범간조(居喪及僧道犯奸條)〉

▲ 〈노상파안도(路上破顔圖)〉. 《단원 풍속도첩》에 수록된 김홍도의 그림이다. 나귀를 타고 가는 선비가 부채로 얼굴을 가린 채 아이를 안고 가는 여인을 몰래 훔쳐보고 있다. | 국립중앙박물관 소장

이렇게 욕정을 함부로 발산했다가는 뼈도 추리지 못할 정도였지만 성범죄는 끊이지 않았다. 1404년태종 4년 사노私奴 실구지 형제와 그들의 처남인 박질이 능지처사의 혹독한 처벌을 받는다.

"판사1품~3품까지의 고위직 이자지 부부가 잇달아 사망했다. 그러자 그의 16세 딸 내은이가 삼년상을 행하려 했다. 그런데 가노家奴 실구지 형제와 그의 처남 등 3명이 내은이를 자기 집으로 끌고 가 손발을 묶었다. 내은이는 밤새도록 저항했으나 그만 힘이 빠져……." –《태종실록》 1404년 2월 27일조

실구지 형제와 그의 처남이 사지를 서서히 찢어 죽이는 극형능지처사을 받은 것은 상전을 겁간했기 때문이었다. 그런데 당시에는 요즘으로 치면 성희롱에 해당하는 범죄도 엄한 처벌을 받았다.

▲ 김윤보의 《형성도첩》에 실린 〈장형을 받는 모습〉 | 서울대학교 중앙도서관 소장

1438년세종 20년 8월 1일, 한 앳된 부인이 편복 차림으로 여종 두 명을 데리고 성균관 옆 냇가를 건너고 있었다. 그때 그곳에서 옷을 홀랑 벗고 목욕을 하고 있던 생원 최한경이 갑자기 뛰어나가 여인을 끌어안았다. 부인이 완강히 저항했다. 계집종이 "우리 집 안주인이시다!"라고 외쳤다. 최한경과 함께 목욕했던 동료 두 명이 여종들을 때려 쫓아냈다. 세 명은 완력으로 여인을 눌러 옷을 벗기고 욕을 보이려 했지만 뜻을 이루지 못했다. 그들은 부인의 입자笠子를 빼앗아 도망쳤다.

《세종실록》에 따르면, 큰일을 당할 뻔한 여인은 사헌부에 최한경을 비롯한 유생들을 '강간미수죄'로 처벌해 달라고 고소했다. 유생들은 단지 "희롱을 했을 뿐 강간하려는 마음은 없었다."라고 주장했다. 세종은 사헌부로부터 사건의 전말을 보고받은 뒤 최한경에게 장 80대의 처벌을 내렸다.

《대명률》을 보면, 강간미수죄는 장 100대와 1,000리 떨어진 곳으로 유배하라는 처벌규정이 있다. 최한경의 범죄행위는 강간미수와 성희롱의 경계선에 있었기에 장 80대로 마무리되었다고 볼 수 있다.

강간미수로 인해 노비로 떨어지다

예나 지금이나 인면수심의 사람들이 있었다. 1477년성종 8년 내은산이라는 사람은 의붓아버지와 짜고 양녀 덕비라는 여인을 부인으로 삼고자 했다. 이들은 덕비와 덕비 아버지가 길을 가는 것을 보고는 아비를 강제로 붙들고, 덕비를 업고 달아났다. 덕비는 내은산의 집으로 끌려가 강간을 당하고 말았다. 아버지와 아들이 짜고 천인공노할 짓을 지지른 것이다. 《성종실록》 1477년 12월 16일, 17일 조를 보면, 이 사건으로 아들 내은산은 교수형의 처벌을 받았다.

사족士族의 부녀를 강간하려 한 전직 공무원은 '강간미수'임에도 노비로 전락하는 수모를 당하기도 했다. 군수를 지낸 황우형이 그 오명의 주인공이다.

황우형은 한밤중에 사족의 부녀인 반씨의 방에 들어가 강간하려다가 반씨의 어머니와 종이 막아서는 바람에 미수에 그쳤다. 성종은 '죄질이 좋지 않다.'라는 사헌부의 주청에 따라 '황우형의 직첩을 거두고 영원히 등용하지 않으며, 3,000리 떨어진 곳으로 유배하라.'라고 판결했다. 그러나 이 처벌로는 부족했던 것일까? 《성종실록》 1472년 4월 13일조를 보면, 황우형은 변방 중의 변방인 회령의 관노官奴로 전락한다.

사면령에도 빠진 강간죄

강간죄는 모반과 같은 대역죄와 존속살인 등과 맞먹는 중죄로 취급됐다. 때문에 국가의 경사 때 공포되곤 했던 대사면령에도 포함되지 않았다. 예컨대 성종은 1471년 1월 24일 20세의 나이에 요절한 아버지를 의경왕으로 추서하면서 대사면령을 내렸다. 그러면서 사면령에서 제외되는 중죄를 나열했다.

"24일 새벽녘 이전에서부터 모반謀反·대역 모반大逆謀叛한 것, 조부모나 부모를 살해하거나 때린 것, 처첩으로서 지아비를, 노비로서 주인을 모살한 것, 고의살인과 독살, 염매남을 저주하여 죽게 만드는 것한 것과, 강간·강도 등을 제외하고, 이미 발각되었거나 아직 발각되지 않았거나 이미 결정되었거나 아직 결정되지 않았거나 다 용서하여 면제한다."

1481년성종 12년 1월 22일 처삼촌의 조카딸을 강간한 최습은 뜻밖에 사면을 받았다. 그러자 사헌부 장령掌令 이감이 이의를 제기한다.

▲ 김윤보의 《형정도첩》에 수록된 〈교수형을 당하는 모습〉. 성폭행은 바로 교형, 즉 교수형에 해당되는 중벌로 취급됐다. | 서울대학교 중앙도서관 소장

"최습의 죄는 강상綱常·삼강오륜에 관계되므로 사면은 옳지 않습니다."

그러자 임금은 영을 내린다.

"이미 대사면령이 지났으므로 용서한 것이다. 하지만 죄가 정말 중하구나. 그렇다면 전가사변全家徙邊시키는 것이 마땅하다." –《성종실록》

'전가사변'이란 일족을 변방으로 강제 이주시키는 중벌이다.

천하의 난봉꾼이었던 세종대왕 손자

부녀자 강간죄가 추상같다 해도 천민의 경우에는 법률에 따라 교수형으로 처벌됐지만, 양반의 경우에는 장과 유배형 등으로 마무리되는 일이 많았다. 특히 종친이나 부마와 같은 왕실 사람의 경우 처벌에 어려움이 많았다.

1489년성종 20년 대신들이 벌떼처럼 들고 일어난다. 청풍군 이원1460~1504년을 처벌하라는 상소가 줄을 이은 것이다. 자초지종은 다음과 같다.

청풍군 이원은 세종의 막내인 영응대군의 외동아들이었다. 하지만 천하의 난봉꾼이었던 그는 7촌 숙부인 이효창의 첩기인 홍행과 간통한 죄로 파직 당했다. 특히 정희왕후세조의 왕비의 부음을 듣고도 홍행의 집에 머물렀기에 탄핵을 피하지 못했다. 그런데 설상가상의 일이 일어났다. 징계 중에 다시 홍행의 집을 찾았다가, 역시 그 집을 찾은 당대의 난봉꾼인 부평부사 김칭과 큰길에서 머리채를 붙잡고 싸우는 등 추태를 부린 것이다.

이 일로 이원은 유배형의 처벌을 받았는데, 그는 못 말리는 난봉기질을 유배지에서도 유감없이 발휘했다. 유배지에서 청상과부를 강간한 것이다. 《성종실록》 1479년 7월 28일, 1482년 1월 4·16·18일, 2월 1일조 등을 보면, 이원은 이천인공로할 범죄로 인해 다른 유배지로 쫓겨나야 했지만, 그곳에서도 남의 논밭과 우마를 빼앗는 등 완악한 짓을 저질렀다.

그런데 뜻밖에도 성종은 갖은 악행으로 원성이 자자한 이원의 청풍군 작위를 회복시켜 주었다. 이에 대간들이 참지 못하고 일어섰다. 대사헌 송영 등의 상소를 보자.

"《서경書經》에 '벼슬은 사사로이 친하다 하여 줄 수 없고 오직 유능한 자에게 주어야 한다.'라고 하였습니다. 종실의 지친인 청풍군 이원은 정희왕후의 상중喪中에 애통하기에 여념이 없어야 하는데도 (중략) 이튿날 도리어 음란한 짓을 행하였습니다. (중략) 그 죄는 죽어도 용납 받지 못할 것이나 특별히 너그러운 법에 따라 외방에 부처했습니다. 그런데도 스스로 조심하지 않고 국상國喪 이 끝나지 않았는데도 또 새로 과부된 여자를 강간했으니 그 완악함은 금수와 다를 바가 없으므로 종신토록 외방에 부처해야 하는데 (중략) 그런데도 얼마 되지 않아 용서하고, 또 얼마 지나지 않아 어찌 작위까지 주어야 하겠습니까."

하지만 성종은 고집을 꺾지 않는다.

"이원은 세종世宗의 손자이며 영응대군의 외아들이다. 어머니영응대군의 부인 송씨가 제사를 받들기를 부탁하였음으로 특별히 사면한 것이다."

—《성종실록》 1488년 2월 28일조

아들을 강간죄로 처벌한 선조

그러나 비슷한 사안이라도 선조의 조치는 추상같았다.

1600년선조 33년 7월 16일 선조가 참을 수 없다는 듯 지엄한 명령을 내린다. 자신의 아들인 순화군 이보1580~1607년를 법에 따라 처단하라는 것이었다. 무슨 일이었을까?

"이보의 소행은 차마 형언할 수 없다. 여러 차례 살인을 했고 (중략) 오직 마음을 태우고 부끄러워할 뿐이었다. (중략) 오늘 빈전의 곁 여막무덤을 지키려고 옆에 지어놓은 초가에서 제 어미의 배비陪婢를 겁간했으니 경악을 금할 수 없다. 국가의 치욕과 내 마음의 침통함을 어떻게 말할 수 있겠는가. 이 자식을 둔 것은 곧 나의 죄로서 대신들을 볼 면목이 없다. 다만 내가 차마 직접 정죄

定罪할 수 없으니, 유사로 하여금 법에 의해 처단하게 하라." –《선조실록》

신하들이 "골육 사이의 정이 있으니 화를 참으시라."라고 상주했지만 선조는 단호했다.

"상중에 백주대낮에 궁인宮人을 겁간한 자식을 용서할 수는 없다."

《선조실록》 1600년 7월 20일조를 보면, 아버지 선조는 아들 순화군 이보를 유배형에 처함과 동시에 범죄사실을 기록하는 '녹안錄案'의 결정까지 내린다. 유배형은 강간죄, 녹안은 《경국대전》〈금제조〉의 조항, 즉 "사인士人으로서 패륜행위를 한 자는 녹안한다."라는 규정에 따른 것이다. 한마디로 '전과'가 남는 것이므로 순화군으로서는 치욕적인 처벌이었다. 아버지가 아들의 죄를 가중처벌한 것이다.

욕을 본 여성이 자살하면 '열녀' 대접

그런데 강간사건을 다룬 《조선왕조실록》의 내용을 찬찬히 뜯어보면 간과해서는 안 될 내용이 적지 않다. 강간을 당하거나 성희롱을 당한 여인이 자살할 경우 '열녀'라고 칭송하는 대목이다.

1737년영조 13년 창녕에 살던 17세 소녀 문옥이가 팔촌인 문중갑과 나무를 함께 하다가 성희롱을 당했다. 그때 문옥이가 "같은 성씨끼리 무슨 짓이냐!"라고 꾸짖은 뒤 옷소매를 떨치고 돌아왔다. 하염없이 울던 문옥이는 몰래 독약을 구해 마시고 죽었다. 《영조실록》 1737년 9월 23일조를 보면, 이 사실을 알게 된 조정은 "정절을 지켰다."라는 이유로 소녀에게 정려문을 세워주었다.

1787년정조 11년 전라도 남원부의 유학자 정조문의 처 이씨가 집 뒤 시냇가에서 쑥을 캐고 있었다. 그때 이웃에 살던 권만세라는 자가 갑자기 달려들어 손을 잡고 강간하려 했다. 이씨는 죽기를 각오하고 반항하자 권만세는 도망가고 말았다.

치욕을 당했다고 여긴 이씨는 분한 나머지 손도끼로 오른팔을 자르고 목을 베려고 했다. 마침 그 광경을 목격한 사람이 이씨의 자살을 가까스로 막았다. 《정조실록》 1787년 4월 2일조에 따르면, 암행어사의 서계로 이 사실을 알게 된 조정은 이씨를 '열녀'로 간주하고 정려문을 세워주었다.

정절을 지키려고 스스로 목숨을 끊거나 끊으려 했던 여인에게 상을 내린다고? 일견 좋은 일이라고 여길지 몰라도 좀 씁쓸한 대목이 아닐 수 없다. 조정이 나서 자살을 독려하는 꼴이 아닌가?

일을 당하고도 재혼녀라고 폄훼된 사연

또 웃기는 대목이 있다. 강간을 죄질이 아주 나쁜 범죄라고 비난하면서, 피해자인 여인의 정조를 거론하는 대목이다.

1520년중종 15년의 일이다. 영의정을 지낸 고故 박원종에게 진주라는 첩이 있었다. 귀화한 사람인 낭근손이라는 자가 진주를 취하려 했다. 하지만 거절당하자 낭근손은 진주의 집 문을 밀치고 들어갔다. 그때 진주가 재빨리 피해 달아났기 때문에 낭근손은 허탕을 치고 말았다. 조정에서 "만약 진주가 집에 있었다면 반드시 강간을 했을 것이니 강간미수죄로 처벌하는 게 옳다."라는 의견들이 나왔다.

《대명률》의 강간미수죄 처벌규정에 따르면, 낭근손은 장 100대에 3,000리 떨어진 곳으로 유배되는 중벌을 받아야 했다. 하지만 사헌부는 '장 80대'의 처벌로 경감한 판결문을 중종에게 올리며 이렇게 얼버무렸다.

"처음에는 수절하는 재상의 첩을 강간하려 한 죄로 낭근손을 엄히 처벌하려고 했습니다. 그런데 수사를 하다 보니 진주가 이미 다른 사람과 재혼해서 아이까지 낳았다고 합니다. 그러니 수절했다고 볼 수 없습니다."

이게 무슨 소리인가? 수절하지 않은 여인을 강간미수했다면 죄가 경감된다는 소리가 아닌가? 중종이 언성을 높였다.

"이 사건은 길 가는 남자가 길 가는 여자를 우연히 범犯한 일과는 다르다. 근손이 진주 집의 문을 밀치고 돌입하여 뒤쫓기까지 하였으니, 그것이 강간한 것과 다를 게 뭐 있는가. 강포한 무리들이 이런 방자한 행위를 본뜬다면 이는 풍화風化에 관계되는 바가 큰 것이니, 다시 조율하여 강포한 무리들에게 보여 줘야 한다." —《중종실록》 1520년 11월 23일조

죽은 여인을 두 번 죽인 사연

이뿐이 아니다. 1494년성종 25년 경상도 관찰사 이극균이 아뢴다.

"안음현함양에서 지아비를 잃고 시부모와 살던 옥금이라는 여인이 있었습니다. 그런데 사노私奴 석을만이 옥금을 강간하려고 달려들어 마구 때리자 옥금은 스스로 목을 매 죽었습니다."

자초지종은 이렇다. 사노 석을만 등 세 명이 시부모의 허락을 얻어 친정거창에 가던 옥금을 길에서 욕 보이려고 했다. 옥금이 거부하고 집으로 왔는데, 석을만 등이 집으로 찾아와 달려들었다. 옥금은 "간악한 종놈이 어찌 수절하는 여인에게 무례한가."라고 꾸짖고는 "차라리 죽을지언정 욕을 당하지는 않겠다."라고 외쳤다. 그런 뒤 곧바로 목을 매고 말았다.

그런데 이 사건을 다루는 조정의 논의가 이상한 방향으로 흘렀다. 형조는

"절개를 지키려고 생명을 버린 옥금을 열녀로 삼아 상을 내려야 한다."라는 결정을 내렸다.

그러나 단서를 단다. 옥금이 만약 재가했다면 절개를 이미 훼손한 셈이므로 상을 내릴 수 없다는 것이었다. 《성종실록》 1494년 2월 13일조를 보면, 임금마저 "만약 재가한 여자라면 절개가 그다지 높다고 볼 수 없으니 철저하게 조사하라."라는 명을 내리기까지 했다.

같은 해 4월 10일, 임금의 명에 따라 관찰사가 사건을 재조사한 끝에 옥금이 절개를 지킨 사실이 재차 확인됐다. 하지만 강간을 피하려고 스스로 목을 맨 여인을 두고 '재가 여부'를 확인한 어처구니없는 일이 벌어진 것이다. 이것이야말로 억울하게 죽은 여인을 두 번 죽이는 것이 아니고 무엇인가?

세종대왕은 과연 성군인가?

1436년세종 18년 임복비라는 여인의 기구한 사연을 들어보면 장탄식이 절로 나온다.

복비는 일찍 아버지를 여의고 아버지의 첩인 소근의 집에 살았다. 그런데 어느 날 소근의 아들, 그러니까 배다른 오빠인 어연이 제 어미와 짜고 복비를 강간했다. 하지만 그게 전부는 아니었다. 복비가 덜컥 임신까지 한 것이다. 복비의 숙부는 저간의 사정을 알고 있었으나 나 몰라라 했다. 숙부는 복비의 임신사실을 알고도, 복비를 지서산군사知瑞山郡事 박아생이라는 사람에게 시집을 보내기로 했다. 복비로서는 뱃속의 아이가 큰일이었다.

이 때문에 숙부에게 "나중에 시집을 가겠다."라고 말했지만 혼인은 일사천리로 성사됐다. 혼인을 마친 복비는 신랑 박아생을 따라 길을 떠났다. 아이를 낳을 날짜가 임박했던 복비는 묘책이 필요했다.

"몸이 너무 좋지 않습니다. 숙부의 집으로 돌아가서 치료한 뒤에 시집으로 가겠습니다."

"병이 심하다."라는 신부의 말에 신랑은 알았다고 했지만, 숙부는 고개를 내저었다.

"무슨 소리냐. 죽이 되든 밥이 되든 시댁에서 치료해라."

더 이상 피할 길이 없던 복비는 도망치고 말았다. 그것도 자신을 강간해서 아이를 임신시킨 어연과 함께……. 하지만 두 남녀는 곧 체포됐고, 복비는 신랑을 버리고 내연남과 도망갔다는 죄로 교수형의 처벌을 받았다. 하지만 복비의 종이 글을 올려 어연이 복비를 강간했다는 사실을 남김없이 고했다. 조정은 복비의 일을 두고 논쟁을 벌였다.

임금과 황희 정승 등은 "나중에 둘이 도망을 갔지만 처음에는 복비가 거절했으니 사형시킬 수 없다."라고 주장했다. 세종은 "복비를 변방의 관비로 보내라."라는 지시까지 내렸다. 하지만 형조판서 정연 등은 "복비가 절개를 지키지 않았으니 마땅히 사형에 처해야 한다."라고 완강히 주장했다. 결국 세종도 그의 말에 따랐다.

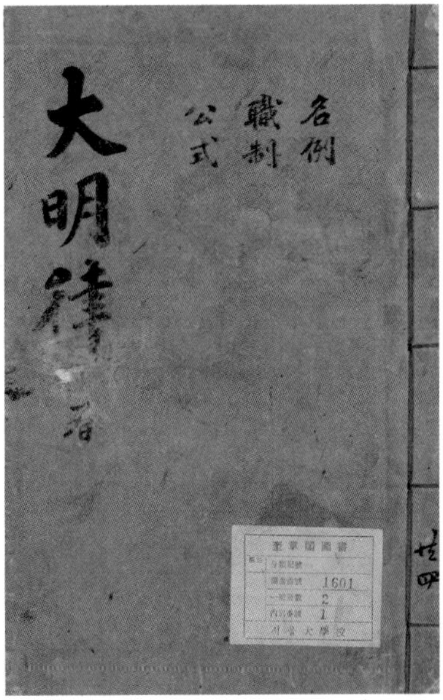

▲ 명나라의 형법서인 《대명률》. 강간죄는 교수형으로 다스렸다. | 서울대학교 규장각한국학연구원 소장

《세종실록》 1436년 8월 22일조에 따르면, 복비는 절개를 지키지 않은 죄로 교수형을 당했고 강간범인 어연은 참형을 당했

다. 그리고 어연의 어미도 강간을 도왔다는 죄목으로 교수형을 당했다. 조카딸의 사정을 알면서도 나 몰라라 하고, 시집까지 보내려 한 숙부는 변방의 군인으로 삼아 내쫓았다.

이 사건을 보면 분노가 치솟는다. 강간을 당한 것도 억울한데 임신까지 당하고, 거기에 억지결혼과 퇴로 없는 도피행각으로 내몰려야 했으니……. 복비가 자신을 임신시킨 남자와 도피한 게 크나큰 죄라고? 그렇다면 강간범의 아이를 밴 기구한 여인이 퇴로가 보이지 않는 상황에서 대체 어떤 선택을 할 수 있었을까? 그런 여인의 사정을 고려하지 않고 극형을 결정한 세종대왕은 과연 만고의 성군이 맞는가?

유감동 여인의 한 서린 삶

또 한 명의 기구한 여인이 있었으니, 그 이름은 세종 대에 세상을 떠들썩하게 한 '희대의 요부' 유감동兪甘同이다. 그녀는 당시 40여 명의 권문세가 남성들과 정을 통한 음탕한 여인으로 알려져 있다. 하지만 저간의 사정을 살필 때 과연 그녀에게 손가락질할 수 있을까?

유감동의 아버지는 한성부사검한성·檢漢城를 지낸 유기수였고, 남편은 평강현감 최중기였다. 그런데 그녀는 요양하러 가던 길에 김여달이라는 남자에게 강간당한다. 김여달이 순찰을 핑계로 유감동을 위협해서 욕을 보인 것이다.

이런 상황에서 유감동이 김여달의 범죄를 알리고 목숨을 끊었다면 그녀는 널리 열녀로 추앙받았으리라. 하지만 그녀는 여느 여염집 여인들과 다른 선택을 한다. 남편 최중기가 버젓이 집에 있는데도, 김여달을 집으로 불러들여 거리낌 없이 간통하기 시작했다. 심지어 남편과 잠을 자다가 소변을 본다는 핑계로 집을 나와 김여달을 만나기도 했다. 남편이 전라남도 무안군수가 되자, 유감동은 병을 핑계 삼아 서울로 올라와 온갖 추문의 주인공이 됐다. 유감동은 결국 남편과 이혼했다. 그때부터 유감동은 창기娼妓를 자처하며, 한성에서 본격적으로 남성들과 성을 통하기 시작했다. 1427년세종 9년 8월 17일 임금이 묻는 내용이 재미있다.

"사헌부에서 음부淫婦 유감동兪甘同을 가뒀다는데, 대체 간통한 남자들은 몇이나 되는가?"

좌대언 김자가 대답했다.

"간부는 이승·황치신·전수생·김여달·이돈 등과 같은 사람이고, 그외에 몰래 간통한 사람은 이루 다 기록할 수 없사옵니다."

추가조사 끝에 유감동과 간통한 남자는 모두 40여 명에 이르렀다. 이 사건을 논하는 조정대신들은 유감동과 관계를 맺은 남성들을 꾸짖기보다는 유감동을 처벌하는 방안에 중점을 둔다.

"유감동은 사족士族의 딸로 남편을 배반하고 음란한 행동을 하여 (중략) 스스로 관기官妓라 일컬으면서 사욕을 제멋대로 하여 거리낌이 없었으며, 인륜人倫을 문란시킴이 이보다 심한 것이 없으니 마땅히 비상한 형벌에 처하여 뒷사람에게 경계해야 할 것입니다."

유감동이 강간을 당했다는 말은 쏙 빼고, 인륜을 문란하게 했다는 등 꾸짖음으로 일관한 것이다. 적반하장이 아닐 수 없다. 아무 일 없었다면 그저 평범한 양반가 안방마님으로 살았을 유감동이 아닌가. 가여운 것은 예나 지금이나 힘없는 여인네들이다.

▲ 〈파안흥취(破鞍興趣)〉. 김홍도의 《행려풍속도병》에 수록된 작품이다. '행려풍속'은 선비가 세속을 유람하는 풍정을 담은 일종의 풍속화인데, 이 그림에서는 나귀를 타고 가는 선비가 부채로 얼굴을 대충 가린 채 길가의 여인네들을 훔쳐보고 있다. | 국립중앙박물관 소장

또 하나, '강간죄'는 반드시 '교수형'에 처했던 엄격한 조선시대였지만, 그 천인공노할 죄는 끊이지 않고 일어났다. 그렇다면 어떻게 처벌해야 했을까? 죄질을 본다면 그냥 확 궁형宮刑에 처했다면 어땠을까? 그게 너무 중한 처벌이라면 얼굴에 '난 성범죄자요.'라고 새기는 자자형刺字刑도 괜찮았을 듯싶다.

사족 하나. 이 시대에 강간죄를 저지르는 자에게도 같은 형벌을 가하면 어떨까? 그런 객적은 생각까지 해본다. 하기야 '화학적 거세'라는 처벌까지도 논의되고 있는 시점이 아닌가.

29

"노총각 · 노처녀를 구제하라!" 역사 속 솔로대첩

"복사나무의 어여쁨이여! 활짝 핀 그 꽃이로다.桃之夭夭 灼灼其華"

1500년연산군 6년 1월 14일, 희대의 폭군이라 불리는 연산군이 의정부에 내린 전교이다. 얼핏 보면 채홍사를 통해 불러온 미녀를 지싯거리며 품평하는 폐주廢主의 황음무도를 상징하는 말 같기도 하다. 그러나 틀렸다. 《연산군일기》에서 연산군은 "혼인은 때를 놓치면 안 된다."라고 하면서 이 시구를 인용한 것이다.

《시경》〈주남周南 · 도요桃夭〉에 나온 이 시에는 "이 아가씨 시집가서 그 집안에 잘 하리라.之子于歸 宜其室家"라는 구절이 뒤따른다. 즉 '복사나무 꽃처럼 어여쁠 때 시집가는 처녀는 화사하고 덕이 있다.'라는 뜻이다.

'희대의 폭군'이었던 연산군마저 '꽃처럼 화려할 때 시집장가를 가야 한다.'라는 의미로 멋들어진 시를 들춰낸 것이다. 연산군이 이 정도였으니 다른 왕들은 오죽했을까. 사실상 역대 조선의 제왕들은 노처녀·노총각의 구휼, 즉 시쳇말로 '솔로대책'에 나라가 나서야 한다는 것을 제1덕목으로 삼았다.

'솔로대책', 조정이 나선 까닭은?

1420년세종 2년 11월 7일, 세종은 예조의 상언에 따라 추상같은 명을 내린다.

"가난한 남녀 가운데 때가 지나도록 혼인하지 못한 자가 있다. 서울에서는 한성부서울시가, 지방에서는 감사도지사가 힘을 다해서 방문하라. 그래서 그들의 사촌四寸 이상 친척들이 혼수를 갖추어 때를 잃지 않도록 하라. 이 법을 어기는 자에게는 죄를 주라." –《세종실록》

▲ 단원 김홍도의 〈우물가〉. 품행이 방정하지 못한 남정네가 여인들이 모인 우물가에 등장했다. 이 남정네는 거리낌 없이 가슴을 드러내고 물을 들이마시고 있는 반면, 여인들은 수줍어하면서 고개를 돌리거나 다른 곳을 쳐다보고 있다. | 국립중앙박물관 소장

이 기사에서 '사촌 이상의 친척들이라도 나서 혼수품을 마련해 줘야 한다.'라는 대목이 주목을 끈다. 그럼에도 제때에 '시집·장가' 보내는 게 여의치 않았나 보다. 심지어는 노총각·노처녀들에게 혼수품까지 제공해야 한다는 법인 《육전》까지 내세워 결혼을 독려하고 있으니 말이다.

"여자 나이 스무 살이 되면 시집보낸다는 말이 《예기禮記》에 나와 있습니다. 대저 혼인이란 시기를 놓치면 남모르게 번민하게 되는 것이니, 작은 연고가 아닙니다. 이 때문에 나이가 장성한 처녀는 관에서 혼수를 주어 혼인

시키는 법이 《육전》에 기재되어 있습니다." -《세종실록》 1443년 5월 16일조

노처녀·노총각 구휼법이 있음에도 삼사십 세가 되도록 혼인하지 못하는 남녀가 생기자 상소를 올린 것이다.

이게 끝이 아니다. 1472년성종 3년 성종은 아예 '전국 노총각·노처녀들의 수를 죄다 파악해서 혼수품까지 주어 혼인시킬 것'을 지시했다.

"남녀가 혼인하여 함께 사는 것이 인간의 대륜大倫이다. 만약 시기를 어기면 반드시 화기和氣를 상하게 될 것이다. 지금 집안사정 때문에, 아니면 가장이 불초해서 나이 삼사십 세가 되도록 혼인하지 못하는 자가 있을 것이니 대책을 세워라."

임금의 명을 받은 예조가 특단의 대책을 세웠다.

"명에 따라 전국 25세 이상 노처녀들의 가계를 모두 조사했습니다. 집안사정 때문에 혼인을 하지 못한 자들에게는 쌀과 콩 10석씩 주어 혼수품으로 삼게 하소서." -《성종실록》 1472년 5월 7일조

국가가 혼수품까지 대주면서 노총각 노처녀들의 혼인을 독려했음을 알 수 있다.

중종 임금도 1512년중종 7년 1월 19일 "관청이 직접 나서 가난 때문에 시집을 가지 못한 노처녀들에게 혼수품을 내주도록 하라."라는 명을 내렸다. 또 《영조실록》 1730년 12월 24일조를 보면, 1730년영조 6년 암행어사로 유명했던 박문수는 영조에게 "혼인을 제때 하는 것은 왕정王政의 선무先務"라고 못 박기도 했다.

처형된 자의 자식들은 시집 · 장가도 나라가 나서야 한다

그래서일까? 《일성록》 1794년 1월 8일조를 보면, 정조가 "판관들은 방방곡곡 백성의 집을 두루 다니며 곳곳마다 살펴서 단 한 사람의 홀아비도 없게 하라."라는 명까지 내린 게 나온다. 그런데 박문수를 비롯한 모든 이가 꼽은 '노총각·노처녀들을 구휼해야 하는 까닭'은 두고두고 재미있다.

> "시집·장가를 못 간 자가 많으니 이 때문에 원망이 가슴에 맺혀 울부짖으니 화기和氣·기의 조화를 손상할 것입니다."

노처녀·노총각의 한恨이 세상의 조화를 망친다니 웃어야 할까 울어야 할까.

한 가지 더 예를 들겠다. 1631년 인조 때의 일이다. 처형된 사람들의 자녀들이 혼인하는 문제도 조정이 신경 써주어야 한다는 상소도 올라간다. 부제학 이경여 등이 인조에게 올린 8조목의 상소문을 보자.

▲ 혜원 신윤복의 〈처네 쓴 여인〉. 처네 쓴 뒷모습의 여인이 담을 따라가고 있다. 여인은 녹색 치마와 하늘색 처네에 분홍색 신발을 신고 있으며, 위에서 아래로 주름진 처네 안에 있는 오른쪽으로 휘도는 치마의 옷주름과 아랫도리와 신발에는 동감이 배어 있다. | 국립중앙박물관 소장

> "처형된 자의 아들과 딸 가운데 시집가고 장가드는 때가 지난 사람들에게 혼인을 허락하는 명이 있기는 했습

니다. 그런데 어느 누가 죄인의 자녀와 기꺼이 혼인하려 하겠습니까. 만일 국가에서 골라 정해주지 않으면 끝내 시집가고 장가들 날이 없어서 인금의 은명恩命이 허사로 돌아갈 것입니다. 성실하게 조처해야 합니다."

—《인조실록》 1631년 10월 3일조

천재이변은 노총각·노처녀 많은 탓

이런 '솔로대책'을 기상이변 및 재이災異의 해법으로 여기는 경우가 많았다.

1535년중종 30년 겨울. 천둥이 내리치고 태백금성이 낮에 나타나는 등 천변이 일어나자 신하들이 해결책 마련을 위해 격론을 벌인다. 그 가운데 중신들이 '솔로대책'을 마련했다.

"'재변災變은 모두 백성들의 원망 때문에 일어난다.'라는 옛말이 있습니다. 그러니 재물은 있으면서 혼기를 놓친 이들도 있습니다. 또한 재산이 없어 혼인하지 못한 자도 있습니다. 이들에게는 관청에서 혼수를 내려주어야 합니다." —《중종실록》 1535년 10월 15일조

가뭄이 심해 기우제를 지낼 때도 '솔로대책'은 필수적이었다.

이익의 《성호사설》〈인사문·수한보제〉는 '과년過年한 남녀를 결혼시키고 젊은 과부와 홀아비를 결합시키는 것'을 기우제 때 반드시 해결해야 할 과제로 꼽았다. 그로부터 5년 뒤인 1540년에 중종은 '기우제의 조항'을 내리면서 "뒷날의 고증에 참고하라."라고 전교했다.

"《문헌통고文獻通考》에 따르면 실직자失職者를 다시 심리했다. 부역과 세금을 감하여 가볍게 하여 주었다. 어진 사람을 기용하고 탐욕스런 사람을 내쳤

으며, 시집·장가 못 간 사람들을 구휼하여 주었으며, 음식의 가짓수를 줄이고 악기는 진설만 하고 연주하지 않았다." —《중종실록》 1540년 5월 10일조

《문헌통고》는 중국 송말宋末, 원초元初의 학자 마단림馬端臨이 저작한 제도와 문물사文物史이다. 중종은 기우제를 지내기 위해 옛 서적까지 참고했으며, 노총각·노처녀의 구휼은 물론 실업자 대책까지 마련해야 한다는 점을 강조하고 있는 것이다. 성종은 심지어 긴 장마의 원인도 '노처녀의 한恨'으로 여겼다.

"하늘의 도道는 아득히 멀어서 알 수 없다. 요즘 장마가 몇 달 동안이나 그치지 않는구나. 아마도 가난한 사족士族의 처녀가 제때 출가出家하지 못했기 때문이 아닌가. 원광怨曠·시집·장가를 제때 못 감의 한恨이 화기를 범한 듯하다. 중앙·지방의 공무원들에게 명하여 이들에게 혼숫감을 넉넉히 주어 시기를 놓치게 하지 말라." —《성종실록》 1478년 6월 13일조

여자 25세, 남자 30세 넘으면 '노처녀', '노총각'

그러면 노총각·노처녀를 구분하는 나이는 몇 살부터일까?

《예기》는 "여자 나이 20세가 되면 시집보낸다."라고 했다. 20세 언저리가 결혼 적령기임을 알려주고 있는 것이다. 《태종실록》 1407년 7월 2일조를 보면, 의정부가 올린 상소문에 "양반의 딸 가운데 나이 서른이 지나도록 집안이 빈궁해서 시집을 가지 못한 자는 관가가 혼수를 대준다."라고 했다. 하지만 《경세유표》 4권 〈천관수제·고적지법〉에 나오는 '애민愛民의 여섯 조목'을 보면, "서른 살이 되도록 장가를 못 간 남자와 스물다섯 살이 되도록 시집을 못 간 여자는 관官에서 성혼시켜야 한다."라고 했다. 그러니까 남자 서른 살, 여자 스물다섯 살 이상을 노총각·노처녀로 본 것이다.

1794년정조 18년, 수원 유수 김노성은 겨우 혼인을 한 노총각·노처녀들의 명단을 보고했는데 다음과 같다.

"장족면 과부 김씨金氏의 딸이 22세인데 혼기가 지나 혼인. 삼봉면 남성 이일손이 30세인데 혼기가 지나 혼인. 장족면 이원대李元大가 38세인데 혼기가 지나 혼인……." –《일성록》 1794년 1월 8일조

딱히 법으로 정하지는 않았지만 여성은 20세 언저리가 결혼적령기이며, 25세가 넘으면 노처녀 반열에 들었음을 알 수 있다. 남자는 30세가 넘어야 노총각 대열에 합류한 것 같다.

총각과 처녀

총각總角은 '두 개의 뿔 모양으로 머리털을 묶은 것'을 의미하는데 그 역사가 깊다. 《시경》〈맹편氓篇〉을 보면 "총각 시절 그대와 즐거워했다.總角之宴"라는 구절이 있다. 또 《시경》〈제풍齊風 보전甫田〉을 보면 "예쁘고 아름다워라. 머리털을 묶어 쌍상투를 틀었네. 조금 있다 보면 불쑥 관을 쓰고 있으리.婉兮孌兮總角丱兮未幾見兮突而弁兮"라고 했다. 그런데 정조와 다산 정약용이 《시경》의 내용을 두고 이야기를 나눈 대목이 《홍재전서》 제89권 〈경사강의 26〉에 나와 있는데 무척 재미있다. 그럼 '총각'이란 낱말의 어원과 쓰임새를 두고 나눈 두 사람의 대화를 보자. 먼저 정조가 묻는다.

"《시경》을 보면 '총각관혜'라고 해서 총각이 쌍상투를 쓰고 있다가 관을 쓴다고 했다. 그렇다면 관례冠禮를 하지 않은 남자도 총각總角이라고 말하는데, 어떤 사람은 이때의 총각은 남자를 가리킨다고 했다. 이 설이 어떠한가?"

그러자 정약용이 대답했다.

"《예기》〈내칙內則〉에는 '성인이 되지 않은 남녀는 새벽에 닭이 처음 울면 다발 머리를 손질하여 총각總角을 만든다.'라고 했습니다. 그렇다면 총각은 바로 남녀 모두에게 해당되는 것입니다. 한쪽으로만 속한다고 해서는 안 될 듯합니다."

▲ 단원 김홍도의 〈길을 떠나는 부녀자들〉. 길에서 우연히 만나거나 일어난 일들을 그린 행려풍속도이다. 김홍도의 작품으로 알려져 있으나 인물표현이 서툰 모습이다. | 국립중앙박물관 소장

그러니까 '총각'이라는 말은 남자에만 해당되는 말이 아니라 혼인하지 않는 '남녀'를 두고 한 말이라는 것이다.

조선 후기 학자 유장원이 쓴 《상변통고》를 보면 재미있는 내용이 나온다. '처사處士'를 설명하면서 《사기》의 주를 인용해, "아직 벼슬하지 않은 선비士를 '처사'라고 하니, 아직 결혼하지 않은 여자를 '처녀處女'라고 함과 같다."라고 한 것이다. 또 사마광의 《서의書儀》를 보면 '아직 계례笄禮·혼례 때 여자가 쪽을 지어 올리고 비녀를 꽂는 의례'하지 않은 여자를 총각머리'라 했다. 그러고 보면 총각은 남녀 모두를 지칭했음을 알 수 있다.

세상에서 가장 불쌍한 홀아비, 홀어미

그렇다면 나라님은 노총각·노처녀에게만 관심을 가졌던 것일까? 아니다. 그들보다 더 긍휼히 여겨야 할 이들이 바로 홀아비와 과부였다. 그 역사는 깊고도 깊

은데, 그 '환과'를 잘 돌본 이는 바로 주나라 문왕이었다.

《서경》〈무일無逸〉편에는 "문왕은 소민小民을 품이 보호하고, 홀아비와 과부들도 은혜로 잘 돌봤다懷保小民 惠鮮鰥寡"라고 기록되어 있다. 또 맹자는 일찍이 세상에서 가장 불쌍한 네 종류의 사람들을 '환과고독鰥寡孤獨'이라 했다. '환'은 아내를 잃은 남자, '과'는 남편을 잃은 남자, '고'는 부모를 잃은 아이, '독'은 자식이 없는 노인 등을 일컫는다. 《맹자》〈양혜왕(하)〉에서, 맹자는 특히 '환과'를 두고 "홀아비와 홀어미는 하소연할 곳이 없는 자들鰥寡無告"이라 했다.

국법으로 돌봤던 '환과고독'

우리 역사에서도 '환과', 즉 짝 잃은 남자와 여자는 나라가 나서 돌봐야 하는 대상이었다. 예컨대 기원후 28년유리이사금 5년 신라 유리이사금은 '환과고독', 즉 홀아비와 홀어미, 고아와 자식 없는 노인을 위문하고 양식을 나눠 부양하도록 했다.

> "겨울에 왕이 순행 중 한 할머니가 굶주린 채 얼어죽어 가는 것을 보고 말했다. '미미한 몸으로 왕위에 있으면서 백성을 능히 기르지 못하여 늙은 이와 어린아이로 하여금 이 지경에까지 이르게 했구나. 다 내 죄다.'라고 하면서 왕이 옷을 벗어 덮어주고 밥을 주어 먹게 하였다. 그리고 담당 관청에 명하여 전국의 환과고독을 위문하고 부양하게 했다."
>
> —《삼국사기》〈신라본기·유리이사금〉

또 《삼국사기》〈신라본기·흥덕왕조〉를 보면, 834년흥덕왕 9년 겨울 흥덕왕도 '해마다 환과고독을 위문하고 곡식과 베를 차등 있게 내려주는 것'을 국법으로 삼았다. 이는 고려 때도 마찬가지였다.

《고려사절요》 1110년 5월의 기록을 보면, 고려 예종은 나이 80세 이상의 노인과 효자·순손·의부·절부·홀아비·과부·고아·자식 없는 늙은이·불구자 등을 초청해 남명문 밖에서 잔치를 베풀고 물품을 차등 있게 하사했다.

재혼도 허용해 달라

조선시대에는 더했다. 1405년 12월 2일 태종은 다음과 같은 명을 내린다.

> "환과고독鰥寡孤獨과 독질篤疾·폐질자廢疾者, 실업失業한 백성들이 어찌 얼고 주려서 비명非命에 죽는 자가 없겠느냐? 내가 매우 불쌍히 여긴다. 빠짐없이 거두어 기르게 하라."

심지어 정조 때는 홀어미과부의 재혼을 허락해야 한다는 상소까지 올라간다. 1776년정조 즉위년 6월 13일 경북 선산의 유학 강치휴가 1,000리 길을 달려와 10가지 폐단을 알리는 상소를 올린다. 그 가운데 홀어미의 재혼과 관련된 부분을 보자.

▲ 혜원 신윤복의 〈전모를 쓴 여인〉. 당대 미인을 그린 그림이다. 가는 눈, 낚싯바늘 같은 코, 앵두 같은 작은 입의 여인을 단아하게 표현했다. 그림에는 다음과 같은 글이 쓰여 있다. "옛 사람들이 찾아내지 못했으나 기이하다고 평가할 수 있다.(前人未發 可謂奇)" | 국립중앙박물관 소장

> "개가改嫁를 금하는 폐단은 어떻습니까. 근래 사부가士夫家에서 다투어 조혼早婚을 하여 겨우 십이삼 세에 과부가 되기도 하고 십오륙 세가 채 못 되어 과부가 되기도 합니다.

이는 천지의 화기和氣를 해칠 만한 일입니다. 새로운 법新法을 세워 일체 개가를 허용하십시오." –《일성록》

조선 후기에 접어들어 조혼풍습이 거세짐에 따라 10대 청상과부가 폭증하고 있음을 염려한 것이다. 이들의 재혼을 허락하지 않으면 천지의 화기가 깨진다는 점을 강치휴가 고하고 있는 것이다. 하지만 '중흥군주'라는 정조였지만 고심 끝에 "'재혼법'만큼은 가납할 수 없다."라고 하며 거부한다.

"재혼 금지는 우리나라의 300년 습속인데 이를 어떻게 법으로 허락하겠는가?"

'솔로대첩'은 불가하다

1525년중종 20년 12월 30일의 실록을 보면 이상한 대목이 나온다.

14년 전인 1511년 세운 진제장賑濟場·곤궁한 백성을 모아 구제하던 곳을 없앤 것이다. 대신 백성들을 홍제원과 보제원 등에 분산 수용한다. 왜, 무엇 때문일까?

"민중을 한 장소에 몰아놓으면 잘 구제하기 어려울 뿐만 아니라 도리어 폐단이 있게 될 것이다. (중략) 서울 안에는 남편 없는 부인과부들이 또한 많을 것인데, 이들을 한 장소에 함께 들어가게 해서는 안 된다. (중략) 내 생각에는 오부伍部·서울시내 5개 행정 및 한성부로 하여금 도성 안의 홀로 된 남자와 여자들의 수를 헤아려 음식을 나눠 지급함이 어떨까 한다. 의정부와 의논하라."

홀로 된 남녀들을 한 곳에 모아놓으면 갖가지 사고를 일으킬 수 있다는 뜻인가, 아니면 굶주린 이들이 폭동을 일으킬 수도 있음을 우려한 것일까?

서글픈 '솔로대첩'

몇 년 전 연말에 '솔로대첩' 행사가 열렸다고 해서 화제를 뿌린 바 있다. 일종의 '게릴라 미팅'인 셈이다. 어느 대학생이 SNS에 올린 것이 일파만파, 전국적인 행사로 커졌다고 한다. 당시 그 행사를 우려 섞인 시선으로 바라본 쪽도 있었다.

성범죄를 우려하는 목소리들도 나왔다. 500년 전 조선의 조정이 걱정했던 상황과 비슷할지도 모르겠다. 여하튼 '솔로대첩' 행사가 민간차원에서, 즉흥적으로 이뤄졌다는 것이 어쩐지 서글프다. 맹자님 말마따나 얼마나 하소연할 곳이 없으면, '모태솔로'든 '돌싱'이든 '그냥솔로'든 솔로들이 직접 짝을 찾으러 나갔단 말인가. '솔로대첩'을 어루만져 줄 '솔로대책'은 없을까?

30

간통?
네가 눈으로 직접 봤느냐?

"부잣집에서는 아내를 서너 명 맞이한다. 그러나 조금만 맞지 않아도 바로 이혼한다. (중략) 남녀 간 혼인에도 경솔하게 합하고 헤어지기를 밥 먹듯 하니 진실로 웃을만한 일이다."

▲ 김윤보의 《형정도첩》에 수록된 〈죄인을 압송하는 장면〉. 조선의 간통한 남녀는 이런 모습으로 포박되어 압송되었을 것이다.
| 서울대학교 중앙도서관 소장

1123년, 송나라 서긍은 고려여행기 《고려도경》을 쓰면서 고려인들의 결혼·이혼풍습을 이렇게 조롱했다. 서긍은 물론 "고려가 오랑캐夷狄의 나라 가운데서는 그래도 문물과 예의를 갖춘 나라"라고 평가했다. 하지만 "고려가 궁벽한 곳에 자리 잡고 있어 풍속이 박잡駁雜하여 오랑캐 풍속을

다 고치지 못했다."라고 하면서 손쉽게 이혼하는 고려의 풍조를 비꼰 것이다.

《고려사》 등을 보면 갖가지 이혼의 사례가 보인다.

> "최항이 전에 대경 최온의 딸에게 장가를 들었지만 병이 있다는 이유로 버리고 다시 좌승선 조계순의 딸에게 장가드니……." –《고려사》〈열전·최충헌〉

> "양원준의 아내가 시어머니를 잘 섬기지 않자 아내를 쫓아냈다. 처와 아들이 울며 애걸했으나 끝내 허락지 않고……." –《고려사》〈열전·양원준〉

아내가 병에 걸렸다는 이유로 쫓아내고, 시어머니를 모시지 않았다고 소박시킨다면? 비정한 일이다. 예컨대 양원준의 기록을 보면 "강제로 아내를 쫓아낸 양원준을 두고 사람들은 그를 인자하지 못한 사람이라 여겼다."라는 부연설명이 있을 정도다. 하지만 당대엔 그럴 수도 있었다. 이미 주나라 시대부터 내려온 '처妻를 내칠 수 있는 7가지 죄', 즉 '칠거지악'이 있었으니까.

정약용의 《여유당전서》〈상례사전·상기별〉을 보면, 칠거지악은 '자식이 없거나無子, 음탕하거나淫佚, 시부모를 잘 모시지 못하거나不事舅姑, 말이 많거나口舌, 도둑질을 하거나竊盜, 투기를 하거나妬忌, 몹쓸 병에 걸리거나惡疾' 할 때 처를 내칠 수 있다는 조항이다. 그러니까 최항은 '아내가 몹쓸 병에 걸렸다.'라는 이유로, 양원준은 '시부모를 잘 모시지 못했다.'라는 이유로 부인을 서슴없이 쫓아냈던 것이다.

툭하면 아내를 버린 고려의 남편들

출세를 위해 '조강지부와 조강지처'를 버리는 일도 있었다. 예컨대 좌상시 권형의 딸은 처음에 밀직상의 전신의 아들에게 시집갔다. 하지만 아버지 권형은 사위의 집안이 보잘것없다고 판단한 뒤 이혼시키려고 무던히 애를 쓰다가 마침내

▲ 전 신윤복의 〈봄날이여 영원하라(사시장춘 · 四時長春)〉. 남녀 간의 사랑을 담은 풍속화로, 닫힌 방문 앞에 놓여 있는 신발 두 켤레가 유난히 눈에 띈다. 방안에 두 명의 남녀가 있음을 짐작할 수 있다. 술병을 받쳐 들고 망설이듯 멈칫한 소녀의 자세는 방 안 남녀의 춘정을 암시하고 있다. 기둥의 '사시장춘(四時長春)'이란 글씨가 남녀 사이에 춘정을 보여 준다. | 국립중앙박물관 소장

꾀를 썼다. 충숙왕 복위 4년 1335년, 왕의 명령을 빙자하여 이혼시킨 것이다. 그런 뒤 딸을 충숙왕에게 바쳤다. 그 여자가 바로 '수비 권씨'이다. 말하자면 '조강지부'를 버리고 후궁의 자리에 오른 것이다.

하지만 충숙왕은 그로부터 불과 4년 만인 1339년에 죽고, 수비 권씨는 말로는 표현하기 힘든 치욕을 겪게 된다. 《고려사》〈충숙왕〉, 《고려사》〈열전 수비 권씨〉 등에 따르면, 충숙왕의 뒤를 이어 복위한 충혜왕은 서모庶母인 수비 권씨를 간음했다. 그러고 보면 '후궁의 영화榮華'는 단 4년이었을 뿐, 남편이 죽자 서자에게 능욕당하는 처지가 된 것이다.

대장군 송유인?~1179년은 무신이면서 문신들과 교분을 두텁게 쌓는 바람에 무인들의 미움을 샀다. 마침내 무신난이 일어나자 송유인은 생명의 위협을 느낀다.

"정중부가 정권을 잡자 고립된 송유인은 화가 자신에게 미칠 것이 두려워 조강지처를 섬으로 쫓아내고, 정중부의 딸을 처로 삼고자 했다."
-《고려사》〈열전·정중부〉

또 있다. 양갓집 여인과 이미 혼인했던 이영주라는 인물은 본처를 헌신짝처럼 버리고 국왕충렬왕·재위 1274~1308년의 수양딸과 재혼했다. 《고려사》〈폐행 1 이영주〉에 따르면, 이 '정략결혼' 덕분에 이영주는 국서國壻·임금의 사위 소리를 들었다. 하지만 그에게는 '아첨해서 사랑을 독차지한 총신', 즉 '폐행嬖幸'의 낙인이 찍혔다.

당시에는 사치 때문에 아내를 버리는 몹쓸 남편들도 많았던 것 같다. 무신정권 실세의 조직인 '도방별초都房別抄' 남자들이 바로 그 장본인들이다. '도방별초'는 최씨 무인정권의 사병私兵 집단이었던 도방都房과 마별초馬別抄를 뜻한다.

"도방별초는 말안장·의복·창 및 화살을 거란풍으로 앞 다퉈 화려하게 꾸미는 것을 자랑으로 삼았다. 개경 사람들의 자제도 역시 앞 다퉈 사치를 일삼았다. 가난 때문에 버림받은 아내들이 많았다." -《고려사》〈열전·최충헌〉

조강지처를 지킨 남편들

물론 기특한 남편들도 있었는데, 권수평?~1250년이라는 인물이 눈에 띈다.

그는 고종 대재위 1213~1259년에 견룡牽龍·국왕 경호실에 임명됐다. 주변 사람들 모두 축하의 말을 건넸다. 사실 견룡의 직책은 높지 않았다. 그러나 국왕을 지근거리에서 모신다는 점 때문에 권문세가 자제들이 선망하는 자리였다. 하지만 권수평은 그 직을 사양했다. "집이 너무 가난해서 권문세가의 자제들과 어울릴 수 없다."라는 이유 때문이었다. 그러자 친구가 안타깝다는 듯 충고했다.

▲ 〈노상풍정〉. 단원 김홍도의 《행려풍속도첩》에 수록된 작품이다. 부부인 듯한 남녀가 아이를 업거나 품에 안고 가는 반면, 남성 둘은 나귀를 타고 교차하듯 지나간다. 굳이 부채로 얼굴을 가린 선비의 모습을 여인과 마주 보게 배치함으로써, 단원은 인간의 가장 기본적인 욕망을 그려낸 듯 보인다. 하지만 이런 욕망 때문에 간통할 경우, 남녀가 감당해야 할 처벌은 너무도 가혹했다. | 국립중앙박물관 소장

"이보게. 이렇게 영광스런 발탁인사가 어디 있나. 다른 사람들 같으면 조강지처를 버리고 부유한 여인을 취할 것이네. 그대가 만약 부잣집 딸과 재혼한다면 어느 여자가 마다하겠는가?"

그러자 권수평은 딱 잘라 말했다.

"가난과 부유라는 게 다 하늘의 뜻이 아니겠나. 어찌 20년 조강지처를 버리고 부잣집 아내를 맞겠는가. 싫네. 싫어." –《고려사》〈열전·권수평〉

권수평을 보면 통일신라시대 대문장가인 강수强首·?~692년가 떠오른다. 강수는 어릴 때 대장장이 딸과 야합野合해서 함께 살았는데, 두 사람의 사이가 무척 좋았다.

강수가 스무 살이 되어 그 이름을 온 나라에 떨치게 되자 그의 아비는 부잣집 여식과의 혼인을 서둘렀다. 강수가 "또다시 장가들 수 없다."라고 거절하자 아비는 성을 내며 말했다.

"너는 유명해져서 나라 사람 가운데 모르는 이 없는데 미천한 자를 짝으

로 삼는 것 또한 수치스럽지 않겠는가?"

강수가 두 번 절하고 대답했다.

"옛말에 '조강지처는 뜰아래에 내려오지 않게 하며糟糠之妻 不下堂, 가난하고 천할 때에 사귄 친구는 잊을 수 없다.'라고 했습니다. 저는 천한 아내를 차마 버릴 수 없습니다." –《삼국사기》〈열전·강수〉

하지만 통일신라시대의 강수나 고려시대의 권수평 같은 이가 어디 흔할까.

조선에 이혼법은 없다

흥미로운 사실은 조선조에 들어서 '이혼離婚조항'이 매우 애매하고 복잡해진다는 것이다. 조선의 법률인 《경국대전》 등에 '이혼'을 명확하게 규정하는 조문이 없었기 때문이다. 무척 신기한 일이다. 마음만 먹으면 처와 첩을 바꾸고 들일 수 있을 것 같은 조선시대에 '이혼법'이 없었다니 말이다.

물론 '칠거지악'의 관념이 있었다. 하지만 이것은 지나치게 포괄적인 개념이었다. 더욱이 '칠거지악'을 무색하게 만드는 '삼불거三不去'가 있었다. '삼불거'란 '돌아갈 곳이 없는 아내는 쫓아내지 못하고, 부모의 삼년상을 함께 지냈다면 역시 쫓아내지 못하며, 처음에 가난하게 지냈다가 후에 부자가 됐을 경우에도 쫓아내지 못한다.'라는 항목이다. 그러다 보니 사안에 따라 명나라 법률인 《대명률》을 참고해서 판단할 따름이었다.

예컨대 《대명률》〈형전·처첩구부조妻妾毆夫條〉에 등장하는 "지아비가 이혼을 원하면 들어준다."라는 대목을 들어 이혼소송을 제기하는 케이스가 많았다. 하지만 이 조항도 문제는 있었다. '아내가 남편을 때리거나 쫓아낼 때'라는 단서가 있었기 때문이다. 사실 유교사회에서 이혼은 그리 간단한 법률로 규정할 수 있는 일은 아니었다. 정처를 내치고 후처와 첩을 들일 경우 신분질서에 엄청난 혼란이 일어날 수 있기 때문이다. 그래서 조선은 '천민남자와 양민여성의 혼인'과 '처가 있는데도 처첩을 다시 얻는 일'만큼은 엄격하게 금했다.

이렇게 신료들은 물론 국왕까지 남의 집 이혼 송사에 나서 '감 놔라 배 놔라' 하는 대목이 여럿 보인다. 사안에 따라 '강제이혼명령'을 내리기도 하고, 거꾸로 '이혼불가판결'도 내렸다.

흥미로운 사실은 남녀 간의 문제를 다룰 때는, 《서경》〈대우모大禹謨〉에 나오는 "의심스러운 죄는 가볍게 한다.罪疑惟輕"라는 원칙을 적용했다는 것이다. 한마디로 증거가 없으면 간통죄가 성립될 수 없다는 것이었다. 또 하나, 자칫 이혼을 결정했다가는 패가망신하는 경우도 심심치 않았다. 혼인도 이혼도 함부로 할 수 없었던 조선사회였던 것이다.

지아비가 원하면 이혼시켜야 한다

1704년숙종 30년에 일어난 유정기와 그의 후처 신씨신태영 사이에 발생한 격렬한 이혼소송에는 흥미로운 사연이 담겨있다. 사헌부의 상소대로라면 유정기의 처 신씨는 극악무도한 여인네였다.

> "지아비는 물론 시아버지를 마구 꾸짖고 욕하는 것을 능사로 삼았습니다. 심지어는 더러운 물건을 제주祭酒에 섞고 사당에서 난동을 부려 제석祭席의 물건을 마구 깨뜨렸습니다. 참다못한 남편은 신씨를 내쫓았습니다."

사헌부의 상소에 따르면 신씨는 내쫓긴 뒤에도 분가한 아들 집에 머무른다. 그러다가 아들을 찾아온 남편과 한바탕 싸운 뒤 한밤중에 단신單身으로 뛰쳐나갔다. 이후 친정오빠의 집에 머물던 신씨는 오빠와 싸운 뒤 오빠집에 불을 지르는 등의 '괴악怪愕'을 저질렀다. 참다못한 유씨는 정식이혼을 위해 예조에 소송을 제기했다. 집에서 쫓아낸 지 15년 뒤였다.

하지만 예조는 국법에 이혼조항이 없다는 이유로 소송을 기각했다. 그러나 유정기 측이 가만히 있지 않았다. 유정기는 '유'씨 가문의 대종大宗·동성동본의 일가 가운데 가장 큰 종가의 계통이었다. 유씨 일족 50여 명이 "패악한 여인에게 종사를 맡길 수 없다."라고 하면서 연명으로 재차 이혼소송을 제기했다. 그러나 이 또한 기각됐다. 이 소송은 당사자인 유정기가 죽은 뒤에도 격렬한 논쟁을 불러일으켰다.

이혼을 허락해야 한다는 측은 "강상의 윤리를 바로잡기 위해 반드시 부부의 연을 끊게 해야 한다."라고 주장했다. 특히 장령 임방은 "부부의 도리는 부자 및 군신의 도리와 다름이 없다."라고 하며 "윤리와 풍속을 해친 신씨를 반드시 이혼시켜야 한다."라고 주장했다.

> "이혼법이 비록 《국전國典》에 없다지만 《대명률》을 보면 '지아비가 이혼을 원하면 들어준다.'라는 조항이 있습니다. 그동안 조선은 《대명률》을 따랐는데, 어찌 그 또한 《국전》이 아니라고 하겠습니까."

임방은 《숙종실록》 1704년 9월 24일과 26일조에서, 신씨가 한밤중에 단신으로 집을 나갔으니 "흉악범을 만났다면 반드시 오욕을 당했을 것"이라고 주장했다.

남편에게 욕만 했지, 때리지는 않았다

숙종은 "형조가 신씨 사건을 엄정히 조사하라."라는 특명을 내렸다. 신씨는 수천 마디의 진술서를 통해 조목조목 무죄를 주장했다. '남편이 비첩婢妾·여종에게 고혹되어' 자신을 모함했다는 것이었다. 또한 남편과 싸우고 한밤중에 혼자 집을 나왔다는 주장은 사실이 아니라고 했다.

"남편에게 핍박을 받아 나간 것입니다. 그리고 혼자 나간 게 아니라 여종들과 함께 나간 것입니다."

신씨의 진술로 재판은 신씨에게 급격하게 기울었다. 판의금부사 홍수헌은 법을 담당하는 의금부의 수장다웠다. 그는 '신씨의 실행失行 사실을 입증할 증거부족'을 들어 '이혼불가'를 주장했다.

"신태영의 성품과 행실이 좋지 않은 것은 짐작할 수 있습니다. 그러나 '시부모에게 욕설한 것과 쇄주를 더럽혔다는 것'은 오로지 유정기의 주장일 뿐입니다. 진술한 자들이 모두 '유정기에게 들었다.'라고 할 뿐입니다. 그런데 어떻게 그 집안의 일을 참증參證·참고하여 증거로 삼음하겠나이까. 게다가 남편이 이미 죽었으므로 신문할 수 없습니다."

《숙종실록》 1704년 11월 14일조에서는 영의정 신완도 "신태영이 한밤중에 혼자 나갔다는 유정기 측의 주장도 거짓임이 드러났고 다른 죄상도 그것을 입증할 증거가 없다."라고 하면서 신태영의 '무죄'를 주장했다.

조정의 논쟁은 9년 후인 1713년까지 이어졌다. 하지만 "남편 유정기가 10년이 지나서야 소장을 제출한 까닭이 뭐냐?", "바람을 피운 비첩의 말만 믿고 부인을 무고한 것이 아니냐?"라는 등의 주장이 설득력을 얻었다. 특히 《숙종실록》 1713년 4월 27일조에서 공조판서 김진규는 이 논란에 쐐기를 박았다.

"《내명률》의 이혼조항은 '아내가 남편을 때렸을 때만 적용됩니다. 신씨는 남편을 구타한 것이 아니지 않습니까? 그냥 욕만 했을 뿐입니다."

▲ 〈풍속도〉. 김홍도의 그림이다. 빨래하고 길쌈하는 아낙네들의 모습이 사실적으로 묘사되어 있다. 시집 간 아낙네의 최고 덕목은 이처럼 안살림을 도맡아 하는 것이었다. | 국립중앙박물관 소장

숙종은 결국 부인 신태영 측의 손을 들어주었다.

"전후를 살피건대 신태영의 죄는 이혼시켜 마땅하다. 하지만 이혼시키는 것은 법전에 위배될 뿐 아니라 무궁한 폐해를 열어 놓을 염려도 없지 않다. 경솔히 의논할 수 없으니 그대로 두어라." –《숙종실록》 1713년 4월 21일조

이렇게 '남편이 죽은 뒤 진행된 이혼소송'은 임금과 신하들이 격렬한 논쟁을 벌이며 간신히 일단락이 됐다.

현장을 잡지 못하면 간통죄는 성립할 수 없다

여기서 부언 설명할 게 있다. 바로 "현장을 잡지 못하는 간통죄는 성립할 수 없다."라는 법조항이 조선시대에도 있었다는 것이다.

1484년성종 15년의 일이다. 전 현감 이윤검의 아내 손씨가 '간통죄'로 고소당했다. 부부가 서울남편과 청도아내로 떨어져 살고 있었는데, 청도의 아내 손씨가 노비 금산과 사통했다는 것이었다. 휴서休書·이혼증서를 만든 남편은 아내와 별거에 들어갔다. 그런데 여러 달이 지나 손씨 집안에서는 '돌아온 딸'을 덜컥 다른 남자와 재혼시켰다. 그러자 이윤검의 집안이 발칵 뒤집어졌다.

"정식으로 이혼하지 않았는데 재혼한 것"에 분개한 것이다. 이윤검의 집안은 관찰사를 통해 형조에 "손씨를 엄벌에 처해 달라."라는 고소장을 제출했다. 하지만 조정의 공론과 수사결과는 흥미로웠다. 신료 가운데 심회의 의논이 흥미롭다.

"안방이 어두운 밤에 있었던 일을 다른 이가 어찌 알겠습니까? 또 법률에 이르기를 '간통하는 현장을 잡은 것이 아니면 논죄하지 않는다非奸所捕獲勿論'라고 했습니다. 내버려두는 게 나을 겁니다."

《성종실록》 1484년 2월 16일조를 보면, 성종 역시 "간통한 현장을 잡은 것이 아니니 끝까지 추궁하더라도 사실을 파악하기 어려울 것此非奸所捕獲 雖窮鞫 得情爲難"이라는 판결을 내린다.

처가 있는데 처첩을 또 얻으면?

이혼을 규정하는 법은 없었지만 '천민남자와 양민여성의 혼인'과 '처가 있는 데도 처첩을 다시 얻는 일'은 엄격하게 금했다.

"부부는 인류의 근본이니 적첩의 분수를 어지럽힘은 불가합니다. (중략) 명나라 법률에 '처가 있는데 첩을 처로 삼는 자는 장 80대를 치고, 처가 있는데 다시 처를 얻는 자는 장 90대를 친 뒤 이혼시킨다.'라는 조항이 있습니다."

1413년태종 13년 3월 10일, 사헌부는 처가 시퍼렇게 살아있는데 다시 처와 첩을 두는 남자들의 행위를 엄금하자는 상소를 올린다. 태종은 이를 가납했다. 아버지 태조 이성계가 후처인 신덕왕후 강씨의 아들 방석을 세자로 세우는 바람에 '왕자의 난'을 일으킨 태종이었기에 그럴 만도 했다.

1417년태종 17년 2월 23일, 사간원은 이 법의 취지를 "남편이 죽은 뒤에 자식들이 서로 적자를 다투어 각종 소송이 난무하는 것을 막기 위해"라고 밝혔다. 예를 들어 1452년문종 2년 전 헌납 고태필이라는 자는 엄중한 처벌을 받았다. 아내가 시퍼렇게 살아있는데 처가 죽었다고 거짓말을 한 뒤 후처를 맞이한 것이다. 《문종실록》 1452년 3월 29일조에서, 문종은 "죄질이 좋지 않으니 장 90대를 치고, 후처와 강제 이혼시킨 뒤 전처와 재결합하라."라는 명을 내렸다.

또 같은 해단종 즉위년 6월 15일 천첩을 사랑한 나머지 정처를 박대한 혐의를 받은 전 부사직 이계성을 탄핵하라는 상소가 올라왔다. 사헌부가 이 사건을 조사한 결과 이계성은 정처를 때려 상처를 입히고, 한겨울에 재산을 빼앗아 쫓아냈음을 밝혀냈다. 조사결과 공소시효가 지났지만, 이계성은 괘씸죄로 첩과 '강제이혼' 처분을 받았다.

1457년세조 3년 선성군 이무생은 창기娼妓를 사랑해 아내를 내쫓은 뒤, "아내가 스스로 나간 것"이라고 거짓으로 고했다. 하지만 창기를 사랑하고 본처를 버린 대가는 비쌌다. 《세조실록》 1457년 7월 17일조에 따르면, 이무생은 '강제이혼' 처분과 함께 부사직에서도 파면당했다. 이와 함께 이무생과 혼인한 첩기는 '경역京役·서울에서의 노역형'의 처벌을 받았다.

▲ 전 신윤복의 《풍속도첩》에 수록된 그림. 이 화첩은 일곱 면으로 구성되어 있는데, 모두 남녀 간의 정을 나누는 모습이나 이성에 대한 성적인 호기심 등을 암시적으로 드러내고 있다. | 국립중앙박물관 소장

'혼테크' 잘못하면 패가망신한다

조선시대에도 '혼테크', 즉 결혼을 재테크의 수단으로 삼는 자들이 있었던 것 같다. 그러나 잘못하면 역사에 이름을 크게 더럽히거나 아예 패가망신하는 경우가 있었다.

세조 때 득세한 한명회 집안의 일이다. 어느 날 한명회는 밀양에 사는 박씨의 재산이 많다는 소식을 들었다. 그런데 박씨는 이미 다른 사람과 혼인을 한 유부녀였다. 한명회는 계략을 꾸몄다. 당대의 세도를 배경으로 임금세조을 움직인 것이다.

"박씨가 이미 다른 사람과 정혼했는데, 중간에 배반하고 다른 남자와 약혼했다고 합니다."

과연 한명회의 세도는 굉장했다. 박씨는 결국 본남편과 이혼한 뒤 한명회의 조카인 한언과 재혼하기에 이르렀다. 인과응보일까? 다음 대인 성종 대에 이르러 문제가 생겼다. 한언의 아들인 한홍윤이 형조의 낭관형조정랑으로 발탁되자 대간들이 벌떼처럼 들고 일어선 것이다. "재혼한 사족의 자제들은 청현직요직에 등용되지 않는다."라는 《경국대전》의 조항에 위배된다는 것이었다.

성종 때 한번 좌절한 한홍윤은 중종 7년1512년 때 다시 영광군수로 임명된다. 하지만 이조는 또 '어미의 재가'를 허물로 삼아 '아니되옵니다!'를 외친다. 중종 역시 이조의 상언대로 한홍윤의 군수직 임명을 철회하고 말았다. 《중종실록》 1512년 6월 28일조를 보면, 사관은 이때의 일을 기록하면서 한홍윤과 한언, 그리고 한명회의 일까지 들춰내 한씨 가문을 망신 주고 있다.

혼테크의 오명을 뒤집어쓴 이는 또 있다. 1440년세종 22년 1월 22일, 전 우의정 노한이 탄핵당하는데 우정언 정차공의 상소를 보면 기가 찬다.

사건의 진상은 우의정을 지낸 노한의 외증손이 현감을 지낸 허만석의 어린 딸과 혼인했다. 노한이 노린 것은 부유한 허만석의 재산이었다. 문제는 허만석이 사망한 뒤 상복도 채 벗지 않은 허만석의 어린 딸을 갖가지 말로 구워삶아 혼인을 성사시켰다는 것이다. 《세종실록》은 "만약 상喪이 끝나면 다른 부유하고 세력 있는 자가 허만석의 딸과 결혼할까 두려워 혼인을 서두른 것"이라 비난했다.

이 사건은 사헌부의 국문으로 이어졌고, 사헌부는 '강제이혼' 판결을 내렸다. 노한은 세종으로부터 '특별사면'을 받았으나, 《세종실록》을 통해 "돈벌이를 위해 혼인장사를 한 재상"이라는 오명을 뒤집어썼다.

폭력남편의 비참한 말로

폭력남편은 더 가혹한 처벌을 받았다.

1490년성종 21년 10월 12일 행사직 조지산이 급히 성종 임금을 찾아와 아뢰었다.

"사위 한환이 제 딸의 머리털을 잡고 휘두르고, 옷을 벗겨 마구 때려 온몸에 상처투성이가 됐습니다. 이전에도 제 딸을 구타하고 재물과 장식품을 빼앗아 갔습니다. 만약 사위와 제 딸을 함께 살게 한다면 제 딸은 아마 맞아 죽을 겁니다. 아비로서 눈뜨고 볼 수 없으니 이혼시켜 주십시오."

위급한 상황에 빠진 아버지의 눈물겨운 상소였다. 더욱이 사위가 장인마저 때렸다는 사실까지 드러났다. 윤필상 등 대신들이 한목소리로 조지산을 응원했다.

"원나라 법률서 《지정조격至正條格》에 이르기를 '사위가 장인을 욕하면 그 아내가 이혼한다.'라고 했습니다. 한환은 이미 장인을 구타했습니다. 도저히 함께 살 수 없는 형국이니 이혼시켜야 합니다."

《성종실록》에 따르면, 성종은 이 패륜의 사위에게 이혼명령은 물론 유배령까지 내렸다.

또 있다. 1457년세조 3년 8월 14일, 전주부윤 이승지는 애첩을 너무도 사랑한 것은 좋았다. 그러나 정처를 구타하고 침학侵虐한 뒤 소박한 죄는 씻을 수 없었다. 조정은 이승지와 첩에게 강제이혼령을 내렸을 뿐 아니라 이승지를 유배형에 처했다. 1459년세조 5년에 정처를 칼로 찔러 상처를 입힌 훈련관 녹사 최명전은 유배형을 받았다.

"비첩의 말만 듣고는 칼로 아내 김씨를 찔렀고 무릇 집안에서 잃은 물건은 김씨의 의복을 팔아 충당하니 김씨는 언제나 굶주림과 추위에 고생하고 있었다."

《세조실록》에 따르면, 최명전은 공신이었지만 처벌을 피할 수는 없었다. 정처를 무고한 첩은 장 100대의 엄벌로 다스린 뒤 관비로 영속시켰다. 또한 칼로 아내를 찌르는 등 포학을 저지른 남편과 본부인이 함께 살 수는 없는 일이라며 두 사람의 이혼을 결정했다.

이쯤에서 문득 이런 생각이 든다. '처첩을 마음대로 들이고 내칠 수 있는 조선시대 남자라면 얼마나 좋을까?' 하고 상상했던 이들이여. 꿈 깨라! 잘못하면 패가망신할 터이니…….

제 4 부

사람 냄새 가득한 조선의 문화지도를 그린다

31

율곡도 다산도 당한 신입생환영회

"신래新來·신입관원를 침학侵虐·집단 괴롭힘하지 말라는 금지령을 내렸는데 (중략) 그런데도 신래 정윤화鄭允和가 침학을 당해 병을 얻어 죽었다고 합니다. 처음에 이를 탄핵하려 했으나 풍문공사風聞工事일 것 같아 주저했습니다. 이제는 국문해야 합니다." —《단종실록》

1453년단종 2년 6월 8일 지평持平·사헌부의 정5품 관직 유성원이 상소를 올린다. 심상치 않은 사건을 반드시 국문하라는 직소였다. 사연은 이렇다. 정윤화는 동기생 9명과 함께 과거에 막 급제한 새내기 관원이었다.

어느 신입관리의 죽음

그는 정식 관원이 되기 전에 일단 승문원에 배속됐다. 신입생들은 관례에 따라 술과 안주를 잔뜩 준비한 뒤 선배들을 대접해야 했다. 반드시 거쳐야 할 신고식이었다. 하지만 정윤화의 컨디션은 만성적인 종기병 때문에 최악이었다.《단종실록》

1453년 9월 19일조를 보자.

"(선배들의) 희롱과 핍박이 심했다. 본디 종기병이 있던 정윤화는 피곤함이 극에 달해 죽기에 이르렀다."

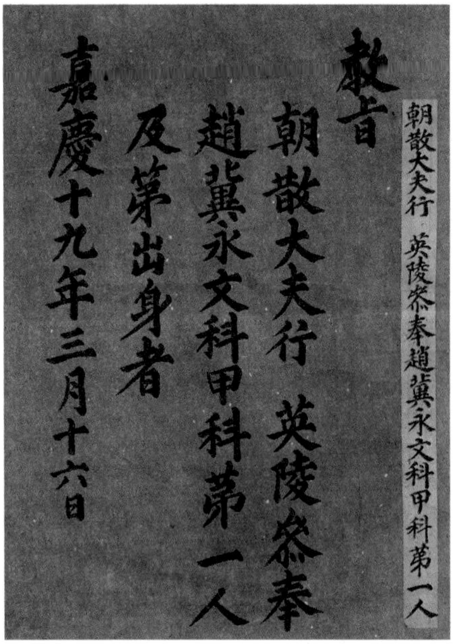
朝散大夫行 英陵叅奉趙冀永文科甲科第一人

教旨
朝散大夫行 英陵叅奉
趙冀永文科甲科第一人
及第出身者
嘉慶十九年三月十六日

▲ 1814년 조기영(1781~1857년)의 홍패. 대과 시험에 합격하고 임금으로부터 받은 합격증이다. 조기영은 합격자 33명 가운데 전체 수석인 장원급제의 영예를 안았다. | 국립중앙박물관 소장

선배들이 회식자리에서 신입생들을 '너무 세게 돌렸던 것' 같다. 정윤화는 와병 중인 데다 선배들의 강권으로 술을 억지로 마셔야 했다. 그러다가 참지 못하고 쓰러져 끝내 사망하고 말았다.

유성원은 이 사건의 내막을 듣고 철저히 감찰한 뒤 이를 주상에게 고한 것이다. 결국 이 사건에 연루된 선배관원 세 명이 태笞 50대를 맞고 파직됐다. 다만 두 명은 공신의 아들이라는 이유로 파직을 면했다. 그뿐이 아니었다.

1526년중종 21년 '신래' 조한정이 선배들의 집단 '매찜질'에 그만 기절하고 말았다. 사색이 된 선배들이 급히 그를 떠메고 갔지만 끝내 죽고 말았다. 임금은 "병 때문인지, 선배들의 구타 때문인지 철저히 조사하라."라고 사헌부에 명령했다. 사헌부는 10일간의 조사 결과 "선배들의 괴롭힘 때문"이라는 결론을 내린다.

"조한정이 만약 병이 있었다면 어떻게 시험을 보고 급제할 수 있었겠습니까. 필시 도가 지나친 집단 괴롭힘 때문에 집으로 떠메어 가다가 죽은 것입니다." -《중종실록》 1526년 1월 24일 및 2월 5일조

치열한 경쟁률을 뚫고 급제한 보물 같은 아들을 신고식으로 허망하게 잃은 부모의 심정을 헤아려 보라. '신입'을 죽음으로 내몬 이 사건은 어쩌면 그렇게 요즘의 '신입생 신고식'과 같은지 모르겠다.

신입생 환영회, 집단 괴롭힘의 역사

《임하필기》등을 보면, 조선시대에는 이런 신입생 신고식을 '허참례許參禮' 혹은 '면신례免新禮'라고 했다. 허참례는 출사하는 관원이 고참들에게 술과 음식을 대접하는 자리를 뜻했다. 선·후배 간 인사를 허락하는 예라 하여 '허참례'라고 했다. 면신례는 허참례를 끝내고 10여 일이 지난 뒤 치러야 했던 '신래新來·신입생 신고식'이었다.

이런 통과의례는 고려 말 우왕 11년1385년부터 시작됐다고 한다. 음서, 즉 부모의 권세를 배경으로 버슬하는 자제들의 기를 꺾고 질서를 잡으려는 선배들의 뜻이 담겨 있었다. 《임하필기》〈문헌지장편〉에서 '신래新來'를 설명한 글을 보자.

> "신래를 제어한 것군기를 잡은 것은 호사豪士의 기개를 꺾고 상하의 분수를 엄하게 함으로써 규구規矩에 나아가게 하려는 것이었다. 선조 2년1569년 율곡 이이가 상소했다. '듣건대 1385년에 실시된 감시監試에서 윤취라는 인물이 99명을 뽑았는데, 그때의 과거가 공정하지 못하여 입에서 아직 젖내가 나는 귀족 자제들이 많았습니다. 당시 사람들이 그들을 홍분紅粉이라고 지목하였는데 인정人情이 분격憤激하여 마침내 골탕 먹이는 풍습이 시작되었다고 합니다. 이를 금지하도록 하소서.'라고 하였다. 이로 말미암아 그 폐단이 조금 누그러졌다."

참고로 이때 붉은 옷을 입은 "젖비린내 나는 신입생들" 가운데는 세도가 출신이 많았다고 해서 홍분방紅粉榜 또는 분홍방粉紅榜이라고 비웃었다고 한다. 하지만 시간이 흐를수록 '신래 신고식'의 기특한 취지는 사라지고, '가학' 혹은 '집단 괴롭힘' 같은 역기능만 남게 됐다. 게다가 신입생이 선배 대접을 하려면 경제적인 부담도 엄청났다. 그렇다면 대체 어떤 신고식이었기에 사람이 죽어나가는 지경까지 치달았을까. 이미 조선 초태종 5년·1405년부터 허참면신례의 폐단을 우려해서 엄히 금하라는 전교가 내려진 바 있다.

"1405년 7월 16일, 사헌부가 상소했다. 새로 된 관원이 집안형편과 건강상태에 문제가 있을 때는 허참을 하지 말라는 내용이었다. 임금이 의정부의 의논을 듣고 '이제부터는 허참 등을 하면서 장난을 치고 학대하는 일은 엄금하라.'라는 전교를 내렸다." -《태종실록》

더 구체적으로 허참, 즉 면신례의 폐해를 알아보자.

조선시대 과거급제자는 곧바로 관직에 진출하지 못하고 수습기간을 거쳐야 했다. 문과급제자는 예문관역사 담당기관·성균관최고 교육기관·교서관서적간행·승무원외교문서 관장에 배속됐다. 무과급제자는 훈련원국방 담당 등에 알단 배속됐다. 배속된 '신래'는 허참례·면신례 같은 신고식을 치러야 했다. 그런데 그 신고식이라는 게 혹독했다. 토지주택박물관이 수집한 이른바 면신첩을 보면 선배들의 집단 괴롭힘을 짐작할 수 있다.

"신귀新鬼 양정暘鄭은 듣거라! 너는 별 볼일 없는 재주로 외람되게 귀한 벼슬길에 올랐겠다. (중략) 거위, 담배, 돼지고기, 닭고기 등을 즉각 내어와 바쳐라. 선배先進들이 쓴다."

18세기 면신례를 치르던 선배들이 새내기 관료인 정양鄭暘에게 쓴 것이다.

새내기를 '신귀', 즉 '새로운 귀신'이라 하고, 이름도 거꾸로 '양정'이라 했다. 정양 역시 혹독한 신고식을 치른 뒤 이 같은 면신첩을 얻었을 것이다. 그러나 정양의 케이스는 약과였다.

혹독한 신입생 환영회

1541년중종 36년 12월 10일 사헌부의 구구절절한 상소를 보자. 상소는 먼저 급제자의 모델을 제시했다.

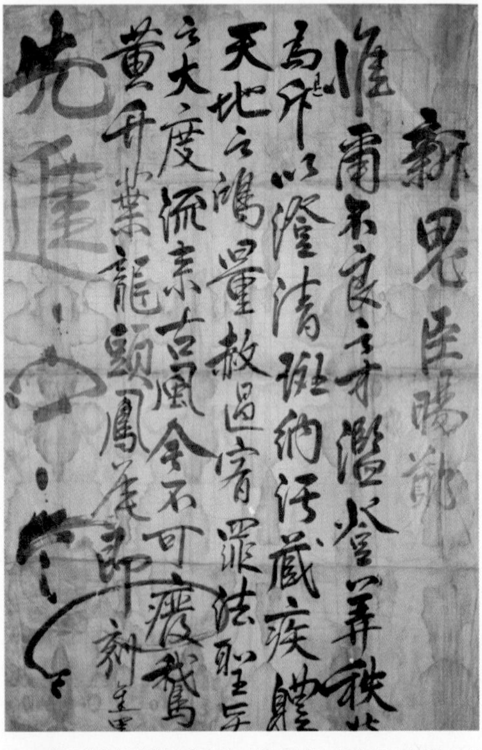

▲ 18세기 새내기 정양(鄭暘)의 신고식을 끝내고 선배들이 작성한 면신첩(免新帖). 정양을 '새로운 귀신(新鬼)'이라 부르고, 이름을 거꾸로 해서 '양정(暘鄭)'이라 했다. | 토지주택박물관 소장

"급제하여 출신하는 것은 곧 선비가 벼슬길에 들어가는 처음입니다. 마땅히 예모禮貌를 삼가고 기개를 양성하여 임용되기를 기다려야 합니다.

—《중종실록》

그런데 그 다음 문장부터가 반전이다.

"그런데 말입니다. 이들을 신래新來라 하여 집단으로 괴롭힙니다. 온몸에 진흙을 바르고, 얼굴에 오물을 칠하며, 잔치를 차리도록 독촉하여 먹고 마시기를 거리낌 없이 합니다.

조금이라도 뜻이 맞지 않으면 신입의 몸을 학대하는 등 온갖 추태를 벌이고, 아랫사람을 매질하여 그 매독楚毒은 이루 말할 수 없습니다."

상소는 이어진다.

"겨울철에는 물에 집어넣고, 한더위에 볕을 쐬게 하고 (중략) 이로 인해 병을 얻어 생명을 잃거나 불치의 병에 걸리는 이도 있으니 폐해가 참혹합니다. (중략) '신래들의 버르장머리를 고쳐야 한다.'라는 명목 아래……."

이뿐이 아니었다. 상소를 읽으면 조선시대 '죽음의 신입생 환영회'가 생생하게 떠오른다. 바로 요즘 언론에서 접하는 대학생 신입생 환영회의 모습과 비슷하기 때문일까? 급기야 상소는 "오랑캐 풍습에도 없는 수치스러운 일"이라고 탄식한다.

"당나라와 송나라에서는 신진선비들을 총애했습니다. 좌절시키거나 모욕을 주는 일도 없었습니다. 심지어는 오랑캐인 원元나라의 미개한 풍속에서도 이 같은 행태는 없었습니다."

구타 소리가 대궐 안을 진동하다

물론 상소를 읽은 중종은 백번 옳다고 하면서 면신례 등의 폐단을 없애라고 지시했다. 하기야 어디 중종뿐이었을까. 앞서 밝혔듯이 태종1405년과 연산군1500년도 이런 신고식의 폐단을 누누이 지적한 적이 있었다. 하지만 악습의 폐해는 임금의 추상같은 명령에도 사라지지 않았고, 도리어 하위직으로 퍼져갔으며 급기야 군졸들 사이에서도 만연했다. 1535년 4월 11일 의정부에서 불이 났는데, 그 원인이 어이없었다.

"녹사錄事·서리직가 신래신입를 닦달하여 소를 잡아 삶다가 의정부에 불을 냈습니다." -《중종실록》

이제는 하급관원까지 신입관원들을 괴롭혀 소를 잡게 하는 지경에 이른 것이다. 그 때문에 어이없이 불까지 났다. 또 하나 있다. 고참들이 신입들을 구타하는 소리가 대궐 안에까지 퍼져 임금의 귀에 들렸다는 것이다.《중종실록》 1520년 7월 20일조를 보면 정말 웃긴다.

"대궐 내에 들리는 고함소리를 듣고서 지극히 해괴하여 물었다. 그랬더니 선전관宣傳官이 신래新來를 묶어서 때린 것이었다. (내막은 이랬다.) 선전관 변한정·박지화 등이 신래신입 박양준으로부터 술을 얻어먹었다. 이때 부장部將 김극달金克達도 합류했다. 그러다 취하게 되자 박지화가 김극달에게 '너도 앞으로 신래가 될 것'이라면서 김극달의 발을 거꾸로 달고 때렸다."

그러자 임금이 전교를 내렸다.

"대궐 가까운 곳에서 일하는 이들은 스스로 신중해야 하는데 서로 술을 마시고 마구 때려 아프다고 외치는 소리가 대내에까지 들리는 것은 매우 옳지 않다. 우두머리가 된 변한정 등은 파직하고……."

신고식에서 나는 비명소리가 임금의 귀에 들렸다는 것도 웃기는 일이다. 그런데 더 웃기는 일은 술에 흠뻑 취해 신참도 아닌 김극달에게 "너도 앞으로 신참이 될 것이니 맞으라."라고 했다는 것이다. 실제로 거꾸로 매달아 발바닥을 때렸다니 웃어야 할지 울어야 할지…….

수습관리, 신임 장관마저 군기잡다

지금 기준으로도 납득할 수 없는 사례가 하나 있었다. 1494년성종 25년 9월 22일의 일이었다. 막 도총관무관·장관급으로 부임한 변종인이 씩씩거리면서 임금을 찾았다. 그의 얼굴에는 아직도 분이 서려 있었다.

"제가 훈련원에 앉아 있는데, 권지權知 등이 신에게 '허참례를 아직 올리지 않았다.'라고 하면서 예를 올리지 않고 이름을 불러대 욕했습니다. 이럴 수가 있습니까."

변종인은 참판을 지낸 재상이었다. 반면 변종인을 희롱한 '권지'는 지금의 시보試補 혹은 수습修習을 뜻한다. 과거에 급제한 뒤 정식벼슬을 받기 전에 실무를 배우고 있던 수습관원이었다.

"이봐! 신래新來·신참!"

수습들은 허참례, 즉 "밥 한 끼, 술 한 잔 사지 않았다."라고 하면서 막 부임한 도총관정2품의 이름을 부르며 희롱한 것이다. 도총관은 요즘으로 치면 장관급이었으니 상상도 할 수 없는 일이 아닌가. 변종인으로서는 기막힌 일을 당한 것이다. 임금도 "재상에게 무슨 버르장머리냐."라고 하며 문제의 수습관원 14명을 불렀다.

"네놈들이 과연 그랬느냐?"

금상의 앞이었지만 권지, 이극달 등은 "그게 무슨 문제가 되냐."라고 하며

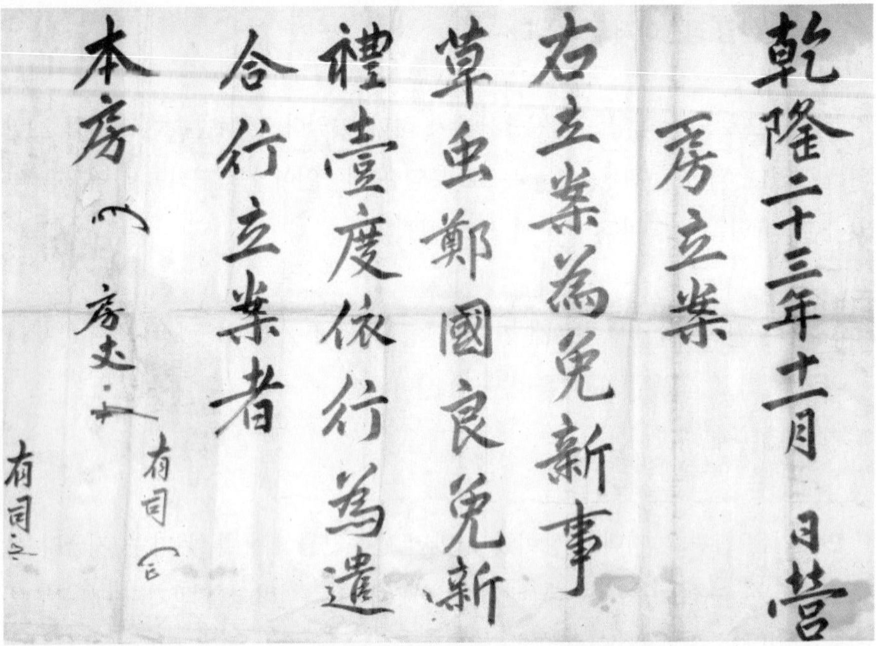
乾隆二十三年十一月 日 營
房立案
右立案爲免新事
草蟲鄭國良免新
禮壹度依行爲遣
合行立案者
本房
房丈
有司
有司

▲ 1758년 혹독한 신고식을 마친 새내기 관리 정국량(鄭國良)에게 써준 면신첩. 정국량을 '풀벌레(草蟲)'라고 부르며 희롱했다. 신참이 면신례를 통과했음을 증명한 인증서이다. | 토지주택박물관 소장

당당하게 말했다.

"무과 출신들은 지위고하를 막론하고 모두 술과 안주를 대접하며 회식을 한 뒤에야 선생先生·정식관원이라는 명칭을 얻습니다. 그렇지 않으면 당상관이라도 '신래'라 합니다. 이것은 옛 풍습입니다."

그러나 임금은 "그래도 그렇지."라고 하면서 13명을 파직했다.

"옛 풍습이라지만 변종인은 참판을 지낸 지체 높은 재상이니라. 어디 감히 권지수습 따위가 그 이름을 함부로 부르느냐."

하지만 이 사건의 후폭풍은 만만치 않았다. 이 사건은 조정에서 두고두고 참새들의 입방아에 오르내렸다. "그래도 재상한테 너무했다."라는 노장파의 "뭘 그것 갖고 줄줄이 파직시키느냐."라는 소장파가 쑥덕공론을 일으킨 것이다. 사건 발생 두 달이 지나도 진정되지 않자 사간원 정원正言·간쟁을 담당한 관원 이의손이 나선다.

> "변종인을 '신래'라고 불렀다 하여 13명이 파직되었사옵니다. 그런데 이 일로 신참과 고참들이 웃음거리가 될만한 일이 많이 벌어졌습니다. 비록 이들의 행동이 법에는 합당하지 않지만, 훈련원에서 면신례신고식를 행한 뒤에야 자리에 앉을 수 있다는 것은 옛날의 풍속입니다. 그 때문에 파직까지 시키는 것은 심한 처사인줄 아옵니다. -《성종실록》 1494년 11월 8일조

임금은 어쩔 수 없이 수습관원 13명을 복직시켜 주었다. 그만큼 신고식의 뿌리가 깊었음을 알 수 있다.

율곡, 다산, 호된 신고식에 '폭발하다'

훗날 정약용도 자신이 당한 '신입생 신고식'의 경험을 혀를 내두르며 생생하게 전한다.

> "절름발이 걸음으로 게를 줍는 시늉을 하고 수리부엉이 울음을 흉내 내는 일 따위는 제가 직접 해야 하는 것입니다. 시키는 대로 해보려고 애를 썼으나 말소리는 목구멍에서 나오지 않고 발걸음은 발에서 떨어지지 않는 걸 어쩌셨습니까." -《다산시문집》 제18권 〈판서 권엄에게 보내는 편지〉

율곡 이이는 아홉 번의 과거에서 아홉 번 모두 수석장원을 차지함으로써, '구도장원공九度壯元公'이란 별명을 얻은 천재였다. 그런 천하의 이이도 괴롭힘의 대상이 됐다. 결국 '면신례' 자리에서 선배들에게 공손하지 못하다는 이유로 관직에서 쫓겨나기도 했다.

배 째라고 하며 신고식을 거부한 박이창

성현의 《용재총화》에는 이른바 참판 박이창이 '자허면신自許免新'한 경험을 전한다. 과거에 급제한 박이창?~1451년은 예문관에 배속되면서 혹독한 면신례를 치러야 했다.

> "예문관의 풍속은 신래신참가 술과 안주를 내기도 하고 여러 가지로 괴롭힘을 당하다가 만 50일이 되어야 자리에 앉도록 허락받았는데, 이것을 면신이라 했다. 그런데 박이창은 행동이 조심스럽지 못해 여러 번 선배에게 실수했다. 선배들은 그런 그에게 자리에 앉기를 허락하지 않았다. 화가 머리끝까지 난 박이창은 선배들의 허락을 받지 않고 자리에 앉았다. 선배들이 눈총을 주었지만, 그는 도리어 옆에 앉은 선배들을 투명인간 대하듯 했다."

사람들은 박이창의 이 사례를 두고 '스스로 허락한 면신례'라 하여 '자허면신'이라 했다. 얼마나 집단 괴롭힘을 당했으면 그랬을까. 박이창은 시쳇말로 "배 째고 등 딴 뒤에 소금 뿌려라."라는 식으로 선배들의 집단 괴롭힘을 온몸으로 극복한 것이다.

이런 가학적인 신고식 행태는 600년이 지난 지금 이 순간에도 재현되고 있다. 통과의례일 뿐이며 옛 풍습이라는 이유로……. 《중종실록》에 나오듯이 "폐단을 없애라는 명령만 있을 뿐 신래신입라는 이름은 그대로 남아있기 때문"일까? 신학기 때마다 그 못된 신입생 환영회가 열리니 말이다. 그렇다면 이 말을 기억하자.

"오랑캐의 나라에서도 이 같은 미개한 풍속은 없었습니다. 매우 수치스러운 일입니다." -《중종실록》 1541년 12월 10일조

32

경복궁, 물 천지에 빠진 까닭은?

1997년 11월, 경복궁 내 경회루 연못을 준설하던 이들은 재미있는 유물 하나를 건져냈다. 혀를 쑥 내밀고 콧수염을 동그랗게 말아 올린 해학적인 형상의 청동용龍이었다.

조사단이 급히 《경회루전도慶會樓全圖》를 꺼내보았다. 이 책은 경복궁이 중건되기 시작한 1865년에 학순丁學洵이라는 인물이 쓴 것으로 알려져 있는데, 경회루의 건축원리가 잘 나타나 있다. 이 책을 보면 경회루는 《주역周易》의 원리에 따라 (경복궁의) 불을 억제하려고 조성됐음을 알 수 있다. 즉 경회루의 구성은

▲ 경복궁 경회루 연못에서 발견된 청동용. 혀를 내밀고 콧수염을 동그랗게 말아 올린 해학적인 모습이었다. 화마를 막으려고 넣은 것으로 추정된다. | 국립고궁박물관 소장

숫자 6으로 이뤄졌다는 것이다. 무슨 말이냐 하면, 음양오행으로 볼 때 음陰은 물水을 말하는데 그 음의 대표적인 숫자가 6이라는 것이다.

그런데 이것도 모자라 경회루 연못 안에 구리로 만든 용 두 마리까지 넣었는데, 1997년에 경회루 연못에서 건져낸 청동용은 바로 이 두 마리 가운데 하나였다. 용은 '물의 신神'으로 알려져 있다. 농민들은 가뭄 때 용에게 기우제를 지내고, 어민들은 풍어를 위해 용왕님께 제사를 지낸다. 또 용은 불을 다스려 화재를 막아주는 신령한 동물로 알려져 있다.

물바다가 된 경복궁

그런데 4년 뒤인 2001년 6월, 근정전 중수공사를 위해 종도리를 살피던 조사단의 눈이 반짝거렸다. 1867년 경복궁 중수가 끝났음을 알리는 상량문上梁文이 발견된 것이다. 여기에는 공사 담당자 156명의 명단과 흥선대원군의 업적 등이 담겨 있었다. 하지만 조사단의 눈귀가 번쩍 뜬 까닭이 있었다. 물水과 용龍으로 도배한 부적 3점과 육각형판 5점 때문이었다. '용' 부적의 목적은 분명했다. 용은 임금을 상징하는 상상의 동물이기도 하지만, 물의 신으로 알려져 있었으니까. 문제는 깨알 같은 용龍자 1,000여 자로 메워 쓴 수水자 부적이었다. 그것도 한 장이 아니라 두 장이 있었다.

그런데 이게 끝이 아니었다. 육각형 은판이 다섯 점 발견됐는데 이 또한 흥미를 자아냈다. 한 점 당 폭 3.6센티미터에 두께 0.25센티미터인 육각형 은판의 모서리마다 물 수水자가 새겨져 있었다. 왜 육각형일까? 앞서 밝혔지만 물은 음양오행상 음陰이며, 음의 대표적인 숫자는 6이다. 그런데 육각형 다섯 점을 붙여보면 재미있는 글자가 된다. 물 수水자가 세 개 모여 '무르익을 묘淼'자가 되는 것이다. '묘'자는 '물이 아득하다', 혹은 '수면水面이 아득하게 넓다.'라는 뜻이다. 그러고 보니 은판을 싼 종이에도 묘淼자를 써놓았다. 물 '水'자에 한 맺힌 사람처럼 도배를 한 것이다.

그뿐이 아니었다. 근정전의 정면 서쪽 계단 옆에는 '드므'를 설치했다. '드므'는 무쇠로 만든 넓적하게 생긴 큰 독을 뜻하는 순수한 우리말이다. 목재건축물 앞에 드므를 설치하고 물을 담는데, 그 까닭이 재미있다. 건축물이 화재에 휩싸였을 때 화마火魔가 드므의 물에 비친 자기 모습에 놀라 도망가기를 바라는 마음에서 설치한 것이다.

경복궁의 정문인 광화문 앞에는 해태상을 세워놓았다. 해태는 불을 먹는 물귀신을 뜻한다. 한마디로 말하면 경복궁을 '물바다'로 만든 것이다. 왜일까? 흥선대원군은 왜 경복궁을 중건하면서 모든 수단을 동원해서 경복궁을 '물바다'로 조성했을까? 두 말 할 것 없이 불火 때문이었다.

《태조실록》 1395년 3월 20일조와 10월 7일조를 보면, 1395년태조 4년에 창건된 경복궁은 조선의 정궁이었다. 하지만 불에 민감한 팔자를 타고 난 것일까? 차천로車天路·1556~1615년의 《오산설림五山說林》은 무학대사와 정도전이 벌인 경복궁의 위치논쟁을 생생한 필치로 전한다.

200년 뒤에 큰일 난다

태조 이성계가 무학대사를 스승의 예로 대하며 도읍할 곳을 묻자 무학대사는 '한양'을 점치며 말했다.

"인왕산仁王山을 진산鎭山으로 삼고, 백악白岳과 남산을 좌청룡·우백호로 삼으시오."

그러나 이 말을 들은 정도전은 난색을 표했다.

"예로부터 제왕은 모두 남면南面, 즉 남쪽을 바라보고 나라를 다스렸습니다. 대사의 말씀대로 한다면 임금은 동면東面해야 한다는 소리인데, 그런 말은 듣도 보도 못했습니다."

무학대사는 알듯 모를 듯한 경고메시지를 남겼다.

"내 말을 듣지 않으면 200년 뒤에 내 말을 생각할 것입니다."

▲ 물 수(水)자로 도배한 은제 육각판. 경복궁 근정전 복원공사 중에 발견됐다. 화재막이용 부적이다. | 국립고궁박물관 소장

이화제화론

무학대사가 걱정한 까닭이 있었다. 경복궁을 정면으로 바라보고 있는 관악산 때문이었다. 관악산은 얼핏 보아도 불이 활활 타고 있는 형상을 하고 있다. 풍수상 관악산은 불의 산이다. 그 불의 산으로부터 뻗어나는 화기火氣를 다스리지 않으면 안 됐다. 때문에 이름도 숭례문崇禮門이라 지었다. 예의를 숭상한다는 뜻도 있었지만, '숭崇'자도 불의 뜻을 갖고 있고, '례禮'자는 오행伍行으로 치면 '화火'를 일컬었다. 또 오방伍方으로는 남쪽을 나타냈다. 이 숭례문의 현판을 가로가 아닌 세로로 세운 것도 바로 관악산의 화기 때문이었다.

즉 나무나 종이를 태울 때 잘 타라고 세우는 게 보통이다. 숭례문 현판을 세로로 세운 까닭이다. 세로로 세워놓음으로써 맞불을 놓은 것이다. 그것을 '이화제화以火制火'라고 할까? 어쩌면 현판을 세로로 세웠으니 "자, 관악산이나 활활

타라."라고 한 것일지도 모른다. 하지만 소용없었다. 1553년명종 8년 경복궁은 근정전만 남긴 채 편전과 침전 구역이 모두 소실됐다.

"경복궁에 불이 났다. 이 때문에 조종 조부터 전해 내려온 금은보화와 서적 및 대왕대비의 고명誥命과 복어服御 등도 모두 재가 되고 말았다. 이때 삼전三殿·왕대비와 대전, 중궁전을 일컬음이 창덕궁으로 이전했다. 궁인들이 변고를 듣고 달려가 재물을 꺼내려 하였으나 하나도 꺼내지 못했다. 서책 몇 궤짝만을 경회루 연못에 있던 작은 배에 내다가 실었을 뿐이었다. 이에 앞서 유성이 동쪽으로부터 서쪽을 향하고 빛이 서울을 환히 비추었으므로 화재가 있을 것이라는 소문이 있었는데, 얼마 안 되어 이 화재가 있었다."

—《명종실록》 1553년 9월 14일조

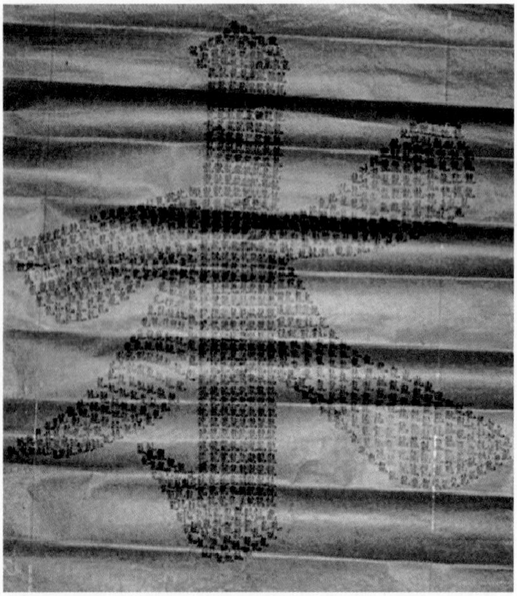

▲ 용(龍)자를 1,000자나 새겨 넣은 물 수(水)부적. 역시 근정전 복원공사 중에 발견됐다. | 국립고궁박물관 소장

명종은 "하늘에 계신 조종祖宗의 혼령을 놀라게 하였으니, 과인의 마음이 망극하다."라고 하면서 "문소전文昭殿과 연은전延恩殿에 위안 제사를 올릴 것"을 명했다. 문소전은 태조 이성계의 정비인 신의왕후 한씨의 사당이고, 연은전은 성종의 생부인 의경세자덕종으로 추존를 위한 사당이다.

이뿐이 아니었다. 임진왜란이 일어난 뒤 경복궁은 또 한 번 불바다가 된다. 파죽지세로 쳐 올라가던 왜군이 평양성 전투에서 패한 뒤 퇴각하면서 벌어진 참화였다. 왜군은 궁궐과 종묘를 불태운 뒤 약탈과 살육을 자행한다.

"1392년 5월 3일, 도성문이 열려 있으므로 왜적이 들어가 점거하고 종묘·궁궐, 공사가옥公私家屋을 불태우고 재물들을 긁어다가 날마다 그들의 나라로 실어갔다." -《연려실기술》〈선조조고사본말〉

무학대사가 예상한 바로 그 200년이 지난 시점이었다. 무학대사와 정도전의 논쟁을 전한 차천로는 이 대목에서 자신의 책《오산설림》을 통해 신라 의상대사가 지었다는《산수비기山水秘記》를 인용하면서 무학대사를 극찬했다.

"《산수비기》를 보면 '도읍을 선택할 때 중僧의 말을 믿으면 약간 오래 갈 희망이 있고 정가鄭哥 사람이 나와 시비를 하게 되면 5대를 가지 못하여 자리다툼의 화가 생기고, 200년이 못 가서 나라가 어지러워 흔들리는 난이 날 것이니 조심하라.'라고 했다. 의상대사는 800년 뒤의 일을 미리 알아 척척 들어맞혔으니 어찌 성승聖僧이 아니겠는가. 여기서 중은 무학을 가리키는 것이요, 이른바 정가라는 사람은 바로 정도전을 말한다. 그러고 보면 무학도 신승神僧이 아닐 수 없다."

'5대 후의 자리다툼'은 수양대군의 왕위찬탈1453년 사건인 계유정난을, '200년 후의 난'은 1592년에 벌어진 임진왜란을 뜻한다. 참으로 소름 끼치는 예언이었으니 차천로는 의상과 무학을 칭송한 것이다. 반면 정도전을 두고는 나라를 찬탈할 흉적으로 폄훼하며 맹비난했다.

"정도전이 어찌 무학대사의 말이 옳은지 몰랐겠는가. 그는 다른 마음이

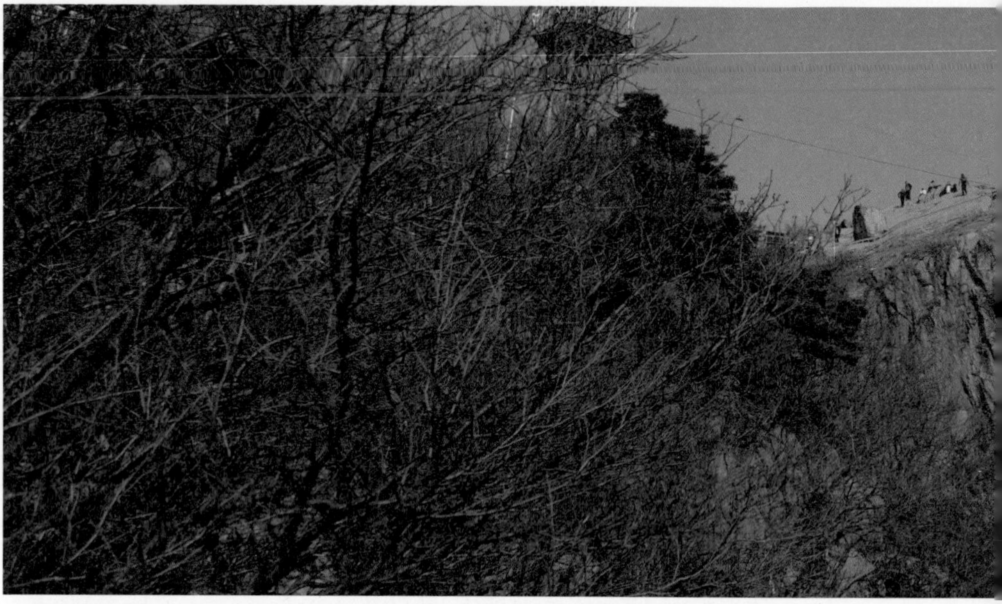

▲ 불의 형상을 하고 있는 관악산. 조선은 관악산의 화마를 잠재우기 위해 무던히 애를 썼다. | 이호준 촬영

있어 나라에 틈이 있을 때 빼앗으려 했기 때문에 듣지 않은 것이다. 소인정도전의 '빼앗지 않으면 만족하지 못한다.'라는 마음이 집안을 해치고 나라를 흉하게 하려는 계책이었으니 통탄할 일이다." -《오산설림》

어디 정도전이 반역을 꾀하려는 마음에서 그랬을까. 대역죄를 뒤집어쓰고 참살당한 것도 억울한데, 200년 후의 흉사에도 원죄가 있다는 식으로 비난을 받았으니 딱한 일이다.

임금이 솔선수범하라

경복궁은 그 뒤 270년이 지나도록 중건되지 못했다. 그러다가 흥선대원군이 섭

정하면서 1865년 황폐화한 경복궁을 다시 세우겠다고 선언했다. 흥선대원군은 고종을 임금으로 옹립한 대왕대비조대비 신정왕후의 입을 통해 대부분 정책을 결정했다. 조대비는 당시 대원군의 정치적 파트너였다.

> "대왕대비가 전교를 내렸다. 경복궁은 조선 왕조가 수도를 세울 때 맨 처음으로 지은 정궁이다. 불행히도 전란에 의해 불탄 이후 미처 짓지 못해 개탄을 자아냈다. 이제 이 궁전을 다시 지어 중흥의 큰 업적을 이루고자 하니……." –《고종실록》 1865년 4월 2일조

무너지는 왕권을 강화하기 위한 특단의 조치였다. 하지만 첩첩산중이었다. 공사비를 조달하지 못해 200여 일이나 공사가 중단됐다. 당백전을 발행하는 등

고육책을 썼지만 민심을 잃었다. 게다가 잇단 화재는 가뜩이나 힘든 대원군의 발목을 잡았다. 화재방지를 위해 갖가지 방책을 세웠지만, 중건 6년 만인 1873년 12월 10일 자경전에 화재가 발생하는 등 화마가 끊이지 않았다. 이를 다시 고치려면 무려 30만 냥의 비용이 필요했다. 하지만 재정난이 심각했다. 급기야 흥선대원군의 형인 이최응李最應·1815~1882년이 나서서, "제발 임금이 좀 솔선수범하라."라는 요지의 충언을 올린다.

> "재정이 고갈됐습니다. 절제하지 않았기 때문입니다. 세 전각자경전·교태전·자미당을 중건하는 데 경비가 이미 바닥났고, 내탕고왕실의 곳간도 텅 비었습니다. 전하께서 절제하고 소박하게 하는 것이 급선무입니다."
>
> –《고종실록》 1875년 5월 10일조

지긋지긋한 화마

이렇게 천신만고 끝에 공사가 재개됐다. 제2차 중건은 흥선대원군이 중건의 첫 삽을 뜬 지 15개월이 지난 1875년 3월이 되어서야 끝났다. 하지만 지긋지긋한 화마는 흥선대원군과 고종을 끝까지 괴롭혔다. 17개월 후인 1876년 11월 또다시 대형화재가 일어나 경복궁을 불바다로 만들었다. 이 화재로 교태전 등 무려 830여 간이 전소됐다.《고종실록》의 기사 내용만 봐도 얼마나 큰 화재였는지 짐작할 수 있다.

> "경복궁에 화재가 일어났다. 830간이 잇달아 불길에 휩싸였다. 화재가 갑자기 일어나 불기운이 매우 빨랐다. 순식간에 여러 전각이 몽땅 재가 됐다. 열조의 어필과 옛 물건은 하나도 건지지 못했다. 대보와 세자의 옥인 외에 모든 옥새와 부신符信·신표이 불탔다." –《고종실록》 1876년 11월 4일조

그로부터 132년이 지난 2008년 2월 10일 숭례문이 불탔다. 그나마 경복궁이 불타지 않은 게 다행이라 할 수 있을까. 아니 숭례문 현판을 세로로 세워둔 덕분일까. 숭례문이 관악산의 화기를 고군분투하면서 막아냈으니 불행 중 다행일까? 아니면 경복궁을 물바다로 만든 풍수학의 개가인가? 모두 아닐 것이다. 풍수가목을수 씨의 이야기가 귓전을 때린다.

"풍수요? 그저 사람들에게 경각심을 불러일으키는 몫을 할 뿐입니다. 우선 민심을 얻는 것이 가장 중요한 것입니다. 그 다음은 모든 위험을 막아내는 예방조치를 마련해야죠. 풍수만 믿는 것은 어리석은 일입니다."

그러고 보면 국고를 탕진해 가면서, 민심의 이반을 읽어내지 않고 강행한 경복궁 중건을 반면교사反面教師로 삼아야 할 듯하다.

33

패셔니스타인가, 사치풍조인가

"주량은 비록 그대에 미치지 못하지만, 술 즐기며 속소의 가는 허리를 탐하네.嗜酒仍貪束素腰" –《동국이상국전집》 제17집

백운거사 이규보가 사마시 동기생인 고부태수 오천유의 선물을 받고 답례를 겸해 지은 시고율시이다. 오천유가 보낸 선물은 기생妓女과 술 한 병美酒, 그리고 산 꿩生雉 등이었다.

시 가운데 "속소의 가는 허리束素腰"라는 부분이 눈에 띈다. 한마디로 '한 묶음의 비단束素같은 허리腰'를 뜻한다. 이규보는 동무가 '허리가 가는 미인'을 선물로 보낸 것을 치하하고 있다. 이런 시도 있다.

"젊은 시절 청루에서는 의기가 호탕하여少日青樓意氣豪, 초궁의 섬세한 허리를 손바닥에서 놀렸지.掌中纖細楚宮腰" –《사가시집》 제9권 〈시류〉

시가 말하는 "초궁의 섬세한 허리"를 손바닥에서 놀렸다는 말은 모두 여인의

야들야들한 가녀린 허리를 뜻한다. 예부터 세요細腰, 즉 '개미허리 여인'을 미인의 상징으로 꼽았던 것이다.

심한 다이어트로 굶어죽는 이가 속출했다

그렇다면 언제부터 '개미허리'가 유행했을까?

춘추시대 초 영왕재위 기원전 541~529년대로 거슬러 올라가니 자그마치 2,500년이 된 유행이다. 《묵자》의 〈겸애중兼愛中〉에 나오는 고사이다. 초 영왕이 바로 '개미허리'의 신봉자였다.

'가는 허리를 탐했다.'라는 뜻의 《탐연세요貪戀細腰》라는 고사가 여기서 나왔다. 임금이 '개미허리'를 좋아하자 궁중의 남녀들은 하루 한 끼씩 먹는 등 처절한 다이어트에 나섰다. 가슴으로 숨을 들이마신 다음에 띠를 졸라맸다. 임금의 눈에 들려면 어쩔 수 없었다. 얼마나 졸라맸는지 일어설 때는 모두들 벽에 의지해야 했고, 길에서는 담벼락을 잡고서야 걸을 수 있었다.

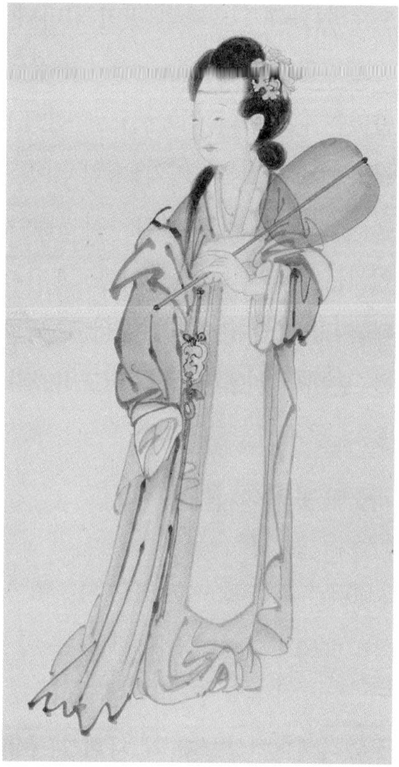

▲ 단원 김홍도의 〈궁궐의 여인仕女圖〉. 1781년쯤에 그린 것으로 보인다. 김홍도가 이상적으로 생각한 미인의 전형적인 모습으로, 현대적 기준의 미인에 가깝다. | 국립중앙박물관 소장

임금이 '가는 허리'를 밝힌 지 1년이 지나자 궁중의 남녀는 모두 깡마른 얼굴빛을 하게 되었다. 후세 사람들은 "초왕이 가는 허리를 좋아하자 궁중에 굶어죽은 사람들이 많아졌다.好細腰而國中多餓人"라고 손가락질했다. 이후 '세요설부細腰雪膚'는 버들가지처럼 가는 허리에다 눈꽃처럼 하얀 피부의 여인을 미인의 상징

으로 여겼다. 그렇다면 과연 얼마나 가늘어야 미인이라는 소리를 들었을까?

한나라 성제기원전 33~7년의 후궁인 조비연은 얼마나 허리가 가늘고 몸매가 가날팠는지 손바닥 위에서도 능히 춤을 추었다고 한다. 《남사南史》에 등장하는 양간羊侃·495~549년의 가기家妓인 장정완도 "허리가 1척 6촌이며, 손바닥에서 춤을 출 수 있었다."라고 한다. 1척 6촌이면 40센티미터도 안 되며, 인치로 따지면 15인치를 살짝 넘는 수준이다. 그러니 그야말로 '한줌의 허리'라 해도 과언이 아니다. 아무튼 《사가시집》에 나오는 '초궁의 가는 허리'는 바로 초 영왕 때의 일화를, '손바닥 위에서의 춤'은 조비연과 장정완의 이야기를 각각 빗댄 것이다.

자줏빛 옷의 마니아

2,600년 전을 풍미한 또 다른 이야기가 있다. 춘추 5패에 속한 제나라의 환공제위 기원전 685~643년 이야기로 《한비자》〈이병二柄〉에 나온다.

그는 '자주색 옷 마니아'였다. 그러자 온 나라에 자주색 의상에 대한 열풍이 불었다. 온 백성들이 앞 다퉈 자주색 옷을 입었다. 그러자 하얀색 비단 5필을 주고도 자주색 비단 한 필을 살 수 없을 정도로 품귀현상을 빚었다. 환공이 크게 걱정하며 명재상인 관중을 불러 상의했다.

"내가 자줏빛 옷을 좋아해서 그런가. 어찌한단 말이오."
"무엇이 어렵습니까. 측근들을 불러 '난 자주색 옷 냄새가 너무 싫다.'라고 말하십시오. 그러면 해결됩니다."

다음 날, 환공은 자주색 옷을 입고 나오는 신하들에게 짜증을 부렸다.

"자네, 나는 그 옷이 싫다. 냄새가 난다. 썩 물러가라!"

그때서야 신하들은 물론 백성들도 자주색 옷 입기를 그만두게 되었다. 그러고 보면 초 영왕이나 제 환공은 좋은 말로 '춘추시대의 패셔니스타'라 할 수 있지 않을까? 자신의 스타일을 고집했고 백성들까지 따라할 정도였으니 말이다. 심지어는 죽음에 이를 때까지 다이어트를 감행했다니 할 말이 없다. 특히 초 영왕이 일으킨 '개미허리'와 '다이어트' 열풍이 지금 이 순간에도 변함없이 유행하고 있으니 놀랍기만 하다.

귀를 뚫고 귀고리를 단 사내아이들

남자들이 귀를 뚫고 귀고리를 달고 다니는 것을 최근의 풍습으로 알고 있지만, 천만의 말씀이다. 1572년선조 5년 9월 28일 선조 임금이 불같이 화를 나며 승정원에 비망기를 내린다. 비망기란 임금이 직접 작성해서 내리는 명령을 뜻한다. 자신의 뜻을 명확하게 시행하려는 임금의 특별지시사항이었던 것이다. 선조의 비망기는 다음과 같다.

> "신체발부身體髮膚는 부모에게서 물려받은 것이다. 감히 훼손시키지 않는 것이 효孝의 시초인 것이다. 그런데 크고 작은 사내아이들이 귀를 뚫고 귀고리를 달아 중국 사람들의 조롱을 받으니……." –《선조실록》 1572년 9월 28일조

그러니까 선조는 당대 조선의 청소년들 사이에 귀를 뚫고 귀고리를 하는 풍습이 유행병처럼 퍼졌음을 개탄한 것이다. 그는 더 나아가 "이런 부끄러운 유행은 오랑캐의 풍습이라는 것을 널리 알려 앞으로는 엄금하라."라는 명을 내린다. 선조는 특히 "이달 말까지 시한을 두되 이를 어기는 자가 있으면 사헌부가 나서 엄벌하도록 하라."라고까지 했다.

당시 사내아이들이 나이를 막론하고 귀고리를 했다는 증거는 《중종실록》

1513년중종 8년 1월 7일조에 나온다. 판의금부사 이손이 왕족양평군을 사칭하는 만손萬孫이라는 자를 탄핵하면서 임금에게 고하는 내용을 보자.

"만손이 지금 양평군을 자칭하고 다닙니다. 그러나 진짜 양평군은 이미 죽었습니다. 양평군이 죽었을 때의 나이가 아홉 살이었는데, 큰 진주 귀고리를 달았고 정수리에 뜸을 뜬 흔적이 있으니 확인해 보면 진위를 알 수 있을 겁니다."

의금부가 이 탄핵내용을 근거로 양평군의 생전모습을 아는 사람들에게 만손을 보였다. 과연 만손의 귀에는 진주귀고리를 달았다는 흔적인 귀고리 구멍이 없었다. 그러니까 왕족을 사칭하고 다니는 자의 귀에 귀고리 구멍을 뚫었는지를 확인해서 진위여부를 가렸다는 것이었다. 이 기사를 보면 아홉 살짜리 왕족 사내아이가 귀를 뚫고 진주귀고리를 달고 다녔음을 알 수 있다.

▲ 혜원 신윤복의 〈저잣길〉. 젊은 여인과 연로한 여인이 저잣길에 동행하는 모습을 그린 듯하다. 생선 함지박을 이고 있어도 돋보이는 젊은 여인의 풍성한 얹은머리에 비해 노인의 머리는 상대적으로 빈약하게 보인다. | 국립중앙박물관 소장

그런데 선조는 귀고리를 다는 풍습을 '오랑캐가 퍼뜨린 유행'이라고 매도하고 있다. 여기서 오랑캐란 몽골족의 나라인 원나라를 뜻한다. 하지만 귀고리를 다는 풍습은 오랑캐의 풍습이 아니다. 중국 동북방과 한반도에 살던 사람들은 8,000년 전부터 옥으로 만든 귀고리를 달고 다녔다. 중국 동북방의 차하이査海 유적과 강원도 고성군 문암리 신석기 유적에

서 확인된 옥결玉玦·옥귀고리이 그것을 입증한다.

긴 생머리, 아니면 가발이라도…….

영·정조 대를 강타한 유행병이 있었으니 바로 '다리덧머리 혹은 가발 열풍'이었다.

사실 여인의 긴 생머리는 옛날부터 남자들의 로망이었다. 특히 삼국시대 여인들의 생머리는 아름답기로 유명했다. 중국 측 기록인 《북사》나 《진서》, 《태평어람》, 《구당서》나 우리 측 기록인 《삼국사기》 등에서 공통적으로 찾아볼 수 있다. 예컨대 《태평어람》〈사이부〉는 "신라에는 아름다운 머리카락을 가진 여인들이 많았으며, 그 길이가 1척 남짓"이라고 했으며, 《구당서》〈동이전〉은 "부인의 머리카락을 머리에 두르고 비단과 주옥으로 장식했는데, 머리카락이 매우 아름답다."라고 했다. 특히 《구당서》는 "신라가 정관 5년631년에 바친 여악女樂 두 명의 검은 머리카락이 매우 아름다웠다."라고 부연했다.

또 《삼국사기》〈고구려본기·동천왕조〉를 보면 "동천왕의 후궁인 관나부인의 머리카락이 9자나 됐다."라고 기록했다. 그런데 더욱 흥미로운 대목이 있다. 정실 왕후인 연씨가 관나부인이 왕의 사랑을 독차지할까 두려워 왕에게 고자질하는 내용을 보자.

> "제가 듣건대 중국 위나라에서는 긴 머리카락을 천금을 주고 산다고 합니다. 지금 왕께서 그들이 원하는 대로 '긴 머리 미녀'관나부인를 보내면 위나라의 침략을 받지 않을 겁니다."

이 기록을 보면 당대 사람들이 '긴 머리 여인'에게 얼마나 열광했는지를 알 수 있다. 긴 머리카락은 천금을 주고도 사야 하는 필수 아이템이었다.

신라의 가발 수출

재미있는 것은 당대 위나라에서 천금을 주고도 사려 했던 머리카락은 다름 아닌 '다리', 즉 가발이었다는 사실이다.

송말원초의 제도·문물사인 《문헌통고》는 "신라 부인들도 아름다운 가발을 머리 위에 빙빙 둘렀다."라고 썼다. 당대 동아시아 여인의 헤어스타일은 바로 '긴 머리'였음을 알 수 있다. 머리숱이 없거나 머리카락의 길이가 짧은 여인의 경우에는 다리, 즉 가발을 얹으면서까지 유행을 좇았다는 사실도 알 수 있다. 고구려 안악 3호분 벽화에 등장하는 여인들과, 신라 용강동 고분 및 황성동 고분의 토용·벽화에 나오는 여인들의 '헤어스타일'에는 바로 이런 가발의 형태가 담겨 있다.

'신라 산 가발'은 당대 최고급으로 꼽혔다. 《신당서》〈동이전·신라전〉은 "신라 부인들은 미발을 머리에 두르고 구슬과 채색비단으로 꾸몄으며 남자들은 머리를 깎아 다리로 팔고, 흑건을 뒤집어썼다."라고 했다.

▲ 1960년대 수출 효자상품이었던 가발. 신라가 공물로 보냈던 가발도 당나라에서 큰 인기를 끌었다.

《삼국사기》〈신라본기·성덕왕〉을 보면, 신라가 723년성덕왕 22년과 730년성덕왕 29년 당나라에 보낸 공물 가운데는 '아름다운 가발' 혹은 '머리카락'이 빠짐없이 포함됐다. 《삼국사기》〈신라본기·경문왕〉의 기록에도, 869년경문왕 9년 넉 자 다섯 치의 두발 150냥과 석 자다섯 치의 두발 300냥을 당나라에 바쳤다고 한다. 즉 신라 백성들은 머리카락을 수출해서 호구지책을 마련했으며, 그 덕에 당나라에 보낼 공물도 구했음을 알 수 있다. 특히 신라 남자들은 머리카락을 팔아 먹을거리를 마련한 뒤 머리가 다시 자라 상투를 틀 때까지 흑두건을 뒤집어썼다고 한다. 이는 1960년대 가난했던 시절, 외화벌이의 하나였던 가발공장을 연상하게 한다.

무거운 가발 때문에 목뼈가 부러졌다

뿌리 깊은 전통이었던 '다리', 즉 '가발'이 사회적인 문제로 비화한 것은 조선조 영·정조 대의 일이다.

> "오늘날 다리가발보다 막대한 폐단은 없습니다. 아무리 가난한 유생집이라도 다리 마련을 위해 60~70냥을 써야 하며, 제법 모양을 갖추려면 수백 냥의 돈을 들여야 합니다. 그러니 땅과 집을 팔아야 할 형편입니다. 이 때문에 다리를 마련하지 못한 며느리는 시집간 지 6~7년이 되도록 시부모를 뵙는 예를 행하지도 못하는 일이 비일비재합니다." —《정조실록》

1788년정조 12년 10월 3일 우의정 채제공이 지적한 다리의 폐단이다. 당대의 실학자 이덕무는《청장관전서》에서 안타까운 일화를 전한다.

> "부귀한 집에서는 머리치장만 해도 7~8만 냥이 든다. 다리를 널찍하게 서리고 비스듬히 빙빙 돌려서 마치 말이 떨어지는 형상을 만들고 거기에 다양한 장식웅황판, 범랑잠, 진주수으로 꾸며 그 무게를 지탱할 수도 없을 정도이다. 얼마 전에는 열세 살밖에 안 된 어느 부잣집 며느리의 다리가 얼마나 높고 무거웠던지 시아버지가 방에 들어가자 갑자기 일어섰다. 그런데 그만

다리 무게 때문에 여자의 목뼈가 부러져 사망하고 말했다. 사치가 능히 사람을 죽였으니 아 슬프도다!" —《청장관전서》〈사소절 6·복식〉

이덕무는 나아가 "복식에서 시양時樣·유행이라는 것은 모두 창기들이 아양 떠는 자태에 매혹되어 생긴 것"이라며 "그 요사스러움을 깨닫지 못한 채 자신의 처첩에게 권하는 세속이 안타깝다."라고 말한다.

유행은 임금의 서슬 퍼런 명령도 무시한다

그랬으니 영조 때부터 다리유행을 금하는 법령을 만들어 시행하려 애썼다. 하지만 유행을 법령으로 금하기는 어려웠다. 홍인한 등은 다리의 유행을 두고 '궁중의 모양宮樣'이라면서 이미 임금이 만든 법령을 끝내 저지했다. 그러니까 영조의 '다리척결' 의지는 끝내 좌절되고 말았다. 아무리 임금이라도 폭넓게 퍼진 유행의 물꼬를 막을 수 없었던 것이다. 1788년정조 12년 10월 3일 정조가 다리 없는 것을 금지한 영조의 법령을 회복시키면서 쏟아낸 한탄과 엄포가 재미있다.

"우리나라 습속은 법령이 공포될 때마다 '어디 오래 가겠어?'라고 하며 비아냥댄다. 그러나 이 법은 반드시 시행될 것이니 그리 알라. 금석은 부서져도 이 금령은 폐지되지 않을 것이다. 법령을 따르지 않는 자는 그 가장들까지 연좌시켜 처벌할 것이다."

정조는 유행을 잠재우려고 직접 나서서 '엄단 운운'했지만 '그때뿐이겠지.'라고 하며 말을 들어먹지 않는 세태를 한탄했다. 정조는 우여곡절 끝에 만든 이 법의 정신을 '유치입검由侈入儉', 즉 '사치에서 검소로 돌아간다.'로 요약했다.

집안 부녀자들의 머리까지 단속해서야 되겠는가

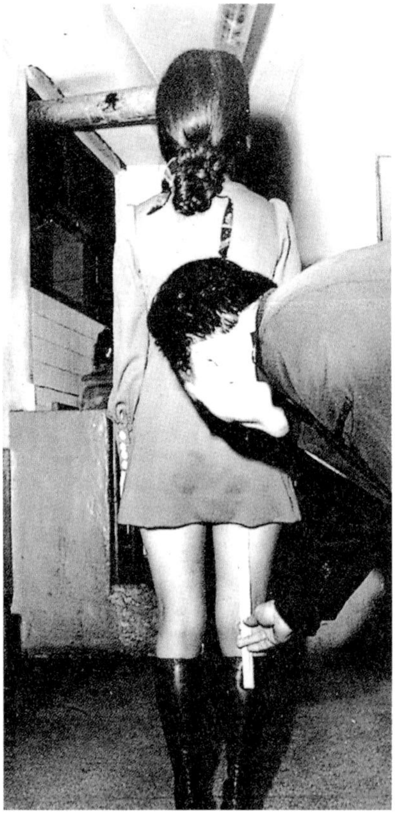
▲ 1960~1970년대에 미니스커트를 단속하고 있는 모습 |《경향신문》 자료사진

그러나 다리는 쉽사리 사라지지 않았다. 신하들 사이에서는 다리가 사라짐에 따라 부녀자의 귀천도 사라진다는 우려가 제기되기도 했다.

"다리 대신 족두리를 쓰는데, 이렇게 되면 부녀자들의 귀천이 없어집니다. 각자 남편의 직위에 따라 금이나 옥으로 장식하게 하는 것이 어떻습니까."

경연에 나선 대신들의 말에 다른 대신들이 맞장구를 쳤다. 그야말로 끈질긴 반발이다. 하지만 정조는 '8가지 불가이유'를 조목조목 밝힌 뒤 '신분표시'안을 일축하고 만다.

2년 뒤인 1790년 2월 19일 지평 유경의 상소를 보면 "길거리에 다니는 상민·천민 아녀자들의 본체본 머리카락 부피가 점점 커지고 있다."라고 하면서 우려하는 대목이 나온다. 그 후 1794년정조 18년 10월 5일 정조가 다리 금지 법령이 잘 지켜지고 있는지를 물었을 때 좌의정 김이소가 한 대답이 시선을 끈다.

"예선보다 화려하고 사치스럽지는 않습니다. 다만 뒷머리가 점점 높고 커지고 있습니다. 법조문을 더 엄격하게 만들어 정해진 규격을 넘으면 금해야 할 것 같습니다."

가발을 막으니 본발을 높게 치장하는 풍조가 새로운 유행으로 등장한 것이다. 마치 장발을 단속하고 미니스커트의 길이까지 쟀던 1960~1970년대를 떠올리게 하는 대목이다. 정조는 김이소의 간언을 두고 "그것이 쉽겠느냐."라고 하며 고개를 흔든다.

"집안에 있는 부녀자들의 뒷머리까지 어찌 검사해서 금하겠느냐. 지금 여기 있는 신하들이 각자 집에 가서 정해진 법도를 지킨다면 일반 백성들도 반드시 본받을 것이다."

세속의 유행을 정부 차원에서 강제로 막기란 사실상 어렵다는 사실을 인정한 것이다. 정조의 말을 좀 더 곱씹어보면, 무지막지하게 풍속을 단속했던 1960~1970년대 정부보다는 낫다는 생각도 든다. 그야말로 지도층의 솔선수범을 강조하고 있으니 말이다.

검소하지만 누추하지 않게, 화려하지만 사치스럽지 않게!

그러고 보니 처음에 인용한《묵자》나《한비자》같은 고상한 분들이 개미허리가 어떻고, 자주색 옷이 어떻고 하는 '유행' 이야기를 꺼낸 까닭도 마찬가지다. 지도자가 솔선수범해야 유행병처럼 퍼지는 잘못된 풍조를 바로잡을 수 있음을 깨우치려 한 것이다. 예컨대 제환공의 일화를 전한《한비자》는 다시《시경》을 인용하면서, "몸소 자신이 하지 않는다면 백성이 믿지 않는다."라고 했다. 하기야 맹자 역시 그랬다지 않은가.

"위에서 좋아하면 아래에서는 반드시 지나침이 있다.上有好者 下必有甚焉者"

—《맹자》〈등문공상滕文公上〉

지나친 다이어트로 거식증에 걸려 사망하기도 하고 더러는 유행에 맞추느라 분수에 맞지 않은 소비풍조를 일삼기도 한다. 이런 세태를 돌아보며, 요즘의 '패션리더'나 '패셔니스타'는 이 시대의 유행을 선도하는 '지도자'라는 생각이 든다.

백제의 시조 온조왕이 기원전 4년 도성위례성을 세우면서 내건 슬로건이 있었다. 바로 "검이불루 화이불치儉而不陋 華而不侈", 즉 "검소하지만 누추하지 않게, 화려하지만 사치스럽지 않게"라는 의미였다. 어떤가. 이 땅의 패션리더들이여. 온조왕처럼 "검이불루 화이불치"의 유행을 퍼뜨리는 것은…….

34

벽(癖), 또라이, 마니아

"하늘 높은 줄 모르는 저택을 10여 채나 이어 짓고 (중략) 해변의 간척지와 내륙의 기름진 전답을 모두 사사로이 점유하니 (중략) 어찌 지벽地癖이 아니겠습니까."

1565년명종 20년 8월 14일, 대사헌 이탁 등이 전 영의정 윤원형을 맹비난하는 상소를 올린다. 《명종실록》을 보면, 그는 윤원형의 축재와 사치생활을 비난하면서 특히 땅을 사 모으고, 저택을 마구잡이로 짓는 행태를 '지벽'이라 칭한 것이다.

또 있다. 《숙종실록》은 1688년숙종 14년 조에서 천안 출신 이상李翔의 탐욕을 전하고 있다. 기사를 보면, 땅을 향한 이상의 욕심은 대단했다.

"이상은 시골에 살면서 세력으로 억압해서 남의 비옥한 토지를 온갖 방법을 동원해서 반드시 빼앗았다." –《숙종보궐정오실록》 1688년 5월 11일조

'부동산투기지벽'와 '상소꾼소벽'

▲ 단원 김홍도의 〈그림감상(심관·審觀)〉. 단원의 《풍속도첩》에 수록된 그림이다. 유생들이 둘러서서 그림을 감상하는 장면을 그렸다. 그 가운데는 그림에 침이 튈까봐 부채로 앞을 가린 유생의 모습이 인상적이다. 그림에 취미를 가진 유생들의 벽(癖)을 짐작할 수 있는 그림이다. | 국립중앙박물관 소장

예컨대 빼앗을 토지를 눈여겨본 뒤 젊은 여종을 '꽃뱀'으로 등장시켜 범행대상인 집주인과 정을 통하게 했다. 그런 다음 "사통한 사실을 폭로·고발하겠다."라고 협박했다. 겁에 질린 땅주인은 처벌을 피하려고 문서를 넘겼다. 이런 식으로 빼앗은 토지가 한둘이 아니었다. 《숙종보궐정오실록》의 기자는 이런 이상을 두고 '전지벽田地癖을 가진 자'로 폄훼했다.

몇 년 전 어떤 장관 후보자의 부동산 투기가 문제가 되자 "그저 자연의 일부분인 땅을 사랑했을 뿐"이라고 해명한 것이 불현듯 떠오른다. 지금으로 치면 '부동산투기'를 예전에는 땅에 집착한다 해서 '지벽' 혹은 '전지벽'이라 했던 것이다. 문제가 된 장관후보자도 《숙종보궐정오실록》의 필법에 따르면 '자연의 일부분인 땅을 사랑한' 지벽전지벽이 되는 것이다.

상소를 일삼은 상소꾼도 있었다. 지금도 고소·고발을 남발하는 소송꾼이 있다지만 예전에는 상소를 남발한 사람을 상소꾼, 즉 '소벽疏癖'이라 했다. 예컨대 1598년선조 31년 11월 1일, 이귀1557~1633년가 상소를 올리자 《선조실록》의 기자는 '사론'을 붙여 비난했다.

"이귀는 벼슬이 없을 때부터 상소하기를 좋아해서 무슨 일이 일어날 때마다 즉시 소매를 걷어붙이고 상소했다. 사람들이 이를 두고 '상소 잘하는 벽이

있다.'라고 하며 비웃었다.人嘗笑其有疏癖" -《선조실록》

벽 없는 자는 맛없는 자

'벽癖'이라니 무슨 뜻일까? 이 말의 사전적인 의미는 '무엇을 치우치게 즐기는 성벽性癖' 혹은 '고치기 어렵게 굳어버린 버릇'을 일컫는다. 그러니까 '괴짜'라 할 수 있고, 요즘 말로 '마니아'라 할 수도 있으며, 속어로 말한다면 '또라이'의 범주에도 들어갈 수 있겠다.

그런데 '벽'자의 부수는 갑골문자로 환자가 땀을 흘리고 있는 형상이다. 갑골문자의 '질疾'은 '침상에 누운 환자가 땀을 흘리는' 모양이다. 그러니까 땀 흘리는 병자의 모습을 담은 '벽'도 일종의 '질병'이나 '병폐'로 치부할 수 있겠다. 그렇지만 선인들은 '벽'을 단순한 질병이나 병폐로만 치지 않았다.

▲ 청나라 화가 나빙이 그린 박제가의 초상. 박제가는 '벽(癖)이 없는 사람은 버림받은 자'라고 말했다. | 과천 추사박물관 소장

《정유각집》〈서·백화보서〉에서 박제가는 "벽癖이 없는 사람은 버림받은 사람"이라고 규정했다. 또한《오이인전五異人傳》에서 소품문의 대가인 장대張岱·1597~1676년는 "벽이 없는 자와는 사귀지도 말라."라고 했다. 그 이유는 "벽이 없으면 깊은 정도 없기 때문"이란다. 허균1569~1618년도 "세상에 그 말이 맛없고 면목이 가증스러운 사람은 다 벽癖이 없는 무리들"이라면서 다음과 같이 외쳤다.

"진정 벽이 있다면 거기에 빠지고 도취되어 생사조차 돌아보지 않을 것인데 어느 겨를에 돈과 벼슬의 노예노릇을 할 것인가."

—《한정록》 17권 〈병화사·호사〉

'부스럼딱지'에 집착한 유옹

아닌 게 아니라 동양의 문헌을 살펴보면 희한하고, 엽기적인 '벽'의 소유자가 한둘이 아니다. '괴벽의 끝'은 역시 중국 남송시대의 인물인 유옹劉邕이다. 그의 기벽이 '부스럼딱지 먹기瘡痂癖'였으니까……. 맛이 복어와 비슷했다니 참 독특한 취향이다.

▲ 병을 뜻하는 '질(疾)'의 상나라시대 갑골문. 병에 걸린 사람이 땀을 흘리며 침대에 누워있는 모습을 형상화했다. 벽(癖)도 일종의 질병임을 알 수 있다.

어느 날 유옹은 자창炙瘡·화상에 걸린 맹영휴라는 인물을 찾아가 그의 상처부위에서 떨어진 부스럼 딱지를 먹었다. 깜짝 놀란 맹영휴는 떨어지지도 않은 부스럼딱지까지 떼어 유옹에게 먹였다. 후에 맹영휴는 지인에게 쓴 편지에서 농 섞인 뒷담화를 했다.

"유옹이 나를 먹어치우는 바람에 온몸에 피가 흐르는군요."

《송서》〈유목지전〉을 보면, 유옹은 이런 엽기행각을 두고 남들이 조롱하기라도 하면 '벽기가癖嗜痂'라고 받아쳤다. '기호의 차이일 뿐'이라고 응수한 것이다.

진나라 완부278~326년라는 이는 나막신에 항상 밀랍을 반들반들하게 칠해서 신는 괴벽의 소유자였다. 또 역시 진나라 사람인 화교和嶠는 국왕과 견줄 정도로 재산을 모았지만 쉼 없이 돈을 세는 버릇이 있었다. 돈을 쓸 줄도 몰라 '전벽錢癖'이라는 악평을 들었다. 이런 일화가 있다.

아우들이 화교가 외출한 틈을 타 화교의 집 정원을 찾아가 자두를 따먹었다. 그러나 나중에 이 일을 알아차린 화교는 아우들이 먹다 뱉어버린 자두씨를 일일이 계산해서 돈을 받아냈다고 한다. 《세설신어》〈검색〉에 나오는 '계핵책전計核責錢'의 이야기다.

돈만 병적으로 밝히는 '전벽錢癖' 중에 중국 남조 양나라 때 인물인 소굉473~526년도 타의 추종을 불허한다. 양 무제의 동생이기도 한 소굉은 집안 창고 100여 칸에 무려 3억 전錢을 모았다. 황제의 동생이라는 점을 이용해 매관매직에 앞장선 결과다. 그에게 뇌물을 건넨 자들은 승승장구했다. 이런 그는 자신이 축재한 돈을 훔쳐가지 못하도록 창고문이 닫히자마자 잠기는 특수 장치를 설치해 놓기도 했다.

소굉은 한때 형인 무제의 의심을 사는 바람에 역모죄로 죽을 뻔했다. 집안에 엄청난 무기를 숨겨두었다는 소문이 돌았기 때문이다. 그러나 쌓아놓은 것이 무기가 아니라 돈이라는 사실을 알게 된 이후에는 일절 동생을 '터치'하지 않았다. 《남사》〈양종실전〉을 보면, 소굉이 얼마나 인색했는지 무제의 아들인 예장왕 소종은 돈에 집착하는 어리석음을 빗댄 〈전우론錢愚論〉을 지어 삼촌을 비웃었다.

당나라시대에는 '부동산 투기의 귀재', 즉 '지벽'인 이징이라는 인물이 있었다. 《구당서》〈충의전·이징〉을 보면, 그는 각종 부동산과 전답, 산림 등을 닥치는 대로 사들이는 데 병적으로 집착했다. 오죽했으면 조선의 《동문선》에 다음과 같은 시가 실려 있을까.

"아아. 세상이 말세가 되어 순후한 사람이 없으니噫世及衰微 人無純厚 이징의 땅 모으는 욕심을 어찌 만족시키랴.如李憕之地癖兮 何厭之有 소굉의 전우는 못내 추하도다若蕭宏之錢愚兮 亦孔之醜."

—《동문선》 제2권 〈기욕개동유현자절지부·嗜欲皆同惟賢者節之賦〉

주벽, 단벽, 다벽, 마벽, 석벽, 결벽

《한정록》 제17권 〈병화사·호사〉를 보면, 허균은 갖가지 '벽'의 예를 들고 있다. 예컨대 죽림칠현의 중심인물인 혜강232~262년은 '단벽鍛癖'으로 유명했다. 그는 벼슬에 구애받지 않고 초야에서 쇠를 두들기는鍛 대장간을 운영하며 청렴하게 살았다. 풀무질을 유독 좋아해서 벗인 향수와 마주앉아 풀무질하며 방약무인했다고 한다. 또 당나라 때 은둔의 선비라는 육우陸羽·733~804년는 '다벽茶癖'으로 유명했으며, 차 상인들로부터 '다신茶神'의 칭호를 얻었다. 《당서》 권98 〈육우전〉을 보면, 그는 차의 경전인 《다경茶經》을 3편이나 지었다고 한다.

북송의 서·화가인 미전1051~1107년은 '석벽石癖', 즉 돌에 미친 사람이었다. 《송사》 〈문원전6·미전〉을 보면, 그가 얼마나 돌을 사랑했던지 기석奇石을 보면 그 돌을 향해 절拜하면서 '형兄'이라 불렀다고 한다. 또 원나라 화가인 예찬倪瓚·1301~1374년은 '결벽潔癖'으로 역사에 이름을 알렸다. 극단적으로 먼지를 싫어한 예찬은 틈나는 대로 손을 씻었는데, 물과 수건을 든 시녀가 늘 그의 뒤를 따라다녔다고 한다. 고원경의 《운림유사》를 보면, 심지어 그는 정원의 오동나무도 깨끗이 씻었다고 한다. 이 정도의 결벽을 바탕으로 한 '세동고사洗桐故事'는 명나라시대 이후 수많은 화가들의 그림소재가 되었다.

이밖에 《진서》〈왕제전〉과 《세설신어》〈술해 20〉 등에서도 다양한 '벽'의 사례가 나타난다. 예컨대 죽림칠현의 한 사람인 완적阮籍·210~263년은 '가슴에 불덩어리가 있어서 술을 부어야 한다.'라는 '주벽酒癖'으로, 서진의 왕제王濟는 지독한 말馬사랑으로 인해 '마벽馬癖'이라는 별명을 얻었다.

'좌전벽'이란?

그런데 사람들 가운데는 자신의 벽癖을 못내 자랑하는 이들도 많았다. 특히 책을 좋아하고 시 읊는 것을 좋아하는 이들은 스스로를 서음書淫, 혹은 전벽傳癖, 시마詩魔 등으로 칭하며 은근히 자랑했다. 예컨대 진나라시대 두예杜預·222~284년는 《춘추좌전》에 빠져 정신을 차리지 못했다. 진 무제 대에 대장군이 되어 오나라를 정벌하는 무공을 세우기도 했지만, 스스로는 말을 탄 적도 없고 화살이 과녁을 뚫지 못할 정도로 문약文弱이었다. 《진서》〈열전·두예〉를 보면, 어느 날 진 무제가 "경은 무슨 버릇癖이 있나."라고 묻자 두예는 "저는 좌전벽左傳癖이 있습니다."라고 거침없이 대답했다고 한다.

두예가 말하는 '좌전左傳'은 《춘추좌전》을 일컫는다. 《춘추좌전》은 공자의 역사서 《춘추》를 두고 노나라 좌구명이 해설한 책이다. 두예는 이 《춘추좌전》에 빠져 《좌전집해》라는 주석서를 저술했다. 이것이 가장 이른 시기의 《좌전》 주해이다. 두예의 '좌전벽'은 글깨나 읽는다는 이들이 가장 많이 인용한 '벽'의 모범사례이다.

또 술과 거문고, 시를 '세 친구三友'로 삼은 당나라 시인 백거이白居易·772~846년는 《취음醉吟》에서 술과 시에 빠진 '성벽性癖'을 읊었다.

> "취한 술기운이 또 시마詩魔를 일으켜 정오부터 슬피 읊은 것이 저녁에 이르렀다.酒狂又引詩魔發 日午悲吟到日西"

두보杜甫·712~770년는 '가구佳句·좋은 시구를 탐하는 벽癖'을 앓았다. 그는 〈강 위에서 바다 같은 물살의 기세에 휩입어 간단히 짓노라江上値水如海勢聊短述〉에서 이렇게 다짐했다.

> "나의 성격은 좋은 시구를 몹시 탐내어 시어가 사람을 놀라게 하지 않으면 죽어도 그만 두지 않겠노라.爲人性癖耽佳句 語不驚人死不休" –《두소릉시집》 권10

'죽을 때까지 사람을 놀라게 하는 시구를 지어야만 직성이 풀린다.'라는 뜻이니 얼마나 지독한 시벽詩癖인지 모르겠다.

책을 읽다가 요절한 성간

어디 중국인들뿐이랴. 우리나라 지식인들도 저마다 '책벌레'이자 시를 짓지 않고는 못사는 '천생 시인'임을 자처했다. 책에 빠졌음을 뜻하는 '서음'으로는, 책을 읽다가 아깝게 요절한 성간成侃·1427~1456년을 꼽을 수 있다. 서거정1420~1488년의 《필원잡기》 등에는 성간의 일화가 남아있다.

> "성간은 유경은 물론 제자백가와 천문·지리·의약·복서卜筮·도경道經·불경佛經·산법算法·역어譯語의 모든 법을 두루 섭렵했다. 또 누구네 집에 희귀본이 있다는 얘기를 들으면 반드시 구해 보았다."

하루는 서거정이 집현전에 있을 때 성간이 찾아와 "장서각에 있는 비장본을 보고 싶다."라고 청했다. 그러나 서거정은 난색을 표했다. 궁중 비장본은 함부로 외부인에게 보여 줄 수 없었기 때문이었다. 성간은 집요했다. 숙직하고 있는 서거정을 찾아와 책 좀 보여 달라고 애원했다. 마음이 약해진 서거정은 그럼 한번 보라고 허락했다. 그러나 성간은 등불을 켜고 뜬눈으로 밤을 새워 책을 탐독했다. 훗날 장서각의 서적 체제와 권질卷帙을 말하는 데도 조금의 착오도 없었다. 서거정의 찬사가 계속된다.

> "그로부터 10년 후 성간이 과거에 올라 집현전에 들어왔는데 늘 장서각에 파묻혀 책을 밤낮으로 열람하니 동료들이 '서음書淫' 혹은 '전벽傳癖'이라고 놀렸다."

성간은 자신의 운명을 알고 있다는 듯 "난 서른 살만 살면 족하다."라고 말했는데, 과연 지나친 독서 때문에 과로하여 몸이 여위고 파리하게 되어 서른 살의 나이로 요절했다.

그놈의 문자벽

희대의 풍운아 허균은 자신의 책 읽는 버릇을 이렇게 자랑했다.

> "평생 서음으로 이름났으니平生坐書淫 오거서는 언제고 따라다녀라.五車行輒隨 상자 열어 서가에 가득 꽂으니發篋插滿架 펴 읽으며 스스로 기뻐한다오.披讀以自嬉" —《성소부부고》 제2권 〈동상에서〉

그는 "보지 못했던 책을 읽을 때는 마치 좋은 친구를 얻은 것 같고, 이미 읽은 책을 볼 때는 마치 옛 친구를 만난 것 같다."라고 했다.

> "나의 천성은 손님을 접대하는 것을 즐거워하나 언행言行에 허물이 있을까 저어되니, 이 책들에나 의지해 문을 걸고 늙으리라." —《한정록》 제12권 〈정업〉

이밖에도 《임하필기》 제16권 〈문헌지장편〉을 보면, 세조의 조카인 강양군 이숙1453~1499년은 "내가 죽으면 거문고·술과 함께 《자치통감》 한 질은 반드시 묻어 달라."라고 할 정도로 《자치통감》을 사랑했다. 또 조선 중기의 문신인 하응림1536~1567년도 소동파의 시를 사랑한 나머지 손수 한 질을 베껴 순장토록 했다.

조선 인조 대의 문신 이식1584~1647년의 문집인 《택당집》에는 시골생활을 하던 중 즉흥적으로 지은 시가 있는데, 예의 '그놈의 문자벽'을 은근히 자랑하는 대목이 나온다.

"농사로 먹고 사는 일이 어쩌면 그리 졸렬한지耕鑿治生拙
재미 느끼며 잘하는 건 그저 독서뿐詩書得趣長
아이 때부터 몸에 밴 이놈의 문자벽兒時文字癖
늙은 나이 되도록 아직도 잊지 못하다니.歲晩未能忘"

–《택당선생》 속집 제1권 〈즉흥시〉

《다산시문집》 제6권 〈송파수작〉에서, 다산 정약용도 척주 도호부사 이광도의 시에 답장을 보내면서, "뜻이 있다면 서책만을 치우치게 좋아한다.有志簡編秖是癖" 라고 했다.

성혼1535~1598년의 문집인 《우계집》〈우계연보보유〉 제1권 〈덕행〉에도 토함 이지함이 병든 성혼을 찾아와 "공의 병이 이와 같은데 계속해서 책을 보니 이는 거의 성벽性癖을 이룬 것이니 몸조리 잘하라."라고 타이르는 기사가 나온다.

이지함은 여기서 책과 여색女色을 비교하면서 "비록 청淸·책과 탁濁·여색의 다름이 있지만 생명을 해치고 본성을 손상시키는 점에서는 책과 여색이 똑같다." 라고 했다. 그러면서 "공에게는 모든 성현의 글이 나쁜 물건"이라고까지 했다. 가뜩이나 몸이 좋지 않은 성혼에게 몸조리가 최고이니 당분간 책을 멀리하라는 충고였다.

이규보의 못 말리는 '시벽'

고려 후기의 문인 이규보李奎報·1168~1241년의 '시벽'은 타의 추종을 불허한다. 《동국이상국후집》에는 스스로 고질화해서 고칠 수 없는 '시벽'을 주제로 한 시가 여러 편 실려 있다.

"나이 칠십 넘어年已涉縱心 (중략)
이제는 문장을 버릴 만도 하건만始可放雕篆
어찌하여 그만두지 못하는가胡爲不能辭 (중략)
떼어버릴 수 없는 시마가 있어無奈有魔者 (중략)
나를 이 지경으로 만들었네.使我至於斯"

▲ 국보 3호로 지정된 '북한산 신라 진흥왕 순수비'. 6세기 중엽에 세력을 크게 확장한 신라 진흥왕이 새로 얻은 영토에 세운 비석 가운데 하나이다. 김정희는 무학대사의 비석으로 알려져 있던 이 비석을 조사해 진흥왕 순수비임을 밝혀냈으며, 그 내용을 비석의 왼쪽 면에 기록했다. | 국립중앙박물관 소장

《동국이상국후집》 제1권 〈시벽〉에서, 그는 "매일같이 심장과 간을 깎아서日日剝心肝 몇 편의 시를 짜내니汁出幾篇詩, 기름기와 진액이滋膏與脂液 다시는 몸에 남아있지 않다.不復留膚肌"라고 읊었다. 그러면서 "살거나 죽거나 오직 시를 짓는生死必由是 이 내 병은 의원도 고치기 어려울 것此病醫難醫"이라고 했다.

그는 다른 시 《동국이상국후집》 제9권 〈우연히 읊다〉에서는 "어쩌다가 딱한 이 늙은이가奈何遮老子 시벽과 주벽을 함께 가졌네.俱得詩酒癖"라고 하면서, "죽은 뒤에야 이 병도 없어질 것方死始可息"이라고 했다.

이규보의 시를 둘러싼 집착은 놀라웠다.

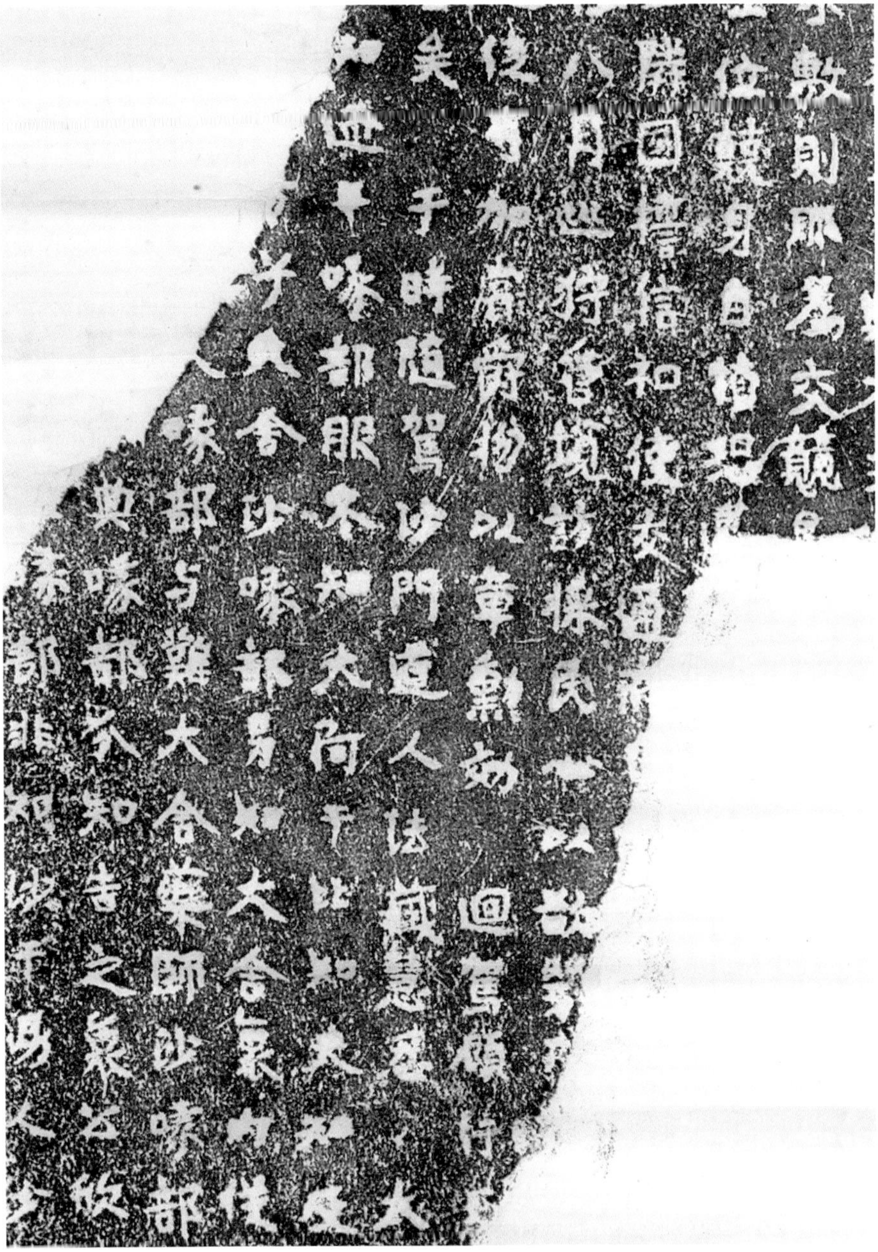

▲ 초방원 진흥왕비 탑본(草房院眞興王碑拓本). 함흥 황초령신라진흥왕순수비의 앞면에 남아 있는 부분을 떠낸 탁본. "정희지인(正喜之印)"이라 쓰인 것으로 보아 '금석학'에 심취했던 김정희(金正喜)가 뜬 것이다. | 국립중앙박물관 소장

남이 보내온 시 한 편에 화답할 때마다 10편은 기본이고, 많을 때는 30여 편까지 보내야 직성이 풀렸다.

《동국이상국후집》 제8집 〈객의 물음에 답한 시〉를 보면, 어떤 지인이 그런 이규보를 보고 "그런데도 피로한 기색이 없지 않느냐."라고 혀를 내둘렀다. 그러자 그는 "병이 한번 몸에 침투하면 사람마다 피하기 어렵듯 시벽도 병"이라면서 "노환老患과 시병詩病이 함께 들었으니 답답할 따름"이라고 한탄했다. 그러면서도 그는 "지금의 고질병은 죽지만 않으면 낫겠지만 시벽은 멈출래야 멈출 수 없다."라고 했다. 시병은 죽을 때까지 못 말리는 병이라는 것이다.

'금석벽'이 낳은 개가

벽癖으로 치면 추사 김정희1786~1856년의 '금석벽金石癖' 또한 빼놓을 수 없다. 그는《완당전집》 제9집 〈하양고을 원님으로 가는 이두신에게 보내는 시〉에서 자신의 '금석벽'을 실토했다.

> "나는 본디 금석벽이 깊은데我本癖金石 그대는 시 노래를 절로 잘했네.君自善歌詩"

가히 최고의 금석학자이자 고고학자다운 자랑이다. 추사는 함경도 유배 생활1851~1852년 중에 고대의 석기를 연구했다. 그때까지 귀신의 조화쯤으로 치부하던 돌도끼와 돌화살촉이 선사시대의 생활도구이자 무기임을 밝혀낸다. 또한 1816년 가을 북한산 승가사 곁의 비봉에 서있던 비가 진흥왕순수비임을 밝혀낸다. 그때까지는 무학대사의 비문으로 잘못 알려진 것을 바로 잡은 것이다. 그때의 감격을 추사는《완당전집》 제1권 〈진흥왕의 두 비석을 상고하다眞興二碑攷〉에서 이렇게 전한다.

> "이끼 가득 찬 글자의 획을 따라 여러 차례 탁본한 결과 (중략) 제1행 '진흥眞興'의 '진眞'자가 분명했다. 진흥왕의 고비古碑로 단정하니 무학비無學碑라는 황당무계한 설이 변파辨破되었다. 금석학金石學이 세상에 도움이 되는 것이 바로 이와 같은 것이다. 그러나 이것이 어찌 우리들이 밝혀낸 일개 금석의 인연으로 그칠 일이겠는가."

당신의 벽은 무엇입니까?

돌이켜보면 틀에 짜인 '루틴한 삶'에 재미를 돋우는 이는 '벽癖'을 가진 자의 몫이 아니던가. '지벽地癖'이나 '전벽田癖 혹은 錢癖', '창가벽瘡痂癖' 같은 벽은 말고…….

실학자인 이덕무1741~1793년는 "기이하고 빼어난 기상이 없으면 어떤 사물이든지 모두 속됨에 빠진다."라고 하면서 벽癖의 기운을 옹호했단다. '산에 이 기운이 없으면 기와조각이요, 물에 이 기운이 없다면 썩은 오줌'이라 했단다. 그러고 보니 《청장관전서》〈간서치전〉을 보면, 이덕무는 스스로를 '책만 보는 바보'라는 뜻인 '간서치看書癡'라 하지 않았던가.

그렇다면 나는 무슨 '벽癖'인가? 《사기史記》에 빠져 '사기벽史記癖'이라는 소리를 들었으면 얼마나 좋을까 하고 바랄 뿐이다.

35

개고기 주사를 아십니까?

▲ 조선 후기 정부인 안동 장씨가 말년에 저술한 음식 조리서 《음식디미방》의 표지. 표제는 '규곤시의방'이라 쓰여 있다.
| 영양군 소장

조선조 중종 때 이팽수라는 인물이 있었다. 이 사람의 별명은 '가장주서家獐注書'였다. '가장'은 '개고기'를 뜻하고 '주서'는 정7품의 벼슬이었다. 그러니까 이팽수라는 인물은 개고기 요리를 뇌물로 써서 요즘의 '주사6급·주무관'쯤 되는 계급으로 승진했다는 얘기다. 대체 무슨 내막일까?

개고기 요리로 요직에 등용되다

1534년중종 29년 9월 3일, 중종은 인사 발령을 내면서 문제의 이팽수를 승정원 주서에 임명했다. 그런데 《중종실

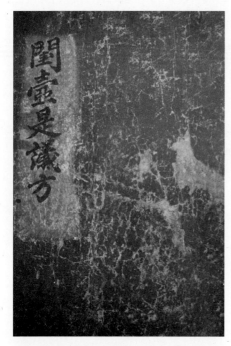

록》을 쓴 사관이 발령내용을 전하면서 슬쩍 논평한다.

"이팽수는 승정원 내부의 천거도 없었다. 그런데 김안로가 마음대로 천거한 것이다. 이팽수는 안로와 한 마을에 살았고, 이팽수의 아버지가 김안로의 가신이었다. 안로는 팽수를 자제처럼 여겼다."

여기까지는 별 문제가 되지 않는다. 그저 고향 선후배라는 지연地緣이 작용했을 뿐이다. 하지만 다음 대목은 웃긴다.

"김안로가 개고기를 좋아했다. 이팽수가 봉상시 참봉으로 있을 때부터, 크고 살찐 개를 골라 사다가 먹여 늘 김안로의 구미를 맞추었다. 김안로가 침이 마르도록 칭찬했는데 어느 날 갑자기 청요직에 올랐다. 그래서 사람들은 이팽수를 '가장주서'라 불렀다."

봉상시 참봉지금의 9급이었던 이팽수가 온갖 개고기 뇌물로 당대 권력가 김안로金安老·1481~1537년의 환심을 샀다는 것이다. 급기야 이팽수는 김안로의 뒷배로 요직중의 요직인 국왕비서실로 입성한 것이다. 그런데 웃기는 일은 또 있다.

이팽수가 개고기 뇌물로 출세했다는 소식에 마음이 들뜬 이가 있었다. 바로 진복창이란 인물이었다. 진복창은 한때 이팽수와 함께 봉상시 주부정6품로 근무한 적이 있던 동료였다. 진복창 역시 김안로에게 '개고기 구이'로 접근했다.

"진복창은 봉상시 주부정6품·요즘의 5급가 되었음에도 김안로의 뜻에 맞춰 온갖 요사스러운 짓을 하는가 하면, 매번 좌중에 김안로가 개고기를 좋아하는 사실까지 자랑삼아 떠벌였다." —《중종실록》

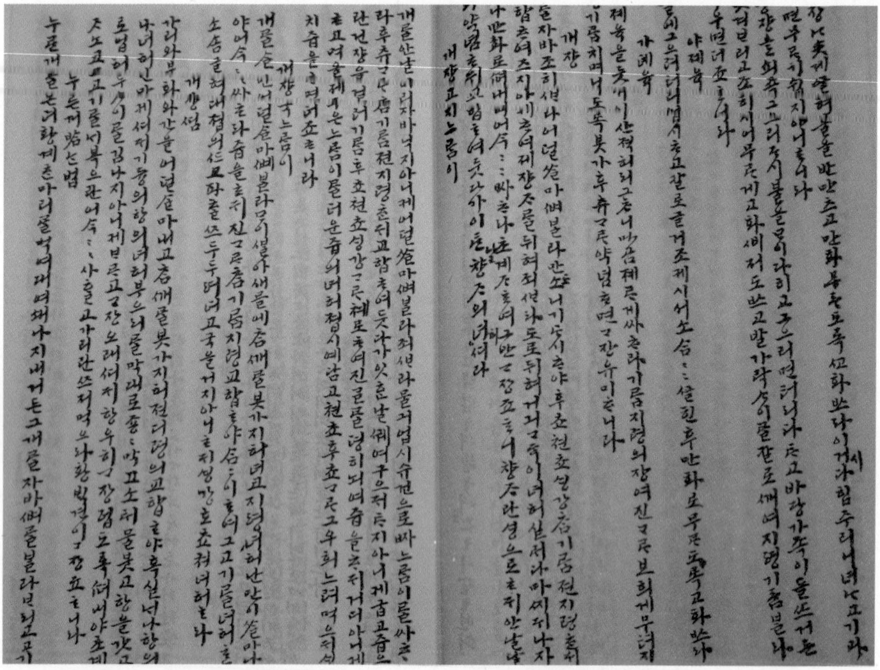

▲ 《음식디미방》의 개장찜, 개장국누르미, 누렁이 삶는 법 등 각종 개고기 조리법을 설명한 부분 | 영양군 소장

문제는 진복창이 이팽수처럼 높이 발탁되지 못했다는 것이었다. 개고기 구이 실력이 이팽수보다 떨어졌기 때문이었다.

"진복창은 김안로가 그토록 좋아하는 '개고기 구이견적·犬炙'를 바쳤지만 오히려 크게 쓰임 받지 못했다. 진복창은 스스로 '내 견적요리가 최고'라고 생각했지만 도리어 김안로에게 '요리 실력이 이팽수보다 못하다.'라는 질책을 받았다." -《중종실록》 1536년 3월 21일조

상관에게 앞 다퉈 개고기 요리를 뇌물로 바친 것도 웃기지만, 이 기사를 통해 당대의 세도가 김안로가 개고기라면 사족을 못 쓴 '개고기 애호가'였음을

알 수 있다.

1년에 52마리나 삶아먹었던 개고기 애호가, 다산 정약용

어디 김안로뿐일까? 효종 즉위년1649년 여름의 일을 담은 《효종실록》의 기록이다.

> "강원감사 유석이 국상을 당한 이때 방자하게 공석에서 고기를 먹고 심지어는 가장家獐·개고기 요리을 마련해 먹으면서 맛이 없다고 화를 내며 요리하는 사람을 매로 쳐서 죽였습니다." ―《효종실록》 1649년 8월 19일조

조심 또 조심해야 할 국상 중인데도, 여름철에는 반드시 보신을 해야 한다며 개고기 요리를 해먹고 사람까지 죽였다는 뜻이다. 빗나간 개고기 사랑이다.

다산 정약용도 둘째가라면 서러워할 개고기 애호가였다. 1811년 다산은 흑산도에서 유배생활을 하던 형 정약전에게 보낸 편지에서 개고기예찬론을 한껏 펼친다. 도무지 고기를 먹을 수 없다는 형님의 한탄에 답답하다는 듯이…….

> "(형님이) 보내주신 편지에서 짐승고기는 도무지 먹지 못하고 있다던데, 이것이 어찌 생명을 연장할 수 있는 도道라 하겠습니까. 섬 안에 살아있는 개가 100마리가 아니라 1,000마리도 넘을 텐데 제가 거기에 있다면 닷새에 한 마리씩은 삶는 것을 결코 빼놓지 않겠습니다."

그러면서 개를 사냥하는 방법까지 전수한다.

> "1년 366일에 52마리의 개를 삶으면 충분히 고기를 계속 먹을 수 있습니

다. 하늘이 흑산도를 선생의 탕목읍湯沐邑·천자나 제후의 식읍지으로 만들어 주어 고기를 주고 부귀를 누리게 하였는데, 오히려 고달픔과 괴로움을 스스로 택하다니 역시 사정에 어두운 것이 아니겠습니까."

─《다산시문집》 제20권 〈중씨(정약전)에게 보내는 편지〉

▲ 정약전의 유배지인 흑산도 사리마을. 동생인 정약용은 흑산도의 개가 얼마나 많겠느냐면서 닷새에 한 번씩은 개고기를 먹으라고 권유했다. | 《경향신문》 자료사진

세상에 1년에 52마리를 먹으라니! 다산은 '지독한 개고기 마니아'였던 것이다.

또 정조임금의 어머니인 혜경궁 홍씨의 식단에도 '개고기 찜狗烝'을 올렸다는 기록도 있다. 정조가 화성행차를 하면서 혜경궁 홍씨의 회갑연에 올린 음식을 기록한 《원행을묘정리의궤》에 있는 기록이다.

거사 직전의 마지막 만찬을 '개고기 파티'로

별 일도 다 있었다. 정조가 막 즉위한 1777년정조 1년, 정조의 아버지인 사도세자를 죽음으로 내몬 홍계희 가문은 정조 즉위와 함께 몰락했다. 그러자 정조를 시해하려는 극단적인 선택을 하게 된다. 그해 7월 28일, 정조의 이복동생 이찬을 추대하는 반역의 무리는 대궐 밖 '개잡는 집屠狗家'에서 개장국을 사먹고買吃狗醬 대궐로 잠입했다. 말하자면 거사를 앞두고 보신탕집에서 개고기 파티로 '최후의 만찬'을 즐기며 결의를 다진 것이다. 하지만 거사는 실패로 돌아갔다. 임금이 밤새도록 책을 읽고 있던 존현각 지붕을 뚫고 시해할 작정이었지만 발각되고 만 것이었다.

《정조실록》 1777년 8월 11일조에 따르면 거사에 실패한 일당은 일제히 도주하기 시작했다. 미수에 그친 일당이 이튿날 모인 곳도 바로 최후의 개고기 파티로 결의를 다진 개 잡는 집이었다. 일당은 이곳에서 다시금 거사계획을 세웠지만 도중에 일망타진되고 말았다.

'개고기' 사랑은 시공을 초월한다. 불교국가여서 살생을 기피했던 고려 말에도 지독한 개고기 애호가가 있었다. 김문비라는 무신이었다. 《고려사》에는 그의 개고기 편력에 대한 일화가 나온다.

> "김문비는 항상 '개를 구워서燎狗' 대나무 조각으로 개털을 긁어 버리고 즐겼다. 만년에는 온몸에 종기가 나서 다른 사람으로 하여금 대나무 조각으로 자기 몸을 긁게 하다가 죽어갔다." –《고려사》〈열전·이정〉

무척 냉소적인 필치로 그려낸 개고기 애호가 김문비의 '깨끗하지 못한 최후'였다.

'짐승' 취급받던 외교관의 빗나간 개고기 사랑

다산 정약용과 같은 시대를 살았던 문신 심상규1766~1838년 역시 '지나친' 개고기 애호가였다. 이유원의 《임하필기》에 나온 심상규의 '개고기 편력'은 유명하다. 그는 1812년 사신의 명을 받아 연경베이징으로 갔다. 그런데 마침 복날이 다가오자 입맛을 쩍쩍 다셨다.

"연경사람들은 개고기를 먹지 않을 뿐 아니라 개가 죽으면 땅에 묻어준다. 심상규는 복날에 개고기를 삶아 올리도록 했는데 연경사람들은 크게 놀라며 이상하게 여겨 팔지 않았다. 심상규는 개의치 않고 그릇을 빌려다 개고기를 삶았다. 연경 사람들은 개고기를 삶은 그릇을 모두 내다 버렸다."

한번 상상해 보라. 연경 사람들은 조선사신 심상규를 '짐승' 보듯 했을 것이다. 빌려준 그릇마저 팽개쳤으니 말이다. 외교관이 남의 나라 땅에 특사로 가서 혐오식품을 스스로 해먹은 것이니 말이다. 지금 같으면 어땠을까? 말도 안 되는 국제적 망신을 당했다며 손가락질 받았을 것이다.

사실 청나라 사람들이 개고기를 먹지 않았던 데는 이유가 있었다. 청나라를 건국한 태조누루하치·재위 1616~1626년를 둘러싼 전설 때문이었다. 즉 누루하치가 전쟁에서 불에 타죽을 지경이었는데 개가 나타나 온몸에 물을 적셔 살려냈다는 것이다. 이후 청나라에서는 개고기를 먹지 않았던 것이다. 그런데 남의 나라 풍습에 아랑곳하지 않고 자기 좋은 대로 행동하고 말았으니, 심상규의 행태는 엄청난 꼴불견이었으리라.

개를 '십자가형'에 처해 걸어놓았던 중국

사실 복날 개고기를 먹는 풍습을 전한 사람들은 바로 중국인들이었다. 복날의 유래는 진나라 덕공 2년기원전 675년으로 거슬러 올라간다. 사마천의 《사기》에 분명히 나온다.

"덕공 2년, 복일伏日을 정해 개를 잡아 열독熱毒, 즉 사람을 해치는 뜨거운 독기를 제거했다.以狗禦蠱" -《사기》〈진본기〉

《사기》의 주석서인 《사기집해》와 《사기정의》등은 복날의 기원을 흥미롭게 풀어놓았다.

"초복에 제사를 지낼 때 개를 읍邑의 4문 앞에 걸어놓았다.祠社磔狗邑四門也 사람을 해치는 열독과 악한 기운을 물리치려고 개를 걸어놓는 것이다."

그런데 주목해야 할 대목이 있다. 바로 '책磔'이다. 고대의 형벌 중에 책형磔刑이 있다. 기둥에 묶어놓고 찔러 죽이는 형벌이다. 그러니까 2,675년 전 진나라 사람들은 4대문에 개를 못 박아 걸어두어 열독과 악기를 물리쳤다는 것이다. 그야말로 십자가형이다. 지금 동물애호가들이 보면 천인공노할 짓을 저지른 것이다. 1960~1970년대만 해도 복날에 개를 매달아놓고 몽둥이로 때려잡는 일이 빈발했다. 그러고 보면 2,600여 년 전의 중국 풍습이 최근까지 이어진 게 아닐까?

그런데 왜 복날이며, 왜 하필 개일까?

초복은 하지가 지난 뒤 세 번째 경일庚日이다. 중복은 네 번째 경일이며, 말복은 입추 뒤 첫 번째 경일이다. 그런데 천간天干의 하나인 '경'은 오행으로 치면 쇠金에 해당한다. 오행은 서로 대립하면서도 균형을 이루는데, 불이 쇠를 녹이기 때문에 '화극금火克金'이라 한다. 그러니까 쇠의 기운이 강한 경일에는 화기가 강한 음식을 먹어서 눌러줘야 한다. 그런데 개는 '양陽'을 뜻하는 '가축狗陽畜'이다. 이른바 이열치열에 딱 맞는 음식인 셈이다.

혹은 이런 해석도 있다. 가을철을 상징하는 금金의 기운이 나오려다가 아직 물러나지 못한 여름의 화火를 만나 바싹 엎드려 복종한다는 것이다. 복날의 기원이 제후국인 진나라에서 시작됐지만 개고기를 먹는 풍습은 꽤나 오래된 것으로 보인다.

천자도 즐겼던 개고기

《예기》〈월령〉이나 《식경》은 "음력 7월맹추·孟秋에는 음식으로 마삼와 개고기를 먹는다.食麻與犬"라고 했다.

《주례》〈천관·선부〉는 주나라 천자가 먹는 음식을 나열해 놓았는데, '말·소·양·돼지·닭과 함께 개고기'를 고기반찬膳으로 먹는다고 했다. 또 주나라 때 정성껏 만든 8가지 진귀한 음식을 '팔진八珍'이라 하는데, 《예기》〈내칙〉에 그 조리 방법이 자세히 나와 있다. 그중 8번째 진귀한 음식인 팔진을 보자.

> "팔진은 간료肝膋라 한다. 개의 간을 구해 창자 속에 끼어있는 기름으로 덮은 다음 불로 굽는다. 기름이 다 타서 없어지면 음식이 완성되는 것이다."

《식경》에는 음식을 접대하는 데 필요한 궁합음식을 소개해 두었다.

> "소고기에는 쌀밥이, 개고기에는 조밥이 좋다. 찹쌀밥에는 개고기 국과 토끼고기 국이다. 이런 것들에는 쌀가루를 넣어 끓인다."

한나라를 세운 한 고조 유방은 젊었을 때 '개고기 요리'를 사랑한 것으로 알려져 있다. 또 유방을 도와 천하통일의 일등공신이 된 번쾌樊噲라는 인물의 첫 직업은 '개백정'이었다. 《사기정의》는 "진나라 말기에는 개고기를 양고기와 돼지고기를 먹는 것처럼 먹었기에 번쾌가 개 도살을 생업으로 삼은 것"이라 했다. 아마도 젊은 시절 백수건달이었던 유방은 번쾌가 잡은 개고기를 먹었을 것이다. 물론 개고기 값도 주지 않았을 것이다. 젊었을 적부터 건달에 불과했던 유방을 챙겼던 번쾌는 훗날 '유방의 부인여 태후'의 여동생인 여수와 결혼했다.

《사기》〈번역등관열전〉에 따르면, 번쾌는 유방의 최측근으로 한나라 건국에

혁혁한 공을 세워 무양후에 올랐다. 이것이 '개백정 번쾌'의 깜짝 출세기이다. 이밖에 《논어》에는 "제사에 개고기를 쓴다"라는 기록이 있고, 《소학》에는 "제사와 손님접대에 군자는 소를 쓰고, 대부는 양, 선비는 개를 쓴다."라는 기록이 있다.

'개 같은 세상'을 뜻하는 몬도가네

물론 '개고기 애호'의 이유에 몸보신을 빠뜨릴 수는 없다.

> "개고기는 성질이 따뜻하고 독이 없고, 오장을 편하게 한다. 혈맥을 조절하고 장과 위를 튼튼하게 한다. 골수를 충족시켜 허리·무릎을 따뜻하게 하고 양도陽道를 일으켜 기력을 증진시킨다." –《동의보감》

요컨대 정력에 좋다는 뜻이다. 그러니 '정력'에 목을 맨 이들의 변함없는 사랑을 받아온 것이다. 이유야 어떻든 '개고기', 좋은 말로 '보신탕'은 수천 년을 이어온 '음식문화'임에 틀림없다. 그러니 동물애호가들의 끊임없는 비난과 야유, 조롱 속에서도 쉽게 사라지지 않는 것 같다. 다만 앞의 여러 사례처럼 정도를 벗어난 '탐닉'의 수준이라면 '몬도가네'를 연상할 수밖에 없다. 참, '몬도가네Mondo cane'는 이탈리아어로 '개 같은 세상'을 의미한다나, 어쩐다나.

36

짐승을 사랑한 임금들

"중국에서 낙타를 수입한다고 하셨나요? 흑마포 60필이나 주고? 절대 안 되는 이유를 조목조목 말씀드리겠습니다."

1486년성종 17년 10월 7일, 대사헌 이경동이 성종에게 맹렬한 기세로 '아니되옵니다!'를 외친다. 성종의 '낙타 수입' 결정 소식에 노골적으로 반기를 든 것이다. 이경동은 주나라를 창업한 무왕과 창업공신 소공 석의 일화를 인용한다. 어떤 일화일까?

기원전 1046년 주 무왕이 상나라를 멸하고 천하를 차지하자 사방의 오랑캐들이 앞 다퉈 진상품을 올렸다. 그 가운데는 서방의 오랑캐인 서려西黎가 공물로 바친 오獒·키가 4척이나 되는 개라는 사냥개가 있었다. 여든 살이 넘은 무왕은 이 개를 말년의 애완동물로 삼으려 했다. 하지만 소공 석은 "절대 받으면 안 된다."라는 글을 올렸다.

성종의 동물사랑

"기이한 물건을 귀하게 여기고, 소용되는 물건을 천하게 여기지 않으면 백성이 넉넉합니다. 개와 말은 토종이 아니면 기르지 말고, 진귀한 새와 짐승은 나라에서 기르지 마소서. 작은 행위를 삼가지 않으면 큰 덕에 누를 끼칩니다. 아홉 길의 산을 만드는데 한 삼태기의 흙이 모자라서 공功이 이지러집니다."

–《서경》〈여오(旅獒)〉

▲ 태조 이성계가 고려 말 홍건적을 토벌할 때 탔던 말인 유린청. 전투 도중에 화살을 세 발이나 맞았는데도 서른한 살까지 살았다. 태조는 유린청이 죽자 석조에 넣어 장사를 지냈다. | 국립중앙박물관 소장

애완동물에 빠져 백성을 소홀히 대한다면 창업의 공든 탑이 한 순간에 무너진다는 얘기인데, 이경동이 이 고사를 인용한 것이다. 이경동은 또 거란이 보낸 낙타를 굶어 죽인 고려 태조를 떠올린다.

"문인 이제현이 고려 태조의 행동을 두고 '융인戎人·거란의 간사한 계책을 꺾고, 후세의 사치한 마음을 막으려 한 것'이라 해석했습니다."

즉 고려 태조 왕건이 거란의 '낙타 외교'를 매몰차게 거절한 것을 두고 '후세의 사치'를 막기 위한 것이었다고 해석한 것이다.

이경동은 또 낙타의 수입가격이 너무 비싸다는 것을 지적했다. 가뜩이나 가뭄 때문에 백성들이 어려움에 처해있는데, 낙타 수입가인 흑마포 60필은 너무 비싸다는 것이다. 검은 빛깔의 삼베인 흑마포는 명나라 황제조차도 귀하게 여겼던 진귀한 공물이었다.

"흑마포 60필이면 정포농부가 세금으로 내는 베로 따지면 600필이요, 콩으로 치면 6,000두이고, 석으로 치면 400석입니다. 이 쓸데없는 짐승을 사려고……."

'백성' 운운하는 데야 성종도 두 손 두 발 다 들 수밖에 없었다.

"그래. 과인이 애초부터 이 짐승을 귀하게 여긴 것은 아니네. 중국에서는 출정出征할 때 낙타를 쓴다고 하기에 나도 한 번 시험해 보려 했던 것뿐이었네. 없었던 것으로 하세." –《성종실록》

애완동물은 반란의 조짐

'낙타수입'은 좌절됐지만 성종의 동물 사랑은 그치지 않았다.

송골매 또한 성종이 좋아했던 짐승이었기에, 매를 관리하는 응사鷹師들도 활개를 쳤다. 송골매를 놓치면 한밤중에도 궁문을 열고 금군禁軍·국왕 경호원들을 풀어 찾아다니게 했다. 그리고 매를 관리하는 금군들의 군량미를 궁궐 창고에서 충당하게 했다. 1486년, 보다 못한 정언 이거가 성종 임금에게 직언했다.

이거는 "한 마리의 송골매를 잃은 것이 나라의 품위에 손상이 가는 것인가?"

라고 반문하고는, "애완동물에 한눈을 팔면 본심을 잃게 된다."라고 주장한다.

지평 반우형도 "방탕하게 놀지 말고 지나치게 즐기지 말라."라는 순 임금의 말을 인용하면서 송골매에 탐닉하는 임금을 비판했다. 헌납 이승건은 "송골매를 다루는 응사들이 훈련을 한다는 명목으로 도성 안에서 말을 마구 달리고 대간이 지나가는 데도 말에서 내리지 않았다."라고 성토했다. 도성 안을 폭주하는 응사들이 임금의 잘잘못을 가리고 간언하는 대간이 지나가는데도 무시하고 말을 달렸다는 것이다. 그러나 성종의 반격도 만만치 않았다.

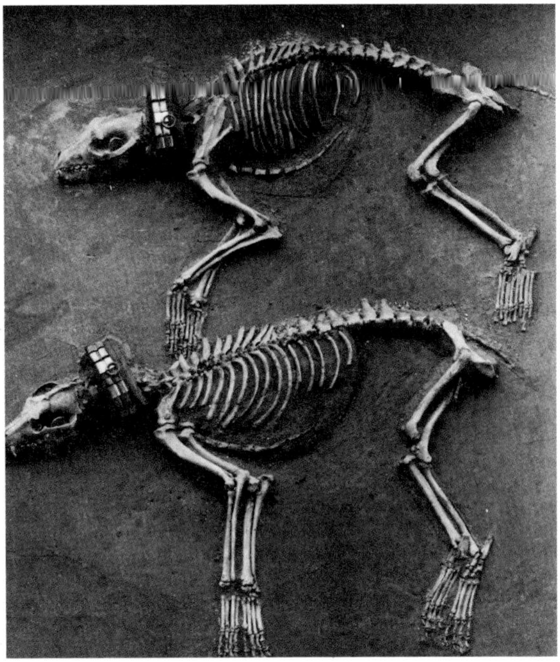

▲ 동이족의 나라로 알려진 전국시대 중산국 왕릉에서 1974년에 출토된 개(犬)의 유골. 금은으로 만든 목걸이가 눈에 띈다.

> "응사들이 말에서 내리지 않은 것은 매를 놀라게 할까봐 두려워했기 때문일 것이다. 송골매는 일반 매처럼 쉽게 얻을 수도, 조련할 수도 없는 것이다. 그것을 잃어버려 찾는다는데 무엇이 잘못됐다는 말이냐."
>
> -《성종실록》 1486년 2월 7일조

성종은 대신들의 격렬한 반발에 응방을 철폐했다가 되살리고, 매를 놓아주었다가 끌어 모으는 일을 반복했다. 신종호가 다소 과격한 예를 들어 성종을 비판했다.

"전하께서 송골매를 기르십니다. 당나라 덕종은 초년에 길든 코끼리를 놓아 보내고 닭싸움을 폐하고 정치에 뜻을 기울였습니다. 그러자 산동山東의 교만하고 거센 병졸이 순종을 다했습니다. 그렇지만 다시 5방坊을 설립하여 사냥을 일삼았습니다. 그러자 마침내 '건중의 난'783년 장안에서 발생한 반란이 일어났습니다. 전하께서도 그 조짐을 경계해야 합니다."

―《성종실록》 1486년 3월 22일조

실로 무시무시한 말이다. 애완동물을 키웠다고 '반란의 조짐'과 연결시켰으니……. 그러나 성종은 "내가 알아서 하겠다."라고만 했을 뿐 쉽게 굽히지 않았다.

원숭이에게 집과 옷을 주어라!

성종의 동물사랑은 원숭이로까지 이어진다.

1477년성종 8년 왕이 사용하는 수레와 말의 사육을 맡은 관청인 사복시司僕寺가 성종에게 귓속말을 한다.

"원숭이를 사육할 흙집土宇을 지어야 합니다. 또 원숭이가 입을 옷을 만들어 주면 어떻겠습니까."

이 말을 들은 좌부승지 손비장이 득달같이 달려와 "아니되옵니다."를 외쳤다.

"아니 무슨 말씀입니까. 원숭이는 상서롭지 못한 짐승인데, 사람의 옷을 입힐 수는 없습니다. 더구나 한 벌의 옷이라면 한 사람의 백성이 추위에 얼지 않도록 할 수 있습니다."

《성종실록》 1477년 11월 4일조를 보면, 손비장은 이 대목에서 “더구나 이 일을 사관이 역사책에 쓴다면 성상께서 애완동물이나 좋아하는 임금으로 길이 기록되지 않겠느냐.”라고 아우성쳤다. 역사를 두려워하라는 이야기다. 백성에 역사까지 들먹이자 성종은 꼬리를 내리며 “내가 애완동물을 좋아하는 것은 아니다.”라고 극구 변명했다.

“동물을 추위에 얼어 죽게 하는 것은 불가不可한 게 아니냐. 사복시가 청한 것은 옷이 아니었다. 다만 사슴가죽鹿皮은 입혀야 한다고 청했을 뿐이다. 경이 잘못 들은 것이다.”

사냥개가 떼 지어 놀던 궁궐

아버지를 닮은 것일까? 성종의 아들 연산군도 애완동물을 끔찍하게 사랑했다.

그는 관리의 녹봉 사무를 맡아보던 관청인 태창太倉의 쌀을 풀어 궁궐 안에 매와 개犬를 사육하도록 했다. 이 때문에 매가 대궐 안 동산에서 떼 지어 날고, 사냥개가 궁궐 뜰에 무리를 지어 짖는 일이 발생했다. 이에 보다 못한 대사헌 성현은 예의 그 ‘주 무왕과 소공 석’의 일화를 줄기차게 인용했다. “제발 학문과 정사에 심혈을 기울여 달라.”라고 하면서…….

▲ 이암(李巖·1499~?)의 작품인 〈어미 개와 강아지(狗圖)〉. 옛 사람들은 지노사의 지나친 애완물 사랑을 매우 경계했다. 지도자는 모름지기 어떤 순간에도 한눈팔지 말고 백성을 사랑해야 한다는 것이었다.
| 국립중앙박물관 소장

“쓸 데 없는 물건을 좋아하면 뜻이 거칠어지고, 뜻이 거칠어지면 정사에 게을러진다고 합니다. 궁궐 안에 매와 개가 날뛰는 것은 남이 보기에도 아름답지 않습

니다. 또 이것들을 길러 어디에 쓰겠습니까? 뜻이 거칠어지는 조짐이 애완 동물에게 있으니 제발 금수를 기르지 말고 마음을 바르게 하십시오."

—《연산군일기》 1501년 1월 30일조

중국말 수입합시다

1547년명종 2년, 사복시정 김천우가 만 열두 살의 어린 임금을 혹하게 할 만한 감언을 올린다.

"임금이 탈 수 있는 말이 없습니다. 요동의 중국말을 수입해오면 어떻습니까."

《명종실록》의 기자는 김천우의 상언을 두고 "정말 무식한 발언"이라고 맹비난한다.

"무식한 발언이다. 열한 살의 어린 나이에 등극한 임금의 '애완물 사랑'을 우려해야 하는데, 이천우는 한갓 직무의 말단에만 구구하였으므로 듣는 자들이 모두 기롱하였다." —《명종실록》 1547년 1월 21일조

《명종실록》 1547년 3월 9일조를 보면, 참찬관 주세붕도 "왕위 초반에 애완물을 탐닉하는 것이 군덕君德을 해치는 일"이라면서 어린 임금 명종을 타일렀다.

그런데 그로부터 12년이 지난 1559년, 임금의 어마御馬가 놀라 날뛰는 일이 발생했다. 그러자 동지경연사 윤춘년은 다시 한 번 중국말을 수입하자고 건의한다. 임금이 탈 '잘 훈련된' 말을 구하자는 것이었다. 다른 신하들도 맞장구를 쳤다. 그러나 《명종실록》을 쓴 사관은 임금과 대신들을 싸잡아 비판한다.

"모두 임금의 비위를 맞추려고 하고 애완동물로 인한 재앙을 두려워한 언급이 없었다. 임금과 신하가 정사를 논하는 경연이 어찌 이토록 그 기본을 잃었는가." –《명종실록》 1559년 9월 18일조

동물사랑의 지존

동물 사랑의 지존은 아마도 태조 이성계일 것이다. 가장 아끼는 말이 죽자 석조石槽, 즉 돌로 만든 관에 말의 시신을 안장했을 정도이니 말이다. 무슨 사연일까?

조선을 창업한 태조 이성계에게는 유명한 '팔준마八駿馬'가 있었다. 이는 이성계의 애마 8필을 말하는 것으로, 횡운골橫雲鶻·유린청遊麟青·추풍오追風烏·발전자發電赭·용등자龍騰紫·응상백凝霜白·사자황獅子黃·현표玄豹를 일컫는다.

왜의 장수 아기발도를 죽일 때 탔던 사자황과, 위화도 회군 때 탔던 응상백,

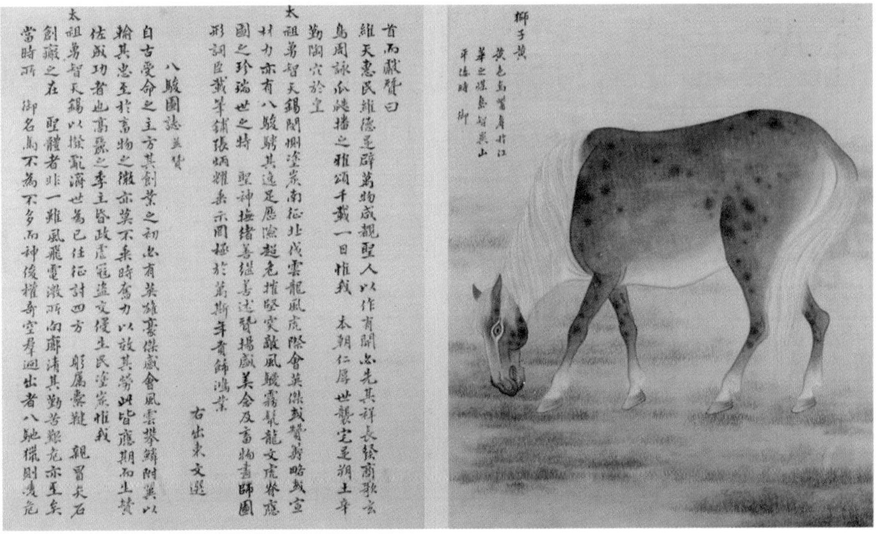

▲ 태조 이성계가 사랑한 팔준마 가운데 하나인 '사자황'. 왜의 장수 아기발도를 죽일 때 탔던 말이다. | 국립중앙박물관 소장

그리고 태조가 홍건적을 토벌할 때 탔던 유린청이 유명하다.

그런데 이 가운데 이성계가 가장 사랑했던 말은 아마도 유린청이었을 것이다. 유린청은 홍건적과의 전투 도중에 화살을 세 발이나 맞았음에도 서른한 살까지 살았다. 《연려실기술》〈태조조 고사본말·잠룡 때의 일〉을 보면, 태조는 유린청이 죽자 석조石槽에 넣은 뒤 장사를 지낼 정도로 애달프게 여겼다.

한낱 짐승이 죽었다고 석조에 안장시켰다고? 그러나 주인과 함께 전장을 누빈, 창업의 동반자였던 유린청의 장례식을 그토록 지극정성으로 치렀다고 해서 돌을 던질 사람이 있을까?

대부의 예로 장사를 지내라!

'말 사랑의 종결자'는 춘추 5패의 한 사람인 초 장왕재위 기원전 614~591년일 것이다.

장왕의 말사랑은 끔찍했다. 말에게 수놓은 옷을 입히고, 화려한 집에서 기르면서, 침대에 눕게 하고, 대추와 마른 고기를 먹였다. 그런데 그렇게 끔찍하게 사랑했던 말이 어느 날 죽고 말았다. 어이없게도 '너무 많이 먹인 탓에 살이 쪄서' 죽은 것이다. 장왕이 슬픔에 빠져 신하들에게 명한다.

> "말의 장례는 '대부大夫·재상 바로 밑의 고관대작의 예'로 지낸다. 속 널과 바깥 널을 구비한 관곽에 안장하고 장례를 지내라. 그리고 대신들은 모두 상복을 입어라."

어이없는 일이었다. 대신들은 "아니 말 한 마리 죽었을 뿐인데, 무슨 대부의 예냐."라고 반발했다. 그러자 왕은 "누구든 반대하는 신하는 죽여버린다."라고 으름장을 놓았다. 그때 나타난 이가 우맹이었다. 음악가였던 우맹은 말주변이 좋아 언제나 웃으며 세상을 풍자하고 간언했던 사람이었다. 우맹은 궁궐에 들어서자마자 하늘을 우러러 통곡했다. 장왕이 깜짝 놀랐다.

"아니 왜 그리 우느냐."

"임금님이 그렇게 끔찍하게 좋아한 말이 돌아가셨다는데 (중략) 대부의 예로 장사를 지내다니요. 박정하고 부족합니다. 마땅히 임금의 예로 장사지내야 합니다."

장왕이 솔깃했다.

"어떻게 장사 지내란 말인가?"

육축의 예로 지냅시다!

"옥으로 관을 짜십시오. 그런 다음 무늬 있는 가래나무로 바깥 널을, 느릅나무·단풍나무·녹나무로 횡대관을 묻은 뒤에 구덩이 위에 덮는 널조각를 만들어야 합니다. 병사들을 동원해서 무덤을 파고, 노약자에게 흙을 나르게 하십시오. 제나라와 조나라·한나라·위나라 사신은 열을 지어 호위하게 하며 사당을 세워 태뢰太牢·나라의 큰 제사를 드리게 하소서. 그런 다음 1만 호의 집이 제사를 받들게 하소서."

장왕의 머리가 띵했다. 그러자 우맹이 쐐기를 박는다.

"그렇게 하신다면 제후들이 '대왕장왕은 말을 귀하게 여기고 사람을 천하게 여긴다.'라고 할 것입니다."

우맹은 한낱 말馬의 장례를 "대부의 예"로 지내라는 국왕의 명령이 얼마나 어처구니없는 일인지를 비판한 것이다. 장왕은 비로소 우맹의 뜻을 알아차리고 잘못을 인정했다.

"과인이 잘못했소. 어찌하면 좋단 말이오?"

우맹이 그때서야 간언했다.

"간단합니다. 육축개·소·말·양·돼지·닭의 예로 장사지내십시오."

우맹이 말한 육축, 즉 가축의 예란 무엇인가. 우맹의 말이 계속된다.

"부뚜막으로 바깥 널을 삼고, 구리 솥으로 속 널을 삼으며, 생강과 대추를 섞고, 목란木蘭나무로 불을 때십시오. 그런 다음 볏짚으로 제사지내고 타오르는 불빛으로 옷을 입혀, 사람의 창자 속에 장사지내십시오.葬之於人腹腸"

사람의 뱃속에 장사를 지내라고? 삶아 먹으라는 얘기가 아닌가? 이 얼마나 통쾌한 풍자인가. 장왕도 대단한 사람이었다. 《사기》〈골계열전〉을 보면, 그는 목숨을 건 우맹의 풍자를 알아듣고는 곧바로 말馬의 시신을 태관太官에게 넘겼다. 태관은 궁중의 음식을 담당하는 관청이다. 그러자 국왕을 비판하는 잡소리가 뚝 끊어졌다.

애완동물을 반대한 이유

돌이켜보면 '임금노릇'도 못해먹을 짓이었다. 독재하겠다는 것도 아니고, 그저 애완동물 한 마리 키워보겠다는데 무슨 반대가 그렇게 많은지……. 걸핏하면 '주 문왕과 소공 석'의 고사를 떠올리며 "아니되옵니다!"를 연발한다.

심지어 임금의 애완동물 사랑을 두고 '반란의 조짐'을 부른다고까지 했으니 얼마나 살벌한가. 하지만 '아니되옵니다!'를 연발하는 대신들의 주장에는 일관성이 있다. 그것은 동물을 지나치게 사랑하지 말라는 것과, 백성을 먼저 생각하라는 것과, 역사를 두려워하라는 것이다.

> "소공은 '물건을 애완하면 뜻이 상한다玩物喪志'라고 했고, 맹자는 양혜왕에게 '짐승을 몰아 사람을 잡아먹게 한다率獸食人'라고 했습니다. 또 '마구간에는 살찐 말이 있는데 백성은 굶주린 기색이 있다廐有肥馬 民有飢色'라고 했습니다."

누구의 말인가? 1594년선조 27년 11월 16일 사간 최관이 간한 내용이다. 임진왜란이 한창인 때에 임금이 거처하는 곳에서 말을 키우고 있다는 소문이 돌았다. 과연 사실이었다. 임금이 암말을 키우고 있었던 것이다. 그러자 임금에게 일침을 가한 것이다. 얼마나 한심한 일인가. 전란에 백성들은 도탄에 빠져 있는데 임금이라는 사람은 말사랑에 여념이 없었다니……. 그러고 보니 최관의 말이 맞다. 잘못된 짐승사랑은 맹자님 말씀대로 '솔수식인', 즉 '짐승을 몰아 사람을 잡아먹게 한다.'라는 것이 아닌가.

37

이색의 굴욕과 이순신 가문의 중국어교육법

"그대의 중국어는 꼭 나하추納哈出 같구나!" – 명 태조

명 태조 주원장을 알현한 목은 이색1328~1396년의 얼굴이 화끈거렸다. 나하추는 명나라로 항복한 원나라 장수였다. 황제가 "네 중국어 발음이 오랑캐 같다."라고 하며 면전에서 직격탄을 날린 것이다. 그랬으니 이색의 중국어가 얼마나 서툴렀는지는 대충 알만하다. 고려와 조선 두 왕조를 거치며 내로라할 정도로 학식을 자랑하던 천하의 이색도 외국어 앞에서는 고개를 숙일 수밖에 없었던 것일까? 그가 중국어 때문에 망신을 당한 사연은 이렇다.

목은 이색의 굴욕사건

이색은 원나라 과거에 급제한 아버지이곡 덕분에 10살 때부터 '중국어 교육'을 받았다. 중국 원어민 강사가 이색의 교육을 맡은 것이다. 요즘으로 치면 '조기외국어교육'이었다. 아버지는 "사나이는 모름지기 황제의 도읍에서 벼슬해야 한다."

▲ 명나라로 가는 바닷길을 그린 〈항해조천도(航海朝天圖)〉. 1624년(인조 2년) 인조의 즉위를 알리기 위해 명나라에 파견된 이덕형 일행의 행차를 담았다. | 국립중앙박물관 소장

라는 믿음을 갖고 있었다. 지금으로 치면 미국 유학의 신봉자라고 할까? 때문에 이색은 20세 때 북경으로 유학을 떠나 국자감 생원에 입학했고, 이어 원나라 한림원황제조칙이나 외교문서, 역사편찬 등을 맡던 기관에서 일했다. 그러니까 아버지의 열성에 힘입어 중국어 조기교육을 받았고, 4년간이나 중국본토에서 생활했다. 그러니 자연스럽게 중국어 및 중국학 전문가의 반열에 올랐을 것이다.

그러던 고려 창왕 1년1388년, 이색은 원나라의 뒤를 이은 명나라에 사신으로 떠난다. 명나라와 국교를 수립하고, 창왕이 직접 명나라 조정에 입조하겠다는 뜻을 전하기 위한 사절단이었다. 그런데 사건은 이색이 명 태조를 알현하는 자리에서 일어난다. 이색의 명망을 익히 들었던 명 태조 주원장이 조용히 말했다.

"그대는 원나라에서 한림원 학사까지 지냈다지? 그렇다면 응당 한어중국어를 알겠지?"

순간 이색의 얼굴에는 당황하는 빛이 역력했다. 그러고 나서 한어로 대답한다는 말이 가관이었다.

"왕창왕이 '친히 입조친조·親朝'하려 합니다."

황제가 그 뜻을 깨닫지 못하고 고개를 갸웃거렸다.

"무슨 말을 하는 것이냐?"

이색이 말을 잇지 못하고 어쩔 줄 몰라 했다. 외교를 관장하는 명나라 예부가 알아차리고 황제에게 양해를 구했다.

"이색이 오랫동안 입조하지 않아 중국말을 알아듣기 힘들었을 것입니다. 폐하!"

자초지종을 들은 황제가 웃으면서 "어쩐지 꼭 나하추 같구나."라고 하며 농으로 받아넘겼다. 외국어 조기교육에다 유학도 모자라 현지근무까지 했던 중국어 전문가였는데 도대체 무슨 일일까? 귀국 후에도 이색을 둘러싼 참새들의 입방아소리가 끊이지 않자, 이색은 공연히 황제 핑계를 댔다.

"'이걸 묻겠지.' 하고 생각하면 황제는 묻지 않았네. 또 황제가 물었던 것은 모두가 내가 생각하지 않았던 것들이었네."

한마디로 이색은 예상질문과 답변만을 뽑아 달달 외었던 것이 틀림없다. 그런데 황제가 예상과 다른 질문을 하자 그만 당황하고 말았던 것이다. 주변 사람들은 이색의 '실수'를 안주삼아 한껏 놀려댔다.

"그러게, 하긴 큰 성인이색의 도량을 우리네 같은 변변치 못한 선비들이 어떻게 알아들을 수 있나?"

대학자인 이색의 실수담은 《고려사》 공양왕 1389년 4월조와 《조선왕조실록》 〈태조실록 총서〉 등에 자세히 기록되어 있다. 과연 이것이 청사에 길이 남을 이야기인가? 중국말이 서툴러 일어난 해프닝치고는 그 대가가 너무 혹독하다는 느낌이 든다. 사실 북방연경·북경에서 중국어를 배운 이색과 중국 중부 안후이성安徽省 출신인 황제가 서로의 사투리를 알아듣지 못할 수도 있지 않은가?

통·번역은 사대事大를 위한 것

이뿐이 아니다. 외교무대에서 통역을 잘못해서 외교적인 문제가 일어났음을 암시하는 기록이 많다.

"지난 번 중국사신이 왔을 때 '덕음이 매우 밝다德音孔昭'라는 말을 통역이 잘못 전해 곤경에 빠졌는데……." –《중종실록》 1536년 12월 13일조

조선은 임진왜란이라는 국난을 당해 제대로 된 통역이 없어서 어려움을 겪었다. 1597년, 선조는 도원수 권율 장군을 맞아 적의 형세에 관해 논의하면서 땅이 꺼져라 한탄한다.

"정탐의 중요성을 더 말해 무엇하랴. 심지어 중국 장수를 접견할 때에 통역通譯도 제대로 하지 못한다. 그래서 언제나 혼선을 일으키는데 이러고서야 무슨 일을 하겠는가. 부끄러움을 견딜 수 없다." –《선조실록》 1597년 9월 13일조

예나 지금이나 외국어의 중요성은 필설로 다할 수 없는데, 조선은 외국어 중에서도 특히 중국어 교육에 심혈을 기울였다. 중국와의 돈독한 사대외교를 하려면 통·번역이 가장 중요하다는 게 조정의 판단이었다.

> "사대事大를 하는 데 있어 역학통·번역보다 더 중요한 것은 없습니다. 중국 사신을 접대할 때나 우리 사신이 명나라에 갔을 때 통역이 잘못되면 조롱과 비웃음을 받게 됩니다." -《세종실록》 1429년 9월 6일조

사대, 즉 중국을 섬기기 위한 외교라고? 하기야 지금도 미국 일변도의 외교가 어쩌고, 사대주의 외교가 어쩌고 하는 논란이 있지 않는가? 당시 역성혁명으로 새 왕조를 연 조선으로서는 정치·군사·경제·문화 대국으로 등장한 명나라를 중심으로 한 동아시아 국제질서를 수용해야 했다.

원어민교사, 합숙훈련, 심지어 매질까지

조선 초기의 임금들이 외국어 교육에 쏟았던 열의는 요즘 강남 아줌마들의 극성에 견줄만했는데, 그 첫 번째 조치는 외국인 교수들을 대거 영입하는 것이었다. 예컨대 위구르 출신의 귀화인 설장수를 사역원번역·통역 및 외국어 교육기관 제조원장로 임용했다. 설장수1341~1399년는 한어와 몽골어, 조선어 등 3개 국어에 능통했다. 그는 《소학小學》을 중국어로 해석한 《직해소학直解小學》을 저술했다. 이로써 《노걸대老乞大》, 《박통사朴通事》 등에만 의존하던 중국어 회화교육이 한 단계 발전하는 계기가 마련되었다. 《세종실록》1441년 8월 11일조를 보면, 자국에서 도망친 명나라 사람 서사영과 장현 등을 사역원의 중국어 훈도교관로 쓴 일도 있었다.

그런데 그중에서 조선 조정이 택한 가장 효과적인 외국어 교육방식은 요즘의

‘영어마을식’ 교육이었다. 즉 사역원 내에서 중국말만 쓰게 하고 이를 어기면 처벌하는 교육이었다. 1442년세종 24년 사역원 제조인 신개가 읍소한다.

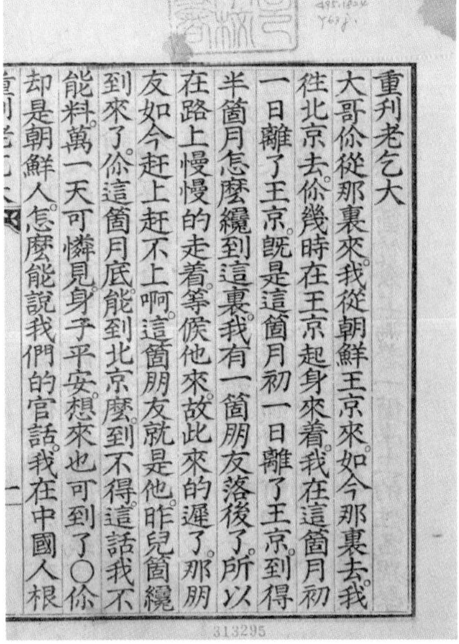
重刊老乞大
大哥你從那裏來。我從朝鮮王京來。如今那裏去。我
往北京去。你幾時在王京起身來着。我在這箇月初
一日離了王京。既是這箇月初一日離了王京。到得
半箇月怎麼纔到這裏。我有一箇朋友落後了。所以
在路上慢慢的走着等候他來。故此來的遲了。那朋
友如今赶上赶不上啊。這箇朋友就是他。昨兒箇纔
到來了。你這箇月底能到北京麼。到不得。這話我不
能料。萬一天可憐見身子平安。想來也可到了。○你
却是朝鮮人。怎麼能說我們的官話。我在中國人根
重刊老乞大 一

313295

▲ 역관(譯官)들의 외국어 학습용으로 간행한 중국어 학습서였던 《중간노걸대》 | 서울대학교 규장각한국학연구원 소장

“중국말을 10년이나 배워도 중국 현지에 두어 달 다녀온 사람만도 못합니다. 이는 사역원에서는 마지못해 한어중국말를 한다 해도 평상시에는 늘 우리말을 쓰고 있기 때문입니다. 하루 동안 한어는 국어의 10분의 1도 사용하지 못합니다.”

신개는 폭탄선언을 한다.

“사역원 내에서 공사를 의논하거나 밥을 먹거나, 잠을 자거나 할 때 무조건 중국어를 쓰도록 해야 합니다. 만약 이를 어기는 생도는 그때마다 매질을 가하도록 하소서. 또한 초범은 부과附過·잘못한 일을 적어두는 처벌, 재범은 차지次知·주인을 대신해 처벌받는 하인 1명 (중략), 5범 이상은 형조에 이첩 (중략) 하도록 하소서.” –《세종실록》 1442년 2월 14일조

요즘의 외국어교육보다 더 무시무시하다. 외국어를 쓰지 않으면 처벌을 내리고 가차 없이 매질을 가했다니…….

중국말 공부는 어려워

그렇지만 역시 외국어 교육은 힘들었다. 특히 나이가 들어 중국말을 배워야 했던 사대부들은 곤욕을 치렀다. 예컨대 1434년세종 16년, 집현전 부제학 설순이 상소문을 올렸다.

> "중국어란 배우기가 매우 힘듭니다. 어려서부터 배워도 어려운데 신석견 등은 나이가 이미 지나고 혀가 굳어서 오랫동안 배운다 해도 힘들 것입니다. (중략) 사람의 소질이란 다른 것인데……."

무슨 일이었을까? 세종은 명나라 학문과 명나라 말을 배운다는 취지 아래 신석견 등 몇몇 사대부들을 중국유학생 후보로 선발한 바 있다. 하지만 중국유학이 여의치 않자 유학 대상자들에게 "일단 사역원에 가서 중국말을 배우라."라는 명령을 내렸다. 이러다 보니 중국유학을 꿈꿨던 이들은 졸지에 국내에서 중국어를 공부해야 했다. 그러나 이들에게 현장학습을 배제한 국내의 중국어교육은 너무 어려웠다. 게다가 어학소질도 없었던 것 같다. 설순은 중국어 공부에 쩔쩔 매는 신석견 등을 안타깝게 여겨 상소를 올린 것이다. 하지만 임금은 영의정 황희·좌의정 맹사성과 협의한 뒤 허락하지 않았다.

> "오경과 사서를 중국말로 읽는다면 국가에 도움이 된다. 지금처럼 순전히 중국말로 공부하도록 하라." —《세종실록》 1434년 1월 10일조

하지만 사대부의 심중에는 단순 통역을 폄훼하는 풍조가 가시지 않았다. 1544년중종 39년, 홍언필이 '역관통역들은 무식하다.'라는 내용의 의견서를 낸다.

"역관譯官들은 무식하기 일쑤라 매매買賣 등의 일만 압니다. 중국 사신의 언어는 대부분 문자文字에서 나온 것입니다. 역관들이 전하는 것은 지엽적인 뜻일 뿐 본뜻은 결코 통역하지 못합니다." –《중종실록》 1544년 4월 2일조

말하자면 통역은 단순히 말만 전할 뿐, 역시 문자의 본뜻을 모르면 제대로 된 의사전달을 할 수 없다는 뜻이다. 일리 있는 말이기는 하다. 일상회화에 능하다고 외교무대에서 통역을 잘 하는 것이 아니기 때문이다.

명나라가 유학을 꺼린 까닭

가장 좋은 외국어 교육은 역시 중국 유학이었다.

1460년세조 6년 세조는 명나라 황제에게 "조선의 자제들을 명나라에 유학 보낼 수 있도록 허락해 달라."라고 요청했다. 그러나 명나라 황제는 조선의 요청을 단칼에 거절하며 다음과 같은 칙서를 내린다.

"지금까지 통사통역들이 그럭저럭 잘 통역해 왔고, 별다른 무리가 없었다. 꼭 (중국으로) 유학 와야 할 이유가 없다." –《세조실록》 1460년 8월 26일조

명나라가 우려한 것은 조선 유학생들을 통한 국가기밀 유출이었다. 이렇게 명나라 유학을 단칼에 거절당했지만 현지교육의 필요성은 끈질기게 제기됐다. 북경은 어렵다 하더라도 가까운 요동이라도 학생들을 보내자는 이야기였다.

"중국에 자주 보내 중국인과 만나야 말을 익히는 데 보탬이 됩니다. 젊은 문신들을 뽑아 북경은 아니더라도 가까운 요동이라도 보내 배우게 해야 하는데……." –《중종실록》 1541년 11월 19일조

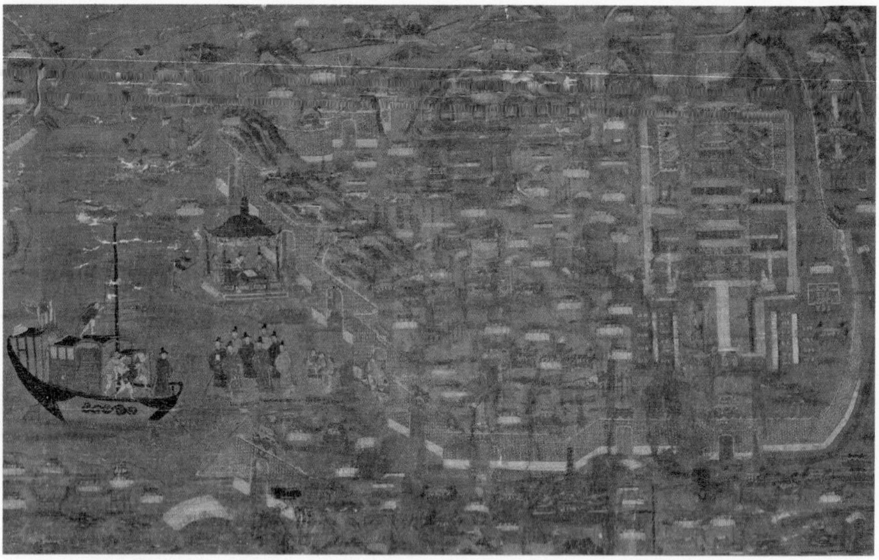

▲ 조선 사신을 배웅하는 명나라 관리를 그린 〈송조천객귀국시장(送朝天客歸國詩章)〉 | 국립중앙박물관 소장

이에 통역이나 학생들을 외교사절단의 일원으로 자주 보내 중국어를 익히도록 했는데, 그러다 보니 통역관이 중국을 너무 자주 드나든다는 문제제기가 있었다. 1536년중종 31년에 통역관으로 일한 주양우의 경우가 대표적이었다. 하지만 좌의정 김안로 등이 반론을 제기한다.

"한어를 아무리 능숙하게 구사해도 중국에서 중국 사람과 대화할 적에는 틀리고 빗나가 서로 통하지 못합니다. 중국을 자주 드나들며 몸으로 부딪혀봐야 거의 통할 수 있습니다."

《중종실록》 1536년 2월 25일조를 보면, 중종은 "(주양우를) 띄엄띄엄 보내면 중국어 학습이 늦어질 것"이라는 의견에 따라 주양우의 빈번한 중국방문을 허락했다.

홀대받은 제2외국어

사실 중국어만큼은 아니더라도 몽골어·왜어·여진어의 통역도 필요했다.

원나라는 망했다. 하지만 북방으로부터 여전히 '달달'로 알려진 타타르의 위협이 잔존한 상태였다. 조선 개국과 함께 1401년에는 일본과도 정식으로 국교가 재개됐다. 변방의 여진족과도 부족단위로 교류해야 했다. 하지만 같은 외국어라도 중국어를 제외한 왜어·몽골어·여진어 등은 상대적으로 홀대받았다. 역과 시험에서도 장원급제자는 늘 한어전공자에서 나왔다.

왜학일본학의 경우를 보자. 1421년세종 3년 8월 8일 예조가 임금에게 주청을 드린다.

> "왜학생도倭學生徒들이 비록 학업에는 매우 부지런합니다. 그러나 (졸업 후) 나갈 직업의 길이 없습니다. 그러니 모두 기피하는 분야입니다. 왜학倭學의 어음語音과 글씨 쓰는 것도 중국글과 다르니 만일 힘써 권장하지 아니하면 앞으로 폐절될 염려가 있습니다."

그러니까 요즘으로 치면 일본어학과 학생들의 진로가 막막하기 때문에, 자칫하다가는 일본어학과 자체가 폐지될 우려가 있다는 것이다. 예조의 청은 이어진다.

> "지금부터 왜학생도들을 대상으로 시험을 치러 사역원司譯院 관직 중 한 자리를 윤번으로 제수하게 하도록 하소서. 또한 생도로서 자격이 완성된 자를 적당한 관직에 등용하게 하소서."

그러니까 왜학생도들만을 대상으로 관직을 할당하는 특전을 베풀라고 상소한 것이다. 역과 선발인원19명 가운데 한학이 절대다수인 13명에 이르렀고, 몽학·

왜학·여진학이 각각 2명씩에 불과했으니 그럴만했다.

복역자를 통역으로 발탁한 사연

그랬으니 정작 필요한 때에 이들 제2외국어 전공자를 찾는 것이 매우 어려웠다. 예를 들어 1528년중종 23년 일본사신이 조선을 방문하자 조정은 패닉상태에 빠졌다. 사역원 제조 정광필의 다급한 상소를 보자.

"지금 (조선에서) 일본말을 할 만한 자는 김석주와 신자강 두 사람뿐입니다. 하지만 김석주는 지금 죄를 짓고 충청도에서 노역형으로 복역하고 있습니다. 나머지 한 사람 신자강의 일본어 솜씨로는 일본 사신을 제대로 접대할 수 없습니다."

참으로 난감한 상황이었다. 긴급하게 통역이 필요했지만, 그렇다고 죄인을 풀어줄 수는 없는 일이었다. 하지만 일본사신의 접대를 소홀히 해서 국가체면을 손상시킬 수도 없는 일이었다. 정광필은 고심 끝에 묘수를 짜냈다. 바로 죄인 김석주를 서울로 이감시키는 형식을 취한 뒤 일본사신의 방문기간 동안만 통역으로 쓰는 방책이었다. 사실상 편법인 셈이다.

중종은 평소 일본어 전문가를 키우지 못한 것을 후회하면서 고민에 빠진다.

"일본어 통역 양성에 힘쓰지 않다가 급하니까 죄인까지 발탁해서 써야 하는 지경이 되고 말았다. 한번 그러면 죄인김석주은 '필요할 때는 언제든 국가가 나를 부를 것'이라고 교만한 마음이 생길 게 아닌가."

한참을 고민하던 중종이 결단을 내린다.

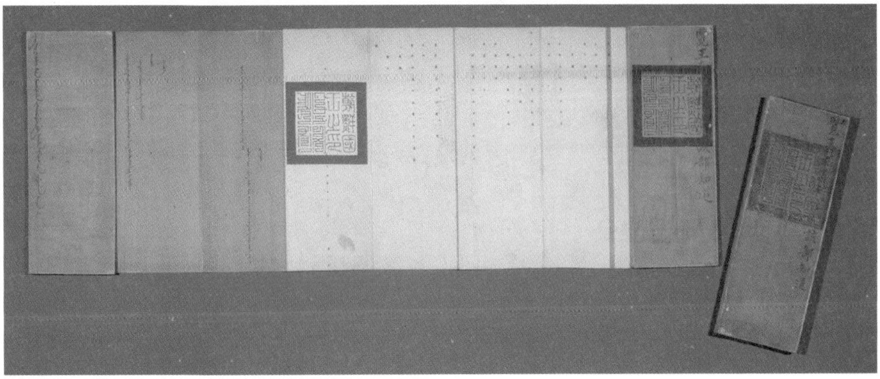

▲ 1827년(순조 27년) 조선 국왕이 청나라 황제에게 보낸 외교문서 | 국립중앙박물관 소장

"그래 어쩔 수 없는 일 아니냐. 이번은 일본국왕의 사신이 방문하는 때이니 통역이 잘못되면 나라망신이다. 일단 서울 안에서 도역노역형을 치르게 하고 사신이 돌아갈 때까지 부리도록 해라."

그러면서 향후 대책을 내놓는다.

"앞으로 일본어 통역뿐 아니라 중국말·여진말 통역도 힘써 장려하도록 하라." -《중종실록》 1528년 8월 25일조

제2외국어 전공자들은 부전공으로 한어중국어를 배웠다. 예컨대 태종 대의 통역 황기는 왜어일본어 전공자였지만 한어까지 배웠다. 성종 대의 황중은 여진어 전공자였지만, 한어까지 배워 2개 국어에 능통했다.

"황중은 가계가 미천한 데다 여진어를 통역하는 조그만 재주로 (중략) 2품에 이르렀으니……." -《성종실록》 1484년 8월 8일조

사헌부가 여진어 통역 출신으로 사역원 제조가 된 황중의 과거를 들추는 대목이다. 여진어 통역이 폄훼됐음을 알 수 있다. 그런 설움을 받은 황중이었으니 중국어를 뼈 빠지게 배웠을 것이다.

이순신 가문의 외국어 교육

조선의 통역 가운데 특기할만한 인물이 있으니 바로 이변李邊·1391~1473년이다. 이변은 이순신 장군의 현조玄祖·5대조 할아버지이다. 그런데 그는 조선 초기에 매우 유명한 사대부 출신 통역이었다. 《세종실록》은 그가 얼마나 어학공부에 빠졌고 소질이 있었으며, 조·명 외교에서 얼마나 활약했는지를 보여 주었다. 먼저 1434년세종 16년의 기록을 보면 첫 번째 문장이 재미있다. "그 사람됨이 둔했고, 서른이 넘어 문과에 급제했다."라는 것이다.

하지만 다음 이야기를 보면 달라진다. 그는 기본적으로 어학 분야에 탁월한 재능을 보인 '중국어 마니아'였으며, 서른이 넘어 발견한 재능을 살리기 위해 엄청나게 노력했다.

> "문과에 급제한 뒤 승문원에 들어가 한어중국어를 배웠다. '공효功效·공을 들인 보람를 반드시 이루고야 말리라.'라는 다짐구호를 써 붙인 다음 밤을 새워 가며 강독講讀했다. 또 한어를 잘한다는 자가 있다는 말만 들으면 반드시 그를 찾아 질문하여 바로잡았다." –《세종실록》 1434년 2월 6일조

그뿐이 아니었다. 집안사람들과 말할 때도 언제나 중국어를 썼다. 친구를 만나도 반드시 먼저 중국어로 말을 한 다음에 우리말로 했다. 덕분에 중국어에 능통해졌다. 가히 지독한 어학공부였다. 1429년세종 11년의 기록을 더 보자. 예조판서 신상이 임금에게 고했다.

"이변은 문과에 급제했지만 오히려 중국어를 자기 임무로 생각하고 손에서 책을 놓지 않습니다. 그래서 사역원의 학생들이 모두 그의 가르침을 받고 싶어 합니다. 마땅히 이변을 통역의 선생訓導으로 삼아야 합니다."

–《세종실록》 1429년 9월 6일조

이변을 '어학공부의 모범사례'로 여기고 있음을 알 수 있다. 그는 또 대쪽 같은 성품으로도 유명했다.

"이변의 성질이 굳세고 곧아서 편협한 데가 있지만, 의롭지 않은 일은 털끝만치도 안 한다. 사람들이 이를 아름답게 여겼다." –《세종실록》

서른이 넘어 과거에 '늦깎이 급제'한 뒤에야 중국어에 심취했고, 그야말로 불철주야 공부해서 일가를 이룬 이변. 과연 이순신 장군 가문의 할아버지답다.

38

"조선을 흡연의 나라로!", 정조의 공언

"물러나겠나이다. 허락해 주시옵소서."

1790년정조 14년 5월 22일, 좌의정 채제공1720~1799년이 정조에게 돌연 사의를 표명한다. 요컨대 "정승 짓 못해먹겠다."라는 이유 때문이었다. 무엇이 그토록 명재상의 분노를 샀을까? 채제공의 하소연을 토대로 '채제공 굴욕사건'의 전말을 더듬어 보자.

어느 날 채제공이 권두權頭·각 기관의 하인을 거느리던 우두머리와 함께 돈의문서대문을 통과하고 있는데, 웃옷도 걸치지 않은 두 청년이 서로 팔을 끼고 가마 옆에 서 있었다. 한 사람은 부채로 얼굴을 절반쯤 가렸고, 한 사람은 담뱃대를 꼬나물고 있었다. 꼴사나운 그 모습을 본 권두가 한마디 던졌다.

어디서 지적질이야!

"이봐, 자네. 담뱃대 좀 빼지. 좌정승 대감이 지나가는데 건방지게……."

그런데 분위기가 심상치 않았다. 담뱃대를 물고 있던 청년의 표정이 구겨졌다. 그러면서 험악한 표정으로 고희를 넘긴 채제공의 이름을 부르더니 이렇게 대꾸한다.

▲ 단원 김홍도의 〈담배 썰기〉. 1610년대에 들어온 담배는 삽시간에 조선 전역으로 퍼졌다. 급기야 정조는 "담배가 판치는 세상"을 꿈꾸기도 했다.
| 국립중앙박물관 소장

"내가 뭣 때문에 저자를 보고 담뱃대를 뺀단 말인가.吾豈見渠而去竹乎"

갑작스런 반격에 채제공은 '멘붕'에 빠졌다. 분개한 권두가 뒤따르던 하인들에게 명했다.

"저놈들을 잡아라!"

화가 머리끝까지 난 채제공의 비서가 하인들을 시켜 두 청년을 옥에 가뒀다. 채제공은 어이가 없어 한 마디도 대꾸하지 못한 채 집으로 돌아왔다. 곧바로 전옥서典獄署·감옥에서 두 청년의 신원을 알려왔다. 김병성과 김관순이었다. 김병성은 돈령부 참봉 김세근의 아들이었고, 김관순은 동부봉사 김이의의 아들이었다. 채제공에게 패악을 부린 청년은 바로 김관순이었다.

채제공은 하룻밤만 이들을 붙잡아놓고 다음날 아침에 풀어줄 요량이었다. 그런데 사건이 심상찮게 돌아갔다. 3경쯤밤 11시~새벽 1시 되었을 때였다. 학당의 유생 수십 명이 옥사 앞에 몰려온 것이었다. 이들은 옥문을 때려부술 기세로 과격한 농성을 벌였다.

패역한 손자를 두었습니다

"만약 두 사람을 석방하지 않으면 전옥서의 관리를 죽이겠다."

"우리가 옥문 자물쇠를 부수고 빼앗아 간다면 어쩔 거냐."

소식을 들은 채제공은 두 청년을 형조로 넘겼다. 다음 날부터 사태는 걷잡을 수 없이 번졌다. 유생들이 채제공을 욕하고 헐뜯는 사발통문을 돌리기 시작한 것이다. 화가 머리끝까지 난 채제공은 이들을 정식으로 고발해서 엄히 다스릴 작정을 했다. 그때 문제청년 김병성의 아버지인 김세근이 채제공을 찾아와 백배 사죄했다. 더구나 김세근은 여러 하인들이 보는 앞에서 아들의 볼기를 쳐 잘못을 꾸짖었다. 사실 김세근의 아들 김병성은 부채로 얼굴을 가렸을 뿐이었다. 채

▲ 단원 김홍도의 〈장터길〉. 산모퉁이를 돌아가는 한 무리의 기마행렬을 그렸다. 담뱃대를 물고 가는 상인들의 모습이 보인다.
| 국립중앙박물관 소장

제공은 책임을 다한 아버지의 얼굴을 보아 아들 김병성의 죄를 용서해 주었다.

사흘 뒤에는 담뱃대를 꼬나물고 채제공을 욕보인 장본인인 김관순의 할아버지가 인편으로 편지를 보내왔다.

"우리 가문에 패역한 손자를 두었습니다. 정말 잘못했습니다."

할아버지까지 나서 용서를 비는 형국이니, 용서해줄 수밖에 없었다. 그러나 사건은 잦아들지 않았다. 채제공을 비난하는 상소가 계속 올라온 것이다.

"채제공이 유생들을 욕보였습니다. 선비유생는 죽일 수 있어도 욕보일 수 없습니다."

재상을 욕보인 담배청년

채제공은 이 대목에서 깊은 한숨을 쉬면서 정조에게 하소연한다.

"세상에! 대낮 큰길가에서 홑옷 차림으로 담뱃대를 피워 물고 대신의 이름을 함부로 부르는 자를 어찌 할 수 없는 지경입니다. 앞으로 선비라는 이름으로 온갖 패악질을 해도 가만있어야 하는 것입니까."

채제공은 너무 실망한 나머지 사의를 표하고 조정을 떠났다. 정조는 채제공을 달래는 데 진땀을 빼면서 한편으로는 "그야말로 한심한 세상"이라고 한탄했다. 《정조실록》 1790년 5월 22일조에 따르면, 정조는 무리를 지어 전옥서로 몰려가 행패를 부린 주동자 및 가담자들을 엄벌에 처했다. 주동자는 '종신 과거시험 응시 금지령'의 중벌을 받았고, 가담자 네 명은 '10년 과거 금지령'을 받았다.

요즘으로 치면 총리가 길을 지나다가 담배를 피우던 중고생들을 지적하자, 또래 학생들이 떼로 몰려가 난동을 부린 사건이다. 지금 생각해 봐도 어처구니없는 사건이다. 유교국가라는 조선, 그것도 중흥군주의 시대라는 정조 대에 이런 패륜 행태가 벌어지다니…….

정조의 담배 사랑

그런데 패륜의 단서가 된 것이 바로 당대 유행했던 담배였음을 알 수 있다. 임금인 정조까지도 담배 맛에 흠뻑 빠졌으니 무슨 할 말이 있으랴.

> "사람에게 유익한 것은 남령초담배만한 것이 없다. (중략) 이 풀이 아니면 답답한 속을 풀지 못하고 꽉 막힌 심정을 뚫어주지 못한다. (중략) 담배를 백성들에게 베풀어줌으로써 그 혜택을 함께 하고자 한다."

정조는 '담배 예찬론'을 설파하는 것도 모자라 온 백성들을 흡연가로 만들겠다고 했다. 사석에서 한 말이 아니다.

1796년 11월 18일, 정조는 책문策文·정치의 대책을 물어 답하게 하는 과거시험의 시제로 남령초南靈草, 즉 '담배'를 내걸었다. 수험생들에게 담배의 유용성을 논하라는 것이었다. 정조는 한술 더 떠 담배를 실사구시의 예로 꼽았다.

> "물건담배을 이롭게 사용하고, 생활에 윤택한가를 따지면 그뿐이다. 유독 담배만 천한 것으로 여길 까닭이 있는가?"

정조는 경험에서 우러난 담배의 효험을 조목조목 밝힌다.

"난 수십 년간 책을 읽는 고질병에 시달린 데다 왕좌에 오른 뒤 정무에 전념하느라 병이 깊어졌다. 백방으로 약을 썼지만, 담배만한 약이 없었다. 정사의 잘잘못과 복잡한 심경을 분명하게 잡아내고, 요점을 찾아낸 것도 담배의 힘이다. 원고를 수정할 때도 담배의 힘이 크다." ―《홍재전서》 제52권 〈책문5·남령초〉

▲ 단원 김홍도의 〈활쏘기〉. 입을 악다문 채 활쏘기를 배우는 듯한 젊은 남성의 절박한 표정과는 대조적으로, 뒤쪽에 앉아 다리를 꼰 채 곰방대로 담배를 즐기는 남성에게서는 한껏 여유가 느껴진다. | 국립중앙박물관 소장

정조의 담배예찬론은 계속된다.

"불기운으로 한담寒痰을 공격하자 막힌 가슴이 절로 사라졌다. 정사의 잘잘못과 복잡한 심경을 분명하게 잡아내고, 요점을 찾아낸 것도 담배의 힘이다. 원고를 수정할 때도 담배의 힘이 크다."

과장되게 말한다면 정조의 개혁정치와 탕평책, 그리고 문체반정 등 모든 치적이 담배 덕분이라는 것이 아닌가. 정조는 "이 풀담배에 필적할 은덕과 이 풀에 견줄 공훈이 어디 있는가?"라고 반문한 뒤 이렇게 결론을 내린다.

"담배가 이 시대에 출현한 것은 인간을 사랑하는 천지의 마음에서 비롯됐다."

그러면서 "온 백성이 담배를 피도록 해서 그 효과를 확산시켜 담배를 베풀어 준 천지의 마음에 보답하자."라고 역설한다. 기가 찰 노릇이다. 임금이 앞장서서 범국민적인 흡연운동을 벌이고 있으니 말이다. 정조가 얼마나 담배를 사랑했는지를 알려주는 《정조실록》 기사가 있다. 《정조실록》 1800년 7월 3일조는, 정조가 승하한 뒤 담배 전대와 담배를 붙인 장옷을 대렴시신을 묶고 입관하는 절차과 재궁梓宮·임금의 관에 안장했다고 기록했다. 죽어서도 담배를 잊지 못하겠다는 이야기가 아니고 무엇이겠는가.

조선을 담배의 나라로

1600년대 초 일본을 통해 조선에 들어온 담배는 단박에 선풍적인 인기를 끌었다. 담痰을 치료하고 소화에 도움을 준다는 효능 때문이었다. 그래서일까? 《인조실록》 1638년 8월 4일조에 보면, 담배는 쓰고 맵고 독성이 강하지만 가슴에 얹힌 것을 치료해 준다고 했다. 또 목구멍에 가래가 생기고 심사가 좋지 않은 증세, 그리고 일체의 근심을 치료하는 데도 효능이 있다고 했다.

심지어 이옥李鈺·1760~1815년이라는 애연가는 '담배의 경전'을 뜻하는 《연경烟經》을 지을 정도였다. 하루는 이옥이 전북 완주의 송광사 법당 안에서 담배를 피웠다. 그러자 스님이 "법당에서 연기를 피우면 안 된다."라고 제지했다. 그런데 이옥의 답변이 걸작이었다.

"부처님 앞에는 향로가 있지 않습니까? 향의 연기도 연기요, 담배 연기도 연기입니다. 사물이 변해서 연기가 되고, 연기가 바뀌어 무無가 되는 것은 똑같지 않습니까?"

《연경》에는 담배 피우는 예절이 나온다. 입술로 풀무질해서 열었다 닫았다, 즉 '빼끔담배'를 피우면 안 된다는 것이다. 또 어린아이가 젖 빨듯해서도, 물고기가 물거품을 뿜어내서도 안 된다고 했다. 박지원의 풍자소설 《양반전》에는 "양반은 볼이 움푹 패도록 빨지 말아야 한다吸煙毋輔"라는 내용이 들어 있다.

애연가들이 담배를 피울 때의 핑계는 예나 지금이나 똑같다.

"첫째, 식후에 피우면 위가 편안해진다. 둘째, 새벽에 일어나 입안이 텁텁할 때 피우면 씻은 듯 가신다. 셋째, 시름이 많고 생각이 어지러울 때 피우면 술을 마신 듯 가슴이 씻은 듯하다. 넷째, 과음으로 간에 열이 날 때 피우면 답답한 폐가 풀린다. 다섯 째, 시구가 생각나지 않아 수염을 비비 꼬고, 붓을 물어뜯을 때 피우면 연기를 따라 절로 시詩가 나온다. 여섯 째, 뒷간에 앉아있을 때 피우면 똥냄새를 없애준다……."

조선을 중독시킨 '요망한 풀'

17세기 초 조선에 들어온 담배는 《인조실록》의 표현대로 '요초'妖草, 즉 '요망한 풀'이었다. 조선사회를 일거에 중독시켰기 때문이었다.

"이 풀은 1616년광해군 8년 바다를 건너 들어왔는데, 1621년광해군 13년부터는 피우지 않는 사람이 없을 정도였다. 유해하다는 것을 알고 끊으려 해도 끝내 끊지 못한다. 세상에서 "요망한 풀世稱妖草"이라고까지 했다. 심지어 담배를 뇌물로 바치고 벼슬을 샀다가 파직되는 사례도 생겼다."

-《인조실록》 1638년 8월 4일조

"1677년숙종 3년 12월 4일 무인 서치徐穉가 담배 1태태·짐를 이조판서 민점의 사위에게 주고 감찰에 제수됐다가 파직됐다." –《숙종실록》

1808년 순조의 한탄을 들으면 담배가 얼마나 뿌리 깊게 퍼졌는지를 알 수 있다.

"근래에 들어 담배의 습속이 고질이 되었다. 남녀노소 할 것 없다. 심지어는 젖먹이를 면하면 으레 담배를 피우고 있다." –《순조실록》 1808년 11월 19일조

담배의 폐해

그래도 그때까지는 담배가 얼마나 건강을 해치는지 잘 몰랐던 것 같다. 조선 중기의 학자 이현목의 《담파고사연》에도 "담배가 이로운지 해로운지 처음부터 몰랐는데도 사람들이 즐긴다."라는 내용이 들어있다. 다만 심상치 않은 대목이 이현목의 언급에 들어있다.

"얼마 전에 죽은 승려의 다비식이 있었는데, 검은 기름이 응결되어 머리뼈 중간에 달려 있었다. 크기가 달걀 같았다. 많은 이들이 '이 스님은 평생 담배를 즐겼다.'라고 증언했다. 분명 독한 기운이 몸 안에서 뭉친 결과가 아닐까? 그리고 어떤 이가 담배 때문에 병을 얻었다는 말을 듣고는 담배를 끊었다. 그랬더니 걷기가 수월해졌다."

사람들이 담배의 유해성을 어렴풋이 인식하기 시작했다는 것이다.

윤기1741~1826년는 《무명자집無名子集》에서 "담배가 조선사회를 병들게 한다."라고 한탄한다.

▲ 김홍도의 〈벼타작〉. 담배를 꼬나 문 양반이 벼를 타작하고 있는 노비들을 한껏 편안한 자세로 지켜보고 있다. | 국립중앙박물관 소장

"열 살만 되면 담배를 피운다. 아들과 아우가 아버지와 형 앞에서 담배를 물고 있다. 하지만 어느 누구도 탓하지 않는다. 세상의 도리가 망가지게 된 것이 이 보잘 것 없는 풀 하나로 말미암은 줄이야."

담배로 인한 화재도 심심치 않았다. 《광해군일기》 1623년 2월 15일조를 보면, "동래 왜관에 왜인들의 담뱃불로 인해 화재가 발생해 80칸을 모두 태웠다."라는 기록이 있다. 《숙종실록》 1692년 2월 27일·1701년 5월 12일조에는, 재실 근처에서 담배를 피우다가 실화를 일으킨 관리가 파직되고, 사직단 근처에서 역시 담배를 피우다가 적발된 관리들이 처벌받기도 했다.

불쌍한 흡연자들

담배 소비가 급증하자 너도 나도 담배를 경작하는 바람에 벼와 밭의 경작지가 크게 줄어드는 폐해도 생겼다. 정조 22년1798년, 무려 27명이 '담배의 경작을 법으로 제한해 달라.'라는 상소문에 서명했다.

"기름진 땅은 모두 담배와 차를 심는 밭이 되었나이다. 곡식을 생산하는 토지가 줄고 백성들의 어려움이 극에 달하고 있사옵니다. 담배의 해로움이 극심한 바……." -《정조실록》 1798년 11월 30일조

전국 방방곡곡에 담배재배 선풍이 불자 신하들이 들고 일어난 것이었다. 하지만 '골초대왕' 정조는 "그것은 전적으로 각 지방의 감사에게 달려있는 일"이라며 소극적인 반응을 보였다. 일국의 지도자가 앞장서서 흡연을 강조하고 '모든 백성을 담배로 교화하겠다.'라고 다짐했던 200년 전 그 시절. 당시에도 '흡연은 백해무익하다.'라고 하며 금연운동을 벌이기도 했다.

그러나 애연가들은 콧방귀도 뀌지 않았다. 예컨대 이덕리1728~?는 "엄청난 돈이 담배연기로 다 허공으로 날아간다."라고 하면서 금연운동을 펼쳤다. 그러나 그와 논쟁을 벌였다는 손님은 끝내 고집을 꺾지 않았다.

> "(아무리 떠들어 보십시오.) 담배 피우는 자가 많은데 어느 누가 담배를 피우는 통쾌함을 버리겠습니까" – 이덕리의 『기연다(記烟茶)』

그러나 이제는 이런 큰소리가 통하지 않는다. 지금 이 순간, 큰소리치던 흡연가들은 어디에 있는가. 집에서, 사무실에서, 아니 이제는 건물에서까지 쫓겨난 그들……. 그것도 어두컴컴한 거리의 한 구석, 빌딩 뒤편에서 삼삼오오 모여 쫓기듯 담배를 빡빡 피우는 모습……. 애처롭기만 하다. 정조를 모셔올 수도 없는 노릇이고……. 이참에 담배를 확 끊어버리는 것이 좋을 듯싶다. 무엇보다 정말로 건강에 해롭다지 않는가.

39

임금도 못 숨긴 '쐬주 한 잔'의 유혹

"내 성품은 술을 좋아하지 않는다. 마시지 않는 편이 낫다. 그렇지만……."

▲ 중국 상나라 때의 술항아리. 동이족의 나라로 알려진 상나라 사람들은 술을 잘 마시기로 유명했다. 원래 그들은 조상신인 하늘신에게 제사를 지낸 뒤 술을 마셨다. | 국립중앙박물관 소장

1422년세종 4년 5월 26일 정부와 육조가 세종에게 '소주'를 권한다. "연일 비가 내리니 전하께서 종묘와 사직을 위해 억지로라도 한 잔 들어 성체聖體·임금의 몸를 보호하시라."라는 것이었다. 그러나 세종은 "술은 내 체질이 아니다."라고 하며 한사코 거절했다. 대신들이 간곡하게 청하자 세종 임금은 할 수 없이 소주잔을 들었다.

"그렇게 원한다면 할 수 없지."

하지만 역시 술 체질이 아니었나 보다. 《세종실록》에 따르면, 세종은 소주 반 잔쯤 마시다가

잔을 내려놓았다고 한다. 그러니까 세종의 주량은 결국 '소주 반 잔'이었던 것이다. 이렇게 술을 즐기지 않았던 세종이었지만 술에 관한 한 관대했다.

"예로부터 술 때문에 몸을 망치는 자가 많습니다. 신이 벼슬에 오를 때는 소주를 보지 못했는데 지금은 집집마다 있습니다. 게다가 소주 때문에 목숨을 잃는 이가 흔합니다. 금주령을 내려야 합니다."

1433년세종 15년 3월 23일이었다. 이조판서 허조가 소주의 폐해를 조목조목 논한다. 하지만 세종은 난색을 표한다.

"엄금한다고 무슨 소용이 있겠느냐. 막지 못할 것이다.雖堅禁 不可之也"

이조판서가 "추상같은 금주령을 내리면 근절시킬 수 있다."라고 재차 고했다. 그러자 세종이 마지못해 한 마디 덧붙인다.

"그러나. 술을 금하기는 정말 어렵다. 허나 정 그리해야 한다면 주고酒誥·술을 경계하는 글를 지어 신하들에게 내려주지."

하기야 '소주 한 잔의 유혹'을 어느 누가 막을 수 있겠는가. 600년 가까이 지난 지금에도 대한민국 성인 1인당 마신 소주가 1년 평균 84병에 이를 정도니 말이다.

소주에 빠져 신세를 망친 고려 장군

소주 얘기가 나와서 말인데, 우리나라를 대표하는 술인 소주는 원래 우리 것이 아니었다. 소주는 약 5,000년 전 메소포타미아 수메르인들이 처음 만들었는데,

1258년 몽골 정벌군이 압바스조를 공략할 때 이 술의 제조법을 배워갔다고 한다. 이 증류주는 지금도 아랍지역에서 '아라끄'라는 명칭으로 전승되고 있단다.

몽골군은 일본원정을 위해 고려의 개성과 안동, 제주도에 양조장을 만들었다. 원정군이 이곳에서 만든 소주를 가죽 술통에 넣어 휴대용으로 마신 것이다. 안동소주가 유명한 이유를 이제야 알 것 같다.

《본초강목本草綱目》에 따르면, 고려인들은 '물처럼 맑은 데다 맛이 매우 진하고 강렬한' 소주에 단번에 매혹됐다. 예컨대 1376년 경상도원수 겸 도체찰사인 김진은 부하 장수들과 함께 기생들을 모아 밤낮으로 소주를 마셔댔다. 오죽했으면 장병들이 소주에 빠진 김진 일당을 '소주도燒酒徒·소주의 무리'라 하며 손가락질 했을까.

이듬해 왜구가 침입해서 합포영창원지역을 불사르고 유린했지만, 김진의 군사들은 콧방귀를 뀌면서 꼼짝도 하지 않았다.

▲ 소줏고리 모습. 소주를 처음 만든 이들은 기원전 3000년 메소포타미아의 수메르인들이었다고 한다.

"저희가 뭐 하러 갑니까? 저들 소주도라는 인간들을 시켜 적을 무찌르라 하시든가요."

이 때문일까? 《고려사》〈열전·최영〉을 보면, 김진은 결국 혼자 줄행랑을 쳤고, 그 죄로 평민으로 강등됐다.

선물용으로 사랑받은 소주

소주는 고려의 뒤를 이은 신생국 조선까지도 취하게 만들었다. 임금은 종친과 신하들에게 소주를 즐겨 하사했다.

예컨대 《태종실록》 1417년 4월 24일조를 보면, 태종은 제2차 왕자의 난에서 패한 뒤 귀양을 갔던 넷째 형 방간에게 소주 10병과 안주를 하사했다. 또 《세종실록》 1433년 7월 27일조에는 세자의 자리를 내놓은 뒤 멋대로 살았던 형양녕대군에게 세종이 향온과 소주를 내려주었다는 기록이 나온다. 왕위를 동생들에게 내준 형들에게 소주 한 잔 대접한 것이다.

소주는 약으로도 썼다. 예컨대 황보인 등 대신들은 1452년 6월 1일 열한 살의 어린 나이로 즉위한 단종에게 소주를 권했다. 부왕문종의 장례를 치르면서 몸이 허해지고 약해진 것을 보충해 주려 한 것이다.

> "주상께서 나이가 어리셔서 혈기가 정하지 못하니 타락우유을 드시옵소서. 또 여름 달이라 천기가 지고 무더우니 소주를 조금 드소서."

1471년 6월 5일 대신 홍윤성은 "이질을 치료하기 위해 소주를 마신다."라고 해서 임금성종의 허락을 얻었다.

조선 소주는 외교무대에서도 크게 사랑받았다. 예컨대 1429년세종 11년 5월 3일 명나라 사신 창성은 중국 황제에게 '바칠' 진헌물목을 쓰면서 '소주 10병을 올리라.'라고 요청했다. 또 《성종실록》 1480년 8월 19일조를 보면, 성종은 명나라 황제에게 홍소주와 백소주 각각 10병씩을 특별히 보냈다.

이게 전부는 아니었다. 소주는 대마도 정벌 이후 내마도주에게 보낼 하사품 목록에서도 빠지지 않았다. 1435년세종 17년 2월 7일

▲ 중국 상나라 때의 술잔(고). 고는 술을 두 되 정도 담을 수 있는 작은 술잔이었다. | 국립중앙박물관 소장

대마도주 종정성이 사신을 보내 간청했다.

"제가 농사에 실패했습니다. 기근이 쌓여 매우 곤란한 상황입니다. 쌀과 소주를 청구합니다."

웃기는 일이다. 농사가 실패하고 기근에 시달린다면 쌀만 달라고 하면 될 일인데, 무슨 소주인가. 대마도주가 얼마나 조선의 소주를 좋아했는지 기근 핑계를 대고 소주를 청한 것이다. 세종은 못 이기는 척 소주 20병을 내려주었다.

소주 먹고 죽은 이성계의 장남

《조선왕조실록》을 보면 의아한 장면들이 줄줄이 이어진다. 소주를 마시고 죽은 사례는 물론이고, 소주를 이용해서 사람을 살해하는 장면이다. 얼마나 독했으면 그랬을까. 첫 번째 희생자는 다름 아닌 태조 이성계의 맏아들 이방우였다.

"1393년태조 2년 12월 13일, 술을 좋아하는 성질 때문에 날마다 마셔댔다. 그는 소주를 마시고 병이 나서 죽었다."

이뿐이 아니다. 1404년태종 4년 7월 20일, 경상도 경차관 김단은 고을 수령이 권한 소주를 과음한 뒤에 급사했다. 1515년중종 10년 4월 23일 제주 목사 성수재는 너무 소주를 좋아해서 병을 얻어 아까운 생을 마감했다. 《중종실록》의 사관이 안타까워한다.

"성수재는 일찍 무과에 장원급제한 자못 청렴하고 유능한 사람이라 임금이 크게 쓰려고 했다. 하지만 소주를 너무 좋아해서……."

1526년중종 21년 6월 23일에는 이세렴이라는 이가 소주를 폭음하는 바람에 사망하는 사건이 발생한다. 그래도 이 사람들은 술을 이기지 못하고 죽은 '단순사건'이라 치부할 수 있다.

최초의 폭탄주를 남편 살해에 사용했다고?

1536년중종 31년의 일이다. 오여정이라는 인물이 있었다. 황간현충북 영동 사람이었다.

재상인 이항의 처남이었기 때문에, 매부의 세력을 믿고 방자한 짓을 일삼은 자였다. 그런 오여정이 그만 넘지 못할 선을 넘고 말았다. 아버지오찬의 첩인 돌지라는 여인과 정을 통한 것이었다. 점점 대담해진 그들의 간통행각은 결국 백일하에 드러나고 말았다.

아버지에게 간통사실을 들킨 남녀는 아버지를 죽인 뒤 경상도 지방으로 도주하는 극단적인 선택을 했다. 하지만 내연 남녀는 변복을 하고 생선을 팔며 살다가 포도관에게 검거되고 말았다. 윤리와 관련된 강상죄였기에 오여정과 돌지는 극형을 받고 형장의 이슬로 사라졌다. 그런데 사건의 내막이 자세히 기록된 《중종실록》을 보면 술과 관련된 흥미로운 부분이 나온다.

▲ 소줏고리에서 소주를 만드는 모습 | 《경향신문》 자료사진

"돌지가 남편이 죽었을 때 소주와 백화주를 사용한 것用燒酒及白華酒

이 이미 그의 공초에 드러났습니다. 일에 참여한 것은 단연코 의심할 게 없습니다." -《중종실록》 1536년 4월 23일조

돌지가 철쭉을 담가 만든 백화주와 소주를 남편에게 먹였다는 것이다. 철쭉은 그레이아노톡신이라는 독성분이 들어있기 때문에 먹으면 안 된다. 독성이 든 백화주에다 소주를 함께 마시게 했다고?《중종실록》이 더는 설명하지 않았기에 단정할 수는 없다. 하지만 소주와 백화주를 함께 사용해서 남편을 죽였다면 혹 두 종류를 섞은 폭탄주가 아니었을까?

바람피운 부인 때문에 폭음한 뒤 사망한 남편

1534년중종 29년 소주를 폭음하고 사망한 '남효문 사건'도 당대 조선사회를 떠들썩하게 한 스캔들이었다.《중종실록》을 보자.

영산창녕 영산면 현감인 남효문에게는 아들이 없었다. 그래서 조카뻘 되는 남순필이라는 자를 수양아들로 삼았다. 그런데 괴상야릇한 일이 생겼다. 남효문의 아내와 수양아들이 눈이 맞았다는 것이다.

남녀가 몰래 동침하며 간통한다는 소문이 퍼졌는데도 정작 남효문만 몰랐다. 어느 날 어떤 사람이 수양아들의 언간한글편지을 남효문에게 잘못 건네주었다. 물론 실수였다. 편지내용을 본 남효문은 놀라 자빠졌다. 편지가 얼마나 음란하고 더러운 말로 가득 찼는지…….

"기가 찬 남효문은 그 편지를 가지고 늙은 어머니와 함께 앉아 아내를 불러 추궁했습니다. 그의 아내가 거짓말을 하지 못해 더듬거렸습니다. 전모를 밝힌 남효문은 화를 참지 못했습니다. 급기야 어머니와 붙잡고 통곡하다가 어머니와 함께 소주를 폭음하기 시작했습니다. 그러다 남효문은 죽고 말았

습니다. 그러나 그 어미는 아직 생존해 있으니 그의 말을 듣는다면 그 추한 실상을 알 수 있을 겁니다" —《중종실록》 1534년 5월 10일조

물론 이 사건은 왜곡되어 있었다. 《중종실록》 1534년 6월 14일조에 따르면, 남효문의 첩이 정처를 모함하려고 거짓편지를 꾸며 일으킨 사단이었다. 하지만 남효문은 그 거짓편지를 철석같이 믿고 노모와 소주를 마시며 한탄하다가 죽어버린 것이다.

소주 먹이고 남편 때려죽인 간통녀

《성종실록》에는 내연남과 짜고 남편에게 소주를 먹여 취하게 한 뒤 몽둥이로 때려죽인 여인의 사연도 나온다. 사건을 심리한 형조가 임금에게 고한다.

"1491년성종 22년 소은금이라는 여인이 간통남 강위량과 더불어 남편 초동에게 소주를 잔뜩 마시게 했습니다. 남녀는 만취한 남편을 몽둥이로 때려죽였습니다. 소은금은 능지처사, 강위량은 참대시겨울에 사형시키는 형벌에 해당됩니다."

이때 우의정 이극배와 우찬성 어세겸 등이 고개를 갸웃거리며 변론했다.

"남편이 단 한 그릇의 소주를 마셨을 뿐입니다. 그런데 대여섯 차례 구타당하면서도 소리도 지르지 못한 게 이상합니다. 함께 있었던 사람이 대여섯 명이라는데 몰랐다는 게 이상하기도 합니다."

하지만 임금은 지체 없이 판결을 내렸다.

"저 계집은 남편을 죽이려고 소주를 준비해서 억지로 먹인 게 틀림없다. 마침 한빔중이었던 데다 너무 취한 나머지 소리도 지르지 못한 채 횡사했을 것이다. 형조의 의견대로 둘을 극형에 처하라." –《성종실록》 1491년 2월 19일조

얼마나 독했기에?

물론 지금도 과음해서 목숨을 잃는 경우가 있다. 하지만 《조선왕조실록》을 보면 유난히 소주 때문에 목숨을 잃는 사례가 눈에 띈다. 소주가 얼마나 독했기에 그런 것일까?

원래 전통적인 소주는 안동소주와 같은 증류식 소주였다. 원래 증류를 시작하면 처음에는 알코올 도수가 70~80퍼센트 정도인 독주가 나온다. 그러다 시간이 지나면 10퍼센트까지 알코올 도수가 내려가게 되고 이것이 섞이면서 45퍼센트의 소주가 되는 것이다.

처음 소주를 만든 1924년 당시의 도수는 35도였다. 그러다 증류식이 아니라 희석식 소주가 나오면서 소주의 도수는 낮아지기 시작했다. 희석식은 양조주를 여러 차례 가열해 여기서 나온 고농도의 에틸알코올주정에 물과 첨가제를 넣어 소주를 만드는 방식이다. 이로써 30도1965년-25도1973년-23도1998년-20도2006년를 거쳐 지금은 15.5도짜리 소주까지 출시됐다. 요즘 사람들은 최소한 45도에 이르는 조선시대 소주를 상상할 수 없을 것이다.

소주 한 잔 할 줄 알아야 풍류객

조선시대에는 이런 독한 소주의 폐해를 설파하고 금주령을 내린 적도 많았다. 1433년세종 15년 12월 5일, 세종은 술을 경계하는 '금주령'을 내려 각 지방 관아의 벽에 걸어두게 하고 늘 금과옥조로 삼으라고 했다.

"이번에 반포한 술을 경계하는 교서를 족자로 만들어 전국 각지에 있는 관아官衙의 청당 벽에 걸어두어라. 항상 경계하는 마음을 가져라."

말하자면 금주하라는 플래카드를 관아 벽에 걸어놓은 것이었다.

1491년성종 22년 2월 22일, 임금이 의정부에 지시했다.

"소주를 매우 숭상하는 풍습이 됐다. 소주를 지나치게 마시면 사람을 상하게 하는 이치가 있다. 앞으로는 늙거나 병이 들어 약으로 복용하는 것을 빼고는 마시지 말도록 하라."

효종도 비슷했다. 1657년효종 8년 9월 26일 임금은 사대부들의 못된 술버릇을 지적했다. 술꾼을 풍류를 아는 멋쟁이로 알고, 일 열심히 하는 사람을 '찌질이'로 폄훼하는 풍조를 비난한 것이다.

"지금 이른바 이름난 벼슬아치라는 자들이 저마다 음주를 마치 높은 풍류인 줄 안다. 심지어는 국사에 전념하는 사람을 도리어 잔단 무리라고 지목하며 폄훼한다. 어찌 한심하지 않는가."

한 잔 유혹에 사형 당할 뻔한 노비

하지만 술 끊기가 어디 쉬운 일인가. 절로 '카~' 소리가 나는 소주의 참맛을 잊을 수는 없었다. 신분이 노비였어도 그랬다.

1489년성종 20년 전연사典涓司의 노비인 비라가 내의원의 홍소주를 훔쳐 마셨다는 혐의로 사형을 언도받았다. 하지만 《성종실록》 1489년 12월 29일조를 보면, 성종은 벌이 너무 중하다고 여겼는지 감형처분을 내렸다.

이런 해프닝도 있었다. 1494년성종 25년 6월 12일 행호군무관직 벼슬·재상에 해당 경유공이 병든 첩이 요양하고 있던 집에서 집주인과 소주 한 잔을 기울이고 있었다. 이때 사헌부의 하급관리가 술을 마시던 경유공과 그 첩, 그리고 집주인을 긴급체포했다. 금주령을 어겼다는 죄목이었다. 그러자 임금은 혀를 끌끌 찼다.

"아니 그래 병든 첩이 요양하고 있던 집에서 술 한 잔 했기로서니, 너무 심하지 않은가. 무관이지만 또한 재상인데 그렇게 업신여긴단 말인가. 경유공 등을 체포한 관리를 국문하라."

사헌부가 득달같이 항변했다.

"그 관리는 업무에 충실했을 뿐입니다. 그랬다고 죄를 다스린다면 사기가 크게 꺾일 것입니다."

그러나 임금은 "그래도 재상에게 너무 심했다."라고 하며 들어주지 않았다.

소주 한 잔의 유혹

우리는 과연 '소주 한 잔의 유혹'을 뿌리칠 수 있을까? 영조의 '딱한 변명' 하나 들어보자.

1736년영조 12년 4월 24일, 임금이 야대밤중에 베푸는 경연를 끝내고 신하들에게 술을 내렸다. 그때 조명겸이 임금에게 한마디 쓴 소리를 던졌다.

"가만히 여론을 들어보니 성상임금께서 술을 끊을 수 없다고들 합니다. 과연 그렇습니까? 바라건대 조심하시고 염려하시며 경계하소서."

이거 원! 신하들의 성화 때문에 임금이 되어서도 소주 한 잔조차 제대로 먹지 못하는 세상이었던 것이다. 그런데 웃기는 것은 영조의 궁색한 변명이다.

"아니다. 그저 목이 마를 때 간혹 오미자차를 마신다. 아마도 남들이 그걸 소주라고 잘못 생각한 것이겠지."

신하의 정곡을 찌르는 '지적질'에 그만 구차한 변명을 늘어놓은 것이다.

이쯤에서 3,300년 전 동이족의 갑골문을 소개하는 것으로 갈무리한다.

"畢酒才病, 不從王古필이 과음 때문에 술병이 걸렸는데, 대왕의 분부를 받들 수 있을까요?"

이것은 당시 정인貞人·점을 치는 상나라시대 관리이 점을 치고 그 내용을 새겨 넣은 갑골문의 내용이다. '필'은 상나라시대에 중책을 맡은 신하였다. 술을 진탕 마신 뒤 술병이 단단히 걸린 필이 왕의 명령을 받들 수 있겠느냐는 얘기다.

술을 사랑하는 유전자를 갖고 있는 동이족에게 '물처럼 맑고, 진하고 강렬한' 소주는 견딜 수 없는 유혹으로 다가왔을 것이다. '카~' 하고…….

40

조선 여인 능욕 사건의 전말

"조선 사람들이 왜적은 '얼레빗梳子' 같고 명나라 군사는 '참빗篦子' 같다는 말이 돌던데 사실입니까?"

임진왜란이 한창이던 1592년 11월, 조선을 방문한 명나라 사헌司憲은 서애 류성룡과 필담을 나누다 골치 아픈 질문을 던졌다.

무슨 말인가? 사헌은 "왜병은 약탈할 때 얼레빗처럼 대충 쓸어 가는데 반해, 명나라 원군은 참빗처럼 싹쓸이로 조선 백성들을 약탈한다."라는 소문을 들은 것이다. 다시 말해 동맹군인 명군의 횡포가 적군인 왜병보다 훨씬 심하다는 것이었다. 류성룡은 명나라의 심기를 건드릴까 두려워 둘러댔다.

"그것은 과장된 소문일 겁니다. 예부터 군사가 주둔하는 곳에는 가시덤불이 난다고 했습니다. 소소한 피해 정도야 어찌 없을 수가 있겠습니까. '참빗'이라니요. 그럴 리가 없소이다. 참새들의 입방아거리이니 믿지 마십시오." —《서애집》〈서애선생문집 16권·잡저〉

▲ 이여송이 이끄는 명군이 평양성을 탈환하는 모습을 그린 《평양성탈환도》. 서로 공적을 다투는 바람에 수많은 조선 백성들이 죽었다고 한다. | 국립중앙박물관 소장

'조선은 명나라의 병풍'

사실 임진왜란 및 정유재란 때 명나라가 조선에 파병한 이유는 명확했다. 즉 명나라의 이익과 안전을 위한 것이었다. 1592년 9월 명나라 사신 설번薛藩이 명 황제에게 조선 출병의 불가피성을 강조하면서 다음과 같이 역설한다.

"대저 요진遼鎭·요동은 북경의 팔이며, 조선은 요진의 울타리입니다. 200년간 복건福建·절강浙江은 항상 왜구의 침략 때문에 곤욕을 치렀지만, 요양遼陽·천진天津은 무사했습니다. 이것은 모두 조선이 병풍이 되어 막아주었기 때문입니다." -《난중잡록 2》〈임진년(하)〉

설번은 "만약 왜놈이 조선을 차지한다면 요양의 백성이 하룻밤도 베개를 편안히 하여 눕지 못할 것"이라며, "순풍에 돛단 듯 왜군이 진격하면 자칫 북경도 위험할 수 있다."라고 강조했다. 그로부터 358년 뒤인 1950년 한국전쟁이 발발했을 때 마오쩌둥毛澤東도 연인원 300만 명의 중국군을 파병하면서 설번과 흡사한 비유를 썼다.

"북조선은 우리중국에게 '순망치한脣亡齒寒 호파당위戶破堂危'의 관계입니다. 도와주어야 합니다."

즉 "입술북한이 없어지면 이중국가 시리고 현관문북한이 깨지면 집 안채중국가 위험하다."라는 얘기였다. 역사는 이렇게 돌고 도는 것이다.

어쨌든 명나라는 임진왜란이 발발한 1592년부터 1600년 말까지 총 20만 명에 이르는 병력을 조선에 파병했다. 정유재란은 1598년 5월에 끝났지만 명군은 곧바로 철수할 수 없었다. 두 번이나 당한 왜병의 침략에 혼쭐이 난 선조는 극도의 불안감을 내비친다.

"왜병이 무슨 생각으로 물러났는지는 모르지만, 만약 중국군이 전부 철수했다는 말을 들으면 다시 흉독을 부릴 것이다. 어찌 그런 일이 없다고 보장할 수 있겠는가." -《선조실록》 1601년 2월 10일조

중국군의 민폐와 선조의 넋두리

어쨌든 명군이 조선 땅에 주둔했던 8년여 동안 조선 백성에게 끼친 '민폐'는 적지 않았다. 예컨대 1593년 1월에 벌어진 평양성전투에서 명군은 수급首級을 다투는 경쟁, 즉 적병의 목을 베는 경쟁을 벌였다. 때문에 무고한 조선 백성들의 목이 수없이 잘려 나갔다. 훗날 명나라의 산동도어사 주유한과 이과 급사중 양정한은 파병군 총사령관 이여송을 탄핵하는 상소문을 황제에게 올렸다.

▲ 1599년 2월 철수를 앞둔 명나라 장수 형개를 위해 마련한 연회를 그린 《천조장사전별도》 2면. 당대 유명화가인 김수운이 그렸다. 명나라는 20만 명의 원정군을 조선에 보냈다. | 한국국학진흥원 소장

> "이여송이 평양에서 목을 벤 수급 가운데 절반은 조선 백성입니다. 또 불에 타 죽거나 물에 빠져 죽은 1만여 명도 모두 조선 백성이라 합니다."
>
> -《선조실록》 1593년 1월 11일조

이뿐이 아니었다. 《선조실록》 1593년 9월 6일조 등을 보면, 명군은 조선 지방관의 목을 매어 끌고 다니며 심지어는 몽둥이와 돌로 난타해 살해하는 등의 불상사가 일어나기도 했다.

또 1597년 8월 29일에는 남원 전투에서 패주하던 명군이 관고官庫를 부수고 약탈을 자행했다. 주민들은 명군의 약탈을 우려해 낮에는 숲속에 은신하고 가재도구와 곡물을 땅에 묻기도 했다. 예컨대 명나라 수군이 주둔했던 황해도의 관찰사 심이문은 1601년 4월, 명군의 탐학을 비판하는 상소를 올렸다.

"중국 장수들은 조선 백성들의 머리가 부서지고 팔이 부러지도록 혹독한 형벌을 가하고, 지역 수령들까지 포박하고 구타합니다. 10년 이래로 이런 참상은 없었습니다." –《선조실록》 1601년 4월 23일조

조선 조정은 이 같은 명군의 탐학질에 병아리 냉가슴 앓듯 했다. 예컨대 1595년 12월, 병조판서 이덕형은 "명군이 군사훈련을 빙자해서 갖가지 민폐를 일으키고 있다."라고 아뢰었다. 그러자 선조는 "괴롭지만 지금은 참아야 한다."라고 밝혔다.

"명군의 작폐가 많으므로 속히 철수시켰으면 하는 바람도 있을 것이다. (하지만) 내 생각은 그렇지 않다. 지금은 매우 괴로우나 참아야 한다. 우리는 지금 중국만 믿을 뿐이다. 중국의 노기를 격발시키는 일이 있게 될까 염려된다." –《선조실록》 1595년 12월 5일조

선조의 넋두리에서 강토의 운명을 남의 나라에 맡긴 약소국의 비애가 절절이 배어있음을 알 수 있다.

군령 30조 발령

하지만 각종 문헌을 들춰보면 흥미로운 내용이 눈에 띈다. 명군의 추상같은 군기를 더듬어 볼 수 있는 대목도 심심찮게 보인다는 것이다. 우선 명나라는 조선 출병에 나서면서 "절대 민폐를 끼치지 마라."라는 지침을 내렸다. 특히 송응창 등 명군 지휘부는 이른바 〈군령 30조〉를 공표했다. 그 가운데 서슬 퍼런 '민폐금지조항'을 들여다보자.

"파병군은 조선의 지방을 다닐 때 개와 닭이 놀라지 않도록 조금도 범하

지 마라. 만약 민간의 나무 한 그루, 풀 한 포기라도 함부로 건드리는 자는 참수한다.제5조 조선의 부녀자들을 함부로 범하는 자는 참수한다.제6조 조선의 강역은 곧 우리의 땅이며, 그 백성은 우리의 백성이니 함부로 조선의 남녀, 투항한 자, 부역한 자를 죽이는 자는 참수한다.제20조"

– 송응창의 《경략복국요편》 권3 〈군령 30조〉

엄청난 군기이다. 이 대목에서도 필자는 1921년 불과 53명의 당원으로 출발해 28년 만에 중국대륙을 평정한 중국 공산당의 성공비결을 떠올린다. 즉 중국 공산당은 1928년 정강산井岡山 회의에서 농민들의 지지를 얻기 위해 이른바 3가지 규율과 8가지 규칙을 마련했다.

1)인가를 떠날 때는 모든 문짝을 제자리에 걸어놓는다.
2)잠잘 때 사용한 짚단은 묶어서 제자리에 놓는다.
3)인민에게는 예의바르고 정중하게 대하며 무슨 일이든 도와준다.
4)빌려 쓴 물건은 모두 되돌려 준다.
5)파손된 물건은 모두 바꿔 준다.
6)농민들과의 모든 거래는 정직하게 한다.
7)구매한 물건은 값을 지불한다.
8)위생에 신경 쓰고 특히 변소는 인사에 피해를 주지 않는 멀찍한 곳에 세운다.

– 에드가 스노우의 《중국의 붉은 별》

홍군중국 공산당의 무장조직은 이들 3가지 규율과 8가지 규칙을 늘 암기하고 복창해야 했다. 이 규율·규칙은 중국 공산당이 농민들의 지지를 얻고 결국 천하를 통일하는 데 원동력이 된다.

저잣거리에 목이 걸린 중국군의 죄목

1597년 8월 6일 밤, 명군 소속 파귀頗貴 유격 휘하의 군인 이종의가 시상골목을 지나던 덕지德只라는 여인과 마주쳤다. 이종의는 흰옷을 입은 이 여인을 겁탈하려고 달려들었다. 여인이 큰 소리를 치며 도망치자 이종의는 칼을 뽑아들고 쫓아가 여인의 빰을 찔렀다. 때마침 여인의 비명을 듣고 쫓아온 열네 살짜리 소년 맛산末叱山이 "강도야!" 하며 소리쳤다. 이종의는 이 소년의 목을 단칼에 베어 죽이고 날뛰다가 붙잡혔다. 명나라 조선주둔군 사령관인 마귀麻貴 도독은 이종의를 소속부대장인 파귀 유격에게 넘겨 수사하도록 했다. 이종의는 "강간하려 한 사실은 전혀 없다."라고 주장했다.

"잃어버린 말을 찾으려고 거리로 나섰는데, 아이 세 명이 그 말을 끌고 갔습니다. 내가 쫓아가자 두 아이는 도망가고, 한 아이는 도망가다 넘어졌습니다. 그 아이를 붙잡아 힐문하자 아이는 도리어 나보고 '강도'라고 소리치기에 술김에 아이를 베어 죽였습니다. 그뿐입니다."

하지만 수사를 맡은 파귀는 이종의의 주장을 믿지 않았다. 대신 피해자인 덕지의 진술을 신뢰했다. 수사를 지휘한 파귀는 '살인과 강간미수 및 치상혐의' 등의 혐의를 인정한 뒤 이 사실을 마귀 도독에게 보고했다. 마 도독은 즉각 사형 판결을 내렸다.

"군율을 어긴 저자를 종루거리종로사거리에서 참수하고 그 목을 효수하라."

《선조실록》 1597년 8월 7일조에 따르면, 정유재란 때 조선에 파견된 명나라 군인 이종의는 이렇게 공개처형됐다.

1598년 2월 2일에는 역시 마귀가 이끄는 명군 가운데 일부가 마초馬草를 벤다는 핑계로 민간의 재산을 약탈하고 부녀자들을 겁간했다. 이 때문에 명군이 온다는 풍문만 들어도 조선 백성들은 숨기에 바빠 사방 삼사십 리의 마을이 텅 빌 정도였다. 명나라 파병군 지휘부는 이들 가운데 죄질이 나쁜 자를 색출해 목과 귀를 베는 등 중형으로 다스렸다.

이로부터 6개월 뒤인 1598년 8월, 명나라 원정군 총사령관인 유정 제독이 조선의 마을을 약탈하고 부녀자 및 소녀를 겁탈한 중국 병사를 효수했다.《선조실록》 1598년 8월 1일조 그러니까 정유재란 때 조선에 출병한 명군은 자체 군법회의를 열어 범죄를 저지른 자국 군인들을 엄벌에 처했다는 이야기다.

1947년, 조선이 들끓은 '조선 부녀자 능욕사건'

> "암야暗夜를 질주하던 열차 가운데서 미군이 조선인 부녀자를 능욕한 사건이 발생했다. 즉 1월 7일 밤 9시 목포를 떠나 서울로 향하던 만원열차가 전북 함열군 황등역 부근을 통과할 즈음 차중에 있던 미군 4명이 조선인 부녀자 3명만을 남겨놓고 남자들을 전부 다른 칸으로 몰아낸 후 돌려가며 능욕을 주었다는 것이다. (중략) 그중 두 명은 젖먹이 어린애들까지 안고 있던 가정부인들이라 한다."

1947년 1월 11일, 《경향신문》은 "언어도단의 만행"이라는 제목으로 "미군의 열차 내 부녀자 능욕사건"을 보도한다. 이 사건은 엄청난 충격파를 던졌다. 당시 2개 면만 발행했던 도하 각 신문들은 사설을 포함해 1개 면 가까이를 할애해 미군의 만행을 대대적으로 보도했다.

《경향신문》 칼럼인 〈여적〉은 1월 15일, "동방예의는 바로 기독교의 도덕에 일치하는 것이므로 기독교 도덕은 미군의 군기에 일치하는 것"이라며 "미병 부녀

美軍人이 列車內에서 朝鮮婦女三名을 凌辱

犯人은 極刑에 「하-지」中將이 言明

군정은 도의건설에 도치증하라!

言語道斷의 蠻行

一般에게 未安千萬

運輸部長 閔熙植氏談

徹底取締하겠다

運輸總局長 白澄權氏談

爆發

▲ 미군이 열차 안에서 조선 부녀자들을 집단 성폭행했다고 보도한 《경향신문》 1947년 1월 11일자 신문

능욕유린사건은 정히 삼중三重의 처단이 마땅하다."라고 분개했다. 여론도 들끓었다.

"동방예의지국에서 남의 집 남자에게 (중략) 그것도 피가 다른 외국 뭇 남자에게 만인 주시 중의 열차 안에서 그나마도 윤간 당한 것은 본인은 물론 우리들 풍속으로는 도저히 용서할 수 없는 의분과 격노를 금할 수 없는 바 (중략) 미군정 당국에 대하여 범인은 극형에 처해야 하는 동시에……."

–《경향신문》 1947년 1월 11일자

여성단체인 조선부녀총동맹 회원 100여 명은 미 군정청 하지 중장을 방문해 조선인 부녀자를 능욕한 미군들을 공개적으로 엄중히 처단하라고 요구했다. 반일운동자 구원회와 조선청년당 중앙본부 등도 범죄미군의 처단을 촉구하는 성명서를 잇달아 발표했다.

오-바와 치마, 속옷을 산산이 찢고는

한 달여 뒤인 2월 18일 열린 군사재판은 전 국민의 관심 속에 진행됐다. 당시 《동아일보》가 "눈물어린 피해자 金女의 진술"이라는 제목으로 전한 1차 공판의

지상중계를 보면 당시의 분위기를 실감할 수 있다.

피의자는 윌리암 싱글돈19세 · 존스 찰스19세 · 다비슨 쥬니악10세 · 크리오 티니25세 등 4명이었다. 신문기자를 제외한 일반인의 방청은 제한됐다. 이 사건의 피해자인 전북 익산의 김금옥30세이 진술했다.

"미군이 어떻게 했나?"(검사)
"다섯 사람이 와서 처음에는 나와 나의 여동생의 몸을 조사하고 나중에는 몸에 손을 대기에 뿌리쳤소."(김녀)
"그래서 어떻게 되었나?"(검사)
"하도 애를 먹이기에 구석으로 피했더니 다시 그들은 총과 칼을 가지고 와서 옆에 있는 조선 남자들과 나의 동생을 쫓아내고 나 혼자만 붙들어 놓았소."(김녀)
"그래서?"(검사)
"그러고 나서 나의 오-바외투와 치마와 속옷을 칼로 산산이 찢어버리고……."(김녀)

그러면서 피해자 김금옥은 통역 장덕영씨를 통해 그때 폭행했다는 피고들의 얼굴을 번갈아 지적하여 사실을 서슴지 않고 진술했다.

"태산명동에 서일필"로 끝난 재판

그러나 온 국민의 공분을 산 이 사건은 "태산명동泰山鳴動에 서일필鼠一匹" 격으로 종결됐다. 사실 사건 발생 직후 여론이 들끓자 조선주둔군 미군사령관인 하지 중장은 "범행이 확인되면 엄중처벌할 것을 약속한다."라는 내용의 성명서를 발표했다. 하지만 그 가운데 찜찜한 내용이 있었다. "이 사건에 대한 예비조사

결과 각 신문에 보도된 것은 상당히 과장됐다."라고 토를 단 것이다.

정식 수사도 하기 전에 '과장' 운운 했으니……. 이는 사실상 수사의 축소 및 은폐를 지시한 것이나 다름없다.

드디어 3월 11일 선고공판이 열렸다. 미군정재판은 이날 "미군들의 강간죄는 성립되지 않는다."라고 하면서 "다만 구타폭행죄만 인정될 뿐"이라는 판결을 내렸다.

> "태산명동에 쥐 한 마리 잡은 격으로 증거불충분이란 이유 아래 의외에도 강간죄는 성립되지 않게 되었다." -《동아일보》 3월 12일자

사건은 신문의 표현대로 '쥐 한 마리만 잡은 채' 종결되고 만다. 조선의 여인들은 미군들에게 '능욕·윤간'당했다는 사실만 만천하에 공개됐을 뿐이었다. 이름과 나이, 거주지 등 구체적인 신원까지 모두 까발려진 채…….

명나라 군법회의였다면 어땠을까?

그러고 보면 그 이후, 지금 이 순간까지 주한 미군들의 끔찍한 범죄가 이어졌다. 그 중에서도 가장 잔혹한 사건은 1994년 10월에 일어난 윤금이 씨 피살사건이었다.

10월 28일 오후 4시쯤, 동두천 기지촌에 살고 있던 술집종업원 윤금이 씨26세가 숨진 채 발견됐다. 시신은 끔찍했다. 머리에서는 피가 흘렀고, 자궁에는 콜라병이 꽂혀 있었다. 항문에는 우산대가 무려 26센티미터나 꽂혀 있었다. 시신과 방에는 흰색 가루세제가 뿌려져 있었다. 차마 눈뜨고 볼 수 없는 참혹한 현장이었다. 이 사건 역시 전 국민의 공분을 샀다. 주한 미군 범죄가 또 한 번 사회적인 문제로 공론화됐고, 불평등협정이라는 주한미군지위협정SOFA의 개정 운동도 본격적으로 시작됐다.

범인인 케네스 마클 이병은 징역 15년형을 받고 천안교도소에서 복역했다. 그러나 형기를 1년 앞둔 2006년 8월 14일 가석방되어 곧바로 미국으로 출국했다. 가석방이라니! 누구 마음대로 그런 결정을 내렸는지 참……. 문제는 이 가석방 후 미국 출국 사실이 그해 10월 노회찬 전 진보신당 대표가 자료요구를 한 뒤에야 밝혀졌다는 것이다. 하지만 마클 이병이 자신의 죄를 반성했다는 소식은 들은 바 없다.

이런 생각을 해본다. 만약 1946년의 미군 네 명과 1992년의 마클 이병이 400여 년 전 명군이었다면? 그래도 이 가운데 최소한 단 한 건이라도 군법으로 엄격하게 처벌되지 않았을까? 이쯤에서 명나라 파병군의 군령 30조 중에 한 대목을 소개하고자 한다.

> "만약 민간조선의 나무 한 그루, 풀 한 포기라도 함부로 건드리는 자는 참수한다."(제5조)

【 제1부 예외는 없다, 왕도 벌하라 】

- 강석헌, 〈조선왕조실록 재이 기록의 재인식〉, 《한국사연구》 제160호, 한국사연구회, 2013
- 국립해양문화재연구소, 《전통선박조선기술 IV-조운선》, 2012
- 권인용, 〈명 중기 조선의 종계변무와 대명외교-권벌의 '조천록을 중심으로'〉, 《명청사 연구》 제24집, 명청사학회, 2005
- 권행완, 〈정도전의 유교적 민주의식〉, 《신아세아》 제20권 제3호 통권76호, 2013년 가을
- 김경록, 〈조선 초기 종계변무의 전개양상과 대명관계〉, 《국사관논총》, 국사편찬위, 2006
- 김경수, 《조선시대의 사관연구》, 국학자료원, 1998
- 김호, 〈조선 왕실의 '묘호' 개정을 통해 본 기억의 역사〉, 《인간연구》 제8호, 가톨릭대 인간학연구소, 2005
- 나의갑, 〈조선시대의 사관과 사관정신 연구〉, 조선대 석사논문, 2010
- 리아오, 《옹정황제의 인간경영학》, 김인지 옮김, 산수야, 2008
- 미야자키 이치사다, 《옹정제》, 차혜원 옮김, 2001
- 박노현, 〈옹정황제에 나타난 옹정제의 치국지책〉, 《전남대 지역개발연구》 제12집, 전남대 지역개발연구소, 2005
- 박종연, 〈사초와 시정기의 기록학적 고찰〉, 한양대 석사논문, 2011
- 박홍갑, 《사관 위에는 하늘이 있소이다》, 가람기획, 1999
- 박홍규, 〈정도전의 '재상주의론' 재검토〉, 《대한정치학회보》 제15집 제3호, 대한정치학회, 2008년 2월
- 송일기·진나영, 〈광국원종공신록권의 서지적 연구〉, 《한국도서관·정보학회지》 제41권 제4호, 한국도서관·정보학회, 2002
- 심경호, 《국왕의 선물》, 책문, 2012
- 심재우, 〈조선시대 능지처사형 집행의 실상과 그 특징〉, 《사회와 역사》 제90집, 한국 사회사학회, 2011
  《네 죄를 고하여라》, 산처럼, 2011
- 안대회, 《정조의 비밀편지 국왕의 고뇌와 통치의 기술》, 문학동네, 2010
  〈어찰의 정치학 : 정조와 심환지〉, 《역사비평》 통권87호, 2009
- 안재순, 〈세종대왕의 윤리사상〉, 《세종학연구》 제12·13호, 세종대왕기념사업회, 1998

- 양동숙, 〈갑골문으로 본 상대의 형벌〉, **《중국문학연구》** 제29집, 한국중문학회, 2004
- 오미현, 〈세종시대 인권보장을 위한 형사법적 제도의 고찰 : 신주무원록에 나타난 법적 절차를 중심으로〉, 동국대학원 석사논문, 2012
- 이경혜, 〈인현왕후전 연구〉, 경희대 박사논문, 2004
  〈후전의 희빈장씨론〉, **《인문과학연구》** 제14집, 안양대 인문과학연구소, 2006
- 이기봉, 〈신라 경문왕대의 전국운영과 재이〉, **《신라문화》** 제39집, 동국대 신라문화연구소, 2012
- 이동명, 〈삼국시대의 형벌제도 연구〉, **《법학연구》** 제34집, 한국법학회, 2009
- 이상식, 〈조선후기 숙종의 정국운영과 왕권 연구〉, 고려대 박사논문, 2005
- 이성규, 〈명·청 사서의 조선 '곡필'과 조선의 '변무'〉, **《오송 이공범 교수 정년기념 동양사논총》**, 지식산업사, 1993
- 이희환, 〈숙종과 기사환국〉, **《전북사학》** 8, 전북사학회, 1984
- 임민혁, **《왕의 이름, 묘호》**(하늘의 이름으로 역사를 심판하다), 문학동네, 2010
  〈묘호의 예제원리와 조선의 수용〉, **《국사관논총》** 제104집, 국사편찬위, 2004
  〈조선시대의 묘호와 사대주의〉, **《조선시대사학보》** 19, 조선시대사학회, 2001
- 임재표, **《조선시대 행형제도에 관한 연구 : 휼형을 중심으로》**, 한국형사정책연구원, 2000
  《조선시대 전통 행형제도에 관한 연구》, 한국형사정책연구원, 2000
- 정종수, 〈조선시대 국왕의 호칭과 묘호〉, **《동원학술논문집》** 제14집, 국립중앙박물관·한국고고미술연구소, 2012
- 진세영, 〈명대 중국의 조선관 연구–'명사·조선열전'을 중심으로〉, **《21세기정치학회보》** 제21집 1호, 21세기정치학회, 2011
- 조유식, **《정도전을 위한 변명(혁명가 정도전, 새로운 나라 조선을 설계하다)》**, 휴머니스트, 2014
- 지두환, 〈조선후기 종묘제도〉, **《한국학논총》** 제26권, 국민대 한국학연구소, 2004
- 한영우, **《정도전 사상의 연구》**, 서울대 출판부, 1999
  《왕조의 설계자 정도전》, 지식산업사, 1999
- 홍순민, 〈숙종초기의 정치구조와 '환국'〉, **《한국사론》** 15, 서울대, 1986
- 홍혁기, 〈사관제도의 고찰〉, **《법제》**, 법제처, 1981

【 제2부 관료사회, 마누라 빼고 다 바꿔라 】

- 구덕회, 〈언론과 언관〉, **《역사비평》** 계간 37호, 역사문제연구소, 1997
- 구산우, 〈고려 성종 대 대외관계의 전개와 그 정치적 성격〉, **《한국사연구》** 78, 한국사연구회, 1992
- 김경수, **《조선시대의 사관연구》**, 국학자료원, 1998
- 김명숙, 〈서수일기를 통해 본 19세기 평안도 지방의 사회상〉, **《동아시아 문화연구》** 제35집, 한양대 동아시아문화연구소, 2001
- 김상규, 〈박제가의 '우물론'과 절약의 역설〉, **《경제교육연구》** 제11권 2호, 한국경제교육학회, 2004
- 김수경, **《북학의를 통해 본 박제가의 중국인식》**, 이화여대 학술자료, 1995
- 김태영·서정상, 〈조선초기 군역제도의 추이와 개혁방향〉, **《한국군사사문선집》** 4, 조선전기편, 국방군사연구소, 1999
- 김현영, 〈조선시대의 문서와 기록의 위상 : 사초, 시정기에 대한 재검토〉, **《고문서연구》** 제32집, 한국고문서학회, 2008
- 김기춘, **《조선시대 형전 : 경국대전을 중심으로》**, 삼영사, 1990
- 김윤주, 〈조선 태조~태종 대 정치와 정치세력〉, 서울시립대 박사논문, 2011
- 노계현, **《고려 외교사》**, 갑인출판사, 1994
- 민현구, 〈사회구조와 군역제도의 정비〉, **《한국군사사문선집》** 4, 조선전기편, 국방군사연구소, 1999
- 박래겸, **《서수일기》**, 조남권·박동욱 옮김, 푸른역사, 2013
- 박석무, **《다산 정약용 평전》**, 민음사, 2014
- 박수밀, 〈박제가 시에 나타난 삶의 궤적과 내면의식 : '정유각시집' 2권의 창작시기 고구(考究)를 겸하여〉, **《고전문학연구》** 제27집, 한국고전문학회, 2005
- 박영호, 〈서수일기를 통해 본 박래겸의 리더십〉, **《동방한문학》** 56권, 동방한문학회, 2013
- 박제가, **《북학의》**, 안대회 옮김, 돌베개, 2013
- 박종연, 〈사초와 시정기의 기록학적 고찰〉, 한양대 석사논문, 2011
- 박한설, **《서희와 고려의 고구려 계승의식》**, 고구려연구회 편저, 학연문화사, 1999
- 박홍갑, **《사관 위에는 하늘이 있소이다》**, 가람기획, 1999
- 방동인, **《한국의 국경획정연구》**, 일조각, 1997

- 심재우, 〈심리록을 통해 본 18세기 후반 서울의 범죄 양상〉, **《서울학연구》** 제17호, 서울시립대 서울학연구소, 2001
- 안재순, 〈조선후기 실학의 主체성 문제 - 박지원·박제가·정약용의 북학론을 중심으로〉, **《동양철학연구》** 제40집, 동양철학연구회, 2004
- 양응열, 〈태종대 민무구 옥사를 전후한 정치세력의 변천과 성격〉, 국민대 석사논문, 2004
- 오갑균, **《조선시대 사법제도연구》**, 삼영사, 1995
- 오수창, 〈암행어사 길〉, **《역사비평》** 통권73호, 한국역사연구회, 2005
- 오종록, 〈조선초기 정병의 군역-15세기 후반을 중심으로〉, **《한국사학보》** 창간호, 1996
- 윤두수, 〈신덕왕후에 관한 연구〉, **《석당논총》** 15, 동아대 석당학술원, 1989
- 이경수, **《왜 몽골제국은 강화도를 치지 못했나》**, 푸른역사, 2014
- 이기환, **《분단의 섬 민통선》**, 책문, 2009
- 이민홍, 〈중원 시법의 수용과 한국 역대 제왕의 시호〉, **《한문학보》** 제12집, 우리한문학회, 2005
- 이상휘, **《조선조의 법제사》**, 법제처, 1983
- 이성무, **《조선의 부정부패 어떻게 막았을까》**, 청아출판사, 2000
- 이존희, 〈한국 감찰제도의 역사적 고찰〉, **《감사》** 감사원, 1985
- 이현희, 〈고려의 건국과 서희의 외교활동〉, **《시사》** 158, 내외문제연구소, 1976
- 임민혁, **《왕의 이름, 묘호》**(하늘의 이름으로 역사를 심판하다), 문학동네, 2010
  〈묘호의 예제원리와 조선의 수용〉, **《국사관논총》** 제104집, 국사편찬위, 2004
  〈조선시대의 묘호와 사대주의〉, **《조선시대사학보》** 19, 조선시대사학회, 2001
- 장철균, **《서희의 외교담판》**, 살림, 2013
- 정두희, **《조선시대 대간연구》**, 일조각, 1994
  〈조선시대의 사헌부〉, **《감사》**, 감사원, 1998
- 정순옥, 〈정조의 법의식-'**審理錄**' 판부를 중심으로〉, **《지역사학연구》** 제21집, 호남사학회, 2003
- 정약용, **《유배지에서 보낸 편지》**, 박석무 옮김, 창비, 2009
- 정종수, 〈조선시대 국왕의 호칭과 묘호〉, **《동원학술논문집》** 제14집, 국립중앙박물관·한국고고미술연구소, 2012

- 천관우, 〈조선 초기 오위의 병종〉, **《사학연구》** 18, 한국사학회, 1964
- 최운형, 〈태종 대 외척제거와 세자책봉 문제〉, 동아대 석사논문, 1998
- 최승희, 〈조선초기의 언관에 관한 연구—언권언론과 왕권의 상관관계〉, **《동아문화》** 13, 서울대 인문대 동아문화연구소, 1976
- 최정용, 〈김일손 사초사건과 세조왕권〉, **《인문논총》** 제9집, 창원대 인문과학연구소, 2002
- 한명기, **《광해군》**, 역사비평사, 2000

  〈16, 17세기 명청 교체와 한반도 : '재조지은, 은(銀), 그리고 쿠데타의 변주곡'〉, **《명청사연구》** 제22집, 명청사학회, 2004
- 한영우, 〈정도전의 정치개혁사상〉, **《창작과 비평》** 7, 창작과 비평사, 2000

  《왕조의 설계자 정도전》, 지식산업사, 1999
- 한용수, 〈韓中避諱小考〉, **《한중인문학연구》** 제28집, 한중인문학회, 2009
- 홍성임, 〈민무구 형제의 옥사에 대하여〉, 전북대 석사논문, 1988
- 홍혁기, 〈사헌부의 감찰기능〉, **《법제》**, 법제처, 1984

【 제3부 왕과 백성이 어우러진 조선의 거리를 걷는다 】

- 강성문, 〈조선정부의 포로송환 노력〉, 제1회 병자호란 김화백전대첩 기념학술대회, 국방문화재연구원, 2012
- 고성훈, 〈조선 후기 유언비어 사건의 추이와 성격 : 정감록(鄭鑑錄) 관련 사건을 중심으로〉, **《정신문화연구》** 제35권 제4호 통권129호, 한국학중앙연구원, 2012년 겨울
- 권순형, 〈원공주 출신 왕비의 정치권력 연구—충렬왕비 제국대장공주를 중심으로〉, **《사학연구》** 제77호, 한국사학회, 2005
- 김경희, 〈조선시대 혼인 사치의 금제에 관한 고찰〉, **《복식문화연구》** 제6권 제1호·통권14호, 복식문화학회, 1998
- 김남윤, 〈조선여인이 겪은 호란, 이역살이, 환향의 현실과 기억—소현세자빈 강씨를 중심으로〉, **《역사연구》** 제17호, 역사학연구소, 2007
- 김병모, **《허황옥 루트 인도에서 가야까지》**, 역사의아침, 2008
- 김영배, 〈세종시대의 법과 정치〉, 고려대 석사논문, 2013

- 김정근, 〈혼례변화에 따른 혼수기물과 혼례가구의 변천 Ⅰ : 고대 이후 조선시대까지〉, **《대한가정학회지》** 34, 1, 대한가정학회, 1996
- 김호, **《조선의 명의들》**, 살림, 2007
- 루이스 프로이스, **《임진난의 기록》**, 정성화·양윤선, 살림, 2008
- 박강우, 〈조선조 대명률직해의 형법총칙적 조항의 분석〉, **《형사정책연구》** 제14권 제3호·통권 제55호, 한국형사정책연구원, 2003

  《조선왕조형사법제와 형벌사상》, 충북대학교, 2006
- 박미숙, 〈조선왕조실록에 나타난 이혼 양상에 관한 연구〉, 호남대 석사논문, 2007
- 박선미, 〈조선시대 의녀교육연구-그 양성과 활동을 중심으로〉, 중앙대 박사논문, 1995
- 박정혜, **《세전서화첩》**, 민속원, 2012
- 박주, **《조선시대의 여성과 유교문화》**, LIE, 2008
- 박천홍, **《악령이 출몰하던 조선의 바다》**, 현실문화, 2008
- 배경숙, 〈한국이혼법의 변천에 관한 연구〉, **《법정대학보》** 1, 인하대, 1982
- 서울시 시사편찬위, **《서울 사람들의 혼인 혼례 결혼》**, 2012
- 소현세자 시강원, **《심양장계(심양에서 온 편지)》**, 정하영·박재금·김경미·조혜란·김수경·남은경 역주, 창비, 2008
- 신규수, 〈조선시대 유배형벌의 성격〉, **《한국문화연구원논총》** 제23호, 이화여대 한국어문학연구소, 2012
- 신명호, **《궁녀(궁궐에 핀 꽃)》**, 시공사, 2012
- 실벨 들루베, **《당신의 이성을 마비시키는 그럴듯한 착각들-착각 뒤에 숨은 진짜 나를 발견하는 기발한 심리실험 20》**, 문신원 옮김, 지식채널, 2013
- 심재우, **《네 죄를 고하여라-법률과 형벌로 읽는 조선》**, 산처럼, 2011
- 안대회, 〈도시문화사 : 성시전도시(城市全圖詩)와 18세기 서울의 풍경〉, **《고전연구》** 35권, 한국고전문학회, 2009

  〈성시전도시 9종〉, **《문헌과 해석》** 봄호, 문헌과 해석사, 2009

  〈새로 찾은 '성시전도시' 세 편과 '평양진도시' 한 편〉, **《문헌과 해석》** 봄호, 문헌과 해석사, 2013
- 양동숙, **《갑골문 해제》**, 서예문인화, 2005

〈갑골문으로 본 상대의 형벌〉, **《중국문학연구》** 제29집, 한국중문학회, 2004

- 이영자, **《중국여성 잔혹풍속사》**, 에디터, 2003
- 이중티엔, **《중국의 남자와 여자》**, 홍광훈 옮김, 범인문화사, 2000
- 이창한, 〈조선시대 형벌제도 연구〉, **《한국경찰학회보》** 26권, 한국경찰학회, 2010
- 이한수, **《고려에 시집온 칭기즈칸의 딸들》**, 김영사, 2006
- 장병인, 〈조선시대 성범죄에 대한 국가규제의 변화〉, **《역사비평》** 통권 56호, 역사비평사, 2001

  〈혼인사적 측면에서 본 조선시대 여성의 지위〉, **《인문학연구》** 27, 1, 충남대인문과학연구소, 2006
- 정성희, **《조선의 성풍속(여성과 성문화로 본 조선사회)》**, 가람기획 1998
- 정약용, **《임진왜란과 병자호란》**, 정해렴 역주, 현대실학사, 2001
- 정은주, 〈조선시대 명청사행 관련 회화〉, 한국학중앙연구원 박사논문, 2008
- 정종수, 〈혼례의 절차 및 의미에 대한 고찰 : 1920-40년대 구례 운조루의 혼례자료를 중심으로〉, **《민속학연구》** 6, 국립민속박물관, 1999
- 정지영, 〈조선시대 혼인장려책과 독신여성 : 유교적 가부장제와 주변적 여성의 흔적〉, **《한국여성학》** 제20권 3호, 한국여성학회, 2004
- 한영규·정은주, 〈이학규의 성시전도시 창작배경과 그 특성〉, **《한자한문교육》** 제29집, 한국한자한문교육학회, 2012
- 한희숙, 〈조선 태조·세종 대 세자빈 폐출 사건의 의미〉, **《한국인물사연구》** 제14호, 한국인물사연구소, 2010

  《의녀》, 문학동네, 2013
- 홍혁기, **《사헌부의 감찰기능》**, 법제처, 1984
- 황혜진, 〈실록을 통해 본 어을우동의 사랑과 죽음〉, **《인문과학논총》** 제46집, 건국대 인문과학연구소, 2008

【 제4부 사람 냄새 가득한 조선의 문화지도를 그린다 】

- 고광일, 〈조선시대 중국어 교육 연구 : 역관 양성 및 교재를 중심으로〉, 동국대 석사논문, 2007
- 국립문화재연구소, 〈숭례문발굴조사보고서〉, 2011
- 국립문화재연구소, 〈경복궁발굴조사보고서〉, 2011

- 국방부 전사편찬위, **《군사문헌집(8) – 동국전란사(외란편)》**, 1988
- 국방부 전사편찬위, **《민족전란사(4)–임진왜란》**, 1987
- 김정호, **《조선의 탐식가들》**, 따비, 2012
- 문화재청, 〈근정전 : 보수공사 및 실측조사보고서(상·하)〉, 2003
- 박성주, 〈조선전기 대명 어전통역〉, **《경주사학》** 제29집, 동국대 사학회, 2009
- 박제가, **《궁핍한 날의 벗》**, 안대회 옮김, 태학사, 2000
- 박홍갑, **《양반나라 조선나라》**, 가람기획, 2001

  〈누구도 피할 수 없었던 신고식, 면신례〉, **《선비문화》** 제9호, 남명학회, 2006
- 배경화, 〈안동소주의 전래 과정에 관한 문헌적 고찰〉, 안동대 석사논문, 2000
- 백옥경, **《조선전기 역관연구》**, 이화여대, 2000
- 송재용, 〈미암일기에 나타난 민속 일고찰〉, **《동아시아고대학》** 제15집, 동아시아고대학회, 2007
- 샌더 길먼·저우 쉰 외, **《흡연의 문화사》**, 이수영 옮김, 이마고, 2006
- 신병주, **《규장각에서 찾은 조선의 명품들(규장각 보물로 살펴보는 조선시대 문화사)》**, 책과함께, 2007
- 안용근, 〈한국의 개고기 식용의 역사와 문화〉, **《한국식품영양학회지》** 12(4), 한국식품영양학회, 1999
- 안창모, 〈경복궁 중건과 서울(漢城)의 도시건축적 변화〉, **《대한건축사협회지》** 통권 제522호, 대한건축사협회, 2012
- 양동숙, **《갑골문해독》**, 서예문인화, 2005
- 에드가 스노우, **《중국의 붉은 별》**, 신홍범 역, 두레, 1992
- 왕런샹, **《중국음식문화사》**, 주영하 옮김, 민음사, 2010
- 유홍준, **《완당전집》**, 학고재, 2006
- 윤진영, 〈의금부의 면신례와 금오계회도〉, **《문헌과 해석》**, 문헌과해석사, 2000
- 이시영, **《한국말문화발달사》**, 한국마사회, 1991
- 이언 게이틀리, **《담배와 문명》**, 정성묵·이종찬 옮김, 몸과마음, 2003
- 이옥, **《연경, 담배의 모든 것》**, 안대회 옮김, 휴머니스트, 2008
- 이윤미, 〈조선후기 가체의 유행과 금지령 시행〉, 한국교원대 석사논문, 2011

- 장기현, 〈우리나라에서의 소주문화의 흐름 (소주의 역사)〉, **《주류산업》** 5(2) 9-20, 한국주류산업협회, 1985
- 장순용, 〈경복궁 근정전 해체조사와 수리보고서 발간〉, **《건축역사연구》** 제13권 제3호 통권39호, 한국건축역사학회, 2004
- 정민, **《미쳐야 미친다》**, 푸른역사, 2004
- 정재민, 〈면신례 풍속과 신래희학담의 관련양상〉, **《민속학연구》** 제18호, 2006
- 조원래, 〈명군의 출병과 임진전국의 추이〉, **《한국군사사논문선집(임진왜란편)》**, 국방군사연구소, 1999
- 조재모·전봉희, 〈고종조 경복궁 중건에 관한 연구〉, **《대한건축학회지》** 138, 대한건축학회, 2000
- 주강현, **《개고기와 문화제국주의》**, 중앙 M&B, 2002
- 최종덕, **《숭례문 세우기(숭례문 복구단장 5년의 현장 기록)》**, 돌베개, 2014
- 한명기, 〈임진왜란 시기 명군 참전의 사회·문화적 영향〉, **《군사(軍史)》**, 국방부, 1997
- 한미란, 〈시대적 배경에 따른 가발의 변천과 현대에 사용되는 특징 연구〉, 남부대 석사논문, 2006

【 공통 참고문헌 및 사이트 】

사마천, **《사기본기》**, **《사기세가 상·하》**, **《사기열전 상·중·하》**, **《사기 표·서》**, 정범진 외 옮김, 까치, 1994·1995·1996

《삼국사기》, **《삼국유사》**, **《고려사절요》**, **《고려사》**, **《조선왕조실록》**, **《일성록》**, **《비변사등록》**, **《동문선》**, **《동국여지지》**, **《동국이상국집》**, **《상서》**, **《홍재전서》**, **《승정원일기》**, **《예기》**, **《논어》**, **《맹자》**, **《춘추좌전》**, **《춘추공양전》**, **《묵자》**, **《한비자》**, **《태평어람》**, **《구당서》**, **《신당서》** 등

국사편찬위원회 http://sillok.history.go.kr/main/main.jsp

한국고전종합DB http://db.itkc.or.kr/itkcdb/mainIndexIframe.jsp

【 도움을 준 기관 】

문화재청, 국립중앙박물관, 국립고궁박물관, 국립문화재연구소, 국립해양문화재연구소, 국립청주박물관, 서울대학교 중앙도서관, 서울대학교 규장각한국학연구원, 한국학중앙연구원, 서울역사박물관, 숭실대학교 기독교박물관, 간송미술문화재단, 전곡선사박물관, 경기도박물관, 한양대학교 박물관, 어진박물관, 충북도청, 충재박물관, 여주박물관, 추사박물관, 한국국학진흥원, 수원 화성박물관, 강진군청, 상문학원, 《경향신문》, 《동아일보》, 《한겨레》